《上博楚竹書》文字及相關問題研究

蘇建洲　著

季 序

　　建洲是一位相當優秀的戰國文字研究者，他投入戰國文字研究的時間比我早，成績也很突出，學界有目共睹。

　　戰國時代天子式微，諸侯力征，言語異聲，文字異形，所以戰國文字夙稱難讀。我個人的文字研究從甲骨文入手，接著是金文，同時輔以《說文解字》及秦漢魏晉篆隸，早期我對戰國文字的興趣不大，相關文章雖亦瀏覽，但往往難以判斷紛陳諸說中何者為是，所以戰國文字並未列入我的研究範疇之中。1999 年，建洲碩士論文要從事《戰國燕系文字研究》，想找我指導，我答應了。在從事研究的過程中，建洲表現在資料蒐集、整理、研判等方面的用功及能力非常強，而且提出新見解的能力也很夠，常常讓我有驚喜的感覺。我的戰國文字是和建洲的碩士論文一起成長的。

　　隨著《郭店》、《上博》的陸續問世，戰國文字已蔚為一門舉世矚目的重要學科，建洲的博士論文也與時俱進，以《上海博物館藏戰國楚竹書（二）校釋》為題，在很短的修業年限中順利完成，論文內容也精彩可讀。畢業後應聘至彰化師大國文系任教，教學勤勉，備課認真，深受師生器重愛戴。同時間，研究工作也持續進行著，論文發表的數量及品質都令人驚艷！

　　如今建洲把多年的心得寫成〈《上博楚竹書》文字及相關問題研究〉，書中討論對象為《上博楚竹書》六冊全部，內容包括「《上博楚竹書》字詞柬釋」、「《上博楚竹書》文字資料運用及相關文字考釋」、「以古文字的角度討論《上博楚竹書》文本來源」等三大部分，看得出其廣度及難度都相當高，其中文章有些發表在國內外知名刊物上，足見深受學界肯定。以「《上博楚竹書》字詞柬釋」第一則對「服」字的考釋為例，其材料牽涉到《上博·緇衣》，《郭店·緇衣》，金文、簡牘及《說文》、傳世古文「垂」、「來」、「𥰫」、「奉」、「棗」等字，形體變化之繁、材料牽連之廣，令人頭

量目眩，不知所從。而建洲能廣蒐細讀，深入分析，執重若輕，駕御自如，其用力之深可以想見。本書中的其它篇章，也大抵若此。

　　由於新材料的發現，加上《郭店》、《上博》和傳世文獻及先秦學術的關係密切，戰國文字已經不只是古文字學者重視的學科，經學、哲學、史學、文學界的學者也趨之若鶩，視若珍寶。這個領域值得更多的學者投入，重現王國維所說「古來新學問起，大都由於新發見」的宣示，再造學術光華的新頁。由戰國文字所領頭的新學術，其基礎則在紮實的文字研究。欣見建洲在這方面的努力能夠集結成書，我也能夠和本書一起成長，並預祝建洲在這個基礎之上，能為新學術的發展提供更多的貢獻。

2007 年歲杪　　季旭昇　序於台北

目　次

季序

∽ 第一章 ∽

緒　論

∽ 第二章 ∽

《上博楚竹書》字詞東釋

∞ 第三章 ∞

《上博楚竹書》文字資料運用及相關文字考釋

∽ 第四章 ∽

以古文字的角度討論《上博楚竹書》文本來源

緒　論

　　目前所出土的楚地簡帛大概有二十餘批，字數估計超過十萬字。[1]1957 年河南信陽長台關信陽楚墓出土一批竹簡（底下簡稱《信陽》），[2]內容分為兩類，除遣冊之外，還有一組竹簡內容是古書，號稱「最早的戰國竹書」。[3]1993 年湖北省荊門市郭店村也出土一批書籍類竹簡，即所謂《郭店楚墓竹簡》（底下簡稱《郭店》）。[4]由於內容為儒、道兩家的作品，多數有傳世本可以對讀，相對來說不似先前《隨縣》[5]、《望山》[6]、《包山》[7]、《九店》[8]等楚簡內容艱深難懂，所以在國際漢學界造成極大的研究風潮。1994 年初，香港中文大學張光裕教授在香港文物市場又發現一批竹書簡，這批竹簡就是著名的《上海博物館藏戰國楚竹書》。[9]（底下簡稱《上博楚竹書》或《上博》）。據估計共有簡數一千二百餘支，計達三萬五千字，其中約有八十多種（部）戰國古籍，內容涵蓋儒家、道家、兵家、陰陽家等，其中多數古籍為佚書。[10]《上博楚竹書》自 2001 年出版以來，迄 2007 年底共出版六冊。本書以《上博楚竹書》（一）～（六）為主要的研究範圍，

---

[1] 如楚帛書、五里牌簡、仰天湖簡、楊家灣簡、信陽簡、望山簡、藤店簡、天星觀簡、曾侯乙簡、九店簡、江陵磚場簡、常德簡、包山簡、秦家嘴簡、雞公山簡、老河口簡、黃州簡、慈利簡、郭店簡、葛陵簡、上博簡等。詳情請見駢宇騫、段書安編著：《本世紀以來出土簡帛概述》（台北：萬卷樓圖書公司，1999.4）、劉信芳：〈一份沉重的歷史文化遺產－關於楚簡帛的幾點認識和思考〉《中國典籍與文化》第 37 期（2001.2）頁 15、朱淵清：〈馬承源先生談上博簡〉《上博館藏戰國楚竹書研究》（上海：上海書店出版社，2002.3）頁 1-8。

[2] 中國社會科學院考古研究所編：《信陽楚墓》（北京：文物出版社，1986.3）頁 124-136。

[3] 李學勤：《中國古史尋證》（上海：上海科技教育出版社，2002.5）頁 241。

[4] 荊門市博物館：《郭店楚墓竹簡》（北京：文物出版社，1998.5）。

[5] 中國社會科學院考古研究所編：《曾侯乙墓》（北京：文物出版社，1989.7）。

[6] 湖北省文物考古研究所、北京大學中文系編：《望山楚簡》（北京：中華書局，1995.6）。

[7] 湖北省荊沙鐵路考古隊：《包山楚簡》（北京：文物出版社，1991.10）。

[8] 湖北省文物考古研究所、北京大學中文系編：《九店楚簡》（北京：中華書局，2000.5）。

[9] 朱淵清：〈馬承源先生談上博簡〉《上博館藏戰國楚竹書研究》（上海：上海書店出版社，2002.3）頁 1。

[10] 駢宇騫、段書安：《本世紀以來出土簡帛概述》（台北：萬卷樓出版社，1999.4）頁 119、陳燮君：《上海博物館藏戰國楚竹書（一）序》《上海博物館藏戰國楚竹書（一）》（上海：上海古籍出版社，2001.11）頁 2。

旁及其他楚系文字與相關古文字材料。全書內容軸心在「楚文字」的研究，可以分爲三大部分：第一部份是「《上博楚竹書》字詞柬釋」；第二部分是「《上博楚竹書》文字資料運用及相關文字考釋」；第三部分是「以古文字的角度討論《上博楚竹書》文本來源」，底下分別說明：

第一部份「《上博楚竹書》字詞柬釋」的思考點是李學勤先生爲劉信芳先生的大作《孔子詩論述學》作序時提到：「從《孔子詩論述學》，讀者不難看出，有關討論大多仍限於基本的一些方面，例如<u>《詩論》簡的綴合編排，文字考釋</u>。這肯定是必要的，祇有在這些地方做好，才有可能正確理解《詩論》的內涵。急于作深層次的探討，恐怕是不明智的。」[11]另外，李學勤先生在「新出土文獻與古代文明研究」國際學術研討會提到：「這次研討會最多的論文還是考釋文字。這說明了<u>出土文獻的研究工作最基礎的還是考釋文字</u>。考釋工作是工作重心，必不可缺，不認識字是很危險的，目前考釋文字已經取得了許多成果。但同時，這也反映了新出土文獻實在太多了，當前對出土文獻的研究主要還處於考釋文字階段。不能正確考釋文字，建立的推論恐怕很危險，很成問題。這也使我們認識到必須進一步作文字考釋，認識到戰國文字研究有必要進一步深入發展。」[12]此說實爲經驗之談！

近年來出土大量先秦竹書，它的重要性正如鄭良樹先生所說：「由於竹簡帛書抄寫時代非常久遠，所以，對某些現存古籍來說，譬如《周易》、《老子》、《尉繚子》及《孫子》等，竹簡本及帛書本的出土，無疑的立刻成爲最古舊的一種版本了。這些最古舊的版本，除了小部份明顯的錯字之外，對校讎學來說，都有著莫大的價值和貢獻。」[13]但是這些竹書無可避免也需要「校勘」的工作，這也是所謂

---

[11] 劉信芳：《孔子詩論述學》（合肥：安徽大學出版社，2003.1）頁 2。

[12] 李學勤：〈李學勤先生在「新出土文獻與古代文明研究」會議閉幕式上的演講〉，載於謝維揚、朱淵清主編：《新出土文獻與古代文明研究》（上海：上海大學出版社，2004）頁 1。

[13] 鄭良樹：〈竹簡帛書與校讎學、辨僞學〉《古文字研究》第十輯（北京：中華書局，1983.7）頁 406。

「文本復原」的問題。[14]時永樂先生說:「由於校書工作本身就是一種勘正文字的工作，……所以，兩漢時期善於校書的學者，像劉向、揚雄、鄭玄等都是小學名家；唐代的陸德明、顏師古，也都長於小學。他們校訂古書，能夠取得輝煌成績，絕非偶然。清代學者研究訓詁、文字、音韻之學，較之以前，可謂登峰造極，也進而推動了校書工作的進一步深入發展。」[15]可見「文字考釋」與「古書校勘」是完全相關的。要恢復這些竹書的原貌，第一步的工作仍是文字的考釋，之後進一步義蘊的闡發才能開展。本章研究的範圍從《上博（一）》到《上博（六）》，大多數的文章已在正式的期刊學報或是「簡帛網」上發表，收入本書時均參照最新的材料與學者研究的進度作了修訂，加以擴充。亦有幾篇文章是拜讀學者的新論點之後有所得而新作的。

　　第二部分「《上博楚竹書》文字資料運用及相關文字考釋」，王國維曾說:「古來新學問起，大都由於新發現」，拙文不敢號稱新學問，只是將前賢的話謹記在心，並加以實踐而已。裘錫圭先生曾著有〈談談隨縣曾侯乙墓的文字資料〉一文，[16]內容是談這批文字材料所能運用的的範疇，將此批文字材料所能解決的問題一一列出，如「提供了關於曾國歷史的資料」、「提供了關於古代車馬的資料」、「提供了關於古代兵器的資料」等等，讓這些資料能發揮最大的運用。黃天樹先生亦有〈花園莊東地甲骨中所見的若干新資料〉一文，[17]將以往疑問不解之處，如「時稱」、「大歲」、「獵首」等等，利用這批新材料爲證據加以印證或提出新說。本章寫作的思考點是受這兩篇大作的啓發。前一章是束選竹書文本有疑問之處作考釋。本章則是利用學界考釋《上博楚竹書》的最新成果來重讀舊有的材料，如〈楚銅貝「豖」或「象」字考釋〉、〈利用《上博楚竹書》字形考釋金文二則〉、〈《上博（六）·用曰》的「欠」旁及相關幾個字〉、〈《上博（六）·孔子見季桓子》簡 6 的「害」字〉、〈《信陽楚簡》遣冊考釋一則〉；或是對以往的考釋作出新的解析，如〈試論楚簡從「弋」偏旁諸字〉、〈楚文字

---

[14] 陳偉:〈文本復原是一項長期艱鉅的任務〉《湖北大學學報》1999.2。

[15] 時永樂《古籍整理教程》（保定：河北大學出版社，2003.2 二版二刷）頁 114。

[16] 裘錫圭:《古文字論集》（北京：中華書局，1992.8）頁 405-417。

[17] 黃天樹:《黃天樹古文字論集》（北京：學苑出版社，2006.8）頁 447-453

「炅」字及從「炅」之字再議—兼論傳鈔古文一個值得注意的現象〉；或歸納出文字形變現象，如〈楚文字訛混現象舉例〉、〈「訊」字形體演變臆說〉、〈《說文》古文補說二則〉。

　　第三部份「以古文字的角度討論《上博楚竹書》文本來源」，經過周鳳五、陳偉、馮勝君等學者的努力，讓我們認識到《上博楚竹書》之中，有很多並非楚國原著。正是因爲並非楚人原著，所以一定會有底本與抄本的問題，這是本章寫作的思考點。循著此種思考方向，再重新檢視簡文，似乎真的可以發現一些蛛絲馬跡。我們所採用的方法主要是從文字的角度出發，站在抄書人所寫的文字形體和用字習慣來判斷竹書來自哪一個國家。比如出現非楚系特有的文字寫法、用法，甚至詞彙就很難說成是楚國的原貨。

　　必須說明的一點，《望山》、《包山》、《新蔡》等楚簡也有異體字的存在，但是《包山》楚簡的性質與竹書類簡文的性質並不相同，不能相提並論。前者是楚人原創的，當然沒有所謂「底本」的問題；後者是楚人複製的，自然可以考慮其來自何處。而且「異體字」的定義並不相當於非楚系文字，目前似乎沒有看到有學者提出《包山》中有非楚系文字特色的文字。其實這個論證本身就有問題，因爲所謂「楚系文字」，不就是歸納《包山》、《新蔡》等竹簡的字體而來的嗎，所以不太可能存在非楚系文字的現象。於此亦可知將竹書類簡文比對這些標準楚簡的字體，若確實出現非楚文字特有的特殊寫法，其中原因是值得探討的。

　　另外，或質疑這些竹書出現非楚系的寫法，如齊系文字，可能肇因於書手並非楚人。但當時楚國抄手是否真的來自各國目前並無證據顯示，我們由《孟子‧滕文公下》曾經舉過的「一傅眾咻」的例證，可以得到一個印象是齊、楚兩國語言文化應有所差異。[18]退一步說，這些書籍既然起著閱讀與傳播學術的作用，很難想像會請齊國抄手來寫楚國的書，抄寫時故意將楚文字轉寫爲齊魯一系文字，這顯然是很難理解的。李學勤先生曾指出：「馬王堆漢墓所出簡帛書籍多爲楚人著作」，又說：「秦代寫本《篆書陰陽五行》，文字含有大量楚國古文

---

[18] 汪啓明：《先秦兩漢齊語研究》（成都：巴蜀書社，1999.4）頁56。

的成分。例如……在『併天地左右之，大吉』一句中，抄寫者把『左』字寫成古文的『右』，下面『幷天地而左右之，一擊十』一句，又改正為『左』。同樣，在『凡戰，左天右地，勝』一句中，他按照古文寫法，把『戰』字寫成從『曰』，在『王戰』一句中，又遵照了秦國的字體。這位抄寫者顯然是還未能熟練掌握秦朝法定統一字體的楚人。」[19]《馬王堆》出土地是湖南長沙，是楚人舊有的領土。也就是說即使到了秦國，楚地人仍起用當地人抄寫文本，所以才會出現楚、秦文字夾雜的現象。更遑論戰國時代楚國，應該也是以楚國人來抄寫自己的文本。

　　總之，本書的關注對象就是「楚地文字」，而以《上博楚竹書》為討論的範疇，並往外連結相關議題，故以《上博楚竹書文字及相關問題研究》為題。戰國文字號稱難懂，楚國文字尤甚，筆者學識淺薄，本書疏謬之處一定很多，請學者專家不吝指正。

---

[19] 李學勤：〈新出簡帛與楚文化〉，湖北省社會科學院歷史研究所編《楚文化新探》（武漢：湖北人民出版社，1981）頁 36-37。亦可參范常喜：〈馬王堆簡帛古文遺跡述議（一）〉，簡帛網，2007.09.22。

第二章

《上博楚竹書》字詞柬釋

一、前言

　　清戴震在〈古經解鈎沈序〉中云:「經之至者,道也。所以明道者,其詞也。所以成詞者,未有能外小學文字者也。由文字以通乎語言,由語言以通乎古聖賢之心志,譬之適堂壇之必循其階而不蠟等。」[1]清段玉裁〈廣雅疏證序〉亦曰:「小學有形、有音、有義,三者可互求,舉一可得其二。有古形、有今形,有古音、有今音,有古義、今義,六者互相求,舉一可得其五。……聖人之制字,有義而後有音,有音而後有形;學者之考字,因形以得其音,因音以得其義。」[2]可見認識字形是進一步辨音釋義的前提。李守奎先生在其大作《楚文字編》前言中也提到:「有人曾以十九世紀末因甲骨文的發現而取得了二十世紀歷史學的突破性成果為喻,認為二十世紀末大批楚簡的發現會使中國的歷史文化研究進入一個新時代。……要充分利用這些用先秦古文字書寫的古代文本,其前提是對古文字的辨識。古文字考釋是出土文獻研究最基礎的工作。」[3]其說誠是!本書以《上博楚竹書(一)》~《上博楚竹書(六)》文字的考釋為論文的第一部份,束選其中古文字或詞語加以探討,並嘗試疏通簡文文意。希望我們所做的基礎工作,能提供相關領域的學者深入的使用《上博楚竹書》。

二、《上博楚竹書(一)·緇衣》簡 1「服」字再議

　　《上博(一)·緇衣》簡 1:「則民咸██而刑不屯」(為方便排版,本書釋文一般用寬式),《郭店·緇衣》簡 1 則作:「則民咸██而刑不屯[4]」,今本作:「刑不試而民咸服」,很明顯地,上述楚簡二字應讀為

---

[1] 《戴東元先生全集》(台北:大化書局影印本,1978)卷十頁 2。

[2] 〔清〕王念孫:《廣雅疏證》(南京:江蘇古籍出版社,2000.9)頁 2。

[3] 李守奎:《楚文字編》(上海:華東師範大學,2003.12)頁 6。

[4] 「屯」字作██。周鳳五先生以為是「弋」之訛,讀作「忒」,差也、過也。今本作「試」,疑其字古本作「弋」,漢代經師或讀為「試」。今本作「則爵不瀆而民願,刑不試而民咸服」,氏著:〈郭店楚簡識字札記〉《張以仁先生七秩壽慶論文

「服」。周鳳五先生隸《郭店》字爲放，會意，爲「以力服人」的專字。[5]白於藍先生分析爲「从攴力聲」，力與服二字疊韻。而「匐」（與「服」音近）與從棘聲的「樊」音近可通；而「朸」與「棘」音又相通，所以簡文該字可讀爲「服」。[6]黃錫全先生以爲上博該字的上部是曾侯乙簡「箙」的省聲字，故可讀「服」，則郭店該字可釋爲从力攴聲，亦可讀服。簡文意謂：老百姓皆順從而刑法不用。[7]李學勤先生以爲上博上部從「垂」，並揣測字本系「服」字，因形近論爲「放」，又被誤認爲「庀」，轉寫成上博該字。[8]黃德寬、徐在國先生隸上博該字爲从來从力，二者均爲聲符，讀「服」，[9]林素清女士亦認爲从「來」，但分析作从力來聲，與「服」古同爲之部字，故可通假。[10]

　　建洲按：筆者贊成《郭店》該字應分析爲从力攴聲。「攴」，滂紐屋部[11]；「服」，並紐職部。聲紐同爲唇音，韻部旁轉，如《釋名·釋姿容》：「僕，踣也，頓踣而前也。」僕，滂紐屋部；踣，並紐職部，二者的關係與「攴」、「服」正同。[12]其次，之侯二韻也有通假的例證，[13]如古書有「不」聲字與「付」聲字通用的例子，《詩經·小雅·

集》（台北：學生書局，1999.1）頁 351 第一條。李學勤、白於藍二先生看法相似，前者見《清華簡帛研究》第 2 輯 頁 21；後者見《華南師範大學學報》2000年第 3 期 頁 89 第 2 條。

[5]　周鳳五：〈郭店楚簡識字札記〉《張以仁先生七秩壽慶論文集》頁 351 第一條。

[6]　白於藍：〈郭店楚簡拾遺〉《華南師範大學學報》2000.3 期頁 89 第 2 條。附帶一提，「樊」實不從「棘」聲，《說文》的分析不可信，見陳劍：〈西周金文「牙樊」小考〉《甲骨金文考釋論集》（北京：線裝書局，2007.4）頁 56。

[7]　黃錫全：〈讀上博楚簡札記〉《新出楚簡與儒家思想國際學術研討會》（北京：清華大學，2002.3.31）頁 37 第 3 條。

[8]　李學勤：〈論楚簡《緇衣》首句〉《清華簡帛研究》第 2 輯（北京：清華大學，2002.3）頁 21。

[9]　黃德寬、徐在國：〈上海博物館藏戰國楚竹書（一）緇衣·性情論釋文補正〉《古籍整理研究學刊》2002.2 頁 2 第一條。又載於黃德寬、何琳儀、徐在國合著：《新出楚簡文字考》（合肥：安徽大學出版社，2007.9）頁 100。

[10]　林素清：〈郭店、上博《緇衣》簡之比較—兼論戰國文字的國別問題〉《新出土文獻與古代文明研究國際學術研討會論文》（上海，2002.7.28）頁 3。

[11]　本書古音根據郭錫良：《漢字古音手冊》（北京：北京大學出版社，1986 年）底下不再注出。

[12]　王力：《同源字典》（北京：商務印書館，1999.9 五刷）頁 265-266。

[13]　參李天虹：〈上博五《競》、《鮑》篇校讀四則〉，簡帛網（www.bsm.org.cn），2006.02.19。

常棣》「鄂不韡韡」，鄭箋：「不當作跗，古聲不跗同。」[14]又如《郭店·語叢四》簡1-2「言1而苟，牆有耳。往言傷人，來言傷己。」其中「苟」（侯部）；「耳、己」（之部）合韻。[15]而職屋二部分別是之侯的入聲韻，所以「夊」、「服」的確有相通的可能。可見「放」分析為從「夊」聲，比從「力」聲直接的多。

至於上博該字，學者所舉「垂」、「來」、「箙」諸字，上部形體均相近，如「垂」作 𡍮（「華」，上從「垂」，華母壺）、▓（「垂冶」[16]合文，《集成》11653 廿九年高都令劍）；「來」作 𠨄（天星觀簡簡文云：「從十月以至『來』歲之十月」，《楚系簡帛文字編》頁 423）、《郭店·老子乙》簡 13 作𠨄、「輚」作▓（《包山》簡 267）[17]；「箙」作▓（《曾侯》簡 2）。筆者以為這三種說法似乎可以再商榷。首先，來的上部字形與上博該字字形不類。其次，「垂」，古音禪紐歌部，與「服」聲韻俱遠，當作聲符不可信。黃錫全先生所舉的「箙」字，劉信芳先生分析作從夊從宀從甫，並認為字之所以贅加夊（垂）者，亦取矢房垂掛之意。曾侯乙簡 2：「一懸▓」，懸箙正所謂懸垂之箙。[18]其說若可信，則黃錫全先生原本以為的聲符，其實是「垂」，同樣與「服」聲韻俱遠。

或以為上博該字是誤寫，但是同樣寫法亦見於《九店楚簡》621.27 有字作▓，字的上部與上博幾乎相同，所以上博的寫法應該不至是誤寫。李家浩先生分析《九店》字作從「邑」從古文「殽」得聲。[19]釋作「殽」的根據是《三體石經·僖公卅三年》：「晉人及姜人

[14] 參看高亨、董治安編纂：《古字通假會典》（濟南：齊魯書社，1997.7 二刷）頁 366、434、李天虹：〈上博五《競》、《鮑》篇校讀四則〉，簡帛網，2006.02.19。

[15] 趙彤：《戰國楚方言音系》（北京：中國戲劇出版社，2006.5）頁 131。

[16] 何琳儀：《戰國古文字典》（北京：中華書局，1998.9）頁 1492

[17] 李零先生隸作右從二「來」，見〈讀《楚系簡帛文字編》〉《出土文獻》第五集（北京：科學出版社，1999.8）頁 162（68），同樣偏旁亦見於簡 267，李零亦隸作從二「來」，頁 162（71）（按：《楚系簡帛文字編》頁 1027 簡號有誤），《戰國文字編》頁 940、867 均從之。

[18] 劉信芳：〈從夊之字匯釋〉《容庚先生百年誕辰文集》（廣東：廣東人民出版社，1998.4）頁 617。

[19] 李家浩：〈九店竹簡釋文與考釋〉《九店楚簡》（北京：中華書局，2000.5）頁 145 注 25。

敗秦師於『殽』」。[20]但何琳儀、黃錫全二先生均指出《三體石經》的「𤕚」字，是假「孝」爲「殽」，由「孝」作𩜍（從食，番君簠）及「考」作𦒴（師害簋）發展而來。[21]一來「孝」的普遍字形與上博字不類，其次與「服」聲韻俱遠（孝，曉紐幽部），所以此說亦不能成立。

　　筆者以爲可釋作從「𡦿」，金文作𤔍（盂爵）、𤔈（幾父壺）、𤔎（王臣簋）、𤔉（彔伯簋）、𩜗〔從食旁，戈弔鼎〕、𩜘（慶孫之子簠）。至於字形最上部，上博作「卜」形；「𡦿」作「𠂆」形，古文字中常見互作之例，如「每」作𣫮（杞伯鼎），也作𣫯（𣅀壺）、𣫰（「繁」，庚兒鼎）。「來」作𨒡（般甗）[22]、𨖍（上博簡 22 左旁），也作𨒢（《郭店‧老子乙》13）、𨒣（趞鼎）。「差」作𤳊（國差𦉢）亦作𤳋（𩰞忌鼎），「十」與「卜」形古文字可以互通，如前舉「來」字。尤其「盂爵」、「彔伯簋」、「戈弔鼎」的「𡦿」，其筆法與簡文相當類似。《說文》曰：「𡩡，疾也。從宀𡦿聲。𢬵從此。」[23]又曰：「𢶏，首至手也。從手𡦿，𡦿音忽。」[24]又曰：「𩜾，脩飯也。從食𡦿聲。𩜹，𩜾或從賁。𩜺，𩜾或從奔。」[25]可見「𡦿」的音讀有四：一、音卉；二、與𢬵相同或相近；三、與賁、奔相同或相近；四、音忽。冀小軍先生以爲《說文》之說不可信，其曰：

　　　　事實上，對源於《說文》的𡦿字傳統讀音，在古文字中是曾出
　　　　現過反證的。這就是金文的㛪。㛪字作作𡜦、𡜧、𡜨（杞伯

---

[20] 呂振端：《魏三體石經殘字集證》（台北：學海出版社，1981.5）頁 98，字頭 83。

[21] 何琳儀：〈長沙銅量銘文補釋〉《江漢考古》1988.4 頁 99、《戰國古文字典》頁 223、黃錫全：《湖北出土商周文字輯證》頁 192 注 10。又「燕客銅量」（長沙銅量）同形字亦釋爲「孝」，劉彬徽：《楚國青銅器研究》頁 349（七十二）號從之

[22] 與「般甗」相近字形的甲骨文，裘錫圭先生亦以爲是「來」字，見〈甲骨文中所見的商代農業〉收於《古文字論集》（北京：中華書局，1992.8）頁 156。

[23] 〔漢〕許慎著　〔清〕段玉裁注《說文解字注》（台北：漢京，1985.10）頁 497。

[24] 〔漢〕許慎著　〔清〕段玉裁注《說文解字注》（台北：漢京，1985.10）頁 595。「又音忽」三字據《大徐本》增補，見〔漢〕許慎著：《說文解字》（北京：中華書局，1992.4 十二刷）頁 251。

[25] 〔漢〕許慎著、〔清〕段玉裁注：《說文解字注》（台北：漢京，1985.10）頁 218。

篡）等形，在金文中每與邾國之「邾」連用，孫詒讓認為就是邾國曹姓的本字。對這個字如何隸定……郭沫若據邾友父鬲此字作䅅而隸寫作孃，且謂孃字所從偏旁與棗字有皎然不相紊之處。按：孃字除邾友父鬲所從確為棗字外，其他大抵從來、來，郭氏所謂「與棗字有皎然不相紊之處」可能是指其中部有一二橫畫，而常見的棗字卻沒有。其實，金文中作偏旁的棗字也有帶橫畫的，如䅅（趞簋）、䅅（魯司徒仲齊盨，按：《金文編》稱為「簋」，今從《集成》4441 稱為「盨」）。而孃字所從又有無橫畫者，如杞伯簋之䅅。由此可知，這一二橫畫的有無，並不影響其本為一字。所以郭氏等人將此字全部隸寫為作孃，是不妥當的。其與孃應該是一個字的不同寫法。[26]

冀小軍先生以為《說文》傳統的讀音與金文中應讀為「曹」的聲韻相差太遠，《說文》的「棗」弄錯形聲。所以他引孫詒讓的說法，「疑古自有棗字……應從卣得聲」，小篆「棗」作「棗」，應分析為從卉卣聲，讀為「禱」。其次，冀小軍先生以為甲金文「棗年」、「棗禾」、「棗壽」等等不應從龍宇純先生釋為「祓」，[27]以為「祓」是除去不祥之意，所祓都是人們希望去掉的東西，應釋為「禱」。[28]筆者以為冀氏之說似有商榷之處。首先，其摹杞伯簋之䅅，以為是「孃」字中間不作橫筆之證。事實上，該字應作䅅（《集成》3900），與其它杞伯簋的字比較，如䅅（《集成》3898）、䅅（《集成》3899）、䅅（《集成》3902），由筆勢來看，仍應該代表「橫筆」，絕非中豎旁的斜筆，冀氏有誤摹之嫌。其次，筆者曾撰文指出䅅右旁從二「來」，字的右上部與「釐」作䅅（師酉簋）同形，皆為「來」。而䅅、䅅、䅅諸字是䅅的進一步變化，仍應讀為「棗」，與「曹」音近。這與郭沫若所說䅅字

[26] 冀小軍：〈說甲骨金文中表祈求義的棗字—兼談棗字在金文車飾名稱中的用法〉《湖北大學學報》1991.1 頁 38-40。

[27] 龍宇純：〈甲骨文金文本字及其相關問題〉《中央研究院歷史語言研究所集刊》34 本（下）（台北：中央研究院，1963.12）頁 412。

[28] 冀小軍：〈說甲骨金文中表祈求義的棗字—兼談棗字在金文車飾名稱中的用法〉《湖北大學學報》1991.1 頁 38-40。

「最為正確」相呼應。[29]「杞伯」諸器，如杞伯簋（《集成》7.3897-3902）、杞伯鼎（《集成》4.2494-2495）、杞伯壺（《集成》5.9687-9688）、杞伯匜（《集成》16.10255）、杞伯盆（《集成》16.10334），以上諸字除某些拓本不清楚外，其餘豎筆中間皆帶「橫筆」。同樣的字亦出現在伯氏鼎（《集成》4.2443-2447），亦有相同的特徵。面對這麼多的材料同時具備這種現象，卻解釋說這是「奉」帶「橫筆」的寫法，這與一般的「奉」及偏旁字不帶「橫筆」相較，[30]未免扞格不入。換言之，𤯒、𤯒、𤯒等字應不從「奉」。其三，所謂「疑古自有𦥯字」不知證據何在？《說文》十篇下十五從「𦥯」者，計有𦥯、𦥯、𦥯、𦥯、𦥯等字。𦥯，甲、金、戰國文字俱不從「𦥯」。𦥯，一般用為「疾暴」意，目前最早見於秦朝的「繹山刻石」作𦥯。[31]𦥯，雖見於虢季子白盤，但其偏旁其實是「奉」。[32]𦥯，即「奏」，目前最早見於《睡虎地》語書 13，作𦥯。𦥯是「皋」，《睡虎地》日書甲篇 111 反作𦥯。[33]《睡虎地》的「奏」、「皋」二字是否從「𦥯」是可以再考慮的，換言之，「𦥯」偏旁的字出現並不早，所謂「古自有」可能指秦代以後。冀文還說小篆的「奉」作「𦥯」是「形聲字通過把原有字形的一部分改為形近的音符而形成的」（建洲按：即劉釗先生所謂的「變形音化」）。冀先生所舉的例子如「羞」，金文作從「又」持「羊」，象進獻食物。小篆把「又」改為與「羞」音近的「丑」成形聲字。另外，「屎」字本來從「人」，後改為聲符從「𣥐」，《說文》亦說從「𣥐」聲。但是「奉」字，冀先生也以為字下從「𦥯」，應當作聲符，這是很奇怪的。因為《說文》中所列「奉」及偏旁的字，其標音無一與「𦥯」（按：讀「滔」）相近，冀先生所舉例子與要證明的事情無法搭配。其四，龍宇純先生釋「奉」為「祓」，其曰：「此種祭祀的精神，便不單純的求福，其主要之點在除災，不過因為除災也就是求福，二者意義

---

[29] 蘇建洲：〈從「棗」、「棘」的文字構形談關於「形近混用」解釋之商榷〉《中區文字學座談會會議論文》（台中：逢甲大學，2002.11.29）。吳振武先生於 2002 年 10 月 30 日的回函中曰：「結論中的主體應可成立。」

[30] 如《甲骨文編》頁 426-427、《金文編》頁 357、707、774、810。

[31] 裘錫圭：《文字學概要》（台北：萬卷樓，1999.1 再版二刷）頁 155。

[32] 《金文編》頁 707，字頭 1693。

[33] 《郭店‧窮達以時》3 的「咎繇」就是「皋陶」，是用假借字。

相反相成，所以往往以求字解之，便亦覺其怡然通順了。」[34]這是有
道理的，如同《呂氏春秋·季秋紀·順民》:「昔者湯克夏而正天下。
天大旱，五年不收，湯乃以身『禱』于桑林……雨乃大至。」[35]同樣
事情亦見於《墨子·兼愛下》曰:「雖《湯說》即亦猶是也。湯曰:
『惟予小子履，敢用玄牡，告於上天后，曰:「今天大旱，即當朕身
履……萬方有罪，即當朕身；朕身有罪，無及萬方。」』即此言湯貴
爲天子，富有天下，然且不憚以身爲犧牲，以祠說于上帝鬼神。」[36]
畢沅及孫詒讓俱以爲這是「湯『禱』旱文」。[37]又如《周禮·春官·小
祝》曰:「小祝:掌小祭祀，將事侯禳『禱』祠之祝號，以祈福祥，
順豐年，逆時雨，寧風旱，彌災兵，遠罪疾。」[38]以上諸「禱」字均
扮演相反相成的腳色。另外，學者指出《墨子》文中的「說」就是
《周禮·春官·大祝》六祈中的「說」，亦即《包山楚簡》常見的「以
其故說之」之「說」。[39]邢文先生重新分析筮占文獻的結構，認爲:
「說，見於《周禮·春官·大祝》，其義爲攻解，以攘除災患。在包山
楚簡中，『以其故說之』句是所有禱祠句的引句，說明禱祠的原
因。」[40]換言之，祭禱與除災本是一體之兩面。況且《爾雅·釋詁》
下曰:「祿、祉、履、戩、祓、禧、禠、祜，福也。」[41]「祓」，不僅
含「攘除」的反面之意，亦含有「福氣」的正面之意。又如《詩經·
小雅·天保》曰:「俾爾單厚，何福不除。」《毛傳》曰:「除，開
也。」、《鄭箋》曰:「皆開出以予之。」[42]俞樾《群經平議》以爲
「除」當讀爲「儲」。[43]若以上述觀點來看，則詩文並不奇怪。職是之

[34] 龍宇純:〈甲骨文金文本字及其相關問題〉《中央研究院歷史語言研究所集刊》34
本（下）（台北:中央研究院，1963.12）頁413。
[35] 張雙棣等:《呂氏春秋譯注》（北京:北京大學出版社，2000.9）頁234。
[36] 〔清〕孫詒讓著:《墨子閒詁》（台北:華正書局，1995.9）頁112-113。
[37] 同上。
[38] 《十三經注疏—周禮》（台北:藝文出版社，1997.8初版十三刷）頁390。
[39] 李學勤:《周易經傳溯源》（長春:長春出版社，1992.8）頁193-194、李家浩:
〈包山楚簡「筮」字即其相關之字〉《第三屆國際中國古文字學研討會論文集》
（香港:香港中文大學，1997.10）頁566。
[40] 邢文:〈早期筮占文獻的結構分析〉《文物》2002.8頁58。
[41] 《十三經注疏—爾雅》（台北:藝文出版社，1997.8初版十三刷）頁22。
[42] 《十三經注疏—詩經》（台北:藝文出版社，1997.8初版十三刷）頁330。
[43] 引自余培林師《詩經正詁》（下）（台北:三民出版社，1995.10）頁26。

故，不取冀氏之說。

　　筆者贊同龍宇純先生說「奉」象草根之形，是「芨」字初文。[44]
與上述《說文》諸「奉」音相近。「芨」，並紐月部，與「服」（並紐
職部），雙聲，韻部相通之例，如《莊子·大宗師》：「終古不忒」，
《釋文》：「忒（透紐職部），崔本作代（定紐月部）、《禮記·月令》：
「宿離不貸。」《呂氏春秋·孟春紀》：貸（定紐月部）作忒（透紐職
部）[45]、《易林·萃之夬》以悅決（月部）韻得（職部）皆為其例。[46]
又新出《上博（六）·景公瘧》1「疠」應讀為「痎」。介，月部；亥，
之部。之月有通假的例證，則職月或亦有通假的可能。[47]雖然何琳儀
先生認為「奉」象草木茂美之形，「賁」之初文，[48]但不妨害我們的結
論。《說文》曰：「餗或作饙」、《爾雅·釋言》：「饙餾，稔也。」《釋
文》曰：「饙，《說文》作餗。」[49]換言之，奉與賁本有異體字的關
係。所以 𦳊（《九店》）及 𦳊（《上博》）上部應該從「奉」，只是《上
博》「奉」形有重複部件。簡文文字的構形方式屬於「截除性簡化」，
即將原有整個符號截去一部份。[50]但是《九店》簡文殘闕嚴重，無法
得知字該做何釋。

附記：本文完成於 2002 年 6 月，並於 2002 年 11 月通過《考古與文
　　　物》（西安：陝西省考古研究所編）期刊的審查。但因拙文編
　　　排不易，幾經波折，才以〈上博楚簡考釋三則〉為題，刊登於
　　　《考古與文物 2005 年古文字專輯》（西安：陝西考古研究所，
　　　2005.12）。本文為〈上博楚簡考釋三則〉之第一則，收入本書

---

[44] 龍宇純：〈甲骨文金文𥝌字及其相關問題〉《中央研究院歷史語言研究所集刊》34
　　本（下）（台北：中央研究院，1963.12）頁 412。

[45] 王輝：《古文字通假釋例》（台北：藝文印書館，1993.4）頁 260-261。

[46] 陳新雄師：《古音研究》（台北：五南出版社，1999.4）頁 460。

[47] 汪啓明：《先秦兩漢齊語研究》（成都：巴蜀書社，1999.4）頁 142 以為之月相通
　　齊國語音特徵。而《上博一·緇衣》已有學者論證是齊國的抄本，見馮勝君：
　　《論郭店簡〈唐虞之道〉、〈忠信之道〉、〈語叢〉一～三以及上博簡〈緇衣〉為具
　　有齊系文字特點的抄本》，（北京大學博士後研究工作報告，2004 年 8 月）。則本
　　簡所呈現出的月職兩部相通或許不是巧合。

[48] 何琳儀：《戰國古文字典》頁 1295。

[49] 高亨：《古文字通假會典》（濟南：齊魯書社，1997.2 二刷）頁 148。

[50] 林澐：《古文字研究簡論》（長春：吉林大學出版社，1986.9）頁 75。

又有訂補。後看見孟蓬生先生〈釋奉〉一文某些觀點與拙文相同，則拙文結論或有可參之處。孟文載於《古文字研究》25輯（2004.10）。

三、《上博楚竹書（二）》字詞叢考

（一）《昔者君老》簡 4「受」字再議

　　《昔者君老》是《上海博物館藏戰國楚竹書（二）》的第五篇。[51]簡文原無篇題，以簡一首句「君子曰：昔者君老……」定篇名為《昔者君老》。本篇僅存四枝簡，其中三枝完簡，一枝殘簡，共存一百五十八字，其中重文八，合文一。由於內容殘損嚴重，故學者解讀本篇往往有不同的結論。或以為內容可以連讀，或以為彼此是沒有關係的。其中爭議最大的莫過於第三簡，因為其內容與第一、二、四簡差距過大。《上博（四）·內禮》[52]出版之後，學者發現到簡 3 與《內禮》的關係非常密切，無論就簡長、簡寬、編繩、字體等方面來看皆十分接近，可能本是同一篇的內容。[53]林素清女士將之編連在《內禮》簡 8之後，下接簡 9 也能讀得怡然通順。[54]目前看來，將《昔者君老》簡 3 剔除，轉而歸於《內禮》篇之中應該是沒有問題的。總體來說，從第一、二、四簡來看，本篇內容大概記述國君自衰老至亡故，太子朝

---

[51] 馬承源主編：《上海博物館藏戰國楚竹書（二）》（上海：上海古籍出版社，2002.12）頁 241-246。

[52] 馬承源主編：《上海博物館藏戰國楚竹書（四）》（上海：上海古籍出版社，2004.12）頁 218-229。

[53] 林素清：〈釋「匚」─兼及《內禮》新釋與重編〉《中國文字學的方法與實踐國際學術研討會》（美國芝加哥大學，2005.5.28-30）、林素清：〈上博四《內禮》篇重探〉《出土簡帛文獻與古代學術國際研討會》（台北：政治大學中文系，2005.12.2-3）頁 3、井上亘：〈《內豊》篇與《昔者君老》篇的編聯問題〉，簡帛研究網（www.jianbo.org），2005.10.16。

[54] 林素清：〈上博四《內禮》篇重探〉《出土簡帛文獻與古代學術國際研討會》（台北：政治大學中文系，2005.12.2-3）頁 3。附帶一提，會議現場復旦大學陳劍先生亦表示相同的意見。

見過程中的行爲規範，所以學者以爲本篇或可視爲〈君喪禮〉，[55]或說是《論語‧憲問》子張問孔子「高宗諒陰，三年不言」一章的解說，或是認爲簡文講述的不僅是朝見之禮，還包括入宮探視和居喪之禮，以上這些意見均有可取之處，也增加了我們對儒家禮儀制度的進一步了解。本文想針對簡 4「唯邦之大是敬」一段談點自己的想法。

對於「」字，目前學者有如下的看法：

（一）李銳先生說：「原釋文未釋，按此字當讀爲『務』，下從『几』（『鳧』所從），李天虹先生已有解說。」[56]何琳儀先生看法相近，其曰：「《考釋》不識。按，當釋『矛』，此字又見《從政》甲10、《從政》乙 1。簡文『大矛』應該『大務』。《漢書‧禮樂志》『古之王者，莫不以教化爲大務』。《潛夫論》『凡南面大務，莫急於知賢。』」[57]黃德寬先生有相同的看法。[58]

（二）筆者曾以爲依形應釋爲「受」，讀作「務」。[59]

（三）顏世鉉先生以爲「此字當爲《說文》『巢』部之『叟』字，其下云：『傾覆也，從寸臼覆之，寸、人手也，從巢省。杜林說以爲貶省之貶。』段注標音爲『方斂切』。此字又可見《古文四聲韻》卷三所引《古尙書》『貶』字，其形正與簡文之形相同。『叟』通『貶』，應是假借用法。『貶』可通『辯』、『變』，……簡文所說，『君卒』乃國之大變；對太子而言，此亦人道之大變。」[60]

（四）林素清先生則以爲「簡文『大』應讀與《史墻盤》『大』

[55] 季師旭昇：〈上博二小議（四）：《昔者君老》中的「母弟送退」及君老禮〉，簡帛研究網，2003.06.16。
[56] 李銳：〈上博館藏楚簡（二）初札〉，簡帛研究網，2003.01.06。
[57] 何琳儀：〈滬簡二冊選釋〉，簡帛研究網，2003.01.17。
[58] 黃德寬：〈《戰國楚竹書》（二）釋文補正〉，簡帛研究網，2003.01.21。
[59] 蘇建洲：〈上博楚竹書《容成氏》、《昔者君老》考釋四則〉，簡帛研究網，2003.01.15。
[60] 顏世鉉：〈上博楚竹書散論（三）〉，簡帛研究網，2003.01.19。

同。……西周金文常見，字多從「丂」從二「曲」，……簡文『學』字即『粵』字上部『由』形稍微脫開之形，這是字體由篆至隸演變過程中常見現象。『粵』，即古籍常見的『屏』字。……『邦之大屏』指國君卒後輔佐嗣君（太子）之重臣，因爲太子居喪時必須『亡聞亡聽，不問不命』，一切國事只能謹敬地遵從『屏攝重臣』行事。」[61]

建洲按：第（一）說的問題是上部並不從「矛」，如《郭店·老子丙》簡 1「侮」作（上從「矛」）[62]。雖然右上筆劃稍有殘損，但與「矛」右旁作是顯然不同的，仔細觀察應該是作「彐」形。而且簡文已經說太子對國事「亡聞，亡聽；不聞不命」，如果下再接「唯邦之大務是敬」是不合理的。第（二）說讀爲「務」，錯誤同上。第（三）說林素清先生指出「顏說於字形、文義似皆有據，但是，稱君喪爲『邦之大變』，恐怕是缺乏文獻證據支持的。其次，『邦之大變』與簡文上一句『哀悲』的對應關係亦不理想，因君喪一事而特別提出『敬』字，也是難以理解的。」[63]第（四）說釋爲「粵」，筆者亦以爲值得商榷。首先，楚系文字已有「粵」作（《包山》201）、（「餶」，《葛陵》零：416），[64]其字形與「學」上部差異較大。第二，「粵」下部的「丂」旁，其上橫筆多作平畫，下斜筆則通常帶有一點弧度，如「丂」作（同簋）、（鰁鎛）；「粵」作（班簋）；「考」作（《上博（一）·孔子詩論》簡 8）；「攷」作（《郭店·性自命出》45），皆與「學」不同，更重要的是「學」其下橫筆的寫法是「由右至左」，而「粵」卻是「由左至右」，二者完全不同。以上都證明釋爲「粵」疑點不少。[65]

---

[61] 林素清：〈上博楚竹書《昔者君老》釋讀〉《第一屆應用出土資料國際學術研討會》（苗栗：育達商業技術學院，2003.4.23）頁 7-9。

[62] 李天虹：〈郭店楚簡文字雜釋〉《郭店楚簡國際學術研討會論文集》（武漢：湖北人民出版社，2000.5）頁 98-99。

[63] 林素清：〈上博楚竹書《昔者君老》釋讀〉《第一屆應用出土資料國際學術研討會》頁 7。

[64] 亦見《包山》197、199，形體皆相近。參張光裕、袁國華先生主編：《包山楚簡文字編》（台北：藝文印書館，1992.11）頁 96。其他亦見《秦家嘴》99.15、《集成》15.9516「粵斿子壺」，參林清源師：《楚國文字構形演變研究》（台中：東海大學博士論文，1997.12）頁 238。

[65] 東京大學曹峰先生亦認爲釋爲粵「較難成立」，見氏著：〈楚簡《昔者君老》新注〉《楚地簡帛思想研究（二）》（武漢：湖北教育出版社，2005.4）頁 49。

筆者以爲字應釋爲「受」。上部與「受」《郭店·語叢三》5 作
◆、《上博（二）·子羔》7 做◆完全同形。[66]下部則與《民之父母》簡
6-7「明目而視之，不可得而視也」的「視」字作◆、《郭店·成之聞
之[67]》20「人」作◆形近。上引黃德寬先生文章即認爲「◆」下從
「人」。或曰「在古文字裡，作爲偏旁的人字，通常位於字體的左邊，
鮮見位於下方者」，[68]但是「務」作◆（《從政》甲 10）、◆（《從政》
乙 1）無疑從「人」旁，換言之，說「◆」下部從「人」應該是可以
的。另外，林素清女士說：「『◆』字下部末筆有明顯往左上勾起之
勢，與『人』或『几』形不類」，[69]但是我們細審彩版，似未見所謂
「明顯往左上勾起之勢」的現象。筆者以爲「◆」的構形不過是將
「受」下部的「又」旁換成「人」旁，古文字並不少見，如楚系文字
的「弁」除作◆（《郭店·老子甲》35），亦作◆（《天星觀》）[70]、◆
（《從政》甲 17）、《信陽》2.29，即完全吻合這個現象。[71]劉釗先生亦
提到甲骨文有的從「人」形的字常常有從「手（又）」形的異體，如
◆又作◆。[72]又姚萱先生曾指出：

> 《甲編》2357（即《合集》21414）有如下一字：◆。屈萬里先
> 生《殷虛文字甲編考釋》云「或是及字異體」，《類纂》41 頁
> 即收於「及」字下。此字上下文殘，是否爲「及」字無法從文
> 意驗證。其釋爲「及」的根據，顯然是因爲字形象一人伸出手
> 從背後「逮及」另一人。跟「及」字作「◆」形相比較，區別

---

[66] 其他「受」字形，請見張光裕主編：《郭店楚簡研究·第一卷·文字編》頁 105
字頭 205。

[67] 《成之聞之》，有學者認爲經過重新編聯之後應稱爲《君子之於教》，參廖名春：
《郭店簡〈成之聞之〉的編連和命名問題》，《中國史研究》2001 年第 2 期、陳
劍：《郭店簡〈尊德義〉和〈成之聞之〉的簡背數字與其簡序關係的考察》，武漢
大學《簡帛》第二輯。但爲方便讀者的閱讀習慣，本書仍沿襲舊稱。

[68] 李天虹：〈郭店楚簡文字雜釋〉《郭店楚簡國際學術研討會論文集》頁 98-99。

[69] 林素清：〈上博楚竹書《昔者君老》釋讀〉《第一屆應用出土資料國際學術研討
會》頁 7。

[70] 李家浩：〈釋「弁」〉《古文字研究》第一輯（北京：中華書局，1979.8）頁 391、
滕壬生：《楚系簡帛文字編》（武漢：湖北教育出版社，1995.7）頁 363。

[71] 亦可參趙平安：〈釋甲骨文中的「◆」和「◆」〉《文物》2000.8 頁 61-63。

[72] 劉釗：《古文字構形研究》（長春：吉林大學博士論文，1991）頁 67。

只在於背後的伸出手的人形是否寫出，其為「及」字繁體，從字形看確實是很自然的。同類的例子甲骨文多見，如卜辭「🈳」字常常省略人形只保留手形作「🈳」，就是一個顯著的例子。有這類異體關係的字，張亞初先生稱之為「整體會意字與局部會意字」，有過詳細的舉例論證，請參看。（原注：張亞初：《古文字分類考釋論稿》，《古文字研究》第十七輯，第232～234頁，中華書局，1989年。）[73]

這也是人、又偏旁互換的例證。還有賓祖賓出類有字作🈳，字形亦見於族名金文作🈳（《金文編》頁884）。李學勤先生釋為「幷」，陳劍先生贊同此說，並舉證如下：

釋🈳為「幷」，在文字學上也可以找到證據。西周青銅器坒卣銘文中，器主之名寫作「🈳」（《金文編》第884頁），從壴比聲。「壴」與「土」作為意符常可通用，因此陳夢家先生釋此字為「坒」可從。同人所作的另一件器坒角中，這個字寫作🈳。《金文編》說「從友」，但「友」與「比」讀音相差很遠，作為聲符怎麼能通用呢？同樣的情況又見於戰國時期燕國銅器纕安君鉈。跟它同類的器的自名都寫作從「比」聲，（原注：關於這類銅器的自名和形制，參看裘錫圭：《說鉈、榼、椑榼》，收入《古代文史研究新探》，江蘇古籍出版社，1992年6月。）而此器的自名寫作🈳（《金文編》912頁），聲符也跟「友」近似。在這兩個字形中，🈳形很可能都是以兩手相「比並」表意，是作為「比」字的異體來用的，與「友」字無關。甲骨文「幷」字多作🈳或🈳（《文編》第351頁），係以一條或兩條橫線聯結側向並立的兩個人，來表示「合併」意。其異體「🈳」形中並列的兩個「又」，當亦表「並列」、「比並」意，也跟「友」字無關，與金文的🈳、🈳可以相印證。[74]

---

[73] 姚萱：《殷墟花園莊東地甲骨卜辭的初步研究》（北京：線裝書局，2006.11）頁118。

[74] 陳劍：《殷墟卜辭斷代對甲骨文考釋的重要性》（北京：北京大學中文系博士論

這更是明顯的「人」、「又」偏旁互換的例證。另外古文字中與「又」能義近通用的偏旁如「手」、「攴」等皆有這樣的現象。如「償」,《說文》或作「擯」(八上五)。又楚系的「廄」字,除作🀄(《包山》61,從「攴」),亦作🀄(《包山》154,從「人」)亦是一證。[75]林素清教授認為「🀄」無論上半或下半都與「受」有很大的差別,[76]此說不確。首先,「🀄」上半與《郭店》「受」字形體相同已如前舉例,陳昭容先生亦提到「受」右上有類化作「ᴣ」的現象。[77]其次,「受」的下半從「又」,暫不論此釋是否可成立,文中提到顏世鉉先生認為「🀄」當為《說文》的「叟」。林教授認為此說「字形似皆有據」(第2頁)。但是「叟」下亦從「又」,不知標準何在?

季旭昇師將本簡「發命不夜」讀作「發命不斁」,即《詩經・鄭風・羔裘》中的「舍命不渝」,並說:

> 以上資料中的舍命者,地位都相當高(參拙作《詩經古義新證・《鄭風・羔裘》「舍命」古義新證》),甚至於是諸侯而在王朝為卿士之類。舍命不是普通的傳令而已,其義應該是「傳達王命」。發命,或許和「舍命」意義相近。不同的是:舍命是用在平常時候,本簡的發命是用在彌留時候。在執政者交班之際,殷殷告訴身邊的大臣要「各敬爾司,各恭爾事,發命不夜」,這些身邊大臣的地位應該都很高,至少都是部會首長,或地位相等的親信。對於這些人,或許用正面而柔性的「發命不斁」比較合適吧![78]

文,2001年5月)頁60-61。又見《甲骨金文考釋論集》(北京:線裝書局,2007.4)頁405-406。

[75] 朱德熙:〈戰國文字中所見有關廄的資料〉《朱德熙古文字論集》頁162-163、李家浩:〈戰國官印考釋兩篇〉《語言研究》1987.1,亦見於《著名中年語言學家自選集—李家浩卷》144-147。「攴」、「又」二形在楚文字中當作義符時,有互換的現象,如《上博一・孔子詩論》13「不攻不可能」之「攻」,寫作從「又」。

[76] 林素清:〈楚簡文字零釋(一)說叟〉《第一屆簡牘學術研討會》(民雄:嘉義大學中國文學系,2003.7.12)頁2。

[77] 陳昭容:〈從古文字材料談古代的盥洗用具及其相關問題〉《中央研究院歷史語言研究所集刊》71本4分(台北:中央研究院歷史語言研究所,2000.12)頁896注127。

[78] 季旭昇師:〈上博二小議(三):魯邦大旱、發命不夜〉,簡帛研究網,

　　循者這樣的思路，筆者以爲「受」當讀爲「吏」。「受」，禪紐幽部；「吏」，來紐之部。聲紐同爲舌音，有準旁紐的關係。韻部之、幽旁轉音近。經高本漢、董同龢研究，「之」部與「幽」部通押是上古楚方言特色之一，如《楚辭·九章·懷沙》：「眴兮杳杳，孔靜幽默。鬱結紆軫兮，離愍而長鞠。」默（之部入聲）：鞠（幽部入聲）。《楚辭·九章·惜往日》：「自前世之嫉賢兮，謂蕙若其不可佩。妒佳冶之芬芳兮，嫫母姣而自好。」佩（之）：好（幽）。[79]又如《詩·大雅·思齊》：「肆成人之有德，小子有造。古之人無斁，譽髦斯士。」造：士，之幽合韻。[80]《詩·大雅·瞻卬》：「人有土田，女反有之。……此宜無罪，女反收之。」有：收，之幽合韻。[81]「臼」，群紐幽部；而「舊」，群紐之部。《詩·大雅·雲漢》：「疚哉冢宰」，《釋文》：「疚（見之）又作宄（見幽）。」[82]《馬王堆帛書·老子甲》：「友弱勝強」，《乙本》及通行本引「友」（匣之）作「柔」（日幽）[83]均爲其證。「大吏」指地位較高的大臣，如《韓非子·難一》：「故行之而法者，雖巷伯信乎『卿相』；行之而非法者，雖『大吏』詘乎民萌。」可見「大吏」相應於「卿相」。又如《史記·秦始皇本紀》：「群臣諫者以爲誹謗，大吏持祿取容，黔首振恐。」亦可見「大吏」的身分與「群臣」不同。簡文的「大吏是敬」就是文獻的「聽于冢宰」或「委政於冢宰」。總之，簡文意謂國君去世後，太子有一段時間會不問政事，所謂「高宗諒闇三年」（《禮記·喪服四制》），這時要「聽于冢宰三年」（《禮記·檀弓》）。《論語·憲問》中，孔子亦說：「君薨，百工總己以聽于冢宰三年。」另外，《孔子家語·正論解》亦曰：

　　　子張問曰：「《書》云高宗『三年不言，言乃雍』。有諸？孔子

　　2003.05.22。值得提出的是，據旭昇師告知，劉樂賢先生曾發電子信表示對於〈昔者君老〉：「發命不夜」有相同的意見。

[79] 丁邦新編：《董同龢先生語言學論文選集》（台北：食貨出版社，1981.9）頁 8。

[80] 王力：《詩經韻讀》（上海：上海古籍出版社，1980.12）頁 341。

[81] 王力：《詩經韻讀》頁 386。亦參向熹：《詩經詞典》（成都：四川人民出版社，1997.7 二版三刷）頁 1077。

[82] 高亨、董治安編纂：《古字通假會典》（濟南：齊魯書社，1997.7 二刷）頁 387。

[83] 王輝：《古文字通假會典》（台北：藝文印書館，1993.4）頁 226。

曰：『胡為其不然也？古者天子崩，則世子委政於冢宰三年。
成湯既沒，太甲聽于伊尹；武王既喪，成王聽于周公。其義一
也。』

前引《韓非子》已見「大吏」地位相當於「卿相」，而上述《孔子家
語・正論解》中「伊尹」、「周公」的地位即是「卿相」，可見釋為
「大吏」應非無據。簡文的「大吏是敬」就是文獻的「聽于冢宰」或
「委政於冢宰」。

附記：本文將《昔者君老》簡 4 釋為「受」字的原始結論寫於
　　　2003.1.15，並於 2003.6.2 有所補正，皆發表於簡帛研究網。後
　　　來發現中研院史語所袁國華先生亦釋為「受」，見〈《上海博物
　　　館藏戰國楚竹書（二）字句考釋》〉（大阪大學學術研討會「戰
　　　國楚簡與中國思想史研究」報告，2004.3）。袁教授釋為
　　　「受」，讀為「叟」，筆者以為確有成立的可能，參拙文〈《上博
　　　二・昔者君老》底本國別討論〉（已收入本書），請讀者參看。

（二）《子羔》「契」字考釋

　　《子羔》簡 10「『△1』之母，有娀氏之女 10 也。」又簡 12「是
『△2』也……」，上列字形分別如下：

（△1）　　　（△2）　　　（△3）

二字顯為一字，由文意來看，講的是商朝始祖「契」的故事。馬承源
先生認為此字即《說文》的「离」，《說文解字》：「[圖]，蟲也。從厹、
象形。讀與偰同。[圖]：古文。」而此字形體近於《說文》古文作[圖]
（即上引「△3」），但簡文筆劃更繁。簡文字形象頭上出有三歧的動
物，上下肢都有所象徵，此為契名的本字。[84]季師旭昇以為簡文頭部

---

[84] 馬承源主編：《上海博物館藏戰國楚竹書（二）》（上海：上海古籍出版社，
　　2002.12）頁 195。

與《說文》古文相近，還保留了動物形狀的頭形；但是身體則訛變成從「大」加兩「止」形，兩「止」形又繁化爲四「止」形。[85]另外，《楚帛書》甲 2.28 有「□逃爲禹爲🐛」，最末字商承祚、陳邦懷二先生直接釋爲「离」字。[86]嚴一萍先生則認爲「此字與甲篇第十一行第十七字及乙篇第三行第卅一字『瀵』所從之萬，完全相同，當是萬字。」[87]饒宗頤先生亦釋爲「萬」，讀作「冥」，以爲「冥」是殷先神，故與禹並列。[88]劉釗、馮時、董楚平等先生也釋《楚帛書》該字爲「萬」，但讀作「离」。[89]

建洲按：《楚帛書》該字釋爲「萬」絕無問題，如《郭店·老子甲》14「萬」作🐛。但是饒宗頤先生釋「萬」爲「冥」是「神格」，與「禹」代表夏朝「先祖」不太搭配。劉釗先生曾說：「先秦古文字中沒有离字，目前所見最早的离字是漢代竊字所從的偏旁。……又小篆竊字所從的『离』實乃『萬』字之變形。」他所舉例證是馬王堆帛書《老子》乙本卷前古佚書及《戰國縱橫家書》的「竊」字作🐛，其右偏旁從「萬」聲，發展到漢祝睦後碑、漢孔彪碑「竊」字偏旁從「离」，可見「离」的確由「萬」演變而來。[90]趙平安先生亦認爲「离」是由「萬」分化出來的一個字，他說：「萬的本字小篆作🐛，訓爲『毒蟲也』，後世又造形聲字蠆。萬經過形變之後，分化出與其讀

[85] 季旭昇師主編：《上海博物館藏戰國楚竹書（二）讀本》（台北：萬卷樓圖書公司，2003.7）頁 38 注 48。

[86] 商承祚：〈戰國楚帛書述略〉《文物》1964.9 頁 17、陳邦懷：〈戰國楚帛書文字考證〉《古文字研究》第 5 輯 頁 239。

[87] 嚴一萍：〈楚繪書新考〉《中國文字》第 27 冊（1968.3）。

[88] 饒宗頤、曾憲通：《楚地出土文獻三種研究》（北京：中華書局，1993.8）頁 237。

[89] 劉釗：《古文字構形研究》（長春：吉林大學博士論文，1991）頁 234，又見於：〈說「离」「𥥎」二字來並談楚帛書「萬」「兒」二字的讀法〉《江漢考古》1992.1 頁 78-79、馮時：《中國天文考古學》（北京：社會科學文獻出版社，2001.11）頁 19、董楚平：〈楚帛書「創世篇」釋文釋義〉《古文字研究》24 輯（北京：中華書局，2002.7）頁 348 注 10。

[90] 劉釗：《古文字構形研究》（長春：吉林大學博士論文，1991）頁 230-234。又見於：〈說「离」「𥥎」二字來源並談楚帛書「萬」「兒」二字的讀法〉《江漢考古》1992.1 頁 78-79，亦載於劉釗：《出土簡帛文字叢考》（台北：台灣古籍出版社，2004.3）頁 130。

音相近的离。」[91]雖由《子羔》的「契」字，可知「离」字出現的時間並沒有想像中的晚。不過，上引劉釗、趙平安二先生的說法是值得注意的。「萬」可讀爲「离」（契）無疑是對的。萬，明紐元部；离，心紐月部，韻部對轉，聲紐是 sm-複聲母的關係。[92]如從「小」（心紐）得聲之字往往轉入明紐，如秒、眇、渺等字均從小聲，但上古音屬明紐宵部。[93]《上博六·孔子見季桓子》25：「民喪（㟺）不可悔（誨）」，陳偉先生讀「喪」（心紐）爲「㟺」（明紐）。[94]黃盛璋先生說伯姜鼎的「浅」字，「係从水、戌聲（心紐）……疑讀如茂歷之茂（明紐）」。[95]《郭店·唐虞之道》28「滅」（明紐）作𣤶，從戌聲（心紐）。「离」與「萬」皆爲「蟲也」，加上聲音又有密切關係，認爲是一字分化有其道理。雖然《子羔》簡 1「平萬邦」之「萬」作🗌與同簡的「离」作🗌、🗌形體已有不同，不過這正如同「串」與「毌」本爲一字分化，但現在的形體亦已有不同。何琳儀先生說：「或說：串、毌本一字。」[96]李守奎先生亦指出：「串與毌在構形原理上一致。毌是從一橫貫的穿物之象。……我們可以肯定的說，串與毌是同源字，甚至可以說串與毌最初是同一形體分化出的變形異體，後來才分化出形、音、義各殊的不同字。『串』的本義也是貫穿與連貫。新出土的地下文獻爲我們的推論提供了佐證。」[97]又如「矣」、「矣」本是一字分化，但在楚文字中寫法亦不同。所以《楚帛書》用「萬」來替代「离」可能不是偶然，而「爲禹爲🗌（离）」並排如同《子羔》簡10「生而能言，是『禹』也。『契』之母，有娀氏之女10」。

其次，🗌當讀爲「契」，商朝人的祖先。《說文》卷八上四寫作「偰」。簡 12 作🗌，較前一字少了二個止形。兩種寫法與《說文》古文「△3」下部有所不同，饒宗頤先生也指出「契」字這樣的寫法爲

[91] 趙平安：《說文小篆研究》（南寧：廣西教育出版社，1999.8）頁 143。

[92] 竺家寧：《聲韻學》（台北：五南出版社，2002.10 二版九刷）頁 620-621；張博：《漢語同族詞的系統性與驗證方法》（北京：商務印書館 2003.7）頁 139、202。

[93] 馮勝君：〈讀上博簡《緇衣》劄記二則〉《上博館藏戰國楚竹書研究》（上海：上海書店出版社，2002.3）頁 453。

[94] 陳偉：〈讀《上博六》條記之二〉，簡帛網，2007.07.10。

[95] 黃盛璋：〈長安鎬京地區西周墓新出銅器群初探〉《文物》1986.1 頁 41。

[96] 何琳儀：《戰國古文字典》頁 1000。

[97] 李守奎：〈讀說文札記一則〉《古籍整理研究學刊》1997.3 頁 69。

前所未知。[98]筆者嘗試分析如下：《說文解字・段注》：「蠆」字條下：「《通俗文》曰：『蠆，長尾謂之蠍。』」[99]《詩・小雅・都人士》：「彼君子女，卷髮如蠆。」鄭《箋》曰：「蠆，螫蟲。尾末犍然，似婦人髮末曲上卷然。」這正與「萬」的本義相同。如同趙平安先生所說「萬」字除了作，其本作（即「蠆」字）。另外，「禹」字，《古文四聲韻》卷三引《尚書》作，又作。《古文四聲韻》卷三又引《崔希裕纂古》作，又作，[100]此爲隸定古文，顯然是據「虫」形嚴式隸定下來。則「内」旁與「虫」旁也存在字形演變的現象，職是之故，我們可以合理判斷「离」除作形外，應該也存在著下從「虫」的寫法作。

施謝捷先生曾指出：「『』大概是『奚』的一種簡省寫法，把所從『大』形寫作『巾』形，在古文字中也是很常見的。」[101]而「巾」形實際上就像是古文字的「虫」形。《郭店・忠信之道》05 有「夏」字作，[102]其「虫」旁作；《郭店・緇衣》30「流」作，其「虫」旁皆可參考。如「吳」既作（《璽彙》1183），又作（《古文四聲韻》引《王存乂切韻》），[103]、（《珍秦》92）[104]，後二者寫法的下部便類似「虫」的寫法。又如「央」作（《新蔡》甲一：3）又作（《子羔》11），亦可爲證。[105]又如「昃」作（《包山》181），又作《包山》266。[106]相反的，亦有類「虫」形演變爲「大」形或進一步變爲「丙」形者，演變過程是在豎筆之下再加一斜

98 饒宗頤：〈《詩》與古史—從新出土楚簡談玄鳥傳說與早期殷史〉《中國文化研究所學報》2003 年新 12 期（總 43 期）（香港：香港中文大學，2003）頁 8。

99 〔清〕段玉裁注：《說文解字注》（台北：漢京文化，1985.10）頁 665。

100 徐在國：《傳鈔古文字編（下）》（北京：線裝書局，2006.11）頁 1462。

101 施謝捷：〈釋「十九年邦司寇鈹」銘的「奚易」合文〉《文教資料》1996.2 頁 98。

102 陳劍先生隸作上「夏」下「土」，〈釋《忠信之道》的配字〉《國際簡帛研究通訊》第二卷第六期（2002.12）頁 6。

103 〔宋〕郭忠恕、夏竦《汗簡・古文四聲韻》（北京：中華書局，1983.12）頁 13。

104 湯餘惠主編：《戰國文字編》（福州：福建人民出版社，2001.12）頁 689。

105 參拙文：〈《上博（五）・苦成家父》簡 9「帶」字考釋〉《中國文字》新卅三期（2007.12）。（已收入本書）。

106 《楚文字編》頁 419。

筆。[107]如「衛」作▉（五祀衛鼎）、▉（《璽彙》1339），又作▉（《璽彙》1336）；金文中「絲」作▉（師克盨），《楚帛書》乙 9·31 作▉；《郭店·緇衣》33「幣」作▉，亦作▉（《郭店·語叢三》55）。《睡虎地·日書甲》甲八背「▉」，徐在國先生認爲可能是《說文》的「疌（疌）」，其下的演變亦可以參考。[108]還有「黽」字，有如下的寫法：

▉（《秦家嘴》M99）、　▉　（《新蔡》甲三 342-2）、▉（《集成》285「叔尸鎛」：「黽（靈）力若虎」）

「黽」字下從「黽」，李家浩先生說：「『黽』是蛙類，所從『它』象其身，『臼』象其足。」[109]說可從，可以參考金文郘伯鬲「黽」作▉。楚文字「它」、「虫」有偏旁互換的現象，如「夏」作▉（《包山》120），又作▉（《新蔡》甲二 6、30、15），還有《民之父母》簡 1「夏」作▉；《上博二·容成氏》47 作▉。又如「禹」作▉（禹鼎）、▉（秦公簋），上部從「虫」；《說文》古文作▉、《容成氏》17 作▉，上部從「它」亦爲一例。所以「它」形的演變也可以作爲「虫」形演變的參考。而上引叔尸鎛「黽」的「黽」旁訛變爲「火」形，中間的環節字形正是「大」形，[110]其演變過程是：

▉ → ▉ → ▉

根據前引諸多「虫」形與「大」形互變的例證，▉字後來演變爲底下從「大」形，此即簡文字形的來源。後來「大」形再加上趾形，即成「△1」、「△2」。過程與「與」的演變相同：

---

[107] 魏宜輝：《楚系簡帛文字形體訛變分析》（南京：南京大學博士學位論文，2003年）頁 52。

[108] 黃德寬主編：《古文字譜系疏證》第二冊（北京：商務印書館，2007.5）頁 2008-2009。該部分屬於「攴」部，由徐在國先生撰寫。

[109] 李家浩：〈楚墓竹簡中的「昆」字及從「昆」之字〉《中國文字》新 25 期 頁 141。

[110] 可參拙文〈《苦成家父》簡 9「帶」字考釋〉《中國文字》新三十三期（已收入本書）。

（虞王光趙戈之「」[111]）→ （蔡侯申殘鐘「虞」字偏旁）、
（《上博（六）·景公瘧》簡1「據」字偏旁）[112]

又如「乘」從 演變到 （公乘壺）。總結以上，字形的演變過程如下：

但是考慮到《郭店·老子甲》33 亦有「蠆」字作 ，其「萬」旁不省。則「离」亦可能本作：

後來將「內」旁省簡，如同「蟜」作 （《信陽》2.3），其「妻」下部所從的「女」旁省略。又如《集篆古文韻海》5.16「蠆」作 ，又作 （4.21），[113]則「內」旁似乎可以省略。再來的變化如同上舉一樣。

（三）《民之父母》簡1「詩」字三議

《民之父母》簡1「【子】夏問於孔子曰，△1曰：『凱弟君子，民之父母。』」其中「△1」字作：

（△1）　　（△2）　　（△3）

對照今本《禮記·孔子閒居》和《孔子家語·論禮》來看，「△1」的位置皆作「詩」。此字目前有幾種說法：劉樂賢先生認為：釋文中的

---

[111] 李家浩：〈攻五王光韓劍與虞王光趙戈〉《古文字研究》第十七輯（北京：中華書局，1989.6）頁144。

[112] 徐在國：〈上博（六）文字考釋二則〉，簡帛網，2007.07.23。

[113] 徐在國：《傳鈔古文字編（下）》（北京：線裝書局，2006.11）頁1324。

「詩」字左邊從「言」，其右邊，整理者隸定爲上面兩撇下面一個「日」字。按，從照片看，此字右邊的聲旁實爲「頤」的篆文（據《說文》）。而「頤」、「詩」音近可通。[114]楊澤生先生認爲有二種可能：其一上海博物館所藏竹書《緇衣》簡中「矣」字作，它們的上部相當於「厶（以）」。因此，上引「詩」字右旁上部的可能也與「厶（以）」相當，而下部是「口」，所以該字或可釋作「詒」，以音近而讀作「詩」。其二是《昔者君老》4 號簡「聞」字作，所從「昏」旁與上引「詩」字右旁相近。然則上引所謂「詩」字異體可能從「言」、從「昏」得聲，可以讀作「文」，與「詩」義近。[115]筆者曾以爲上博該字的右上截取楚系「帀」字最有特色的部分，所以應該隸定作「䛆」，分析作從言「帀」聲，讀作「詩」。[116]房振三先生則認爲應釋爲「諧」，「△1」右上「」旁是「人」形，「」釋爲「皆」是刪減同形的現象。「詩」寫爲「諧」，是「同義互換」的現象。[117]劉洪濤先生贊同房振三先生將「」旁釋爲「人」，但是認爲讀爲「諧」不可信。因爲據《文心雕龍・諧隱》篇的定義「諧之言皆也，辭淺會俗，皆悅笑也」及相關的論述，「諧」應該是一種來自民間的不登大雅之堂的作品。而且《莊子・逍遙游》所引的《齊諧》說：「《齊諧》者，志怪者也。《諧》之言曰：『鵬之徙于南冥也，水擊三千里，摶扶搖而上者九萬里，去以六月息者也。』」記述怪異之類的作品情節比較古怪離奇，可以作爲談笑之資，所以也可以歸入「諧」一類。所以先秦「諧」一類的作品「和韻」幷不是它的本質特徵，《漢書・東方朔傳》師古曰「諧者，和韵之言也」只是隨文注釋，幷沒有指出「諧」的實質。它的本質特徵就是我們前面論述的詼諧滑稽，其上者含有深刻意義，其下者聊供談笑而已。以這個標準來看，先秦時代以

---

[114] 劉樂賢：〈讀上博簡《民之父母》等三篇劄記〉，簡帛研究網，2003.01.10。

[115] 楊澤生：〈《上海博物館所藏竹書（二）》補釋〉，簡帛研究網，2003.02.15。

[116] 蘇建洲：〈《民之父母》簡 1「」字再議〉，簡帛研究網，2003.2.27。又載於氏著：《上海博物館藏戰國楚竹書（二）校釋》（台北：台灣師範大學國文所博士論文，2004.6）頁 341-342。

[117] 房振三：〈釋諧〉，簡帛研究網，2005.9.25。又載於《新出楚簡國際學術研討會・郭店簡卷》（湖北：武漢大學等舉辦，2006.6.26）頁 307-309、丁四新主編：《楚地簡帛思想研究》第三輯（武漢：湖北教育出版社，2007.6）頁 175-178。

「言志」爲主要目的的「詩」是不能歸入「諧」一類中的。因此「△1」不可能是「諧」字。最後他的結論是：所以「△1」是一個以「![字]」爲聲符的「詩」字的異體字，而![字]是一個讀音與「詩」相同或相近的字。![字]的結構雖然沒有弄清楚，但是可以肯定它上面的偏旁是「人」字形。[118]

　　建洲按：劉洪濤先生對上引諸家的評論是很深刻的，有助於事實的釐清。楊儒賓先生也指出：「諧、孟浪、妄言、弔詭這些語詞指的都是狂者之妄言，亦即爲滑稽之言。」[119]亦可見「諧」這種作品在先秦的性質。附帶補充，目前所見一百條左右楚文字「皆」的寫法，其上皆作「二人」形，未見省簡，這大概與其字義有「俱、都」、「普遍」的意思有關，這也可以說明房振三先生將「△1」釋爲「諧」恐有問題。筆者贊同「△1」是「詩」的異體字，而![字]旁是「△1」的聲符，劉洪濤先生也是相同的看法，但是將聲旁「![字]」釋爲「人」，顯然無法讀爲「詩」，是自相矛盾的。《上博（四）·內禮》簡6「無私樂」之「樂」作「△2」，可以隸定爲「![從]」，其「彳」旁作![字]，與「△1」的右上作![字]顯然同形。另外，上引「△3」是《上博（一）·緇衣》簡10「君陳」之「陳」。原整理者隸定爲「緟」，左從「糸」。馮勝君先生則隸定爲徖，認爲左下從「彳」。[120]從字形來看，二者均有可能，我們暫取馮先生的說法，其「彳」旁亦與![字]同形。在古文字中，「彳」、「人」二形有形近訛混的現象。如《上博（一）·緇衣》簡9「琮（從）」字作![字]，[121]陳斯鵬先生曾指出字形左上的「人」旁「當是彳之訛」。[122]李家浩先生認爲，這裏的「人」應與右下部的「止」

[118] 劉洪濤：〈說上海博物館藏戰國竹書《民之父母》中的「詩」字〉，簡帛網，2006.09.06。

[119] 楊儒賓：〈莊子的「卮言」論〉《中國哲學與文化（第二輯）》（桂林：廣西師範大學出版社，2007.11）頁32。

[120] 馮勝君：《論郭店簡〈唐虞之道〉、〈忠信之道〉、〈語叢〉一～三以及上博簡〈緇衣〉爲具有齊系文字特點的抄本》，（北京大學博士後研究工作報告，2004.08）頁53。

[121] 參見陳劍：〈釋「琮」及相關諸字〉《中國簡帛學國際論壇2006學術研討會論文》（武漢：武漢大學，2006.11）頁60。

[122] 陳斯鵬：〈初讀上博楚簡〉，簡帛研究網，2002.02.05。

一起釋爲「辵」，只是省寫了一撇。[123]又如《郭店・太一生水》簡
6迶作「」、《上博（五）・競建內之》簡 3「迮」作 𨑊（二見），這些
字的「彳」旁亦作類「人」形。反言之，「人」旁亦偶而訛爲「彳」
旁，如《郭店・老子乙》簡 1 的「備」字作 𬻿、《望山》1.130 作 𫟼
（𬻿）。又如《曹沫之陣》簡 25「辟大夫」之「辟」作 𬻿，其「尸」
旁亦訛爲「彳」形。[124]裘錫圭先生也說：「漢代隸書『亻』旁往往變作
『彳』」，所以從「彳」的「脩」字跟「循」字的確很相似，這兩個字
在古書裡時常互訛。[125]所以「△1」的「」旁被釋爲「人」或
「彳」是可以理解的，但是釋爲從「人」，構形很難說解，所以我們採
取從「彳」來理解。上博楚竹書的「詩」亦作如下之形：

（《上博一・性情論》簡 8） （《上博一・緇衣》簡 2）

上從「之」形。第一形下似從「甘」形，與「△1」相同。筆者懷疑
「△1」的右旁本作如上二形，只是聲旁換爲「止」，與「之」雙聲疊
韻，可以理解爲聲符替換。而「彳」與「止」義近，均有行動的意
思。楊樹達先生在〈新識字之由來〉第八「義近形旁任作」曾指出：
「余謂《說文》記走字從夭從止，此字從夭從彳，從彳與從止同
也。」[126]所以「彳」有無可能在此是讀爲「止」的音，沈兼士先生稱
爲「義同換讀」，他說：「漢、魏人作音之例，殆有非段玉裁《周禮漢
讀考》『讀如』、『讀爲』、『當爲』三例所能賅括者。蓋古注中注音之
字，往往示義，而釋義之文，亦往往示音，不如後世字書中音義分界
之嚴，故其注音不僅言通用，且以明同用，不如後世韻書反切之但識
讀音而已。通用者義異而音通，即假借之一種，人習知之。同用者，
辭異而義同，音雖各別，亦可換讀，此例自來學者均未注意及之。」

---

[123] 李家浩：〈戰國竹書《緇衣》中的「逯」〉《古墓新知——紀念郭店楚簡出土十周
年論文專輯》（北京：國際炎黃文化出版社，2003 年）頁 17-24。
[124] 高佑仁：《《上海博物館藏戰國楚竹書（四）・曹沫之陣》研究》（台北：台灣師範
大學國文研究所碩士論文，2007 年 6 月修訂版）頁 192-193。
[125] 裘錫圭：〈考古發現的秦漢文字資料對於校讀古籍的重要性〉《中國出土古文獻
十講》（上海：復旦大學出版社，2004.12）頁 122-123。
[126] 楊樹達：《積微居金文說》（北京：中華書局，1997.12）頁 10。

並舉有「兩字義通，音雖睽隔，亦可換讀例。」[127]裘錫圭先生稱爲「同義換讀」，他說：「有時候，人們不管某個字原來的讀音，把這個字用來表示意義跟它原來所代表的詞相同或相近的另一個詞（一般是已有文字表示的詞）。這兩個詞的音可以截然不同。」[128]甲骨文「省」字的構形正可以用來解釋「△1」。裘錫圭先生說：

> 甲骨文裡「生」旁跟「木」旁「屮」旁可以通用，決不僅僅由於它們的字形相近。尤其值得注意的是，在甲骨文裡，具有<u>表音作用</u>的「生」旁有時也可以寫成「木」。近人多認爲古文字裡的 ⿱屮目 字是「眚」「省」二字的共同初文。……這是可信的。一般把 ⿱屮目 字分析爲從「目」「生」省聲。在甲骨文裡，這個字有時寫作從「木」：
>
> 　　　貞：呼 ⿱屮目 專牛。《乙》4057，《丙》126
>
> ……這種「省」字的「木」旁應該讀爲「生」，或者說是當作「生」字來用的。由此看來，⿱屮目 也可以認爲從讀爲「生」的「屮」，不必一定分析爲「生省聲」。……既然古人認爲草木象徵生長，他們有時直接把「木」或象草的「屮」用作「生」字，就可以說是順理成章的事了。……事實上，卜辭「生月」之「生」就有寫作「屮」的例子。[129]

由裘先生的論述可以知道「眚」作 ⿱屮目 或 ⿱屮目 ，其上的聲符「木」或「屮」由於與「生」義近，所以換讀爲「生」。正如同《民之父母》「△1」字的「彳（イ）」旁由於與「止」義近，而換讀爲「止」了，所以「△1」讀爲「詩」是沒有問題的。另外，還可以補充一個例證：陳劍先生曾向筆者指出《上博五・競建內之》簡 10 的「䦆」字（即易牙之「易」）會不會實係「改」字異體（「亥」聲通「改」無問題），因「同義換讀」而用爲改易之「易」因而有「易」音、簡文又

---

[127] 沈兼士：〈吳著經籍舊音辨證發墨〉《沈兼士學術論文集》（北京：中華書局，1986.12）頁 226-237。

[128] 裘錫圭：《文字學概要》（台北：萬卷樓圖書公司，1999.1 再版二刷）頁 248。

[129] 裘錫圭：〈釋「木月」、「林月」〉《古文字論集》（北京：中華書局，1992.8）頁 88-89。

用之爲姓氏之「易」？[130]這樣的思考模式亦是聲旁「亥」因義近換讀爲「易」。

其次，《上博（五）・季庚子問於孔子》簡 17 的「因古▨豐而章之毋逆百事▨青行之」，▨字整理者隸定爲「旨」，讀爲「皆」。[131]何有祖先生認爲：「旨」字楚簡作▨（郭店《尊德義》26 號簡）、▨（郭店《緇衣》42 號簡），與該字顯然不類，隸作「旨」不確。細審圖版，其殘筆實與上博《孔子詩論》8 號簡▨形近。字可徑隸作「皆」。[132] 陳斯鵬先生指出：何先生認爲字可徑釋「皆」，則又似于形不合。其實，此即楚簡中常見的「昏」字。楚簡中「昏」字所從「氏」與「日」發生借筆關係是極爲常見的，如▨（《子羔》4）；而「日」旁有時又訛寫得類似「口」、「曰」，如▨（《魯穆公問子思》8）、▨（《從政》甲 8），由此看來，▨之爲「昏」，或可無疑。「昏」在此應讀爲「聞」。「聞請行之」，意謂有所聞（一般指聞善道）則請踐行之。《老子》四十一章云：「上士聞道，勤而行之。」《論語・公冶長》云：「子路有聞，未之能行，唯恐有聞。」《新書・修政語下》云：「興國之道，君思善則行之，君聞善則行之，君知善則行之。」可以參證。[133]劉洪濤先生舉證說明釋爲「皆」不可信，可從。同時他也認爲釋爲「昏」亦不可信，原因是「此字在『人』字右筆中間的部分有較爲突出的一塊筆畫，使人懷疑它是『氏』字豎筆中間的一點，事實上也正有人因此而把此字釋爲『昏』。但是仔細觀察就可以知道，它是人字右筆起筆時的頓筆，由于竹絲爆起而造成筆畫右移，所以看起來很像是一點。再者，在所有可以確認的『昏』字中，下面從沒有做『甘』字形的，這也可以作爲此字不能釋爲『昏』的佐證。」最後他認爲「▨」與「△1」同爲一字，所以直接讀爲「之」，簡文讀作「毋逆百事之情，行之……」。[134]

---

[130] 2007 年 12 月 07 日覆信內容。

[131] 馬承源主編：《上海博物館藏戰國楚竹書（五）》（上海：上海古籍出版社，2005.12）頁 226。

[132] 何有祖：〈《季庚子問于孔子》與《姑成家父》試讀〉，簡帛網，2006.02.19。

[133] 陳斯鵬：〈讀《上博竹書（五）》小記〉，簡帛網，2006.4.1。

[134] 劉洪濤：〈說上海博物館藏戰國竹書《民之父母》中的「詩」字〉，簡帛網，2006.09.06。

建洲案：劉洪濤先生對上述諸說的評論有其道理。但依他的分析認為![image]上從「人」，則顯然不能讀為「之」。![image]上部放大作：

可與上舉《上博（一）·緇衣》10的「琮（從）」的「彳」旁比較：

可見仍可能從「彳」。而同義換讀為「止」，所以可以讀為「之」。

附記：第一則選自〈上博楚簡考釋三則〉之第三則，刊登於《考古與文物－2005年古文字專輯》（西安：陝西考古研究所，2005.12）收入本書時有所增補。第二、三則是新作。

四、《上博楚竹書（四）》字詞叢考

（一）《柬大王泊旱》簡4-5的「孚」字

《上博（四）·柬大王泊旱》簡8+3-5：

王以問贅（釐）尹高：「不穀瘥甚病，聚（驟）夢高山深溪。吾所得【8】地[135]於膚中者，無有名山名溪。欲祭于楚邦者啟（乎）？尚謐而卜之于【3】大夏。如![image]，將祭之。」贅（釐）尹許諾，謐而卜之，![image]。贅（釐）尹致命于君王：「既謐【4】而卜之，![image]。」王曰：「如![image]，速祭之，吾瘥一[136]病。」[137]

---

[135] 「地」，從郭永秉先生改釋。引自沈培：〈從戰國簡看古人占卜的「蔽志」〉，「第一屆古文字與古代史學術研討會」，（臺北：中央研究院歷史語言研究所，2006年9月）頁19-3注10。

[136] 劉洪濤先生指出：此字與《中山王𧊒壺》中「曾無一夫之救」的「一」字相近，應該就是一個字。見氏著：〈讀《上海博物館藏戰國竹書（四）》札記〉，簡帛

對於「▉」字，陳劍先生釋爲「孚」，沈培先生有進一步的說明，應可信從。[138]筆者舊曾釋爲「吉」，現在看來是不可信的。[139]但考慮到沈培先生曾引用拙文的某些說法，今將舊作有問題的地方剔除，重新論述如下：

對於「▉」字，濮茅左先生將字隸定作「麇」，認爲就是見於《上博（三）・周易》6「【終】朝晶▉之」之「▉」。濮先生在將「▉」釋爲「表」的基礎上，將「▉」也釋爲「表」。[140]陳劍先生亦將字隸定作「麇」，並說：「……文意可以解釋爲：簡王多次夢到高山深溪，因此想要對高山深溪加以祭祀。但他『所得城於膚（宇？）中者』沒有大山大溪，即沒有與其所夢相合能够作爲祭祀對象者，因此想要對楚國的『者（諸？）巟』加以祭祀，希望（『尚』）釐尹高就此占卜，如果占卜結果是『麇』，就將對『者（諸？）巟』舉行祭祀。『麇』疑可讀爲『孚』，訓爲『信』。」[141]筆者也曾隸定作「麇」，但認爲「▉」、「▉」並不同字，將「▉」分析爲從「鹿」「衣」聲，讀作「吉」。[142]范常喜先生同意筆者認爲「▉」、「▉」不同字，亦將字形隸定作「麇」，但以爲是「慶」的訛體。[143]筆者有段時間曾否定舊說，認爲「▉」應隸定作「袞」，讀作「吝」。理由是陳偉先生指出「在卜筮辭之後，絕大多數簡書還附有『敓』辭。這是因爲占辭中含有凶咎，需要『以其

網，2006.11.08。「一」有「甚」的意思，參陳偉：〈《簡大王泊旱》新研〉，中國簡帛學國際論壇（2006）論文，武漢大學簡帛研究中心，2006 年 11 月 8～10 日）頁 276。亦載於「簡帛網」，2006.11.22。

[137] 以上編聯、斷讀依陳劍、沈培二先生的說法，見陳劍：〈上博竹書《昭王與龔之脽》和《柬大王泊旱》讀後記〉，簡帛研究網，2005.2.15、沈培：〈從戰國簡看古人占卜的「蔽志」〉，「第一屆古文字與古代史學術研討會」，（臺北：中央研究院歷史語言研究所，2006 年 9 月）頁 19-3。

[138] 同上二文。

[139] 蘇建洲：〈《上博楚簡（四）》考釋三則〉之一，載《出土文獻語言研究》第一輯（廣州：華南師範大學文學院，2006.6）頁 56-62。

[140] 馬承源主編：《上海博物館藏戰國楚竹書〔四〕》（上海：上海古籍出版社，2004.12）頁 198。

[141] 陳劍：〈上博竹書《昭王與龔之脽》和《柬大王泊旱》讀後記〉，簡帛研究網，2005.2.15。

[142] 蘇建洲：〈楚文字考釋四則〉，簡帛研究網，2005.3.14。

[143] 范常喜：〈讀《上博四》札記四則〉，簡帛研究網，2005.3.31。

故敓之』，求得平安。」[144]也就是說如果占卜結果不吉祥（咎），就要祭祀「楚邦者囂」。《包山》「疾病貞」格式是：

> 大司馬悼滑將楚邦之師徒以救郙之歲，刑夷之月，己卯之日，許吉以駁靈為左尹旄貞：既腹心疾，以上氣，不甘食，久不瘥，尚速瘥，毋有祟。占之：恆貞吉，病有篤。以其故敓之。舉禱大水，一犧馬；舉禱吾公子春、司馬子音、蔡公子家，各戠犉，饋之；舉禱社，一狟。思攻解日月與不殆。許吉占之曰：吉。（簡 247-248）

前辭是「大司馬悼滑……爲左尹旄貞」；命辭是「既腹心疾……毋有祟」；占辭是「占之：恆貞吉，病有篤……」，所謂「病有篤」即「病情加重」的意思，[145]所以才有下面的「以其故敓之」。而簡文「將祭之（楚邦者囂）」一句，正是筆者當初認爲讀作「如『咎』」（相當於「病有篤」）的依據。而讀作「咎」，也見於《周易》和出土文獻中都屢見言「咎」的占辭。如《楚帛書》乙 4.23「西國有咎」、5.1「東國有咎」，曾憲通先生說：「此處爲占驗家言，當釋爲咎。」[146]饒宗頤先生亦說：「西國、東國之名，星占家每用之。」[147]《睡虎地·日書》甲種 130：「凡民將行，出其門，毋敢顧，毋止。直述吉，從道右吉，從左咎。小顧是謂小楮，咎；大顧是謂大楮，凶。」[148]《王家台秦簡·歸藏》206「少督曰：『昔者□小子卜其邦尚毋有咎而枚☑』」[149]208「困曰昔者夏后啓卜其邦尚毋有咎而枚占……」。[150]「咎」，有時也寫

---

[144] 陳偉：《包山楚簡初探》（武漢：武漢大學出版社，1996.8）頁 155。亦參邴尚白：《楚國卜釋祭禱簡研究》（南投：暨南國際大學中國語文學系碩士論文，1999.5）頁 29。

[145] 劉釗：〈釋「償」及相關諸字〉《出土簡帛文字叢考》（台北：台灣古籍出版有限公司，2004.3）頁 126-127。

[146] 曾憲通：《長沙楚帛書文字編》（北京：中華書局，1993.2）頁 33【091】號。

[147] 饒宗頤、曾憲通：《楚地出土文獻三種研究》（北京：中華書局，1993.8）頁 257。

[148] 劉樂賢：《睡虎地秦簡日書研究》（台北：文津出版社，1994.7）頁 154。

[149] 王輝：〈王家台秦簡《歸藏》校釋（28 則）〉《江漢考古》2003.1 頁 76。

[150] 王輝：〈王家台秦簡《歸藏》校釋（28 則）〉《江漢考古》2003.1 頁 77。

作「巷」、「閩」或「藺」。如《九店》25「以祭，巷（吝）。」李家浩先生說：「『巷』既可以用爲『鄰』，也可以用爲『吝』。秦簡《日書》甲種楚除結日占辭『巷』作『閩』，整理小組注：『閩，讀爲吝。今本《周易》悔吝之吝字，馬王堆帛書《周易》均作閩。吝，小不利。《周易・繫辭》：悔吝者，言乎其小疵也。』」[151]《睡虎地・日書》甲種二正貳：「結日，作事不成，以祭閩（吝）。」[152]《睡虎地・日書》乙種175「酉以東藺（吝），南閩言，西凶……」。[153]另外，陳劍先生也指出「我們所討論的殷墟卜辭的『文』，確實很可能大都就應該讀爲後代常用於卜筮場合的『吝』。」[154]但是我們現在認爲舊說應該還是可信的。最大的關鍵是楚簡王已經知道自己是「皮膚病」（不穀瘵甚病）[155]而且「欲祭于楚邦者虐」[156]，也就是說楚簡王已經想要祭祀了，而非待占卜結果，再決定是否要祭祀。簡文仍然有占卜的行爲，但占卜的層次不同，現在的占卜是決定哪一天有吉兆來實行禳祠（詳下）。若以卜筮祭禱簡的格式來說，這已經是「以其故敓（說）之」以下的內容了，或是李零先生所說的「第二次占卜」的內容。[157]胡雅

---

[151] 湖北省文物考古研究所、北京大學中文系編：《九店楚簡》（北京：中華書局，2000.5）頁 79 注 69。

[152] 劉樂賢：《睡虎地秦簡日書研究》（台北：文津出版社，1994.7）頁 23。

[153] 劉樂賢：《睡虎地秦簡日書研究》（台北：文津出版社，1994.7）頁 369。

[154] 陳劍：〈甲骨金文舊釋「尤」之字及相關諸字新釋〉《北京大學古文獻研究中心集刊》第四輯（北京：北京大學出版社，2004.10）頁 93。

[155] 整理者濮茅左先生解釋說：「瘵」，同「瘙」，皮上起小癢瘡。《玉篇》：「瘙，疥瘙。同瘵。」見馬承源主編：《上海博物館藏戰國楚竹書〔四〕》（上海：上海古籍出版社，2004.12）頁 199。

[156] 上引沈培、陳偉二先生文章皆認爲應讀作「欲祭于楚邦者乎？」但陳劍先生在2005.12.8 給筆者的回信中，認爲「者虐」應該是一祭祀對象。陳劍先生說：
很可能「者乎」當讀爲「諸虛」。「虛」用常訓「丘」，是次于「高山深溪」、「名山名溪」的祭祀對象（包山簡有祭祀「高丘」、「下丘」者）；《墨子・耕柱》講夏後啓鑄鼎，「以祭于昆吾之虛」（「昆吾之虛」亦名「帝丘」），新蔡簡中祭「某虛」者數見，如甲 3：250「王虛」、甲 3：350「舊虛」等（甲 3：278、甲 3：282 虛名殘），從甲 3：353「恆（期）思虛」看，「某虛」或多爲各地之山丘，這些「虛」可統稱爲「楚邦諸虛」。祭山丘較祭大山可認爲係祭祀對象的降殺。當然，新蔡簡字皆爲「虛」，此用字不同，又多了一道破讀轉彎的曲折，故仍不能無疑。
茲存陳先生之說以俟後考。

[157] 李零：《中國方術考》（北京：東方出版社，2000.4）頁 277-278。

麗女士曾說:「楚人的占卜記錄不僅包含有尚在擬議之中的禱祠和禳除,而且還附錄有已經實施的禱祠活動。這從一個側面告訴我們,楚人祭祀必先行占卜,獲吉之後方可擇日行祭,這兩項活動結束之後均須記錄在策以為備案。」[158]此說令人頗有啓發。所謂「楚人祭祀必先行占卜」符合《簡大王泊旱》的內容。「獲吉之後方可擇日行祭」也是對的,如《包山》簡 206 是「<u>冬夕之月癸丑之日</u>,龗禱於文坪夜君、邵公子春、司馬子音、蔡公子家各戠狄,饋之……」;《包山》簡 224 是「<u>魚月丙辰之日</u>……塑禱於新王父司馬子音戠牛,饋之……」。或是《葛陵》甲三:304「☐酉之日祭之,大牢(從「留」)饋之於黃李。占之:吉。……」,以上內容是記錄已經實施的「禱祠」而言,而選擇該天實行禱祠的前提當然是獲得了吉兆。至於「尚在擬議之中的禱祠和禳除」一般是一種「預卜」的行為,[159]前面只會有「擇(良)日于某月」,但不會詳細指出是哪一天舉行。如:

《葛陵》甲三:201「擇日於八月延祭競平王,以逾至於文君。占之:吉。既敘之。☐」

《葛陵》甲三:303「擇日于八月之中賽禱……」

《葛陵》乙四:43「☐夏夷、享月賽禱大水,備玉卦。擇日于屈夕……」

《天星觀》:「擇良日冬夕【之月】[160]賽禱宮地主一殏」

《天星觀》:「擇良日遠夕之月,享祭惠公」[161]

《包山》218:「恒貞吉,甲寅之日,病良瘥;有祟(祟),祗見琥。以其故敓之。璧琥,擇良月良日歸[162]之。」

---

[158] 胡雅麗:〈楚人卜筮概述〉《江漢考古》2002.4 頁 73。亦載于氏著:《尊龍尚鳳—楚人的信仰禮俗》(武漢:湖北教育出版社,2003.1)頁 84。

[159] 李零:《中國方術考》(北京:東方出版社,2000.4)頁 278、晏昌貴:〈天星觀「卜筮祭禱」簡釋文輯校〉《楚地簡帛思想研究(二)》(武漢:湖北教育出版社,2005.4)頁 286。

[160] 【之月】二字依晏昌貴先生所說擬補,見氏著〈天星觀「卜筮祭禱」簡釋文輯校〉《楚地簡帛思想研究(二)》(武漢:湖北教育出版社,2005.4)頁 286。

[161] 以上天星觀簡文引自晏昌貴〈天星觀「卜筮祭禱」簡釋文輯校〉《楚地簡帛思想研究(二)》(武漢:湖北教育出版社,2005.4)頁 285-286。

[162] 李零先生以為「饋送之義」,見氏著《中國方術考》(北京:東方出版社,2000.4)頁 274 注 1、晏昌貴先生以為或指「歸祭」,〈天星觀「卜筮祭禱」簡釋文輯校〉《楚地簡帛思想研究(二)》(武漢:湖北教育出版社,2005.4)頁 288。

　　另外，在楚人《日書》中也有這樣的記載，如《九店》56.41「凡吉日，利以祭祀、禱祠。」以上均可見從事祭祀之前必須先擇一良辰吉時，而「良日」、「吉日」的選定過程當然必須是「吉兆」。可見「⿰」恐怕仍應該是一正面的詞義。古代占卜「吉祥」與否，常是決定是否付諸行動的重要準則。如《呂氏春秋·孟冬紀》：「命太卜，禱祠龜策占兆，審卦吉凶。」《呂氏春秋·貴質論·直諫》：「先王卜以臣為葆，吉。」《左傳·哀公九年》：「晉趙鞅卜救鄭，遇水適火，占諸史趙、史墨、史龜。史龜曰：『是謂沈陽，可以興兵，利以伐姜，不利子商。伐齊則可，敵宋不吉。』」尤其《左傳·昭公十七年》曾記載：「吳伐楚，陽丐為令尹，卜戰，不吉。司馬子魚曰：『我得上流，何故不吉？且楚故，司馬令龜，我請改卜。』令曰：『魴也以其屬死之，楚師繼之，尚大克之！』吉。戰于長岸，……」為了一個好預兆，甚至不惜改卜。沈培先生亦認為「這幾位學者雖然釋字不同，但對於此字意義的理解大致是相同的，他們都認為這幾個字表示的是對占卜者有利的一種結果。」[163]底下再討論字形的問題：

　　上引范常喜先生認為「⿰」是「慶」的訛體，但是「⿰」連續出現兩次，二者皆解為訛體恐難服人，[164]而且如其文章所說「先秦傳世文獻中，罕見『如慶』這一片語」。濮先生的說法亦有待商榷，因為傳鈔古文「表」寫作「麃」，[165]與⿰字形並不相同，後者應分析為從鹿從褐聲（或狄）聲，音近讀為「褫」。[166]「⿰」、「⿰」顯非一字。[167]依照目前學界的看法，「⿰」字應隸定作「麃」，一說其上為「麃」省聲，即「表」字，可讀作「孚」。[168]簡文文意請見上引沈培先生文章。

---

[163] 沈培：〈從戰國簡看古人占卜的「蔽志」〉「第一屆古文字與古代史學術研討會」（臺北：中央研究院歷史語言研究所，2006.9）頁 19-8。

[164] 沈培先生亦有相同看法，見上文。

[165] 徐在國：《傳鈔古文字編（中）》（北京：線裝書局，2006.11）頁 820。

[166] 參季師旭昇：〈《上博三·周易》簡六「朝三褫之」說〉，簡帛研究網，2004.4.16、楊澤生：〈竹書《周易》中的兩個异文〉，簡帛研究網，2004.5.29。

[167] 2005.12.4 陳劍先生在台北開會時，經筆者請教，陳劍先生亦有相同的看法。上引沈文，頁 19-7 亦有相同看法。

[168] 除上引陳劍、沈培二文之外，亦參顏世鉉：〈上博楚竹書文字釋讀札記五則〉武漢大學簡帛研究中心主辦《簡帛》（第一輯）（上海：上海古籍出版社，2006.10）頁 190-193。又「表」寫作「麃」，亦可見《集成》2832 五祀衛鼎。

（二）《曹沫之陳》簡 46 下+33 的釋讀

　　《上博（四）·曹沫之陳》「卒欲少以多。少則惕（易）▨（△1），▨（△2）成則易【46 下】治，果勝矣。」[169]本簡內容李零先生說「卒欲少以多，疑指卒欲少而精，以質量彌補數量」，[170]說應可從。次句「少則易△1」，對於「△1」，李零、陳劍二先生均指出此字左從「車」，右從楚簡用爲「察」、「淺」、「竊」等之字之聲符，讀爲何字待考。[171]李銳先生則直接讀作「察」。[172]

　　建洲按：「△1」或許可讀爲「潛」，從紐侵部；而「察」古音初紐月部、「淺」清紐元部，彼此聲紐相近。韻部則徐在國先生指出侵月二部字音亦有關，如「西」（洲按：《說文》：「他念切」，古音透紐侵部）字，《說文》有三種讀音，其中一種讀爲「誓」（月）。從「西」得聲的「茜」也屬月部。[173]「潛」是表示動作在暗中進行的。[174]古籍中常見「潛師」一詞，如《左傳·定公二年》：「吳人見舟于豫章，而『潛師』于巢。」《左傳·文公七年》：「訓卒，利兵，秣馬，蓐食，『潛師』夜起。」《左傳·僖公三十二年》：「若『潛師』以來，國可得也。」《左傳·昭公十七年》曾記載：

169　編連依照陳劍：〈上博竹書《曹沫之陳》新編釋文（稿）〉，簡帛研究網，2005.2.12。白於藍：〈上博簡《曹沫之陳》釋文新編〉，簡帛研究網，2005.4.10、白於藍：〈《曹沫之陳》新編釋文及相關問題探討〉《中國文字》31 期（台北：藝文印書館，2006.11）頁 122。亦有相同看法。

170　馬承源主編：《上海博物館藏戰國楚竹書〔四〕》（上海：上海古籍出版社，2004.12）頁 274。

171　陳劍：〈上博竹書《曹沫之陳》新編釋文（稿）〉，簡帛研究網，2005.2.12。

172　李銳：〈《曹劌之陣》釋文新編〉，孔子 2000 網，2005.2.22。在〈《曹劌之陣》重編釋文〉，簡帛研究網，2005.5.27 亦釋爲「察」，但編連已有所不同。

173　徐在國：〈釋楚簡「敢」兼及相關字〉《中國南方文明學術研討會論文》（台北：中央研究院歷史語言研究所，2003.12.19），亦載於《古文字研究》25 輯　頁 348。亦參陳復華、何九盈：《古韻通曉》（北京：中國社會科學出版社，1987.10）頁 233。亦見「匜」字下段玉裁注（十二下四十七）。

174　楊伯峻、何樂士：《古漢語語法及其發展》（北京：語文出版社，2003.1 三刷）頁 290。

令曰：「魴也以其屬死之，楚師繼之，尚大克之！」吉。戰于長岸，子魚先死，楚師繼之，大敗吳師，獲其乘舟餘皇。使隨人與後至者守之，環而塹之，及泉，盈其隧炭，陳以待命。吳公子光請於其眾，曰：「喪先王之乘舟，豈唯光之罪？眾亦有焉。請藉取之以救死。」眾許之。使長鬣者三人潛伏於舟側，曰：「我呼餘皇，則對。師夜從之。」三呼，皆迭對。楚人從而殺之。楚師亂，吳人大敗之，取餘皇以歸。」[175]

這是少數人利用暗中進行的某種行動來達到出奇制勝的實例。相同情形亦見於古代兵書中，如《吳子‧應變》：

武侯問曰：「若敵眾我寡，為之奈何？」起對曰：「避之於易，邀之於阨。　故曰，以一擊十，莫善於阨；以十擊百，莫善於險；以千擊萬，莫善於阻。　今有少卒，卒起，擊金鳴鼓於阨路，雖有大眾，莫不驚動。故曰，用眾者務易，用少者務隘。」[176]

《六韜‧少眾》：

武王問太公曰：「吾欲以少擊眾，以弱擊強，為之奈何？」太公曰：「以少擊眾者，必以日之暮，伏以深草，要之隘路。以弱擊強者，必得大國之與，鄰國之助。」武王曰：「我無深草，又無隘路，敵人已至，不適日暮；我無大國之與，又無鄰國之助。為之奈何？」太公曰：「妄張詐誘，以熒惑其將，迂其途，令過深草；遠其路，令會日暮。前行未渡水，後行未及舍，發我伏兵，疾擊其左右，車騎擾亂其前後。敵人雖眾，其將可走。」[177]

[175] 楊伯峻：《春秋左傳注》（下）（台北：洪葉書局，1993.5）頁1392-1393。
[176] 楊軍譯注：《吳子全譯》（貴州：貴陽人民出版社，1998.12）頁310。
[177] 王曉衛譯注：《六韜全譯》（貴州：貴陽人民出版社，1998.12）頁197。

意思是利用虛張聲勢的方法來迷惑對方的將領，還有發動伏兵來攻擊敵軍。這些都是需要事先暗中部署完成的。可見簡文讀作「少則易『潛』」應該是可以的。

　　另外，也可以發現在敵多我寡的情形下，要達到奇襲的目的，我方的行動也必須準確快速，必須使用游擊戰，引誘敵人到險惡的地方，才能一下讓敵人「迂其道」，又讓敵軍「遠其路」，也才能「疾擊敵人左右」。如此看來似乎也不排除讀作「遷」。「淺」古音清紐元部；「遷」，亦清紐元部，雙聲疊韻。所以「少則易遷」，大概是說士兵雖少，但是遷徙迅速，方便迂迴作戰，能達到出奇制勝的效果。《吳子・料敵》：「凡料敵，有不卜而與之戰者八：一曰疾風大寒，早興寤『遷』」，[178]可見軍隊的移動是可以用「遷」字的。

　　其次，「△2」字李零先生隸定作「圪」，無解釋詞義。[179]陳劍先生贊同其說，並釋讀作「壘？」。[180]陳斯鵬先生則隸定作「垍」，讀作「管」，並標點作「少則易轄垍（管），成則易」。[181]李銳先生贊同其說，但讀作「自」，標點則同李零先生「少則易察，垍（自）成（盛）則易」。[182]後又改讀作「圪」。[183]

　　建洲按：仔細觀察「圖」偏旁，其右下有突出的筆劃，與一般「自」作（官，《包山》5）呈封閉形並不相同，可見釋為「自」是可以保留的。筆者以為「△2」應該從李零先生隸定作「圪」。其字形偏旁與《上博（三）・周易》44「气（汔）」作圖完全同形，加上《說文》有「圪」字（十三下八），亦證明釋讀的正確。「圪」，《說文》曰：從土气聲，陳劍先生讀作「壘」。筆者以為或許讀作「既」，楚簡的「氣」，通常寫作從「既」從「火」。「△2成」，即「既成」，即完成上句所說的「易潛」或「易遷」。結合上句，這裡的意思，我們稍

[178] 楊軍譯注：《吳子全譯》（貴州：貴陽人民出版社，1998.12）頁290。
[179] 馬承源主編：《上海博物館藏戰國楚竹書〔四〕》（上海：上海古籍出版社，2004.12）頁274。
[180] 陳劍：〈上博竹書《曹沫之陳》新編釋文（稿）〉，簡帛研究網，2005.2.12。
[181] 陳斯鵬：〈上海博物館藏楚簡《曹沫之陣》釋文校理稿〉，孔子2000網站，2005.2.20。
[182] 李銳：〈《曹劌之陣》釋文新編〉，孔子2000網，2005.2.22。
[183] 李銳：〈《曹劌之陣》重編釋文〉，簡帛研究網，2005.5.27。

加潤飾大概是說：「士兵人數少，則容易暗中進行出其不意的軍事行動。已經成功部署則容易控制戰爭的結果，最後果然成功了。」或是說「士兵人數少，則容易調度移動，已經成功轉移陣地則容易控制戰爭的結果，最後果然成功了。」

（三）《曹沫之陳》的「」字

《上博（四）·曹沫之陳》簡 22+29「曹沫曰：『三軍出，君自率，【22】必訏（約）邦之貴人及邦之可（奇）士（△1）卒，吏（使）兵毋復前……』」[184]又簡 28+37 上「且臣聞之：卒有長，三軍有帥，邦有君，此三者所以戰。長【28】民者毋図（攝）爵，毋（△2）軍」。李零先生指出：「第一字（△1）又見於下第四十一簡，正始石經（《左傳·隱公元年》正義引）、《汗簡》第二十六頁背、《古文四聲韻》卷一第二十四頁正並以爲古文『虞』字。這裡疑讀爲『御卒使兵』。」[185]此二字，陳劍、白於藍、李銳等先生則以爲讀作「御」尚不能確定。[186]陳斯鵬先生則讀爲「從」。[187]

建洲按：上引李零先生文中「四十一簡」應易爲「三十七簡」。其次，「虞」作「众」在其他異文亦見的到，如《尚書·西伯戡黎》「不虞天性」，「不虞」敦煌本作「弗众」。[188]又如僞古文《尚書·君陳》的「師虞」，內野本作「師众」。[189]簡文「△1」、「△2」從楚文字

---

[184] 編連依白於藍：〈上博簡《曹沫之陳》釋文新編〉，簡帛研究網，2005.4.10、白於藍：〈《曹沫之陳》新編釋文及相關問題探討〉《中國文字》31 期（台北：藝文印書館，2006.11）頁 119-122、李銳：〈《曹劌之陣》重編釋文〉，簡帛研究網，2005.5.27 亦有相同看法。斷句則參考陳劍：〈上博竹書《曹沫之陳》新編釋文（稿）〉，簡帛研究網，2005.2.12、白於藍：〈《曹沫之陳》新編釋文及相關問題探討〉《中國文字》31 期（台北：藝文印書館，2006.11）頁 120。

[185] 馬承源主編：《上海博物館藏戰國楚竹書〔四〕》（上海：上海古籍出版社，2004.12）頁頁 262

[186] 陳劍：〈上博竹書《曹沫之陳》新編釋文（稿）〉，簡帛研究網，2005.2.12。

[187] 陳斯鵬：〈上海博物館藏楚簡《曹沫之陣》釋文校理稿〉，孔子 2000 網站，2005.2.20。

[188] 商承祚編著：《石刻篆文編·字說》（北京：中華書局，1996.10）頁 22。

[189] 見林素清：〈利用出土戰國楚竹書資料檢討《尚書》異文及其相關問題〉《龍宇純先生七秩晉五壽慶論文集》（台北：學生書局，2002.11）頁 95。

的「人」形寫法，但是傳鈔古文「虞」作「𣦼」，所從偏旁似乎不是古文字「人」形的寫法，如《汗簡》就歸在「入」部之下。[190] 又如《郭店・緇衣》 34「⿰」，右旁與「𣦼」同形，整理者隸作「偮」，[191] 但是《戰國文字編》及《楚文字編》均釋爲「惛」。[192] 劉釗先生似乎也不同意該字隸作從「人」形。[193] 而且「虞」寫作「𣦼」似乎無法想像，恐怕是通假字。段玉裁在《說文》「旅」字古文「⿱」下說：「《左傳》仲子生而有文在其手，曰爲魯夫人。《正義》曰：隸書起於秦末。手文必非隸書。石經古文虞作𣦼，魯作⿱，手文容或似之。」[194] 季師旭昇、林素清先生均認爲「𣦼」字疑「旅」字古文之形訛。[195] 而「旅」字下正從二「人」之形。如此說可信，則「𣦼」是一種「隸古定」的「人」形寫法，而非古文字的原形，所以還是可與本簡「△1」、「△2」相對應。換言之，「△1」、「△2」或許是「旅」字。簡 29「邦之奇士△1 卒」中，「△1 卒」李零先生讀作「御卒」。「旅」，來紐魚部；「御」，疑紐魚部，聲音關係如同「旅」與「虞」，疑紐魚部。雖然文獻中似乎未見「御卒」一詞，但是我們懷疑這或許是互文的用法，因爲文獻上有「御士」、「奇兵」的說法。前者如《左傳・僖公二十四年》：「以狄師攻王，王御士將禦之。」後者如《尉繚子・制談》：「奇兵捐將而走」，而「兵」、「卒」義近，說成「奇卒」意思相去不遠。筆者另一考慮是將「△1」讀作「武」（明魚），與「旅」（來魚）在聲音上是複聲母、疊韻。「武卒」，見於《荀子・議兵》：「故齊之技擊，不可以遇魏氏之武卒；魏氏之武卒，不可以遇秦之銳士。」《漢書・卷二十三・刑法志》：「齊愍以技擊強，魏惠以武卒奮，秦昭以銳士勝。」上引書的「武卒」，《漢語大詞典》以爲是「戰國時魏國

---

[190] 《汗簡・古文四聲韻》頁 13。
[191] 荆門市博物館：《郭店楚墓竹簡》（北京：文物出版社，1998.5）頁 130。
[192] 湯餘惠主編：《戰國文字編》（福州：福建人民出版社，2001.12）頁 134、李守奎：《楚文字編》（上海：華東師範大學，2003.12）頁 138。
[193] 劉釗：《郭店楚簡校釋》（福州：福建人民出版社，2003.12）頁 50。
[194] 〔清〕段玉裁注：《說文解字注》（台北：漢京文化，1985.10）頁 312。
[195] 季旭昇師主編：《上海博物館藏戰國楚竹書（一）讀本》（台北：萬卷樓出版社，2004.6）頁 137、林素清：〈利用出土戰國楚竹書資料檢討《尚書》異文及其相關問題〉《龍宇純先生七秩晉五壽慶論文集》（台北：學生書局，2002.11）頁 95。

按規定標準選拔的步兵。」[196]不過，漢陳琳〈檄吳將校部曲文〉：「都城屠於句踐，武卒散於黃池。」中的「武卒」便是泛稱「軍隊」、「士兵」了。[197]《曹沫之陣》是魯國的底本，所以應該是偏向第二種解釋的，也就是一種泛稱。至於簡 37 上「毋△2 軍」，「△2」是動詞，李零先生讀作「御」，並引《六韜・龍韜・立將》：「臣聞國不可以從外治，軍不可以從中御」，認為「自古兵家最忌中御之患，疑簡文所述即此意。」[198]其說似乎可從，也就是說「長民者」不可居中遙控出征的軍隊，與簡文談到「長民者」不可為之事相吻合。

要說明的是以上的推論都是建立在將「△1」、「△2」釋為「旅」字的基礎上。不可諱言，這樣的字形與一般所見的「旅」有段距離，[199]是否真是「旅」字，還有待將來的材料來論斷。倘若我們同意「旅」字有這樣的省簡方式，則陳斯鵬先生釋「△1」為「從」，似乎也不能排除其可能性。而且文獻上有「從卒」這樣的用法，如《墨子・號令》：「從卒各百人」[200]、《莊子・盜跖》：「盜跖從卒九千人，橫行天下，侵暴諸侯。」[201]但是將「△2」也讀作「從」，依照目前的編連認為「長民者……毋從軍」意思上比較不好理解，所以暫不取此說。（建洲按：陳先生之說可能是正確的，詳下。）

以上內容寫於 2005 年 3 月 10 日。[202]後來又見到何有祖先生以為 △1、△2 字與一般所見的「旅」有段距離，因此不當隸作「旅」。他指出「《汗簡》第五十五頁背引《李商隱集字》『耀』字作𤎩，從『火』，從𢏭（正與簡文𢏭同）。可知𢏭，是『耀』的聲符。𢏭當可讀為『耀』。…『耀』有炫燿展示之意。」因此把簡文讀作「耀卒」（簡

---

[196] 《漢語大辭典》冊五 頁 342。

[197] 同上。

[198] 馬承源主編：《上海博物館藏戰國楚竹書〔四〕》（上海：上海古籍出版社，2004.12）頁 267。

[199] 湯餘惠主編：《戰國文字編》（福州：福建人民出版社，2001.12）頁 466、李守奎：《楚文字編》（上海：華東師範大學，2003.12）頁 426。

[200] 〔清〕孫詒讓：《墨子閒詁》（台北：華正書局，1995.9）頁 543。

[201] 〔清〕郭慶藩：《莊子集釋》（台北：貫雅文化，1991.9）頁 990。

[202] 蘇建洲：〈《上博（四）・曹沫之陣》三則補議〉，簡帛研究網，2005.03.10。並以〈《上博楚簡（四）》考釋三則〉為題，發表於《出土文獻語言研究》第一輯（廣州：華南師範大學文學院，2006.6）頁 64-66。

29），「耀軍」（簡 37），前者爲「光耀」之「耀」，後者爲「炫耀」之「耀」[203]。但是對於《汗簡》「𤐜」字的來源，黃錫全先生在「𤐜」字下注云：「夏韻笑韻錄此文作𤐜是，此寫脫一畫。侯馬盟書狄作𤎩，三體石經《僖公》古文作𤎩，古璽𤎩作𤎩（類編 439），前日部錄曜字作𤎩，此𤎩形類同。𤎩本褐字初文，因音近假爲狄或翟。」[204]高佑仁先生也指出：「我們看《汗簡》、《古文四聲韻》中從『翟』者如𤎩（汗簡·翟）、𤎩（汗簡·趯）、𤎩（汗簡·曜）、𤎩（古文四聲韻·曜）、𤎩（古文四聲韻·耀），從字形演變來看，黃錫全以爲乃『羕』之訛變，十分正確。」[205]換言之，上引「耀」與《曹沫之陣》的「△1」、「△2」字寫法相同實乃訛變所造成的偶合，相應於「△1」、「△2」在簡文中出現兩次應該是確有此寫法來看，二者恐怕不能合觀。另外，邴尚白先生以爲：

> 《龍龕手鑑》：「焱，古文，音盜。」「燅，同。」二字亦以「焱」爲聲符，讀爲「盜」。「焱」爲何字雖不能確定，但其音應與「盜」（宵部定母）、「耀」（宵部餘母）相近。簡文此字應讀作「擢」，訓爲選拔。古書中有「選卒」，如：銀雀山漢簡《孫臏兵法·八陳》：「敵弱以亂，先以選卒以乘之」（簡一零二），《戰國策·齊策一》：「其良士選卒亦殪」，《呂氏春秋·愛類》：「王也者，非必堅甲利兵選卒練士也」，《淮南子·兵略》：「乘之以選卒」、「越王選卒三千人」，《管子·七法》則說「器成卒選」。……至於簡三十七的「毋焱軍」則可從何說讀爲「毋耀軍」，指不要炫耀軍力。[206]

對此說，高佑仁先生認爲：

---

[203] 何有祖：〈上博楚竹書（四）劄記〉，簡帛研究網，2005.04.15。

[204] 黃錫全：《汗簡注釋》（武漢：武漢大學出版社，1990.8）頁 363。

[205] 高佑仁：《《上海博物館藏戰國楚竹書（四）·曹沫之陣》研究》（台北：台灣師範大學國文研究所碩士論文，2007 年 6 月修訂版）頁 300-301。

[206] 邴尚白：〈上博楚竹書《曹沫之陣》注釋〉《中國文學研究》第二十一期（台北：台灣大學中文所主辦，2006）頁 20-21。

邴尚白的意見很有啟發性，他從《龍龕手鑑》的「炎」、「㸒」找到線索，以為「炎」即讀音為「盜」，再從「盜」通假作「擢」，將本處文例讀作「擢卒」，而簡 37 的「△軍」則改讀作「耀軍」。《字彙補》於「人部」有「㑂」，其云「古盜字」，又於「火部」列有「威」、「㷠」，李旭昇師以為：「『威』字見《字彙補・火部》曰：『威，古盜字，見《金石韻府》。』《古文四聲韻・去聲・號韻》亦收此形作『𤊾』，惟更早之形體起源仍未可知。」（原注：教育部《異體字字典》「威」字「a02747-001」之研訂說明，李鍌師、陳新雄師、李殿魁等編：教育部《異體字字典》網路版，民國九十三年一月正式五版。），筆者以為「炎」即「威」、「㷠」之省，與「擢」字未必有絕對之關係。其次，邴尚白雖引用大量的「選卒」、「篡卒」、「撰卒」、「選鋒」等文例，但都無法證明「擢卒」與這些文例間的直接關係，又「擢卒」一詞筆者未見於古籍。[207]

其說可參。

　　上面我們曾根據李零先生所提到的《汗簡》、《古文四聲韻》、《正始石經》的「虞」作「㘴」為基礎，對簡文「△1」、「△2」進行考釋。不過，對於「虞」作「㘴」的寫法，林志強先生曾引用曾憲通先生的意見說明其來源：

曾憲通師在《從曾侯乙編鐘之鐘虡銅人說虞與業》中對虞作㘴這一難解之謎作了精采的索解。他認為石經古文乃借虡為虞，虞為疑母魚部字，虡為群母魚部字，二者音近可通。秦簡《司空律》：「載縣（懸）鐘虡用輻（膈），皆不勝任而折……皆為用而出之。」鐘虡即鐘虞，是虞、虡相通之證。虞字取象于古代向上擎舉的鐘虡銅人，其構件由 🔳 變 🔳 變 🔳，🔳 乃鷹節、雁節之 🔳、🔳 的省變，㘴則疑是 🔳 即 🔳 的訛文。「這種省變，與 🔳 字秦簡日書作 🔳、🔳，馬王堆帛書《老子》後作 🔳，隸變作

[207] 高佑仁：《《上海博物館藏戰國楚竹書（四）・曹沫之陣》研究》（台北：台灣師範大學國文研究所碩士論文，2007 年 6 月修訂版）頁 301。

※，楷寫作[圖]屬同類現象，都是由人形的[圖]字裂變而成的。」
（原注：曾憲通《三體石經古文與〈說文〉古文合證》，《古文字研究》第七輯，284 頁，中華書局，1982 年）所論甚是。[圖]在隸古定古文中變為※還有一例可為旁證：「勝」字隸定古文作[圖]、[圖]、[圖]、[圖]諸形，徐在國先生已經證明作[圖]、[圖]者乃假「乘」字為之，作[圖]、[圖]者則為從力乘聲之字（「勝」字異體）的訛變。（原注：徐在國：《隸定古文疏證》，284 頁，安徽大學出版社，2002 年 6 月。徐寶貴《古文字研究六則》亦可參看，載《松遼學刊》2001 年第五期。）「乘」字戰國文字作[圖]（鄂君啟車節）、[圖]（郭店簡《語叢二》），省作[圖]、[圖]，（原注：[圖]為中山王墓刻石文，見《甲金篆隸大字典》，356頁……；[圖]形參見《郭店楚簡文字編》188 頁從力乘聲之字的寫法。）[圖]、[圖]、[圖]、[圖]諸形中都有※形，它顯然就是[圖]形的變化寫法，它們之間的演變關係與虞字借虞為之字形由[圖]形變為※顯然也是同類現象。[208]

依曾憲通、林志強二先生的說法，※形來源於「虞」下半部「[圖]」（[圖]），[209]並進一步楷定而來。李家浩先生亦指出：「※」亦見於《汗簡》，疑是由古璽文字[圖]（《古璽彙編》486‧5377，字從兩「虞」並列）一類寫法訛變而成。在漢字中，有兩個相同偏旁組成的字，它的讀音往往跟它所從的偏旁相同。如「比」從二「匕」，它的讀音跟「匕」相同。「虞王」之「虞」（引案：字作[圖]）跟「※」的語音關係，猶「匕」跟「比」的語音關係。[210]綜合幾位先生的看法，可將字形演

---

[208] 林志強：〈古文《尚書》文字檢說〉《康樂集》（廣州：中山大學出版社，2006.1）頁 178。

[209] 關於「[圖]」、「[圖]」、「[圖]」是「[圖]」，亦可見朱德熙、裘錫圭：《戰國文字研究（六種）》，原載《考古學報》1972 年第 1 期，後收入《朱德熙文集》第五卷 44、48 頁，商務印書館 1999 年、徐在國：〈上博（六）文字考釋二則〉，簡帛網，2007.07.23。

[210] 李家浩：〈攻五王光韓劍與虞王光[圖]戈〉《古文字研究》第十七輯（北京：中華書局，1989.6）頁 144。不過對《璽彙》5377 的字形，劉釗：〈璽印文字釋叢（一）〉《考古與文物》1990.2 頁 44，亦載於《古文字考釋叢稿》（長沙：岳麓書社，2005.7）頁 147-159、《戰國文字編》頁 570 皆釋為「比」。

變羅列如下：（1）→（4）

如同徐在國先生所說，由（1）→（3）僅保留人形的肢體，而向上扛舉之勢已失。[211]（4）則是進一步裂變而成的。果如此，則「𢆶」顯然不能與「众」同觀，因爲同爲戰國出土文字，𢆶、𡶵等「興」字，未見有演變爲𢆶的證據。依此說，則「𢆶」恐怕只能理解爲「𠂇」（从，《郭店・忠信之道》5）重疊偏旁而成的字，這在古文字也不少見，如《曹沫之陣》簡 37、38 的「𡚼」、《容成氏》簡 14「𠈌（介）而坐之」（參下第五則）。所以上引陳斯鵬先生的看法應該是比較合理的。簡文 22+29 可讀作「曹沫曰：『三軍出，君自率，【22】必訖（約）邦之貴人及邦之可（奇）士從卒，吏（使）兵毋復前⋯⋯』」如前所述「從卒」是名詞詞組，已見於《荀子》、《莊子》。另外，簡 28+37 上「長【28】民者毋図（攝）爵，毋從軍」。「從軍」，是參加軍隊、投身軍旅的意思，如《史記・東越列傳》：「舊從軍無功，以宗室故侯。」漢王粲《從軍詩》之一：「從軍有苦樂，但聞所從誰。」[212]又如《睡虎地・編年記》：「（昭王）【五十】三年，吏誰從軍。」「（始皇）十三年，從軍。」[213]《秦律十八種・軍爵律》：「從軍當以勞論及賜」[214]、《秦律雜抄》：「乃鄰從軍者，到軍課之」。[215]《爲吏之道》所引《魏奔命律》有「今遣從軍，將軍勿恤視。」[216]《青海大通縣上孫家寨漢簡》：「⋯⋯從軍，斬首捕虜，爵單行，至右更。⋯⋯」[217]簡文已說「且臣聞之：卒有長，三軍有帥，邦有君，此三者所以戰。」則應各司其職，國君（長民者）應該作的是「授有智，舍有能，則民義之。」（簡 36+28），而不宜輕易投身軍旅，一旦有所閃失，則國家群

---

[211] 徐在國：〈上博（六）文字考釋二則〉，簡帛網，2007.07.23。

[212] 參《漢語大詞典》冊三 頁 1009。

[213] 睡虎地秦墓竹簡整理小組：《睡虎地秦墓竹簡》（北京：文物出版社，1978.11）頁 6、7。

[214] 同上，頁 92。

[215] 同上，頁 132。

[216] 同上，頁 294。

[217] 大通上孫家寨漢簡整理小組等：〈大通上孫家寨漢簡釋文〉《文物》1981.2。

龍無首，後果更不堪設想。

（四）《曹沫之陳》簡 30 的「㧪」字

　　《上博（四）·曹沫之陳》簡 30+52「☑□（立—位？）厚食，思（使）爲前行。『三行之後，苟見耑（短）兵，㧪（△）【30】毋怠……。』」[218]其中「㧪」字，陳劍先生讀作「審？」。[219]李銳先生讀作「什？」，[220]後來又同意陳劍先生讀作「審？」。[221]白於藍先生亦讀作「審？」。[222]「△」字亦見於《郭店·語叢四》：「盡之而疑，必△鉛【15】之。鉛之而不可，必文以過，毋令知我。……【6】」。[223]徐在國先生分析「△」字爲從攴「十」聲，[224]學者多表示贊同。[225]至於具體讀法，徐先生讀作「執」，陳劍先生則認爲「△鉛」疑可讀爲「審喻」。[226]孟蓬生先生則認爲「△」應釋爲「慎」，他認爲訧（《郭店·語叢四》簡 4）及本簡的「㧪」同從「｜」（古本切）聲，而

---

[218] 以上編連依照陳劍：〈上博竹書《曹沫之陳》新編釋文（稿）〉，簡帛研究網，2005.2.12。白於藍：〈上博簡《曹沫之陳》釋文新編〉，簡帛研究網，2005.4.10、白於藍：〈《曹沫之陳》新編釋文及相關問題探討〉《中國文字》31 期（台北：藝文印書館，2006.11）頁 121 亦有相同意見。李銳：〈《曹劌之陣》釋文新編〉，孔子 2000 網，2005.2.22，原來看法一樣，但後來在〈《曹劌之陣》重編釋文〉，簡帛研究網，2005.5.27，則又做了改變。

[219] 陳劍：〈上博竹書《曹沫之陳》新編釋文（稿）〉，簡帛研究網，2005.2.12。

[220] 李銳：〈《曹劌之陣》釋文新編〉，孔子 2000 網，2005.2.22。

[221] 李銳：〈《曹劌之陣》重編釋文〉，簡帛研究網，2005.5.27。

[222] 白於藍：〈上博簡《曹沫之陳》釋文新編〉，簡帛研究網，2005.4.10。

[223] 《郭店楚墓竹簡》原編連有誤，應依趙鋒先生所說，編連成「5+15+6」，見陳劍：〈郭店簡《窮達以時》、《語叢四》的幾處簡序調整〉《國際簡帛研究通訊》第二卷第 5 期（2002 年 6 月）頁 6。

[224] 徐在國：〈郭店楚簡文字三考〉《簡帛研究二〇〇一》（南寧：廣西師範大學出版社，2001.9）頁 179。亦載於黃德寬、何琳儀、徐在國合著：《新出楚簡文字考》（合肥：安徽大學出版社，2007.9）頁 29-30。

[225] 參陳劍：〈郭店簡《窮達以時》、《語叢四》的幾處簡序調整〉《國際簡帛研究通訊》第二卷第 5 期（2002.6）頁 6、裘錫圭：〈釋郭店《緇衣》「出言有訧，黎民所𧥻」〉《古墓新知—郭店楚簡出土十週年論文專輯》（國際炎黃文化出版社，2003.11）頁 5。

[226] 文中注明說「『鉛』可讀爲『喻』是裘錫圭先生的意見。」陳劍：〈郭店簡《窮達以時》、《語叢四》的幾處簡序調整〉《國際簡帛研究通訊》第二卷第 5 期（2002 年 6 月）頁 6。

「訢」可以讀作「慎」，則「忮」也可以讀作「慎」。所以上文提到的「忮毋怠」，就可以讀作「慎毋怠」。[227]

建洲按：《郭店·語叢四》的「△」，徐在國及陳劍二先生的讀法，裘錫圭先生認爲「此字究竟應該讀爲何字，還可以進一步研究。」[228]如此看來，〈曹沫之陣〉「△」字的讀法似乎可以再討論。至於孟先生讀作「慎」有其合理性，但是筆者上引裘錫圭先生的文章已指出訡、忮二字的聲符相同，從「針」或「十」聲。[229]這樣的解釋比孟先生所說從「丨」（古本切）聲合理。「△」釋爲「慎」，這也是筆者曾考慮過的讀法，但是後來發現《尚書·湯誓》的文句「怠毋某」正可與本簡「某毋怠」參看，所以有了不同的解釋。（詳下）

筆者以爲「△」似可讀作「協」。古「十」、「劦」二聲有相通的現象，[230]如《馬王堆帛書·五星占》2-3「其名爲汁給」，「『汁』給」劉樂賢先生讀作「『協』洽」。[231]《史記·曆書》「『協』洽」作「『汁』洽」。[232]「汁」，《說文》謂從水「十」聲。[233]《周禮·大史》：「讀禮書而協事。」鄭玄《注》：「故書協作叶，杜子春云：『叶，書亦或爲協或爲汁』。」[234]則本句可讀作「協毋怠」，《說文》曰：「協，眾之同和也。」則簡文是說「同心協力，不要怠慢輕忽。」《尚書·湯誓》：「夏王率遏眾力，率割夏邑，有眾率『怠』弗『協』。」[235]其中

---

227 孟蓬生：〈上博竹書（四）閒詁（續）〉，簡帛研究網，2005.03.06。

228 裘錫圭：〈釋郭店《緇衣》「出言有丨，黎民所丨」〉《古墓新知—郭店楚簡出土十週年論文專輯》（國際炎黃文化出版社，2003.11）頁 5。

229 裘錫圭：〈釋郭店《緇衣》「出言有丨，黎民所丨」〉《古墓新知—郭店楚簡出土十週年論文專輯》（國際炎黃文化出版社，2003.11）頁 5。

230 張儒、劉毓慶：《漢字通用聲素研究》（太原：山西古籍出版社，2002.4）頁 985、1038。

231 劉樂賢：《馬王堆天文書考釋》（廣州：中山大學出版社，2004.5）頁 31 注 14。

232 高亨、董治安編纂：《古字通假會典》（濟南：齊魯書社，1997.7 二刷）頁 695；張儒、劉毓慶：《漢字通用聲素研究》（太原：山西古籍出版社，2002.4）頁 1038。

233 〔清〕段玉裁注：《說文解字注》（台北：漢京文化，1985.10）頁 563。

234 〔清〕阮元刻本：《十三經注疏—周禮》（台北：藝文印書館，1997.8 初版十三刷）頁 402。

235 〔清〕阮元刻本：《十三經注疏—尚書》（台北：藝文印書館，1997.8 初版十三刷）頁 108。

「率」是語助詞，[236]則所謂「『怠』弗『協』」正說明「協」、「怠」二者可用於反義詞。簡文「三行」，陳劍先生認為「『三行』謂（前行、前軍）向敵軍三次前進，『行』當為動詞。」[237]又說這些「前行者即上文之『廝徒傷亡』」，可從。而「短兵」在此應指「拿短兵器的士兵」，《商君書‧境內》：「五百主，短兵五十人」，朱師轍說：「五百主，五百人之長，有持短兵之士五十人。……短兵，兵之持刀劍者也。」[238]則簡文意思大約是：前行軍向敵軍三次前進，（已深入敵國腹地），這時碰到拿短兵器的士兵，眼看就要發生近身肉搏戰，大家要齊心協力，不要怠慢輕忽。不能再發生之前「廝徒傷亡」的事情了。

（五）《曹沫之陳》簡 37 下+38 釋讀

《上博（四）‧曹沫之陳》簡 37 下+38「☑又戒言曰：牪，爾正礼；不牪，而或興或康以【37 下】會。故帥不可思（使）牪，牪則不行。」[239]此句不易了解，筆者嘗試臆解，聊供參考。《吳子‧論將》：

> 吳子曰：「凡戰之要，必先占其將而察其才。……<u>其將愚而信人，可詐而誘</u>；……」武侯問曰：「兩軍相望，不知其將，我欲相之，其術如何？」起對曰：「令賤而勇者，將輕銳以嘗之，務於北，無務於得。觀敵之來，一坐一起。其政以理，其追北佯為不及，其見利佯為不知，如此將者，名為<u>智將</u>，勿與戰矣。若其眾讙譁，旌旗煩亂，其卒自行自止，其兵或縱或橫，其追北恐不及，見利恐不得，此為<u>愚將</u>，雖眾可獲。」[240]

[236] 中國社會科學院語言研究所古代漢語研究室編：《古代漢語虛詞詞典》（北京：商務印書館，2000.1 二刷）頁 534。

[237] 陳劍：〈上博竹書《曹沫之陳》新編釋文（稿）〉，簡帛研究網，2005.2.12。

[238] 蔣禮鴻：《商君書錐指》（北京：中華書局，2001.8 三刷）頁 115。

[239] 編聯依陳劍：〈上博竹書《曹沫之陳》新編釋文（稿）〉，簡帛研究網，2005.2.12。白於藍：〈《曹沫之陳》新編釋文及相關問題探討〉《中國文字》31 期（台北：藝文印書館，2006.11）頁 120 意見相同。

[240] 楊軍：《吳子全譯》（貴陽：貴州人民出版社，1998.12）頁 304。

此段似可作爲釋讀的參考。首先是「牪」字筆者懷疑可能是屬於「同符合體字」，[241]簡單說就是「牛」的繁體。這種情形如同中山王方壺作「而臣宗𢓊立」，「𢓊」即「易」，讀作「易位」。《信陽》1.01作「夫賤人𧰼上」，「𧰼」即「各」，讀作「格上」。[242]《上博（二）・容成氏》14「价而坐之之子（茲）」，其中「价」即「介」，訓爲「止息」。[243]筆者以爲本簡的「牛」或可讀作「愚」。「牛」，疑紐之部；愚，疑紐侯部。雙聲，韻部有相通的現象，如《莊子・大宗師》：「彼以生爲附贅縣疣」，《荀子・宥坐》楊倞《注》引「附」（侯部）作「負」（之部）。[244]《禮記・樂記》：「坏牆垣。」《呂氏春秋・孟秋紀》：「坏」（之部）作「付（從土）」（侯部）。[245]《史記・大宛列傳》：「烏孫、侖頭易苦漢使矣。」「侖頭（侯部）」，《漢書・李廣利傳》作「侖臺（之部）」。[246]另外，學者指出「熙」、「煦」、「熹」、「旭」爲同源字，其中而且「熙」、「煦」的聲韻關係正是之侯旁轉。[247]《管子・地數》：「夫玉起於牛氏邊山。」王念孫《讀書雜誌》：「『牛』氏當作『禺』氏。見〈國蓄〉、〈揆度〉、〈輕重甲〉、〈輕重乙〉四篇。」[248]更是重要例證。由上引《吳子》來看，當個將領絕不能是「愚將」。其次，「正杠」，筆者原讀作「征貢」。但考慮到上文簡 62「毋尚獲而尚聞命」，沈培先生解釋爲「以聽命爲上而不以俘獲多少爲上」，[249]則「正杠」

---

[241] 陳偉武：〈同符合體字探微〉《中山大學學報》1997.4 頁 106-117。

[242] 中山大學古文字研究室：《戰國楚簡研究》二（廣州：中山大學，1977）頁 2、劉雨：〈信陽楚簡釋文與考釋〉《信陽楚墓》（北京：文物出版社，1986.3）頁 125、李零：〈長台關楚簡《申徒狄》研究〉，簡帛研究網，2000/08/08；亦收錄於《揖芬集》（北京：社會科學文獻出版社，2002.5）頁 310。

[243] 陳偉：〈竹書〈容成氏〉零識〉《第四屆國際中國古文字學研討會論文》（香港：香港中文大學，2003.10.15）頁 296。

[244] 高亨、董治安編纂：《古字通假會典》（濟南：齊魯書社，1997.7 二刷頁 367。

[245] 高亨、董治安編纂：《古字通假會典》（濟南：齊魯書社，1997.7 二刷頁 367。

[246] 張儒、劉毓慶：《漢字通用聲素研究》（太原：山西古籍出版社，2002.4）頁 265。

[247] 王力主編：《王力古漢語字典》（北京：中華書局，2002.12 一版 3 刷）頁 664、程俊英：《應用訓詁學》（上海：華東師範大學，1989.11）頁 113。

[248] 參張儒、劉毓慶：《漢字通用聲素研究》（太原：山西古籍出版社，2002.4）頁 42、286。

[249] 見陳劍：〈上博竹書《曹沫之陳》新編釋文（稿）〉，簡帛研究網，2005.2.12，所引沈先生的意見。

似乎不排除讀作「定訌」。正，章紐耕部；定，定紐耕部，聲近可通。《老子》三十七章「無欲以靜，天下將自定。」漢帛書甲本、乙本「定」作「正」。《管子・小匡》：「君若欲正卒伍。」《漢書・刑法志》引「正」作「定」。[250]又如《昭王與龔之脽》簡 7「定多」，陳劍先生讀作「正多」。[251]「定」在這裡是「一定」的意思，用法如同《史記・項羽本紀》：「項梁聞陳王『定』死，召諸別將會薛計事。」而「䜋」讀作「訌」，二者同從「工」聲，故得相通。「訌」有爭吵、潰亂的意思。[252]《詩・大雅・召旻》：「天降罪罟，蟊賊內訌。」《毛傳》：「訌，潰也。」《鄭箋》：「訌，爭訟相陷人之言也。」孔穎達《正義》：「又內自潰亂，相陷以罪人也。」這裡的意思是說，假如君王你派遣愚將的話，那些士兵一定會爭吵、潰亂，而無法聽命於上，此與上面簡 62 呼應。這也跟上引《吳子・論將》：「其眾讙譁，旌旗煩亂⋯⋯此爲愚將」相呼應。其三，「或興或康以會」，「興」有事情剛開始發生的意思，如《呂氏春秋・孝行覽・義賞》：「姦僞賊亂貪戾之道興」《史記・樂書》：「逆氣成象，而淫樂興焉。」可以引申爲「少數」。而「康」則有繁盛、廣大的意思，《爾雅・釋宮》：「五達謂之康，六達謂之莊」、《史記・騶奭列傳》：「爲開康莊之衢」，可以引申爲「很多」。「會」應該有會合、聚會的意思，如《上博（二）・容成氏》52「以少『會』諸侯之師」。「或興或康」就字面來說，大概是說來歸附或會合的人數「或少或多」，這應該是個偏義複詞，重點在「康」。意思是說如果是個「智將」的話，士兵都會來歸附他。而「行」，筆者同意李銳先生所說「《廣雅・釋詁二》：『行，陳（陣）也。』」[253]整句話可釋爲「⋯⋯又戒言曰：愚，爾定訌；不愚，而或興或康以會。故帥不可使愚，愚則不行。」意思大約是說：「⋯⋯又告誡說：如果是愚將，那些士兵一定會爭吵、潰亂，（不聽上面的命令）。如果不愚笨的話（智將），士兵會大量來歸附他或與他會合。所以不可使用或派遣愚笨的人擔任將軍，愚將會讓陣列潰散。」

[250] 高亨、董治安編纂：《古字通假會典》（濟南：齊魯書社，1997.7 二刷）頁 60。

[251] 陳劍：〈上博竹書《昭王與龔之脽》和《柬大王泊旱》讀後記〉，簡帛研究網，2005.2.15。

[252] 參向熹《詩經詞典》（成都：四川人民出版社，1997.7 三刷）頁 233。

[253] 李銳：〈《曹劌之陣》釋文新編〉，孔子 2000 網，2005.2.22。

附記：本則的釋讀，請一併參照孟蓬生先生：〈「牪」疑〉，簡帛網，
2007.09.22。

（六）《上博（四）・曹沫之陣》簡 18「纏」字小考

《曹沫之陣》18「■甲厲兵」，對於「■」字，整理者李零先生隸
定作「纏」，以為「從灰得聲，疑讀『繕』。『繕』是禪母元部字，『灰』
同『庶』，是書母魚部字，讀音相近。」[254]。陳劍先生釋作「纏」讀
作「繕」，以為「『纏』字原已釋讀為『繕』，但說其字為從『庶』得
聲，恐不可信。」[255]。高佑仁兄亦認為「■」是「纏」字，並認為字
形來源有待突破的空間。[256]

筆者亦以為「■」字並不從「庶」，而且不論從字形或聲韻條件來
看，釋為「纏」應該是比較合理的。先說聲韻關係：「纏」，定紐元
部；「繕」，禪母元部，疊韻。而聲紐「禪」、「定」上古音極近，已有
多位學者指出了。[257]再看字形：大家知道楚簡有一系列的字與「■」
相關，請見下表[258]：

---

[254] 馬承源主編：《上海博物館藏戰國楚竹書（四）》（上海：上海古籍出版社，2004
年 12 月）頁 254。

[255] 陳劍：〈上博竹書《曹沫之陣》新編釋文（稿）〉，簡帛研究網，（2005/2/12）。

[256] 高佑仁《《上海博物館藏戰國楚竹書（四）・曹沫之陣》研究》（台北：台灣師範
大學國文系碩士論文，2007 年 6 月修訂版）頁 161-162。

[257] 周祖謨：〈禪母古音考〉《問學集》（北京：中華書局，1992）頁 3、裘錫圭、〈釋
「尌」〉《龍宇純先生七秩晉五壽慶論文集》（台北：學生書局，2002.11）頁
191、裘錫圭、〈釋郭店《緇衣》「出言有丨，黎民所丨」〉《古墓新知—郭店楚簡
出土十週年論文專輯》（國際炎黃文化出版社，2003.11）頁 3。

[258] 引自高佑仁：《《上海博物館藏戰國楚竹書（四）・曹沫之陣》研究》（修訂版）頁
159，筆者另有所增補。

編號	1.	2.	3.	4.	5.
字形	(字形)	(字形)	(字形)	(字形)	(字形)[259]
出處	曹沫之陣·18	郭店·緇衣·36	上博一·緇衣·18	上博三采風曲目·3	上博五·季庚子問孔子·4
編號	6.	7.	8.	9.	10.
字形	(字形)	(字形)	(字形)	(字形)	(字形)
出處	睡虎地秦簡·131	十鐘山房印舉·3之11	十鐘山房印舉·3之21	漢印徵	江陵十號漢墓木牘五

由上表來看，「（字）」的「（字）」旁顯然與其他楚系 2、3、4、5 字形同一來源，除了「口」形之外，其他部件或偏旁都可以找到對應。對於最早出現的「（字）」字，裘錫圭先生按語說：「簡文上『也』上一字似當釋『廛』，『廛』、『展』音近可通。」[260]此說得到學者的贊同。[261]有學者認爲「（字）」應分析爲從「鼎」聲或從「則」聲，這恐怕有問題。因爲仔細觀察「（字）」是從「目」形，並不從「貝」，當然無由說從「鼎」或從「則」了。至於秦系文字「（字）」寫作從「田」，「（字）」寫作從「目」，魏宜輝先生已指出：在古文字中，作爲偏旁或部件的「日」、「目」、「田」形經常互訛。[262]諸字中以「（字）」字形最接近「廛」

[259] 此形體是經過禤健聰先生處理過的，見氏著：〈上博楚簡（五）零札（一）〉，簡帛網，2006.2.24。

[260] 荊門市博物館編：《郭店楚墓竹簡》，（北京市：文物出版社，1998 年）頁 135。

[261] 趙平安：〈上博藏緇衣簡字詁四篇〉，《上海博物館藏戰國楚竹書研究》（上海：上海古籍出版社，2002 年）頁 65。

[262] 魏宜輝：《楚系簡帛文字形體訛變分析》（南京：南京大學博士學位論文，2003 年）頁 40。亦參何琳儀：《戰國文字通論訂補》（南京：江蘇教育出版社，2003.1）頁 235、劉釗：《古文字構形學》（福州：福建人民出版社，2006.1）頁 337、339；李天虹：〈釋《唐虞之道》中的「均」〉《新出楚簡國際學術研討會·郭店簡卷》（湖北：武漢大學等舉辦，2006.6.26）頁 59。亦載於丁四新主編：《楚地簡帛思想研究》第三輯（武漢：湖北教育出版社，2007.6）頁 480。

字，大抵可以隸定爲「墨」，[263]也許從「日」才是基本形體。其他楚系字形都是「墨」的進一步訛變。以此觀之，「墨」字自然非從「庶」了，楚文字中可見「日」、「口」二形訛變互混的現象，如「昏」作（《子羔》4）從氏从日；而「日」旁有時又訛寫得類似「口」如（《魯穆公問子思》8）[264]、《郭店・緇衣》29「緡」作。又如「時」一般作（《郭店・太一生水》4），從「日」；《上博（二）・從政》的「時」寫法均作（從「口」）。至於「墨」字的「火」部件寫法可以釋爲訛變爲「火」形[265]或是看作將「墨」字的部件上面的筆劃拉平。換言之，釋爲「纏」，讀爲「繕」是可以的。當然，我們目前對「廛」的構形仍不清楚，「」究竟代表什麼意思？從「石」或從「厂」、「广」哪一個才是原本的構形？（當然後二者可以義近通用）[266]這都還有待新材料出土來解決。

（七）《曹沫之陣》的「散」字

（△1）　　（△2）　　（△3）

《上博（四）・曹沫之陣》簡 43 作「△1 果」，李零先生隸作「散」，釋爲「散」，讀作「散裹」。[267]字亦見於簡 42 作「△2 果」，李零先生隸作「散」，亦釋爲「散」。[268]由文例來看二者顯然是一字。對釋爲「散」，陳劍先生〈釋文〉作「散（？）」，表示還不能完全肯定。[269]筆者以爲李零先生所釋可能是對的。甲骨文「散」字作

---

[263] 魏宜輝：《楚系簡帛文字形體訛變分析》（南京：南京大學博士學位論文，2003年）頁 40。

[264] 陳斯鵬：〈讀《上博竹書（五）》小記〉，簡帛網，2006.4.1。

[265] 此種火形的寫法可見《楚文字編》頁 587 的「黑」。

[266] 劉釗：《古文字構形學》（福州：福建人民出版社，2006.1）頁 336。

[267] 馬承源主編：《上海博物館藏戰國楚竹書〔四〕》（上海：上海古籍出版社，2004.12）頁 271。

[268] 馬承源主編：《上海博物館藏戰國楚竹書〔四〕》（上海：上海古籍出版社，2004.12）頁 270。

[269] 陳劍：〈上博竹書《曹沫之陳》新編釋文（稿）〉，簡帛研究網，2005.2.12。

（《甲》1360），裘錫圭先生認為本義是芟除草木。[270]季師旭昇以為從木，小點象被打散而掉下來的散落物。[271]西周金文「散」字作 ![字] （散車父壺），偏旁類似「㐺」形。「△1」、「△2」的固定部件是「㳙」、「戈」，而王國維先生早就提出「攴」、「戈」皆有擊意，所以古文字可以相通。[272]如《包山》135 反「陰之『職』[273]客」作 ![字]，從「戈」；134 作 ![字]，從「攴」。還有古文字「啓」、「救」、「寇」，馬王堆漢墓帛書「敵」、「攻」等字所從的「攴」旁，皆有寫作從「戈」的。[274]所以「△1」、「△2」可以理解從「㳙」、「攴」。至於「△1」左下的「又」旁與「△2」左下的「邑」可能皆為飾符。前者如「僕」，《郭店·老子甲》2 作 ![字]，亦作 ![字]（《郭店·老子甲》13）；「相」，《郭店·老子甲》19 作 ![字]，亦作 ![字]（《上博（四）》·柬大王泊旱 10）。至於後者如《包山》103「鄁 ![字]」，李學勤先生指出即曾姬壺[275]的「蒿 ![字]」，應該讀作「郊間」。[276]「閒（間）」字的變化過程應是：![字]（《包山》13）→![字]（《包山》220）→![字]（《包山》103），可見「邑」亦可以理解為飾符。而且「△1」、「△2」既為一字，但一從「又」，一從「邑」，從字形來看，二者的構形地位相同，則「邑」恐怕也只能理解為飾符。所以李零先生釋為「散」可能是對的。新出《上博（六）·用曰》簡 19「散」字作「△3」，其上偏旁寫法與「△1」、「△2」相同，亦可以為證。

以此觀點來看《包山》60 有字作 ![字]（△4），整理者釋為「栽」，才聲。[277]劉釗先生認為字從「㽙」、從「戈」，應隸作「![字]」。[278]劉信芳

---

[270] 于省吾主編：《甲骨文字詁林》第二冊（北京：中華書局，1996.5）頁 1382。

[271] 季旭昇師：《說文新證》（上）（台北：藝文印書館，2002.10）頁 337。

[272] 王國維：〈鬼方昆夷玁狁考〉《定本觀堂集林》（上）（台北：世界書局，1991.9六版）頁 588。

[273] 從李家浩說，文見〈戰國官印考釋三篇〉《出土文獻研究》第六輯（上海：上海古籍出版社，2004.12）頁 14-15。

[274] 李家浩：〈齊國文字中的「遂」〉《著名中年語言學家自選集—李家浩卷》（合肥：安徽教育出版社，2002.12）頁 37。

[275] 原名「曾姬無卹壺」有爭議，但為了稱說方便，暫稱為「曾姬壺」。參范常喜：〈「曾姬無卹壺」器名補說〉《南方文物》2007.1 頁 84-85。

[276] 李學勤：〈楚簡所見黃金貨幣及其計量〉《中國錢幣論文集》第 4 輯。亦載于《中國文明研究》（上海：華東師範大學出版社，2005.4）頁 279。

[277] 湖北省荊沙鐵路考古隊：《包山楚簡》（北京：文物出版社，1991.10）頁 43 注101。

先生則認爲「該字右上從『朮』，與簡 269『朮』字同形；下部從
『戎』，與《郭店·成之聞之》13『戎夫』之『戎』同形。字僅能隸
定。原釋爲『栽』，劉釗隸作『戠』，均與字形不合。」[279]《楚文字
編》則列爲不識字。[280]《包山》整理者及劉釗所說均於字形不合，已
見於劉信芳先生的說法。但是他對「△4」字的分析，同樣是無法解
決問題的。筆者懷疑「△1」與「△4」可能是同一字。首先左上
「麻」旁省作「麻」，後者字形可參《天星觀》「麻」作麻。這種情形
如同「麻」，《集成》11565 廿三年司寇矛亦省作「厈」。[281]可見
「△4」的寫法並非孤例。其次左下的「十」形應理解爲「又」形，如
𢻸（《郭店·老子丙》12）、𢼨（《郭店·語叢四》16），則《包山》
60𢽉可能應釋爲「散」，簡文作人名用。

（八）《采風曲目》簡 2 的「瞋」字

《采風曲目》2 有字作𤾋（△1），字亦見於《昭王與龔之脽》7 作
𤾋（△2），還見於《包山》182 作𤾋（△3）。「△1」，馬承源先生隸作
「寅」。[282]「△2」，陳佩芬先生亦隸作「寅」。[283]這些字上面均有一
「目」形，而且跟一般楚文字的「寅」相比較，如𡩋（《包山》162），
亦可知直接隸作「寅」恐怕是有問題的。陳劍先生隸「△2」爲
「瞋？」，[284]應該是比較合理的。而「△3」，《戰國文字編》、《楚文字

[278] 劉釗：〈包山楚簡文字考釋〉《1992 年中國古文字學研討會論文》（1992，南
京）。又載於《東方文化》1998 年第一、二期合刊。此引自劉釗《出土簡帛文字
叢考》（台北：台灣古籍出版社，2004.3）頁 10〔37〕。

[279] 劉信芳：《包山楚簡解詁》（台北：藝文印書館，2003.1）頁 62。

[280] 李守奎《楚文字編》（上海：華東師範大學，2003.12）頁 895（165）。

[281] 何琳儀《戰國古文字典》（北京：中華書局，1998.9）頁 888、中國社會科學院
考古研究所編《殷周金文集成釋文》第六卷（香港：香港中文大學，2001.10）
頁 602。

[282] 馬承源主編：《上海博物館藏戰國楚竹書〔四〕》（上海：上海古籍出版社，
2004.12）頁 166。

[283] 馬承源主編：《上海博物館藏戰國楚竹書〔四〕》（上海：上海古籍出版社，
2004.12）頁 188。

[284] 陳劍：〈上博竹書《昭王與龔之脽》和《柬大王泊旱》讀後記〉，簡帛研究網，
2005.2.15 。

編》均列爲不識字。[285]袁國華師則隸作從「瞋」。[286]但是去掉「目」形之後，剩下「」似乎又與「寅」形體不同，此所以陳劍先生加「？」的緣故吧？楚璽有字作（《璽彙》1250，△4），劉釗先生認爲就是「瞋」字，並指出「戰國文字常常有省去相同的偏旁或筆劃。」[287]應可信從。現在我們將這些字合併觀之，很明顯均爲一字。有了「△4」這樣的字形，可以比對「△1」、「△2」、「△3」的確是從「寅」旁的，只是筆劃有所省簡。以此爲基礎，也可證明（中山圓壺），朱德熙先生隸作上「寅」下「心」，訓爲「敬」是可以的。[288]有學者隸作從「臾」應該是不必要的。[289]另外，《璽彙》410 有作「臾」，施謝捷先生釋爲「寅」，現在看來也是很有道理的。[290]

附記：1. 以上（一）、（二）、（三）以〈《上博楚簡（四）》考釋三則〉爲題，載《出土文獻語言研究》第一輯（廣州：華南師範大學文學院，2006.6）。第（四）、（五）則發表於《中國文字》新卅一期（台北：藝文印書館，2006.11）。第（六）則發表於「簡帛網」，2006.10.21。第（七）、（八）則節選自〈楚文字雜釋〉，發表於「簡帛研究網」，2005.10.30。以上各則收入本書時均作了一定程度的訂補。

2. 本文第（五）則，承孟蓬生先生引用，並指出拙文不足之處，謹致謝忱。爲便於讀者參看，本則大抵保持原貌，不作大幅度的更動。孟先生文見：〈「牪」疑〉，簡帛研究網，2007.09.22。

---

[285] 湯餘惠主編：《戰國文字編》（福州：福建人民出版社，2001.12）頁 1038，073 號、李守奎：《楚文字編》（上海：華東師範大學，2003.12）頁 879，018 號。

[286] 袁國華：《包山楚簡研究》（香港：香港中文大學博士論文，1994.12）頁 448。附帶一提，顏世鉉：《包山楚簡地名研究》（台北：台灣大學中文所碩士論文，民 86.6）頁 329 隸作從「日」從「寅」。

[287] 劉釗：《古文字構形研究》（長春：吉林大學博士論文，1991）頁 529-530。

[288] 朱德熙：〈平山中山王墓銅器銘文的初步研究〉《朱德熙古文字論集》頁 105-106。

[289] 趙平安：〈金文考釋五篇〉《容庚先生百年誕辰紀念文集》（廣東：廣東人民出版社，1998.4）頁 449。

[290] 施謝捷：〈《古璽彙編》釋文校訂〉《容庚先生百年誕辰紀念文集》（廣東：廣東人民出版社，1998.4）頁 645。

五、《上博楚竹書（五）》字詞叢考

（一）《競建內之》簡 10+《鮑叔牙》簡 4 釋讀

《競建內之》10+《鮑叔牙》4：「或（又）以豎刁與易牙爲相。二人也朋黨，羣獸邊坤，取與屢公。△1 而燮【《競建》10】之，不以邦家爲事。縱公之所欲，△2 民糲（獵）樂。蓏❈忨，疲弊齊邦。日成（盛？）于縱，弗顧前後。【《鮑叔牙》4】」[291]

先討論「△1」字，字形作：

整理者陳佩芬先生隸定作「❈」，讀作「告」。[292]陳劍先生亦隸作「❈」。[293]

建洲按：仔細觀察「△1」字的字形及筆勢，可以發現此字最下部作 ▉▉，顯然並非從「口」，而是從「○」形。只要跟同簡諸多從「口」旁之字比對即可知道。這種情形如同「疋」、「足」之別，如《上博（五）·季庚子》簡 11「毋乃肥之昏（問）也是左乎？故如吾子之『疋』肥也。」「疋」字原釋爲「足」，何有祖、陳斯鵬二先生釋爲「疋」。[294]又如《郭店·窮達以時》簡 6 的 ▉字，陳偉武先生釋爲「耸」，即「誥」字古文。[295]筆者曾指出字不從「口」，所以釋爲「告」可商。[296]陳劍先生亦曾向筆者表示相同的意見。[297]還有《金文

[291] 編連及斷句依照陳劍先生 2006 年 11 月 06 日給筆者的覆信內容。

[292] 馬承源主編：《上海博物館藏戰國楚竹書（五）》（上海：上海古籍出版社，2005.12）頁 177。

[293] 陳劍：〈談談〈上博五〉的竹分篇拼合與編聯問題〉，簡帛網，2006.02.19。

[294] 何有祖：〈上博五零釋（二）〉，簡帛網，2006.02.24、陳斯鵬：〈讀《上博竹書（五）》小記〉，簡帛網，2006.04.01。

[295] 陳偉武：〈楚系簡帛釋讀掇瑣〉《古文字研究》第二十四輯 頁 362-363。

[296] 蘇建洲：〈楚文字考釋九則〉《輔仁國文學報》第十九期（台北：輔仁大學中文學系，2003.10）。又《楚文字編》頁 376 即釋爲「束」的訛形，與「棄」形近。

編》1217 號「宄」字一般作 ⬚（師𰰔鼎），從「宮」從「九」。但是
「宄」字下又收錄有 ⬚（□角父簋），從「口」不從「〇」，董蓮池先
生已指出此釋不可信。[298]還有古文字「只」與「孓」之別亦是如此。
李家浩先生說：前者作古文字「兄」字頭，後者作古文字「子」字
頭。[299]還有「昆」（上從「〇」）與「革」（上從「口」）之別亦是如
此。[300]陳劍先生亦曾提到「口」、「〇」字形演變的過程，值得參考。
[301]所以「△1」字下部是否一定從「告」似也不無疑問。退一步說，
此字下部是否從「告」並不影響我們的釋讀，亦即筆者以為「△1」
應分析為從「爻」得聲。原因有三：首先，我們注意到楚文字凡從
「爻」者，很多情況之下多當作「聲符」使用。如字形結構相同的
「⬚」字，應分析為從「爻」得聲，讀為「教」。[302]又如《上博（五）·
弟子問》簡 7「⬚」字，陳斯鵬先生分析為「從水、從土、爻聲」，以
為可能即「澆」字異構。[303]還有《上博（四）·昭王毀室》9「⬚」
字，陳劍先生分析為：「『⬚』字從日『⬚』聲，『⬚』又從戈『爻』
聲，故可讀為『暴』。」[304]《九店》56.20 下有字作⬚，李家浩先生指
出此字從「⬚」從「⬚」，並對前者分析說：

> 「⬚」見於西周九年衛鼎銘文，唐蘭先生將此字隸定作「⬚」，
> 從「爻」從「口」。唐先生說「⬚字與戰國時子姣壺的姣字偏
> 旁⬚字相同。凡從爻的字古書多從交，較作較可證，所以⬚通

亦不認為是「旹」字。

[297] 2005 年 12 月 2 日陳劍先生來台參加政治大學中文系主辦「出土簡帛文獻與古代
學術國際研討會會議」時，筆者曾當面請教陳先生。

[298] 董蓮池：《金文編校補》（長春：東北師範大學出版社，1995.9）頁 214-215。

[299] 李家浩：〈信陽楚簡中的「柿枳」〉《簡帛研究》第 2 輯 （北京：法律出版社，
1996.6）頁 1-2。

[300] 李家浩：〈讀《郭店楚墓竹簡》瑣議〉《中國哲學》20 輯 （瀋陽：遼寧教育出版
社，1999.1）頁 343。

[301] 陳劍：〈釋西周金文中的「厷」字〉《甲骨金文考釋論集》（北京：線裝書局，
2007.4）頁 238。

[302] 李守奎：《楚文字編》（上海：華東師範大學，2003.12）頁 209。

[303] 陳斯鵬：〈讀《上博竹書（五）》小記〉，簡帛網，2006.4.1。

[304] 陳劍：〈上博竹書《昭王與龔之雎》和《柬大王泊旱》讀後記〉，簡帛研究網，
2005.2.15。

咬」。據此，「△」當是一個從「色」從「咬」聲的字。[305]

又新出堯公簋之「堯」作【字】，從「爻」得聲，[306]亦爲一例。

其二，依一般形聲字構形原則，字形也應該分析爲「爻」得聲。如《上博（五）・鮑叔牙》簡 8「蠹」字的讀法目前尚無定論。劉信芳先生分析此字時，有一說法值得注意：「權此二說，以從君聲的可能性爲大，這主要是從<u>形聲字的構形規律</u>來考慮。」[307]又《九店》56.71「以內（入），有得，非謈[308]（與）乃引」，「謈」字原文作【字】。李家浩先生指出【字】字上部從「於」。<u>根據漢字結構一般規律</u>，「謈」字當從「於」聲。《玉篇》骨部收有一個從「於」得聲的字的「骬」字，其結構與「謈」字相同，可以爲證。[309]

其三，倘若我們同意陳劍先生的編聯，則「△1 而【字】之」依句型來看，應該是一種連動結構，兩個動詞有時間上先後的關係，如《史記・伯夷列傳》「采薇而食之」。[310]

在以上基礎之下，筆者以爲△1 字應分析爲從「爻」得聲，讀作「殽」。[311]《說文》曰：「殽，相雜錯也。」《楚辭・九歎・怨思》：「<u>世殽亂猶未察</u>」，洪興祖《補注》曰：「殽，亂也。」《漢書・賈誼傳》：「天下殽亂」，顏師古《注》曰：「殽，雜也。」[312]近見林志鵬先生亦

---

[305] 湖北省文物考古研究所、北京大學中文系編：《九店楚簡》（北京：中華書局，2000.5）頁 73，考釋 57。

[306] 朱鳳瀚：〈覞公簋與唐伯侯于晉〉《考古》2007.3 頁 65、劉源：〈堯公簋銘文摹本〉，中國先秦史網站，2007.04.13。http://www.xianqin.org/xr_html/articles/kychg/488.html。

[307] 劉信芳：〈上博藏五試解四則〉《新出楚簡國際學術研討會・上博簡卷》（湖北：武漢大學等舉辦，2006.6.26）頁 146。

[308] 此字在《九店楚簡》頁 124，考釋 264 原隸爲「謈」，在頁 139 改隸爲「謈」。此依後者。又見《楚文字編》頁 293。

[309] 湖北省文物考古研究所、北京大學中文系編：《九店楚簡》（北京：中華書局，2000.5）頁 124，考釋 264。

[310] 楊伯峻、何樂士：《古漢語語法及其發展》（北京：語文出版社，2003.1 三刷）（下）頁 572、575。

[311] 高亨、董治安編纂：《古字通假會典》（濟南：齊魯書社，1997.7 二刷）頁 792。

[312] 以上古籍訓釋見宗福邦、陳世鐃、蕭海波主編：《故訓匯纂》（北京：商務印書館，2004.3 初版二刷）頁 1200。

贊同筆者此項結論。[313]

　　糵，整理者陳佩芬先生讀作「憐」。[314]筆者以爲糵字可能從「米」得聲，[315]楊澤生先生也認爲「但此字也可能從『米』得聲」[316]。字可讀作「迷」。《爾雅·釋言》:「迷，惑也。」簡文「淆而迷之」是說易牙、豎刁二人先混殽輿情，意即先製造民心向歸的假象，以此來迷惑齊桓公，使他「不以邦家爲事」，進而「縱公之所欲」。

　　再看△2字，字作:

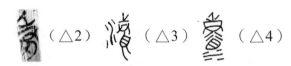

（△2）　　（△3）　　（△4）

　　袁金平先生認爲:「我們認爲，上舉《鮑叔牙與隰朋之諫》4 號簡中的 A（引者按:指 字），與 ▲（引者按:指「弁」字）在形體上十分相近，當是一字異體，亦應釋作『弁』，簡文中應讀爲『鞭』。《說文》:『鞭，驅也。』簡文中當是指古代官刑之一的『鞭刑』。《書·舜典》:『鞭作官刑。』《國語·魯語上》:『薄刑用鞭撲，以威民也。』」[317]

　　建洲按:楚文字的「弁」與「 」形體並不相同，最明顯的是「弁」上部未見作「 」形者。[318]即使是袁先生的文中所舉例證亦未見此種字形。[319]可見釋爲「弁」恐怕是有問題的。《郭店·性自命出》31「濬」作△3，[320]《上博（一）·性情論》19 相應字作△4。[321]值

[313] 林志鵬:〈楚竹書《鮑叔牙與隰朋之諫》補釋〉，簡帛網，2007.07.13。

[314] 馬承源主編:《上海博物館藏戰國楚竹書（五）》（上海:上海古籍出版社，2005.12）頁 177。

[315] 蘇建洲:〈《上博（五）·鮑叔牙與隰朋之諫》「豎刁與易牙爲相」章字詞考釋〉，簡帛網，2006.3.17。或認爲字從「釆」得聲，恐不可從，《競建內之》簡 3 有個「耀」（從「邑」）字，其「米」旁正可比對。

[316] 楊澤生:〈《上博五》零釋十二則〉，簡帛網，2006.3.20。

[317] 袁金平:《讀〈上博（五）〉劄記三則》，簡帛網，2006.2.26。

[318] 參李守奎:《楚文字編》（上海:華東師範大學，2003.12）頁 280、525、532、685、737。

[319] 文中所舉上博四《采風曲目》3 號簡的「 」字，本就是不識字，所以是沒有證據力的。況且二者字形也非完全吻合。

[320] 字形摹自編輯組編:《簡帛書法選:郭店楚墓竹簡—性自命出》（北京:文物出版社，2002.12）頁 31。

得注意的是《上博（一）·性情論》19 字形上部的「卢」旁作 ☒，與「卢」的上部作 ☒ 完全同形，可見 ☒ 應釋為「卢」。學者未對 ☒、☒ 的演變作分析，筆者嘗試分析如下：首先討論「卢」旁上部「☒」形的演變過程。楚文字「卢」旁的寫法大致有四種：（一）☒（（《郭店·窮達以時》簡 2「殊」偏旁）、（二）☒（《郭店·性自命出》44「死」偏旁）、（三）☒（《郭店·窮達以時》9「死」偏旁）、（四）☒（《上博（二）·子羔》1「殊」偏旁），可以看得出（二）、（三）、（四）種寫法是第（一）種寫法的進一步變化。[322]所以我們只須就第（一）種構形的變化加以討論即可，意即有字形上的例證證明可由「卜」形演變成「☒」形。

$$ ☒（\triangle 5） \quad ☒（\triangle 6） \quad ☒（\triangle 7） $$

我們看「祗」字，蔡侯申盤作△5、《三體石經·君奭》作△6，而在《郭店·老子乙》12 中則作△7，其演變過程正符合這個現象。若深入討論這種演變的由來，就必須結合第（二）種寫法來看。我們注意到《上博（二）·容成氏》簡 31「隥（登）高山」，「隥」作 ☒、簡 39「隥（徵）賢」之「隥」作 ☒，可以看出上作二筆。而《包山》137 反「謹（證）」作 ☒、138 反作 ☒，上從三筆。[323]又如「夏（文）」，《郭店·尊德義》17 作 ☒，上從三筆；《語叢一》60 作 ☒，上作二筆。另外，像「弋」旁既寫作 ☒，又作 ☒。[324]甲骨文「木」形還可作「中」形，進而省作「☒」形。[325]亦見「苣」字，既作 ☒（《甲》795），又作 ☒（《佚》370）。《說文》解釋「苣」為「束葦燒」，則其

---

[321] 劉釗：〈讀郭店楚簡字詞札記〉《郭店楚簡國際學術研討會》（武漢：武漢大學出版社，2000.5）頁 78、陳偉：〈郭店簡書〈性自命出〉校釋〉《新出土文獻與古代文明研究國際學術研討會會議論文》2002.7、李天虹：《郭店竹簡《性自命出》研究》（武漢：湖北教育出版社，2003.1）頁 208。

[322] 由甲骨文、金文來看，形體亦多接近第一種寫法，可證第一種寫法的確是較為原始的。參季師旭昇：《說文新證》（上）頁 324-326。

[323] 參拙文：〈《郭店》、《上博（二）》考釋五則〉《中國文字》新廿九期（台北：藝文印書館，2003.12）頁 214。

[324] 裘錫圭：《古文字論集》（北京：中華書局，1992.8）頁 33 注 49。

[325] 裘錫圭：《古文字論集》（北京：中華書局，1992.8）頁 183。

所從的「䒑」亦或作二筆，或作三筆。[326]又如「彭」既作🖼（《陶彙》3.737），又作🖼（《璽彙》3513）。[327]特別是《曹沫之陣》簡 12「蔑」作🖼；《柬大王泊旱》08「夢」作🖼。《馬王堆》M1 遣策簡 258「蔑」作「🖼（𩵦）」，其「蔑」頭作「中」，[328]這些字形的「艹」頭形變化與本簡頗為接近。依此觀點，我們似乎可以推測楚簡「𠂤」字可能還存在著🖼的寫法。而由🖼演變為🖼就很好理解了。李家浩先生曾經指出：「戰國文字有在豎畫的頂端左側加一斜畫的情況」，如「陳」作🖼（《璽彙》1453），亦作🖼（《璽彙》1455）、「匐」作🖼（麓伯簋），亦作🖼（《古陶文字徵》頁 187）等等。[329]又如「斁」作🖼（鄦斁鼎），亦作🖼（中山王壺），亦加一斜筆。[330]又如「殺」可作🖼（《簡大王》07）同簡又作🖼。至於整個字形演變過程可以參考：「民」，🖼（《郭店·忠信之道》簡 2）、🖼（《九店》56.41）→🖼（《上博（二）·從政》甲 8），完全吻合這個現象的。

其次，🖼字下部乍看似乎從「尹」或「彐」形，事實上本是由「𠂤」形的下半訛變而來的。[331]如《上博（三）·周易》簡 28、29「鐚」作🖼便是明證。換言之，「🖼」應該隸作「𠂤」，即「列」字，可讀為「厲」（詳下引陳劍先生文）。

筆者舊以為「🖼」可能有二種分析的方法，此存舊說以供參考：其一古文字「刀」、「𠚑」形近易混，如䢌除作「🖼」（《包山》135背），亦作「🖼」（《包山》133）。李守奎先生說：「𠚑與刀形近易混，

---

[326] 參陳劍：《殷墟卜辭斷代對甲骨文考釋的重要性》（北京：北京大學中文系博士論文，2001 年 5 月）。收入《甲骨金文考釋論集》（北京：線裝書局，2007.4）頁 402。

[327] 劉釗：〈璽印文字釋叢（二）〉《古文字考釋叢稿》，（長沙：岳麓書社，2005.07）頁 191。

[328] 朱德熙：《朱德熙古文字論集》（北京：中華書局，1995.2）頁 133、伊強：《談《長沙馬王堆二、三號漢墓》遣策釋文和注釋中存在的問題》，（北京：北京大學中國語言文學系碩士學位論文，2005 年 5 月）頁 25。

[329] 李家浩：〈傳遽鷹節銘文考釋—戰國符節銘文研究之二〉《海上論叢》第二輯（上海：復旦大學出版社，1998.7）頁 24

[330] 董蓮池：《金文編校補》（長春：東北師範大學出版社，1995.9）頁 462。

[331] 參拙文：〈《郭店》、《上博（二）》考釋五則〉《中國文字》新廿九期（台北：藝文印書館，2003.12）頁 225。

此形（引者按：⿰肉刀）或爲正體。」[332]又如《上博（二）・魯邦大旱》：
「飯⿰肉刀食肉」，「⿰肉刀」即「㭃」，簡文讀爲「粱」字，亦爲一證。所以
「⿰刀歺」可以分析爲從「𣥂」「⿰刀刀」聲，讀爲「⿰刀刀」或「創」。《說文》曰：
「⿰刀刀，傷也。」（四下二十）簡文「創民」即傷害人民。

第二，是分析爲從刃「𣥂」聲，讀作「殘」。《說文》「㱱」下分析
字形爲「從又從𣥂，讀若『殘』。」（四下三）而「殘」字又分析爲從
𣥂戔聲（四下五）。段玉裁則認爲「㱱」應分析爲「從又𣥂，𣥂亦
聲。」[333]則「殘」可能與「𣥂」有音近的現象。「殘」，從紐元部；
「𣥂」，疑紐月部。韻部對轉，聲紐亦有相通之例，如《上博（四）・柬
大王泊旱》簡 18「社稷以迻歟」，「迻」讀爲「危」，陳劍先生說：
「『迻』從『坐』聲，古代之『坐』本即『跪』，『危』應是『跪』之初
文，『危』與『坐』形音義關係皆密切，很可能本爲一語一形之分
化。」[334]而「坐」是「從」紐；「危」是「疑」紐。又如西周金文的
⿱厸田字，郭沫若《金文叢考》認爲即「厽」字，即文獻的「瓚」。裘錫
圭先生也說字是「厽」或「瓚」的象形字。[335]李學勤先生亦贊同此
說，並補充說厽古音「疑」母元部，瓚古音「從」母元部，故相通
假。[336]所以「⿰刀歺」讀作「殘」應該是可以的。「殘民」一詞古籍常
見，如《左傳・宣公二年》：「殘民以逞」、《莊子・漁父》：「以殘民
人」均可爲證。由古籍文獻來看，第三種讀法應該是比較合理的。李
守奎先生也說「⿰刀歺民」大概跟「殄民」、「殘民」、「妨民」之類的意思
相類，惟其詳待考。[337]季師旭昇贊同筆者釋爲「殘民」，[338]後又提出
可略爲修正爲「從刃，㱱省聲」。[339]

---

[332] 李守奎：《楚文字編》（上海：華東師範大學，2003.12）頁 422，又見頁 642。

[333] 〔清〕段玉裁注：《說文解字注》（台北：漢京文化，1985.10）頁 161。

[334] 陳劍：〈上博竹書《昭王與龔之脽》和《柬大王泊旱》讀後記〉注 22，簡帛研究
網，2005 年 2 月 15 日。

[335] 裘錫圭：〈釋「叟」〉《容庚先生百年誕辰紀念文集》（廣東：廣東人民出版社，
1998.4）頁 149。

[336] 李學勤：〈說裸玉〉《重寫學術史》（石家莊：河北教育出版社，2002.1）頁 55。

[337] 李守奎：〈《鮑叔牙與隰朋之諫》補釋〉《新出楚簡國際學術研討會・上博簡卷》
（湖北：武漢大學等舉辦，2006.6.26）頁 32。

[338] 季師旭昇：〈《上博五・鮑叔牙與隰朋之諫》二題〉《漢學研究之回顧與前瞻國際
學術研討會論文》（台北：臺灣師大國文系主辦，2006.04.08～09）。

[339] 季師旭昇：〈《上博五・鮑叔牙與隰朋之諫》試讀〉《新出楚簡國際學術研討會・

　　至於「▨」字，陳劍先生釋為「獵」，可從。季旭昇師認為「獵」有「取」的意思，此從之。[340]綜合以上，簡文可讀作「厲民獵樂」（詳下陳劍文）、「創民獵樂」、「殘民獵樂」，若從通假證據及古書用例來看，讀作「厲民獵樂」應該是比較好的選擇。

　　本文初稿完成之後，曾請陳劍先生審閱。陳劍先生對本則提出了精采的意見，今轉引如下：

　　　第一則兄考定「▨」字上所從▨係「卢」旁，「推測楚簡『卢』
　　　字可能還存在著▨的寫法。而由▨演變為▨就很好理解了」，十
　　　分精采，甚佩。我讀了之後認為，據兄此說，▨實際上就是
　　　「列」字，只是作上下結構而非左右結構（刀旁通作「刃」旁
　　　自不必論）。「列」字前此在六國文字及更早古文字中未見（引
　　　案：此說後有修正，詳下。），睡虎地秦簡作▨類形，左半所
　　　從即兄所說▨形。詛楚文「列」字作▨，《說文》作▨若▨，其
　　　左半、被《說文》分析為「從川、▨省聲」者，學者多說為即
　　　「歺」形之變體。其上半的三曲筆，亦實即將兄所說「歺」旁
　　　變體▨形之上半三筆加以整齊、故作屈曲而已。簡文「列」當
　　　讀為「厲」，兩字相通之例習見，《古字通假會典》630～631
　　　頁、《故訓匯纂》295～296 頁例證甚多。厲，虐也，害也。
　　　《尚書·梓材》：「予罔厲殺人。」漢桓寬《鹽鐵論·疾貪》：「長
　　　吏厲諸小吏，小吏厲諸百姓。」「厲民」見於《孟子·滕文公
　　　上》：「今也滕有倉廩府庫，則是厲民而以自養也。」「厲民而
　　　以自養」與簡文「厲民獵樂」甚相近。我意「獵」仍應理解為
　　　田獵之獵，「獵樂」即田獵求樂。「縱公之所欲，列（厲）民▨
　　　（獵）樂」意義為一組，意為豎刁與易牙二人聽憑放縱桓公損
　　　害國人而田獵取樂。[341]

　　上博簡卷》（湖北：武漢大學等舉辦，2006.6.26）頁 19 注 34。

[340] 季師旭昇：〈《上博五·鮑叔牙與隰朋之諫》「篤歡附忨」解〉，簡帛網，2006 年 03
　　月 06 日。此條解釋可參宗福邦、陳世鐃、蕭海波主編：《故訓匯纂》（北京：商
　　務印書館，2004.3 初版二刷）頁 1434 第 24 條義項。

[341] 2006 年 11 月 06 日覆信內容。

上文曾引用陳劍先生的意見：「『列』字前此在六國文字及更早古文字中未見。」後來陳劍先生來信告知，他的意見有所補充更正如下：

> 西周晚期的晉侯蘇鐘有「淖列」重文，「列」字作█（《上海博物館集刊》第七輯第七頁圖一〇），其左半上端已確為從三曲筆形。又包山簡150有地名「█陵」，其字亦當釋為「茢」。[342]

（二）《競建內之》簡1的「害」字

　　《競建內之》簡1正「日之食也，『△』為？」其中「△」字作█，原釋文作「害（曷）」。何有祖先生認為：「隸定可商。簡5有█，季旭昇先生釋作『害』字，甚是。兩字實有差異，後一字為『害』字常見寫法。前一字其上從『█』省，下部所從『九』，疑為郭店《尊德義》26號簡█之省體。字當隸作從害從█，讀作曷。」[343]

　　建洲按：何先生的意見很有啟發性，但是整個「█」字要省作「九」形實非易事，也較少見；而且字形要如何隸作「從害從█」似也有困難。筆者以為本字的構形有兩種可能：其一是「害」下增添「九」聲。「害」字一般以為匣紐月部，[344]但是古文字「害」字與「魚」部字關係密切，這是許多學者都已指出的。[345]大西克也先生就認為：「首先，此字（害）在西周春秋時期的金文中無一作傷害字，這個事實很值得注意。據裘錫圭先生研究，甲骨文有█字，此字沿用到戰國秦漢簡帛資料中。可見所謂『害』字不是最古老的表傷害的字。……總之，西周春秋金文中『害』及相關的字，沒有找到必須讀為祭部的例子。因此我推斷『害』字起初只有魚部讀音，讀作祭月部是後起現象。……秦漢之後不再表示魚部讀音了。」[346]而「九」，見

---

[342] 2006年12月2日覆信內容。

[343] 何有祖：〈上博五楚竹書《競建內之》札記三則〉，「簡帛網」，2006.2.18。

[344] 郭錫良：《漢字古音手冊》（北京：北京大學出版社，1986）頁123；陳復華、何九盈：《古韻通曉》（北京：中國社會科學出版社，1987.10）頁239。

[345] 中國社會科學院考古研究所編：《曾侯乙墓》（北京：文物出版社，1989.7）頁554注4。

[346] 大西克也：〈論古文字資料中的「害」字及其讀音問題〉《古文字研究》24輯

紐幽部，與「害」聲紐（匣）古同爲喉音，音近可通。如《易・謙・九四》「勿疑朋盍簪。」《帛書本》「盍」（匣紐葉部）作「甲」（見紐葉部）。又如「害」常見與「古」聲相通，而「古」即爲「見」紐。至於聲紐魚、幽相通也常見其例，如「怓」，泥紐幽部；「奴」，泥紐魚部。以上或可證明「△」字中，「九」旁有可能是增添聲符。另一種構形方式可能如同「堆」，既作（《望山》2.13），又作（《包山》183）。李守奎先生曾論述過這種現象，他說：、、是一字異寫，均是「隼」字。[347]這種在豎上加橫，又變橫爲「又」的文字演變現象不乏其例。如「萬」字、「禽」字等演化過程均與此相類。「隹」、「隼」最初當是音義並同的一字，後來才音隨義轉，有所區別。[348]值得注意的是《上博（四）・曹沫之陣》9「害」作，其在「y」下正有二橫筆，再聯繫上引「堆」、「隹」、「隼」、「萬」、「禽」等字的演變歷程，似乎有可能會演變成這樣的字形。意即字形演變是：→→。「是」通常作（《郭店・老子甲》3），但亦作（《上博二・民之父母》7）、《九店》56.18下作，李家浩先生分析其字形說：

> 按古文字「是」主要作、（《金文編》九0頁）二形。前者从「早」从「止」。因「早」的下部與「𥝌」形近，故後者所从「早」旁的下部訛變作「𥝌」。簡文「是」就是將這種訛變的「是」字中間一豎省略了的寫法，此種省略寫法的「是」字還見於包山楚墓竹簡四號。[349]

也提供了字形演變上的例證。

（北京：中華書局，2002.7）頁303-306。

[347] 此字學者或釋爲「鳧」，見單育辰：〈談戰國文字中的「鳧」〉，簡帛網，2007.05.30。但是這並不妨礙橫筆演變爲内形的現象。

[348] 李守奎：〈楚文字考釋（三組）〉《簡帛研究》第三輯（南寧：廣西教育出版社，1998.12）頁28。

[349] 湖北省文物考古研究所、北京大學中文系編：《九店楚簡》（北京：中華書局，2000.5）頁72，考釋53。

（三）《姑成家父》簡 3「社稷」考釋

《上海博物館藏戰國楚竹書（五）·姑成家父》簡 3「幸[350]則晋邦之社稷可得而事也」，其中「社稷」字形如下圖：

（《姑成家父》）　　　　（《六德》）

李朝遠先生考釋說：「『社』字爲左土右示；『目（從示）』字左爲目，右從示，疑是『稷』字的省體。《集韵·職部》：『稷，通作稷。』戰國金文的『稷』字……從示，從田、女。『目（從示）』字之『目』疑爲『田』字之別寫。」[351]

陳偉先生也指出二字可以釋爲「社稷」，並進一步指出相同寫法亦見於《郭店·六德》22「『奉社稷』三字見右圖，『社稷』二字合文。」並分析說「（六德）簡書中的這個合文左上部恐是『稷』字所從『田』形的變體，幷且同時省去『女』形（與《說文》古文省去『攵』相同）。在這種情形下，合文中的另一個字即是『稷』。」最後認爲「只是楚簡中『稷』字的由來，還有待進一步研究。」[352]

建洲按：二位先生的說法極具啓發性。但要指出的是楚文字「目」、「貝」二字寫法有別，「目」字上尖，「貝」字上圓平，二者區別甚嚴。[353] ▓字左旁作▓，上部作圓平狀，不太可能從「目」，恐怕理解爲從「貝」形較爲合理，而底下則省簡了「八」形，與《包山》150「賹」作▓最上的「貝」旁及《郭店·老子甲》29「得」作▓的「貝」旁字形相同。

---

[350] 「幸」字爲季師旭昇所釋，見《上博五芻議（下）》，簡帛網，2006.02.18。

[351] 馬承源主編：《上海博物館藏戰國楚竹書（五）》（上海：上海古籍出版社，2005.12）頁 242。

[352] 陳偉：〈郭店竹書《六德》「以奉社稷」補說〉，簡帛網，2006.02.26。

[353] 最早提出此說，可能是黃錫全先生，見〈楚器銘文中「楚子某」之稱謂問題辨證〉（文末註明寫於 1985.8）《古文字論叢》（台北：藝文印書館，1999.10）頁262。李守奎：〈江陵九店 56 號竹簡考釋四則〉《江漢考古》1997.4 頁 67。李家浩先生贊同其說，見《九店楚簡》頁 139-140（補正）六。袁國華師亦有此說，〈江陵望山楚簡文字考釋五則〉，中央研究院歷史語言研究所學術演講稿，2001年，頁 4-5。

筆者懷疑🔲旁可能是「則」字。「則」，本從「鼎」，但在楚文字中常見訛從「貝」形，如🔲（《上博（一）・緇衣 12》）。或是底下加上省簡符號作🔲（《信陽》1.1）、🔲（《郭店・成之聞之》7），還可以進一步省作🔲（《郭店・老子乙》2）、🔲（《郭店・緇衣》31）。而本簡🔲則是再進一步省掉其下的「=」。如同「達」，西周金文作🔲（保子達簋），魏宜輝先生指出楚文字將底下的羊旁省略，然後標注省形符號「=」，如🔲（《郭店・五行》43），再加上一「口」，屬於無義增繁，如🔲（《郭店・老子甲》8）；再繼續簡化，則乾脆把省形符號「=」也省去了，如🔲（《郭店・窮達以時》11）、🔲（《郭店・窮達以時》14）。[354]陳劍先生贊同其說，並指出《上博（三）・周易》44🔲左旁從「達」，也是省掉「=」符再加上「月」旁。[355]這種省簡情形亦見於🔲（《上博（二）・民之父母》2）、🔲（《上博（一）・性情論》24）。另外，楚簡的「為」字也有這樣的現象，「為」有寫作「🔲」，也有寫作「🔲」（《郭店・老子甲》2）。由以上討論，將🔲理解為🔲（則）再進一步省簡或許不為無據。值得注意的是，凡是「貝」下有部件或偏旁時，其下的「八」形都會省簡，除上舉「鼎」及「得」字形上面的「貝」旁外，還有「敗」字作🔲（《郭店・老子甲》10），其左上的「貝」旁亦是一例。依此觀點，則本簡🔲旁最下面顯然本還有一些筆劃或部件，也就是說本來作🔲（則）的機率是很高的。這也可以反證說此偏旁並非單純的「貝」旁。古籍中「矢與側」、「矢與稷」、「稷與則」「稷與側」均有互相通假的例證。[356]所以🔲可以分析為從示「則」聲，讀作「稷」。

另外，《郭店・六德》22「社稷」合文作🔲，陳偉先生認為這個合文左上部恐是「稷」字所從「田」形的變體。筆者則是懷疑左下的「二」可能不只是「土」旁的筆劃，可能還兼有表示「則」字底下「=」省簡符號的作用。換言之，還是可以分析為從示「則」聲，讀作「稷」。近閱何有祖先生贊同筆者對字形的分析，他另提一說法認

---

[354] 魏宜輝：《楚系簡帛文字形體訛變分析》（南京大學博士論文，2003.4）頁 47。

[355] 陳劍：〈上博竹書《周易》異文選釋（六則）〉《出土簡帛文獻與古代學術國際研討會》（台北：政治大學中文系，2005.12.2-3）頁 58。

[356] 高亨、董治安編纂：《古字通假會典》（濟南：齊魯書社，1997.7 二刷）頁 424。

爲本簡的「稷」可能從「即」，讀者可以參看。[357]

（四）《君子為禮》簡 7 的「卩」字及相關問題

《上博（五）·君子爲禮》07：「臂（肩）[358] 毋妥（廢）、毋卩（△）」。對於「△」，季師旭昇說：「卩」，原考釋以爲從「同」聲，讀爲「痌」或「痛」。案：「痌」或「痛」都不是一般人儀容方面所能自主控制的。此字下半所從，又見《上博三·周易》簡 49〈艮卦〉，主要有釋「同」、「冋」、「合」（「鉛」字所從）、「卷」（「卷」字所從）等四說。我們做《上博三讀本》時配合今本《周易》做「薰」，因此採用了釋「卷」的說法。於〈君子爲禮〉，則四種說法都可以通讀，「同」讀爲「動（搖晃）」、「冋」讀爲「竦（高聳）」、「合」讀爲「袒（露肩）」、「卷」讀爲「蜷（縮肩）」。由於《上博三·周易》有傳世文獻的佐證，所以在本篇我們也會優先釋爲「卷」字。待考。[359]

建洲按：先生的說法很全面，足能提供筆者思考的空間。筆者以爲《君子爲禮》的「卩」與〈周易〉的「合」恐怕存在同形字的關係。前者應隸作「厖」，字形從「尙」；後者則應隸作「冋」。茲說明如下：《信陽》2.14 𨧀字，其右旁形體與上引字形相同。李家浩先生隸定作「銅」，並說：「從『金』『冋』聲，與齊洹子孟姜壺銘文『用鑄爾羞銅』之『銅』當是一字，並讀爲『鈃』。《說文·金部》：『鈃，似鍾而長頸。』」[360]這個字的異體在《包山》265 寫作𨥆，[361]字面上看起來似「銅」，所以劉信芳先生釋爲「銅」，讀作「鍾」，[362]其說恐待商榷。值得注意的是，「冋」容易上加一橫混爲類似「同」字，但

---

[357] 何有祖：〈幣文「即」與楚簡「稷」字探疑〉，簡帛網，207.01.09。

[358] 釋「肩」爲季旭昇師的說法，〈上博五芻議（下）〉，簡帛網，2006.02.18。

[359] 季旭昇師：〈上博五芻議（下）〉，簡帛網，2006.02.18。

[360] 李家浩：〈信陽楚簡「澮」字及從「关」之字〉《著名中年語言學家自選集—李家浩卷》（合肥：安徽教育出版社，2002.12）頁 199 注 1。

[361] 李家浩：〈《包山二六六號簡所記木器研究》〉《著名中年語言學家自選集—李家浩卷》（合肥：安徽教育出版社，2002.12）頁 239、李守奎《楚文字編》：（上海：華東師範大學，2003.12）、王穎《包山楚簡詞彙研究—附錄三包山楚簡釋文（施謝捷撰寫）》（福建：廈門大學博士論文，2004）頁 436。

[362] 劉信芳：《包山楚簡解詁》（台北：藝文印書館，2003.1）頁 254。

是「同」字似未見少一橫混爲「冋」。[363]所以基本上可以排除釋爲「同」。其次,《上博(五)・競建內之》10「黨」作 ,其「尙」旁與 (冋所從)、 同形。這也說明了楚系文字「冋」、「尙」存在著形混的現象。[364]

　　先看《君子爲禮》的釋讀。秦樺林先生已經指出《君子爲禮》本章與《新書・容經》關係密切。他解釋「廢」說:「廢,『低下、垂下』之義。漢賈誼《新書・容經》:『廢首低肘,曰卑坐。』」《新書・行容》:「行以微磬之容,臂不搖掉,肩不上下,身似不則,從容而任。」又〈趨容〉:「肩狀若流,足如射箭。」[365]筆者曾將「△」字釋爲從「冋」聲(見紐耕部),並疑讀作「擎」(群紐耕部),二者疊韻,聲紐同爲見系。《廣雅・釋詁一》:「擎,舉也。」所以簡文可以讀作「肩毋廢(低下)、毋擎(上舉)」,就是肩部不上下的意思,而且與底下的「倩」字同押「耕部」。[366]但是仔細思考,「擎」有高舉、向上托的意思,[367]能否用來形容肩膀的動作不無疑問,況且古籍文獻似未見「擎肩」一詞,所以筆者一直不是太肯定。後來看到牛新房先生贊同筆者分析「△」字爲從「冋」,但認爲簡文應該讀作「聳肩」,還說「聳肩」典籍習見,但是牛先生未作任何的論述。[368]此說的問題是:「聳」,心紐東部;「冋」,見紐耕部,韻部關係不近,古籍少見通假之例。而且「聳肩」也沒有所謂的「典籍習見」的現象(詳下)。現在,筆者改釋爲從「尙」,禪紐陽部;「聳」,心紐東部,韻部東、陽關係密切,是楚方言的特色之一。[369]聲紐互通之例如《馬王堆・戰國縱橫家書》常見「勺」(禪紐)、「趙」通假之例,而「趙」從

---

[363] 何琳儀:《戰國古文字典》(北京:中華書局,1998.9)頁 420-421。

[364] 附帶一提,滕壬生:《楚系簡帛文字編》頁 632 認爲《楚帛書》乙篇 2.79 的字是「冋」,但學者已改釋爲「尙」,見顏世鉉:〈郭店楚簡散論(一)〉《郭店楚簡國際學術研討會論文集》(武漢:武漢大學出版社,2000.5)頁 102、李守奎:《楚文字編》(上海:華東師範大學,2003.12)頁 54。

[365] 秦樺林:〈楚簡《君子爲禮》札記一則〉,簡帛網,2006.02.22。

[366] 蘇建洲:〈《上博(五)》柬釋(二)〉,簡帛網,2006.02.28。

[367] 王力主編:《王力古漢語字典》(北京:中華書局,2002.12 三刷)頁 398。

[368] 牛新房〈讀上博(五)札記〉,簡帛網,2006.09.17。

[369] 董同龢:〈與高本漢先生商榷「自由押韻」說兼論上古楚方音特色〉丁邦新編《董同龢先生語言學論文選集》(台北:食貨出版社,1981.9)頁 9、趙彤:《戰國楚方言音系》(北京:中國戲劇出版社,2006.5)頁 143。

「肖」聲,「肖」又從「小」(心紐)聲。[370]由出土地來看,這似也不能排除楚方言的特色。又如聯綿詞「徜徉」,又可寫作「相羊」、「襄羊」,其中「徜」從「尙」聲(禪紐),而「相」、「襄」皆為心紐,[371]可以證明「尙」字與「心」紐可互通。但是這樣的說法仍有問題,一方面「聳」的直立、高起的意思出現較晚,如晉·陶淵明〈和郭主簿詩二首之二〉:「陵岑聳逸峰,遙瞻皆奇絕。」[372]而且「聳肩」一詞出現的年代也是很晚的,如《全唐文·卷八百一·陸丘蒙二》:「背有一鸚鵡,『聳肩』舒尾。」《新校本舊唐書·列傳·卷一百三十九·陸贄》:「百役疲瘵之甿,重戰傷殘之卒,皆忍死扶病,傾耳『聳肩』,想聞德聲,翹望聖澤。」宋唐子西《箕踞軒記》曰:「箕踞者,山間之容也·拳腰『聳肩』,抱膝而危坐,傴僂跼蹐,其圓如箕,故世人謂之箕踞。」[373]可見並未如牛先生所說「典籍習見」。不過,筆者後來發現與「聳」雙聲疊韻的「竦」則有成立的可能。首先,聲韻關係已如上述。其次,《孟子·滕文公下》:「曾子曰:『脅肩諂笑,病于夏畦。』」東漢趙岐注曰:「脅肩,竦體也。」焦循《正義》曰:「脅肩者,故為竦敬之狀也。」[374]楊伯峻先生翻譯作「竦起兩肩,做著討好的笑臉,這比夏天在菜地裏工作還要累。」[375]可見至少在東漢時期「竦」字是可以用來形容肩膀的動作的,且正可以與《君子為禮》所要求的儀容互相呼應,因為「竦肩」有故作恭敬之狀,所以簡文要求「肩無竦」。

另外,陳劍先生在給筆者的回信中,也有一精采的看法,謹錄如下:

---

[370] 張儒、劉毓慶:《漢字通用聲素研究》(太原:山西古籍出版社,2002.8 初版二刷)頁 254。

[371] 郭瓏:《《文選·賦》連綿詞研究》(成都:巴蜀書社,2006.8)頁 164-165。

[372] 王力主編:《王力古漢語字典》(北京:中華書局,2002.12 三刷)頁 984;宗福邦、陳世鐃、蕭海波主編:《故訓匯纂》(北京:商務印書館,2004.3 初版二刷)頁 1839。

[373] 引自黃暉:《論衡校釋》(北京:中華書局,1990)頁 83。

[374] 宗福邦、陳世鐃、蕭海波主編:《故訓匯纂》(北京:商務印書館,2004.3 初版二刷)頁 1860。

[375] 楊伯峻譯注:《孟子譯注》(北京:中華書局,2003.4 一版 13 刷)頁 153。

⊡所从從字形上看確有多種可能，結合文意，我傾向於釋為從「同」之說，因可以讀為「傾」，讀音上比讀「竦」若「聳」更爲密合。文意上看亦無問題。肩一高一低曰傾，簡文「臂（肩）……毋傾」正與論者已引之《新書・行容》「肩不上下」相近。進一步說，「頃」若「傾」字楚文字未見，則簡文以⊡爲「傾」很正常；「傾」與「仄」意義關係密切（《說文》「仄，側傾也」、「傾，仄也」、「陒，仄也」），「⊡」與「仄」同從「厂」，說不定「厄」就是楚文字中為「傾仄」意之「傾」所造的本字。[376]

建洲按：陳劍先生此說很有道理。但是若解爲「傾」，表示肩膀一高一低的話，則原簡的「肩毋廢、毋⊡」的「廢」字詞義恐怕就沒有著落了。除非「廢」字不作「低下」解，則有成立的可能。謹錄其說，以伺後考。

陳劍先生看過我上述的意見後，又覆信指出：

> 我意「傾」與「廢」並無矛盾，「廢」字仍作「低下」解。雙肩皆低下、塌著雙肩曰「廢」，雙肩皆高舉曰「聳」，雙肩一高一低則曰「傾」，此三種皆為與雙肩「平正」相對的不好的儀容。[377]

新出《上博六・平王問鄭壽》簡 7「民胥⊡望」，「胥」是郭永秉先生的看法。[378]「⊡望」陳劍先生讀作「瞻望」，學者多表贊同。[379]劉釗先生在此說的基礎上，認爲《君子爲禮》的⊡字亦應釋爲「詹」，讀爲「檐」。「檐」，舉也。他分析說：

> 上揭《上博五・君子爲禮》中的「⊡」字與「⊡」與「⊡」不

---

[376] 2006 年 11 月 06 日覆信內容。

[377] 2006 年 12 月 2 日覆信內容。

[378] 郭永秉：〈讀《平王問鄭壽》篇小記二則〉，簡帛網，2007.08.30。

[379] 陳劍：〈讀《上博（六）》短札五則，簡帛網，2007.07.20。

同的是「厂」旁寫在了「厶」與「口」的上邊，這與國差𬰡的「􏰀」字的寫法相同。換個角度說，如果將國差𬰡的􏰀字所從「􏰀」旁的「言」改爲「口」，就會變得與「􏰀」完全相同了。[380]

孟蓬生先生對劉先生的看法提出駁議：

> 劉先生所設想的作爲演變的關鍵環節的字形沒有得到古文字材料的支援，或者說從􏰀到的􏰀演變過程還存在著缺環。因爲到目前爲止，我們還沒有看到過「『厂』旁寫到了『􏰀』字的『厶』和『􏰀』的中間」的字形。結合戰國文字詹聲字多從「𠷎」與從「詹」互作的情況來看，國差𬰡的「􏰀」字所从的「厂」實際是「广」的省形，似乎也不大可能寫到「􏰀」字的「厶」和「􏰀」的中間。[381]

筆者以爲孟先生的質疑的確是有道理，更重要的是，由鄂君啓節可知厂（即危之省形）有時候有可省掉。如果言旁還可以替換爲口旁，那詹字的聲符是什麼呢？在相關疑問未釐清之前，筆者仍保留拙說以俟後考。

　　最後，《上博（三）·周易》簡 49 的􏰀字，以字形來看，同樣可解爲「冋」或「尙」。但考慮到今本《周易》做「薰」，曉紐文部；「尙」，禪紐陽部，彼此聲韻關係皆遠。筆者以爲應釋爲「冋」，見紐耕部，與「薰」聲紐古同爲喉音關係密切，如同從「歲」得聲的「濊」是「曉」紐；而「劌」則是「見」紐。還有孟蓬生先生曾提出古音「幹」聲（見紐）與憲聲（曉紐）相通，[382]亦是一證。韻部耕文亦有相通之例。如《爾雅·釋魚》：「蜥蜴，蝘蜓。」《釋文》：「蜓（耕部）字或作蝘（從「㐱」聲，文部）。」[383]又如《詩經·衛風·碩人》：「巧笑倩兮，美目盼兮」，「倩（耕）」、「盼（文）」亦屬耕文合韻

[380] 劉釗：〈《上博五·君子爲禮》釋字一則〉，簡帛網，2007.07.23。
[381] 孟蓬生：〈「瞻」字異構補釋〉，簡帛網，2007.08.06。
[382] 孟蓬生：〈《三德》零詁（二則）〉，簡帛網，2006.02.28。
[383] 高亨、董治安編纂：《古字通假會典》（濟南：齊魯書社，1997.7 二刷）頁 62。

的現象。[384]另外，董珊先生考釋《上博（四）·昭王毀室》簡 1「既刑（爨）落之」的「刑」字說：「疑『刑』讀爲『爨』或其同音字『爨』，古音『刑』、『爨』分別是匣母耕部、曉母文部，這兩個字或有可能因語音相近而假借。」[385]以上均可證明《上博（三）·周易》簡 49 的 字字可隸爲「同」，讀作「薰」。

（五）《三德》簡 12「十室之造」考釋

《三德》12：「監川之都，罥潤之邑，百乘之家，十室之 字（△）……」，對於「△」字，整理者李零先生疑爲 字，並說《管子》有十家爲游（《立政》）、十家爲連（《乘馬》）等說。[386]何有祖先生釋爲「偌」，並說右上左撇則變作橫筆，疑即爲其變體。[387]禤健聰先生則指出此字亦見于壽縣出土的鑄客鼎（《集成》2480），舊或釋爲「伸」，讀爲「肺」。[388]

建洲案：何、禤二先生所說應該是對的。鑄客鼎有字作 字，已有學者指出應釋爲「造」，[389]。而與「△」最接近的字形應該是《集成》2302「鎺所造鼎」的「偌（造）」作 字[390]、《集成》4694.1「鄭陵君王子豆」的「告（造）」作 字。[391]古籍常見「十室之邑」一詞，如《荀子·大略》：「禹見耕者耦立而式，過『十室之邑』必下。」《論語·公冶長》：「子曰：『『十室之邑』，必有忠信如丘者焉，不如丘之

---

[384] 向熹：《《詩經》語文論集》（成都：四川人民出版社，1997.7 三刷）頁 208。

[385] 董珊：〈上博四雜記〉，簡帛研究網，2005.02.20。

[386] 馬承源主編：《上海博物館藏戰國楚竹書（五）》（上海：上海古籍出版社，2005.12）頁 296。

[387] 何有祖：〈上博五《三德》試讀（二）〉，簡帛網，2006.02.21。

[388] 禤健聰：〈上博楚簡（五）零札（二）〉，簡帛網，2006.02.26。

[389] 劉彬徽：《楚系青銅器研究》（漢口：湖北教育出版社，1995.7）頁 363、程鵬萬：〈釋朱家集鑄客大鼎銘文中的「鳴腋」〉，簡帛網，2005.11.27、大西克也：〈戰國楚系文字中的兩種「告」字—兼釋上博楚簡《容成氏》的「三偌」〉《出土簡帛文獻與古代學術國際研討會》（臺北：政治大學中國文學系，2005.12.3）頁 148。

[390] 劉彬徽：《楚系青銅器研究》（漢口：湖北教育出版社，1995.7）頁 355、鄒芙都：《楚系銘文綜合研究》（四川大學博士學位論文，2004.4）頁 119。

[391] 見《殷周金文集成》所附摹本。

好學也。」《穀梁傳・莊公十年》：「『十室之邑』，可以逃難；『百室之邑』，可以隱死。」《上博（五）・君子爲禮》11「子貢曰：『夫子治土室之邑亦樂，治萬室之邦亦樂，然則□【11】』」尤其《論語・公冶長》：「子曰：『求也，千室之邑，百乘之家，可使爲之宰也；不知其仁也。』」與簡文「百乘之家，十室之🔲（△）」句式相近，則「△」大概也是「都」、「邑」、「家」一類的詞語。筆者以爲「△」似可讀爲「聚」，從紐侯部；「造」，從母幽部。雙聲，韻部旁轉音近。典籍有「造」、「聚」通假之例，如《易・乾・象傳》：「大人造也。」《釋文》：「造，劉歆父子作『聚』。」《漢書・劉向傳》引「造」作「聚」。[392]另外，《周禮・夏官・掌固》：「夜三鼜以號戒。」鄭玄《注》：「杜子春云：『鼜讀爲造次之造。』《春秋傳》所謂『賓將趣者』與趣造音相近。」[393]這是趣、造音近的說明，而趣、聚同從「取」聲。其他聲韻上證據如《尚書・舜典》：「放驩兜于崇山」。「驩兜」，《銀雀山・孫臏兵法・見威王》作「驩收」。[394]「收」（幽部）；「兜」（侯部）。其三，《詩・大雅・大明》：「造舟爲梁」一句，楊樹達先生認爲：「注家說造舟爲比舟，其義誠是，然造訓比，古書訓詁未見。余謂造當讀爲聚，造舟謂聚合其舟也。古音聚在侯部，造在幽部，二部音近，故造聚可通。」[395]其四，《新蔡》零 271「丑」（幽部）作🔲，其下的「主」旁（侯部）李天虹先生指出可能是附加音符。[396]以上均可爲證。

《說文・邑部》：「鄈，河東聞喜聚。」段玉裁《注》：「聚，小於邑也。」《逸周書・大聚》：「命之曰大聚」，朱右曾《逸周書集訓校釋》：「聚，亦邑也。」《逸周書・大武》：「旁聚封人」，朱右曾《逸周書集訓校釋》：「聚，邑聚。」史記・卷一・五帝本紀》：「一年而所居成聚，二年成邑。」張守節《正義》：「聚，謂村落也。」《漢書・枚乘傳》：「禹無十戶之聚。」顏師古《注》：「聚，聚邑也。」《漢

---

[392] 高亨、董治安編纂：《古字通假會典》（濟南：齊魯書社，1997.7 二刷）頁 362。
[393] 高亨、董治安編纂：《古字通假會典》（濟南：齊魯書社，1997.7 二刷）頁 363。
[394] 李興斌等：《孫臏兵法新譯》（濟南：齊魯書社，2002.7）頁 9。
[395] 楊樹達：〈詩造舟爲梁解〉《積微居小學述林》（北京：中華書局，1983.7）頁 229。
[396] 李天虹：〈新蔡楚簡補釋四則〉，簡帛研究網，2003.12.17。

書‧史丹傳》：「國東海郯之武彊聚」，顏師古《注》：「聚，邑居也。」[397]特別是上引《漢書‧枚乘傳》有「十戶之聚」一句可堪注意，因為「戶」作為「室之口」解釋，有時是一家或一室的代稱，如《易‧節》：「初九：不出戶庭，無咎。」李鼎祚《集解》引崔憬曰：「『戶』庭，『室』庭也。」[398]另外，張光裕先生在考釋《君子為禮》11「治萬室之邦亦樂」時也指出「萬室之邦」猶言「萬戶之邦」，[399]這無疑是對的。則本簡說成「十室之聚」應該是可以的。

以上內容曾發表在武漢大學所主持的「簡帛網」，[400]後來讀到曹峰先生的文章，他認為：「臨川之都，凴岸之邑」應當是地理位置非常險要的城郭。「宮室汙池」勿庸置疑指的是華麗的宮廷建築。所以，夾在中間的「百乘之家，十室之偌」應該也是建築，李零先生引《管子》立政、乘馬篇，從行政區劃的角度去考證，其他研究者也從之，可能方向有誤。「偌」其實就是「造」的假借字，意為造作。「十室之造」可能指同時有十個房間的大型構造，而「百乘之家」在此未必指勢力強大，而是形容能容納「百乘」的豪邸。「百乘之家，十室之造」的著重點不是險要，也不在于華麗，而是宏大。但這些大型工程必然勞民傷財，所以作者提醒要「各慎其度，毋失其道」。[401]

建洲按：曹峰先生的說法表面看起來似乎很有道理的，但實際上是經不起推敲的。首先，將偌釋為造的假借字，意為「造作」，這應該是動詞；但是解釋「十室之造」時又說是：可能指同時有十個房間的大型「構造」，則又為名詞，前後已是矛盾。而依照曹先生的文意來看，應該是傾向釋為「構造」的，但是筆者翻閱字書，卻不見先秦

---

[397] 以上見宗福邦等主編：《故訓匯纂》（北京：商務印書館，2004.3 初版二刷）頁1837。

[398] 〔唐〕李鼎祚著，張文智、汪啓明整理：《周易集解》（四川：巴蜀書社，2004.5）頁191。

[399] 馬承源主編：《上海博物館藏戰國楚竹書（五）》（上海：上海古籍出版社，2005.12）頁262。

[400] 蘇建洲：〈《上博（五）》柬釋（二）〉，簡帛網，2006.02.28。

[401] 曹峰：〈《三德》零釋（二）〉，簡帛網，2006.04.08。亦見氏著：〈《三德》所見「皇后」為「黃帝」考〉《新出楚簡國際學術研討會‧上博簡卷》（湖北：武漢大學等舉辦，2006.6.26）頁130。

的「造」字有「構造」這樣的義項。[402]其次，我們可否以先秦詞類「名動相因」的現象來爲曹先生解釋呢？這恐怕也是不行的。張文國先生曾經對先秦常見的文獻[403]中「能名動兩用」的詞作全面的調查分析，但是卻不見「造」有這樣的用法。[404]換言之，動用在先的「造」，在先秦文獻中似乎是不見轉爲名用的。如此一來，曹先生想要解釋爲「建築（物）」的用意就無法落實了。這也跟第一點呼應，因爲古漢語稱「建築（物）」通常作「館」、「房」、「室」、「宅」、「寢」等，似未見「造」有這樣的用法。其三，他認爲「百乘之家，十室之造」的著重點不是險要，也不在于華麗，而是宏大。但這些大型工程必然勞民傷財，所以作者提醒要「各慎其度，毋失其道」。問題是依照曹先生的意見所謂「臨川之都，湷岸之邑」、「宮室汙池」、「百乘之家，十室之造」三組是並列的，那爲何「各慎其度，毋失其道」只單單針對「百乘之家，十室之造」而言呢？反過來說，「臨川之都，湷岸之邑」既然是地理位置非常險要的城郭，就應該不存在「大型工程必然勞民傷財」的問題，而「各慎其度，毋失其道」的叮嚀也就落空了。近閱顧史考先生的文章，亦不贊同曹峰所釋，他說：「曹峰（四）從何氏所釋，然而讀『造』，疑此『家』、『造』皆指『宏大』的建築，即『能容納百乘的豪邸』以及『同時有十個房間的大型構造。』然大夫之采地能容『百乘』已算宏偉，有如此富豪寬闊的建築則難以想像。」[405]這是從不同角度的質疑。

筆者讀作「十室之聚」意近於「十室之邑」，《論語·公冶長》：「子曰：『十室之邑，必有忠信如丘者焉，不如丘之好學也。』」邢昺

---

[402] 漢語大字典編輯委員會：《漢語大字典》第六冊（四川：四川詞書出版社，1989.6）頁 3841-3842；宗福邦、陳世鐃、蕭海波主編：《故訓匯纂》（北京：商務印書館，2004.3 初版二刷）頁 2288-2289。

[403] 原註腳曰：「其中，我們對十三部文獻作了全面的統計分析，它們是：《詩經》、《左傳》、《公羊傳》、《穀梁傳》、《荀子》、《墨子》、《論語》、《孟子》、《老子》、《莊子》、《國語》、《戰國策》、《韓非子》等。其他只就部分章節作了調查，如《尚書》、《周禮》、《儀禮》、《禮記》、《呂氏春秋》、《孫子》、《楚辭》等。」張文國《古漢語的名動詞類轉變及其發展》（北京：中華書局，2005.5）頁 351 注 1。

[404] 張文國：《古漢語的名動詞類轉變及其發展》（北京：中華書局，2005.5）頁 351-353。

[405] 顧史考：〈上博竹書〈三德〉篇逐章淺釋〉《屈萬里先生百歲誕辰國際學術研討會》（台北：國家圖書館等主辦，2006.9.15-16）頁 23。

《疏》曰：「十室之邑，邑之小者也。」[406]是指十來家的聚落。《孟子·梁惠王上》：「千乘之國，弒其君者，必百乘之家。」趙歧《注》曰：「百乘之家，謂大國之卿，食采邑有兵車百乘之賦者也。」[407]對這些地方的規模大小或是禮儀制度應該依禮而行，不可僭越，即所謂「各慎其度，毋失其道」，這樣的解釋應該也是可以的。

（六）《苦成家父》簡 9「帶」字考釋

《上博（五）·苦成家父》簡 9「長魚矯△自公所，敂（拘）人於百豫以內（入），絲（囚）之。[408]」其中「△」字形作：

對於「△」字，李朝遠先生隸定作「煛」，並說：「從冊、從火，疑同『冊』。『冊』同『策』，策劃謀略。」[409]陳偉先生說「姑從之。」[410]陳劍、沈培二先生則釋為「典？」。[411]黃人二先生分析為從冊、威省聲，疑讀為「戾」。[412]以上諸位先生皆認為「△」上部從「冊」。惟有周鳳五先生舉楚簡「帶」字或從「帶」的字為證，認為「△」是「帶」字之訛，並說這裡通假為「竊」，簡文「竊自公所」，謂長魚矯從晉厲公身邊偷偷地外出。[413]劉洪濤先生贊同釋為「帶」。[414]

[406] 李學勤主編：《十三經注疏（標點本）—論語》（北京：北京大學出版社，2005.6 二刷）頁 69。

[407] 〔清〕焦循：《孟子正義》（北京：中華書局，1998.12 四刷）頁 41。

[408] 「拘」與「囚」是陳劍先生的意見，見氏著：〈《上博（五）》零札兩則〉，簡帛網，2006.2.21。

[409] 馬承源主編：《上海博物館藏戰國楚竹書（五）》（上海：上海古籍出版社，2005.12）頁 248。

[410] 陳偉：〈《苦成家父》通釋〉，簡帛網，2006.2.26。

[411] 陳劍：〈《上博（五）》零札兩則〉，簡帛網，2006.2.21、沈培：〈上博簡《姑成家父》一個編聯組位置的調整〉，簡帛網，2006.2.22。

[412] 黃人二：〈上博藏簡第五冊姑成家父試釋〉《新出楚簡國際學術研討會·上博簡卷》（湖北：武漢大學等舉辦，2006.6.26～28）頁 171。

[413] 周鳳五：《上博五〈姑成家父〉重編新釋》「中國簡帛學國際論壇 2006」學術研討會論文，（武漢大學 2006 年 11 月）頁 290-291。

[414] 劉洪濤：〈上博竹書《姑成家父》重讀〉，簡帛網，2007.03.27。

建洲案：筆者以爲周鳳五先生的說法應可信從，惜未作字形上的分析，今試說如下：

首先，「△」實不從「冊」，楚簡「冊」字有如下的寫法：

（1）冊： ▨（《新蔡》甲三 267）、 ▨（《季庚子問於孔子》17）

（2）▨： ▨（《新蔡》零 115、22）

（3）典： ▨（《包山》3）

（4）龢[415]： ▨ （王孫誥鐘）

（5）▨： ▨（鼄鐘）

（6）嗣： ▨（曾姬壺[416]）、 ▨（《鮑叔牙與隰朋之諫》簡 1）[417]

（7）侖： ▨（《郭店·成之聞之》31）、 ▨（《尊德義》35）

可以看得出來，楚簡「冊」字有兩個特點，一是其上兩條豎筆上各有一橫飾筆，是由西周金文「冊」作▨發展而來的[418]；或是字形所從直筆往往下端較長。但皆與本簡「△」字上部作▨並不相同，可見「△」絕非「冊」或「典」字。

其次，「帶」字《花園莊》451.3 作▨（▨），[419]春秋子犯編鐘作▨，季師旭昇指出：「『帶』字中間象紳帶交組之形，『黹』字中間象

<hr/>

[415] 參陳雙新：〈樂器銘文「龢」、「協」、「錫」、「雷」、「靁」釋義〉《古漢語研究》2006.1 頁 41-42。

[416] 原名「曾姬無卹壺」有爭議，但爲了稱說方便，暫稱爲「曾姬壺」。參范常喜：〈「曾姬無卹壺」器名補說〉《南方文物》2007.1 頁 84-85。

[417] 陳斯鵬：〈讀《上博竹書（五）》小記〉，簡帛網，2006.04.01。

[418] 張富海：《漢人所謂古文研究》（北京：北京大學中國語言文學系博士學位論文，2005 年 4 月）頁 57。

[419] 中國社會科學院考古研所編：《殷墟花園莊東地甲骨》第三分冊（昆明：雲南人民出版社，2003.12）拓片圖版 410、摹本圖版 410，頁 894-895；姚萱：《殷墟花園莊東地甲骨卜辭的初步研究》（北京：線裝書局，2006.11）頁 126。

花紋曲捲之形。」[420]值得注意的是古璽印的「帶」字有如下寫法：

（8）〔圖〕（繻，《璽彙》3870，燕璽）[421]

這顯然與「△」關係密切。就其上部而言，可以比對下列字形：

（9.1）〔圖〕（《三體石經·春秋經·僖公二十八年》「盟於踐土」之「踐」[422]）。

（9.2）〔圖〕（燕王職壺「踐」）、〔圖〕（燕王職壺「踐」）、〔圖〕（燕王職矛「踐」）[423]

（10.1）〔圖〕（《郭店·窮達以時》13，「無」）、〔圖〕（《帛書乙》12.90，「無」）

（10.2）〔圖〕（《郭店·語叢四》22，「無」）、〔圖〕（《包山》263，「蕪」）

（11.1）〔圖〕（《馬王堆帛書·戰國縱橫家書》276，「帶」）

（11.2）〔圖〕（《馬王堆帛書·養生方》193，「帶」）

由以上（9）、（10）、（11）字形的上部，可以發現〔圖〕、〔圖〕、〔圖〕三形可以互作。上引（8）燕國璽印的「繻」字上部正作「〔圖〕」，顯然可與「△」字的「〔圖〕」旁互作。尤其（8）下部從「火」形，更與「△」字下方作〔圖〕完全相同。要說明的是，「△」與（8）的差別在於中間的「紳帶交組之形」省簡了，這在下引楚簡文字也有相同的現象：

---

[420] 季師旭昇：《說文解字新證（上）》（台北：藝文印書館，2002.10）頁 622。亦見裘錫圭：〈也談子犯編鐘〉《故宮文物月刊》13 卷 1 期（1995 年）頁 115-116、李家浩：〈談春成侯盉與少府盉的銘文及其容量〉《華學》第五輯（廣州：中山大學出版社，2001.12）頁 151-152。

[421] 參董珊、陳劍：〈郾王職壺銘文研究〉《北京大學中國古文獻研究中心集刊（第三輯）》（北京：北京大學出版社，2002.10）頁 42。

[422] 商承祚：《石刻篆文編》2.34（北京：中華書局，1996.10）頁 111。

[423] 參董珊、陳劍：〈郾王職壺銘文研究〉《北京大學中國古文獻研究中心集刊（第三輯）》（北京：北京大學出版社，2002.10）頁 40。

（12）▦（繻，《望山》2.49）

（13）▦（繻，《信陽》2.02）、 ▦ （繻，《信陽》2.07）

（14）▦（繻，《望山》2.48）

（15）▦（僕，《孔子見季桓子》13）

（12）上部應該是繼承甲、金文的「帶」字而來。而（13）的上部與（10）《帛書乙》12.90 的「無」字字形相同，可知與本簡「△」上部可以互作。（14）上部寫作 ▦ 則是更爲省簡。（15）的寫法與《包山》145「僕」作▦相比較，其省簡的現象亦可供參考。

　　至於這些楚簡字形下部從「巾」，但是「△」及（8）下部卻從「火」形，這要如何解釋呢？其實古璽「帶」還有作▦（繻，《璽彙》1834），其下即從「巾」形，便是極好的證據。事實上，古文字「巾」、「火」二形形混的現象並不少見，如施謝捷先生曾說：「『▦』大概是『奚』的一種簡省寫法，把所從『大』形寫作『巾』形，在古文字中也是很常見的。」[424]上引 11.1、11.2 兩「帶」字形一作「巾」，一作「大」更是佳證。還有「卓」字西周中期九年衛鼎作▦（《集成》2831）、春秋卓林父簋蓋作▦（《集成》4018）；西周晚期叔□父簋「綽」作▦（《集成》4108）。「韋」一般作▦（《郭店·老子甲》36）；《說文》古文作▦、《三體石經·無逸》作▦。[425]以上均呈現出「丨」「人」字形互作的現象。而「大」形再加兩飾筆即成「火」形。如同「吳」既作▦（《璽彙》1183），又作▦、▦（《古文四聲韻》引《王存乂切韻》）便是一佳證。[426]又如「央」作▦（《子羔》11），又作▦（《新蔡》甲一：3）、▦（《上博（六）·用曰》）02 亦可爲證。此外，魏宜輝先生曾指出《郭店·語叢三》55「繻（幣）」字作▦，其下的「丙」旁乃是在▦（《郭店·緇衣》33）的「巾」旁中部的豎筆上添加斜筆後形成的變體。還有《侯馬盟書》的「盡」作▦，又作▦，

[424] 施謝捷：〈釋「十九年邦司寇鈹」銘的「奚易」合文〉《文教資料》1996.2 頁98。
[425] 商承祚編著：《石刻篆文編》（北京：中華書局，1996.10）頁88。
[426] 〔宋〕郭忠恕、夏竦《汗簡·古文四聲韻》（北京：中華書局，1983.12）頁13。

魏先生指出:「古文字中『盡』字所從的『聿』旁本從一豎筆,後來也在豎筆下部添加一斜筆變作『人』形,而後又在兩側添加兩飾點,訛作從『火』形。」[427]也就是「▌」「人」「火」存在著字形演變的現象。這些都可以說明「巾」、「火」形混的緣由。以上可以證明 ▨ 與 ▨(《信陽》2.07),繣旁)、▨(《璽彙》3870,繣旁)是可以對應起來的,所以「△」釋爲「帶」應不爲無據。

附帶討論 ▨(繣,《包山》270)、▨(繣,《上博(二)·容成氏》51)兩字形。裘錫圭先生指出:「楚簡『繣』字的『帶』旁也間有寫作『类』的。因此周鳳五認爲楚簡『察』字係從『帶』聲或『帶』省聲,『帶,古音端母月部;察,初母月部,二字可通。』還指出楚簡『竊』字也從『帶』聲。其說可從。」[428]所以其上部寫作 ▨ 或 ▨,同樣是繼承甲、金文的「帶」字而來,似不必要與「辛」聯上關係。[429]至於下部作「▨(夹)」,可以認爲與本簡「△」的「火」形有關,這可由「樂」作 ▨(《郭店·成之聞之》2)、▨(《上博(一)·民之父母》12),又作 ▨(《望山》1.176)得到證明,這反映的是「大」、「矢」二形互混所造成的結果,[430]而「大」形再加兩飾筆即成「火」形。又如「衡」一般作 ▨(《隨縣》115),亦可作 ▨(《信陽》2.011)。[431]還有上引「央」已有(《上博(六)·用曰》)02 下作「火」形,還可作 ▨(《新蔡》甲二:22、23、24),這都是「矢」、「火」二形形混之例。

筆者以爲「△」應讀爲「遣」,是派遣的意思。《郭店·性自命出》簡 62「身欲靜而毋訣」,在《性情論》簡 27 作「壹」,即「遣」字,陳劍先生指出應讀爲「滯」,理由是「從讀音來講,以『畜』形

[427] 魏宜輝:《楚系簡帛文字形體訛變分析》(南京:南京大學博士學位論文,2003.4)頁 52。

[428] 裘錫圭:〈釋《子羔》篇「鈍」字並論商得金德之說〉《中國簡帛學國際論壇2006 學術研討會論文》,(武漢:武漢大學,2006.11)頁 250。

[429] 劉釗:〈利用郭店楚簡字形考釋金文一例〉《古文字研究》第 24 輯(北京:中華書局,2002.7)頁 278。

[430] 常見如「智」亦然,見李守奎:《楚文字編》(上海:華東師範大學,2003.12)頁 224、姚萱:《殷墟花園莊東地甲骨卜辭的初步研究》(北京:線裝書局,2006.11)頁 145。

[431] 董珊:〈信陽楚墓遣策所記的陶壺和木壺〉,簡帛網,2007.06.20。

及其省體『啇』形、『音』形爲聲旁的字既然可以用來表示『逝』和
『噬』，那麼用來表示跟『逝』和『噬』讀音也非常接近的『滯』，當
無問題。從『帶』得聲的字跟從『折』和從『筮』得聲之字相通，古
書中例子頗多。」[432]可知本簡「帶」讀爲「逝」是可以的。春秋子犯
編鐘有「諸楚荆不聽令於<u>王所</u>」一句。《春秋經・僖公二十八年》
曰：「公朝于王所」，楊伯峻先生注釋說：「隱七年《傳》云：『鄭公子
忽在王所』，時公子忽爲質于周，則在京師也。《詩・小雅・出車》：
『自天子所』，《吉日》：『天子之所』，《儀禮・覲禮》：『女順命于王
所』，《周禮・考工記》：『不屬于王所』，則天子無論在京師與否皆得
言所。《詩・鄭風・大叔于田》：『獻于公所』，齊侯鎛鐘：『有共于公
所』，則公所者，諸侯之所在。《孟子・滕文公下》亦言『使之居于王
所。』<u>凡王、公之所在曰王所、公所，恐無義例之可言。</u>」[433]《禮
記・玉藻》：「將適公所，宿齊戒，居外寢，沐浴。史進象笏，書思對
命。」孔《疏》以爲這是說「朝君之義。」[434]「將適公所」一句，王
文錦先生譯作「大夫有事將去宮裏朝君」。[435]楊、王二先生之說是。
簡文「長魚鬎（矯）遣自公所」，也可以說成「（厲公）遣長魚鬎自公
所」，可與簡 8「公懼，乃命長魚矯☒」相呼應！沈培先生說：「簡 8
和簡 2 應該是連讀的兩條簡，這裏說的意思大概是王命長魚矯去抓郤
犨，郤奇聽到後就給郤犨出主意。」[436]而簡 2 一直到簡 5 前半都是郤
奇與郤犨對答的內容，再來接簡 9。所以可知「長魚鬎（矯）遣自公
所」的主語仍是「厲公」。況且簡文既曰「遣自『公』所」，所以主語
當然是「厲公」。我們可將簡文梳理如下：「公思（懼），乃命長魚鬎
（矯）【8】……[437]姑（苦）成家父乃盇（寧）百豫，不思（使）從
【5】己立（蒞）於廷。長魚鬎（矯）遣自公所，敏（拘）人於百豫以

[432] 陳劍：〈郭店簡補釋三篇〉《古墓新知—郭店楚簡出土十週年論文專輯》（國際
　　炎黃文化出版社，2003.11）頁 124、亦參陳斯鵬：〈上海博物館藏楚簡《彭
　　祖》新釋〉《華學》第七輯（北京：紫禁城出版社，2004.12）頁 159。
[433] 楊伯峻：《春秋左傳注》（台北：洪葉書局，1993.5）頁 449。
[434] 李學勤主編：《十三經注疏—禮記正義（中）》（北京：北京大學出版社，1999.
　　12）頁 885。
[435] 王文錦譯解：《禮記譯解（上）》（北京：中華書局，2001.9）頁 406。
[436] 沈培：〈上博簡《姑成家父》一個編聯組位置的調整〉，簡帛網，2006.2.22。
[437] 此處「……」所代表的是簡 2 到簡 5 郤奇與郤犨對答的內容。

內（入），繇（囚）之。姑（苦）成家父專（捕）長魚鬻（矯），梏者
（諸）廷，與其妻，與其母。公恩（慍）……【9】」意思是說：厲公
命長魚矯去抓郤犫……姑成家父安定百豫，不讓他們跟隨自己到朝廷
上去。但是一些百豫人卻不聽姑成家父的話，而進入朝廷，（大概是
爲了保護姑成家父吧！）所以厲公從宮裡派遣長魚矯來逮捕進入朝廷
的百豫。（如此則可以順利逮捕郤犫，同時也與簡 1「厲公無道，虐
於百豫」相呼應！）結果長魚矯，連同他的妻子與母親反被姑成家父
逮住了。而正因爲長魚矯是厲公所派遣的，卻反被姑成家父所捉，所
以底下接「公慍」云云，文義才有著落。

作者按：本則承蒙《中國文字》新三十三期兩位審查人惠賜寶貴意
　　　　見。陳斯鵬先生並具體提供兩字形，古陶文「帶」或作
　　　　（王恩田《陶文字典》216 頁）、兵器銘文「帶」或作（嚴
　　　　志彬《四版金文編校補》94 頁），有助於本文的結論，筆者
　　　　非常感謝！

附記：本文（一）～（五）則發表於《中國文字》新三十二期，收入本
　　　書時有所訂補。第（六）則發表於《中國文字》新三十三期，
　　　收入本書時增補了幾個字形證據。

六、《上博楚竹書（六）》字詞叢考

（一）《莊王既成》簡 2「賓」字

　《莊王既成》簡 1-2「吾既果成亡（無）鐸（射）[438]以供春秋之
嘗，以時（待）四鄰之△1」，「△1」字作：

---

[438]「亡（無）鐸（射）」的釋讀，參陳偉：〈讀《上博六》條記〉，簡帛網，
　2007.07.09、李學勤：〈《讀上博簡〈莊王既成〉兩章筆記》〉，孔子 2000 網站，
　2007.07.16（底下引李學勤文，皆參此篇，不再注出。）

（△1）　　（△2）

整理者陳佩芬先生隸定作賣，讀作「賞」。[439]何有祖先生贊同這樣的隸定，但是認為應讀作「犒」。[440]李學勤先生亦作如此的隸定，但讀為「徼」，意為邊塞。

　　建洲案：此字上部與「高」不類，應隸定為「賣」，字形可參見《包山》92「賣」作「△2」。只是△1「命」旁的「口」省略了，這並不少見。[441]當然也可以將「△1」隸定為上部從「令」，命、令本是一字之分化。古代迎送賓客、燕飲、祭祀、射禮均奏樂，[442]《詩·小雅·鹿鳴》：「我有嘉賓，鼓瑟吹笙」。所以「△1」可能讀為「賓」，「△1」從「命」得聲，明紐耕部；「賓」，幫紐真部。聲紐同為唇音，韻部關係密切，[443]如《包山》265 （字形），簡文中讀作「鼎」（耕部），學者釋為「真」（真部）省形。[444]又如【命與民】、【令與民】常見相通，[445]其中「民」便為真部。而且「賓」字本有「貝」旁，[446]正與「△1」相同，這應該不是偶然的。「時」，李學勤先生釋為「待」，可從。所以簡文可以讀為「吾既果成無射，以供春秋之嘗，以待四鄰之賓。」

　　本則於 2007 年 7 月 19 日發表於「簡帛網」之後，[447]沈培先生曾撰文贊成筆者所釋，並指出「賓」後一字應釋為「客」，如此則簡文

[439] 馬承源主編：《上海博物館藏戰國楚竹書（六）》（上海：上海古籍出版社，2007.7）頁 244。

[440] 何有祖：〈上博六札記〉，簡帛網，2007.07.09。

[441] 參李守奎：《楚文字編》（上海：華東師範大學，2003.12）頁 66。

[442] 錢玄：《三禮通論》（南京：南京師範大學出版社，1996.10）頁 553。

[443] 參董同龢：〈與高本漢先生商榷「自由押韻」說兼論上古楚方音特色〉《董同龢先生語言學論文選集》頁 9、中國社會科學院考古研究所編：《曾侯乙墓》（北京：文物出版社，1989.7）頁 512 注 12、陳偉武：《簡帛兵學文獻探討》（廣州：中山大學出版社，1999.11）頁 166。

[444] 劉信芳：《包山楚簡解詁》（台北：藝文印書館，2003.1）頁 285、李守奎：《楚文字編》（上海：華東師範大學，2003.12）頁 501。

[445] 高亨、董治安編纂：《古字通假會典》（濟南：齊魯書社，1997.7 二刷）頁 152。

[446] 李守奎：《楚文字編》（上海：華東師範大學，2003.12）頁 383。

[447] 蘇建洲：〈初讀《上博（六）》〉，簡帛網，2007.07.19。

可以讀爲「吾既果成無射，以供春秋之嘗，以待四鄰之賓客。」[448]

(二)《天子建州》甲本簡 5-6 釋讀

《天子建州》甲本簡 5-6「日月=（日月）[449]得其△1，△2 之以玉斗，仇讎殘亡。」相同內容亦見於乙本簡 5，整理者曹錦炎先生皆釋爲「央」。[450]

（△1）（輔，中山王方壺）　　（△2，乙本 5）

建洲按：先看「△1」，字上從「父」，顯然與「央」不合。字應釋爲「甫」，形體如於中山王方壺的「輔」的右旁，簡文讀作「日月得其甫（輔）」。

其次，「△2」整理者曹錦炎先生釋爲「根」，從文意來看應該是對的，如《晉書·天文志》：「天似蓋笠，地法覆盆，天地各中高外下。北極之下爲天地之中，其地最高，而滂沱四隤，三光隱映，以爲晝夜。」另外，曾侯乙墓出土 E.66 衣箱在象徵天圓的箱蓋上，寫了個「斗」字，譚維四先生指出「代表北斗天極」、「象徵天球的中央」，[451]可以參考。現在討論字形，上引「△2」字形取自乙本簡 5，甲本簡 6 字形相同，但較爲模糊。「△2」上從「目」形，可參乙本簡 7 的「」字；下部乍看之下與《用曰》簡 12「良」的「亡」旁接近，[452]但是從中間一筆的筆勢呈**斜筆**判斷，無疑還是「止」形，可參乙本簡 1 的「建」字或簡 5 的「武」字。何琳儀先生指出：「艮」爲「見」之反文，也就是「艮」下從反人，[453]如《睡虎地·封診式 53》

---

[448] 沈培：〈《上博（六）》字詞淺釋（七則）〉，簡帛網，2007.07.20。

[449] 「日月」合文的寫法常見於楚帛書，參《楚文字編》頁 871。

[450] 馬承源主編：《上海博物館藏戰國楚竹書（六）》（上海：上海古籍出版社，2007.7）頁 318、335。

[451] 譚維四：《樂宮之王》（杭州：浙江文藝出版社，2002.3）頁 105。亦參馮時：《中國天文考古學》（北京：社會科學文獻出版社，2001.11）頁 275-278。

[452] 何有祖：〈楚簡散札六則〉，簡帛網，2007.07.21。

[453] 何琳儀：《戰國古文字典》頁 1319。

作 🦌 、《上博三・周易》48 作 🦌 。而沈培先在討論「兆」字來源
說，曾根據新出堯公簋的「姚」字作 🦌 ，[454]並舉出下列字形演變過
程：🦌→🦌→🦌→🦌→🦌→🦌 。並說：「由『人』形變成『止』形，在古
文字中並不罕見。」[455]值得留意的是，「反人」之形是可以演變為
「止」形的，如此正與「△2」的字形相同，可見「△2」的確可以釋
為「根」。

　　最後，「仇讎殘亡」根據的是陳偉先生的說法。[456]可以補充的是
「讎」字亦見於《郭店・尊德義》26「弗愛，則讎也」，字作 🦌 ，與簡
文同形。所以簡文可讀為「日月得其輔，根之以玉斗，仇讎殘亡。」[457]

（三）《天子建州》甲本簡 10「男女不語鹿」釋讀

　　甲本簡 10「男女不語鹿」，「鹿」，整理者釋為「獨」（頁 327-
328）。此內容亦見於乙本簡 10。何有祖先生釋為「祿」。[458]陳偉先生
讀為「麗」，鄭玄注：「麗，耦也。」[459]范常喜先生將《容成氏》41
「於是 🦌 （乎）羿（亡）宗鹿（戮）族戔（殘）羣焉備」讀作「於是乎
亡宗、離族、殘群焉備」，並認為：「結合《容成氏》中『鹿』字用為
『離』的例子，我們懷疑這里的『鹿』也當讀作『離』。……簡文『男
女不詁（語）鹿（離）』可能指的是『面對男女（情人或夫妻關系）不
要說分離的話』。這樣釋讀也與此句前後辭例『聚眾不語怨』、『朋友

---

[454] 參看劉源《堯公簋銘文摹本》，"先秦史研究室"網站（http://www.xianqin.org/xr_
html/articles/kychg/488.html），2007.04.13。

[455] 沈培：〈從西周金文「姚」字的寫法看楚文字「兆」字的來源〉，簡帛網，
2007.04.21。

[456] 陳偉：〈《天子建州》校讀〉，簡帛網，2007.07.13。

[457] 本文曾以〈讀《上博（六）・天子建州》筆記〉為題，發表於「簡帛網」（2007.
07.22）。後見范常喜先生大作，贊成筆者釋為「輔」之說，但認為「根」字應釋
為「相」，簡文云「日月得其輔，相之以玉斗」指的即是「以日月為輔，以玉斗
為相」。見氏著：〈讀《上博六》札記六則〉，簡帛網，2007.07.25。建洲按：范
先生字形分析自有其理，但是為配合「相之以玉斗」，而將「日月得其輔」譯作
「以日月為輔」恐怕是有問題的。

[458] 何有祖：〈讀上博六札記〉，簡帛網，2007.07.09。

[459] 陳偉：〈《天子建州》校讀〉，簡帛網，2007.07.13。

不與（引案：應爲「語」）分』等均言負面之詞相一致。」[460]劉洪濤先生則贊同陳偉先生所釋：「《天子建州》『男女不語鹿』，是講男女相處之禮，要防止因『鹿』而出現不合禮的情況。讀『離』雖合人之常情，但不合『禮』。『不語麗』，就是注重男女之大防，不說曖昧、暗示的話。比如梁山伯、祝英台十八裏相送，祝總拿鳥、魚成雙成對暗示梁，這就是男女語麗（儷）了。」[461]楊華先生亦釋爲「麗」，他認爲：「這裡的『語』是指男女雙方而言，男女不分離，是法家強調生產和生殖的理論；而男女分別，不輕言耦合之事，比較合乎儒家禮制。」[462]

建洲按：何有祖先生的讀法與「『男女』并無太多直接關係」。[463]范常喜先生的說法恐亦有問題，《容成氏》整理者李零先生將「鹿族」讀爲「戮族」應該還是合理的，[464]因爲「戮」與「亡」、「殘」意思相近，程度相同。而且范先生文中所舉例證《春秋繁露・家教》：「殘類滅宗亡國是也」，其中「殘」、「滅」、「亡」也是意思相近，程度相同的動詞。或依范說解爲「離」，則彼此的嚴重程度截然不同，恐不能比觀。其次，《天子建州》的「鹿」讀爲「離」在文意上似也較難理解，如同何有祖先生所說：「『鹿』讀作『離』，估計還可以再討論。」[465]而且也非儒家禮制（參上引楊華說）。至於劉洪濤先生的看法，筆者以爲古書的確有「男女有別」（《禮記・郊特牲》、《大傳》、《昏義》）、「男女有辨」（《墨子・非命上》）、「男女有別而不通」（《晏子春秋・外篇第八・工女欲入身于晏子晏子辭不受第十一》）的說法。而且《上博（五）・三德》03 亦有：「齊齊節節，外內有辨，男女

---

[460] 范常喜：〈上博簡《容成氏》和《天子建州》中「鹿」字合證〉，簡帛網，2007.08.10。

[461] 劉洪濤（lht）在「簡帛論壇」上的發言，2007.08.10，http://www.bsm.org.cn/forum/viewtopic.php?t=1030&postdays=0&postorder=asc&start=15。

[462] 楊華：〈《天子建州》理疏〉《「2007 年中國簡帛學國際論壇」論文》（台北：台灣大學中文系主辦，2007.11.10〜11）頁 8。

[463] 參上引范文。

[464] 馬承源主編：《上海博物館藏戰國楚竹書（二）》（上海：上海古籍出版社，2002.12）頁 282、亦參拙作《上海博物館藏戰國楚竹書（二）校釋》（台北：台灣師大國文所博士論文，2004.6）頁 293。

[465] 何有祖（易泉）在「簡帛論壇」上的發言，2007.08.10，http://www.bsm.org.cn/forum/viewtopic.php?t=1030&postdays=0&postorder=asc&start=15。

有節,是爲天禮。」但是考慮到「不語麗(儷)」是否可以解釋爲「不說曖昧、暗示的話」,似無明證。縱使「男女有別」,但當時的社會環境是否真的嚴苛到不能說「曖昧、暗示的話」不無疑問。《周禮・地官・媒氏》:「中春之月,令會男女。於是時也,奔者不禁。若無故而不用令者,罰之。司男女之無夫家者而會之。」又如《詩・鄭風・溱洧》,陳子展先生認爲是「實寫士女春日郊遊之作。」[466]《左傳・桓公十五年》:「祭仲專,鄭伯患之,使其婿雍糾殺之。將享諸郊。雍姬知之,謂其母曰:『父與夫孰親?』其母曰:『**人盡夫也**,父一而已,胡可比也?』」錢玄先生亦指出:「總之,儒家鼻祖孔子的上下四代,出妻、再嫁者竟有三人。由此可見當時出妻是件平常之事。有一點值得注意的:在春秋戰國時期,女子在夫死或被出後再嫁,不像後世被視爲失節不貞。……《詩・鄘風・柏舟》則記共姜之夫死,其父母欲其再嫁。這些都可以看出當時的風尚。」[467]童書業先生說:「據《詩經》以觀,是時中下階層之男女(上層貴族亦有之,但較少見耳),常有自由求愛之事(如《野有死麕》、《靜女》、《桑中》、《山有扶蘇》、《溱洧》)」。[468]又說:「春秋時貴族家庭保有甚濃重之家長制色彩,故男女關係校爲通融,平輩間、上下輩間皆可發生婚姻關係,而最突出者爲子承生母以外之諸母與弟之接嫂:此均家長制大家庭之特色。」[469]對於《左傳・莊公十四年》所載息嬀所說:「吾一婦人,而事二夫,縱弗能死,其又奚言?」童書業先生認爲:「此種『一婦不事二夫』之觀念,起于春秋、戰國間個體家長制逐漸形成之時,而其前所未有者(即有,亦只是微弱之萌芽狀態,觀《左傳》他文所記貴族男女關係可知。《論語》一書亦無夫妻間道德之講述,而鄭、衛之詩鬥且肄習之,均是佐證)。蓋《左氏》作者誤采戰國時之野語入之傳中也。」[470]陳筱芳先生進一步指出:

　　女性成人之後,所面臨的是男女有別的社會環境,「男女有

[466] 陳子展:《詩三百解題》(上海:復旦大學出版社,2001.10)頁343。
[467] 錢玄:《三禮通論》(南京:南京師範大學出版社,1996.10)頁596。
[468] 童書業著,童教英校訂:《春秋左傳研究》(北京:中華書局,2006.8)頁193。
[469] 同上,頁313。
[470] 同上,頁337-338。

別，國之大節」（莊公二十四年）。春秋所謂「男女有別」只有社會內涵，指男女兩性的性別角色差異……。其內涵有二：男女貴賤之別、男女交往之別。男女貴賤之別有明確的物質標誌，禮物是物質標誌之一。男女與他人見面時所用禮物不同，「男贄，大者玉帛，小者禽鳥」，「女贄，不過榛、栗、棗、脩」。……魯莊公令自己的新娘哀姜與宗婦見面時用幣，大夫御孫認為「今男女同贄，是無別也」，批評他違背男女之別的「國之大節。」（《莊公二十四年》）男女交往之別是通過對婦女的限制而實現的，禮制規定「婦人送迎不出門，見兄弟不逾國」（僖公二十二年）。婦女無論與宗族之內還是宗族之外的男子，都不能近距離交往。……《國語‧魯語上》載季康子見其從祖叔母，一個在寢門外，一個在寢門內，相言，「皆不逾國」。對不同宗族的客人，送迎不能走出門。鄭文公夫人羋氏、姜氏前去慰勞救鄭伐宋的楚軍，被視為「非禮」（僖公二十二年）。……男女之別的兩個內涵中，男女貴賤之別是核心，而男女交往之別的實質也是男女貴賤之別。限制男女交往是對兩性關係的道德防範，但是，這種防範及其採取的措施都是以男女貴賤之別為基礎。[471]

綜上所述，可見要求所謂「男女不說曖昧、暗示的話」大概不切實際。而且，「男女有別」也不是表現在言語上的。況且依常理判斷，「將仲子」才會逾牆，所以應該是「男不語曖昧、暗示的話」，但是「男女有別」又主要是針對女性而設的規範，可見此二前提互有衝突。

筆者認為或可讀為「辱」。「辱」，泥紐屋部；「鹿」，來紐屋部，聲韻關係密切。《儀禮‧士昏禮》：「士昏禮，凡行事必用昏昕，受諸禰廟，辭無不腆，無辱。」胡培翬《正義》引郝氏云：「辱，汙也。」[472]所謂「辭無辱」，意為不要說濁穢、不潔淨的言辭。本簡

---

[471] 陳筱芳：《春秋婚姻禮俗與社會倫理》（成都：巴蜀書社，2000.6）頁 95-97。

[472] 宗福邦、陳世鐃、蕭海波主編：《故訓匯纂》（北京：商務印書館，2004.3 初版二刷）頁 2274。

「男女不語辱」亦可如是觀。范先生認爲拙文將「鹿」讀爲「辱」，與楚文字用字習慣不合。筆者以爲此說實不成立，其理有三：首先，對於《容成氏》的「鹿」讀爲「戮」，范先生亦以相同理由來否定，但事實證明此說是不能成立的，所以以相同理由否定「鹿」讀爲「辱」恐也不能成立。其次，以目前我們所見的資料要去匡限整個楚文字的用字習慣還是很冒險的。比如，《上博五‧融師有成氏》簡 6「毀、折、鹿、戔（殘）」，「鹿」正可讀爲「戮」。[473]若單看《容成氏》會覺得「鹿」讀爲「戮」與習慣不合，但後出材料證明此種讀法是成立的。又如竹書常見 🗎 偏旁的字，李零先生解釋《郭店‧語叢四》1🗎字說：「『始』，原釋『司』，讀爲『詞』，案原文此字是合台、司爲一字，簡文此字或從此得聲的字有『辭』、『始』、『治』等用法。」[474]除了李零先生所歸納的三種用法之外，也可以補充用爲「殆」者，如《上博（二）‧從政》甲 9：「政之所怠（殆）也。」[475]還有陳偉先生所說讀爲辭讓的「辭」，如《上博（四）‧仲弓》簡 4+26「雍也憃【4】愚，恐貽吾子羞，願因吾子而辝（辭）。」[476]。亦可讀爲「祠」，如《新蔡》乙四 53「☐☐☐禱祠（祠），艸（靡）有☐」。還有「怡」，如《新蔡》乙四 110、117「公子見君王，尙怡（怡）懌，毋見☐」。以上都還算可以理解，但是《新蔡》甲三 310「喬尹申之述，既於郢𨟻、鄢（期）思[477]二黏……」卻讀爲「期」。又如《上博（五）‧三德》簡 3「天乃降異」，末字讀作「異」。[478]末二例是否可說與楚文字用字習慣

---

[473] 此可能是劉洪濤（lht）的意見，參「簡帛論壇」，2007.08.10，http://www.bsm.org.cn/forum/viewtopic.php?t=1030&postdays=0&postorder=asc&start=15。

[474] 李零：《郭店楚簡校讀記—增訂本》（北京：北京大學出版社，2002.3）頁 45。

[475] 參周鳳五：〈讀上博楚竹書《從政（甲篇）》劄記〉，簡帛研究網，2003.1.10。亦參陳英杰所作的歸納，參氏著：〈楚簡札記五種〉《漢字研究》第一輯（北京：學苑出版社，2005.6）頁 469-473。

[476] 陳偉：〈竹書《仲弓》詞句試解（三則）〉，簡帛研究網，2005.8.15。亦見氏著：〈上博楚竹書〈仲弓〉「季桓子」章集釋〉《出土簡帛文獻與古代學術國際研討會》（台北：政治大學中文系等主辦，2005.12.3）頁 4、〈睡虎地秦簡《語書》的釋讀問題（四則）〉，簡帛網，2005.11.18。

[477] 「期思」的釋讀參看徐在國：〈新蔡葛陵楚簡劄記（二）〉，簡帛研究網，2003.12.17。又見氏著：〈新蔡簡中的兩個地名〉，載中國文字學會、河北大學漢字研究中心編《漢字研究》第一輯，（北京：學苑出版社，2005.6）頁 535。

[478] 馬承源主編《上海博物館藏戰國楚竹書（五）》（上海：上海古籍出版社，2005.

不合呢？其三，便是牽涉到底本的問題。《天子建州》是否是楚國土產不無疑問，假如其來源是抄手抄自別國的竹書，事實上可能性是很大的，那又如何以楚國的用字習慣來討論呢？所以筆者以爲簡文讀作「男女不語辱」應該是可以考慮的讀法。

最後，乙本 10「朋友不語分」，可與《論語・公冶長》：「子路曰：『願車馬、衣輕裘，與朋友共，敝之而無憾。』」相對讀。

（四）《天子建州》甲本簡 3-4 的「反」字

甲本簡 3-4「禮者，義（儀）之兄也。禮之於㝷廟也，不精爲精，不美爲美。義㽞（△）之，精爲不精，美爲不美。」「義」釋爲「儀」是裘先生的說法。[479]裘先生對簡文解釋說：「禮、儀二者，禮爲根本，儀爲形式，故有『不精爲精，不美爲美』及『精爲不精，美爲不美』之不同。禮重玄酒大羹，即以不精爲精，不美爲美。儀者斤斤計較於形式，<u>故與禮反</u>。」其中「反」字，陳偉先生認爲：「守，整理者釋爲『反』。今按：<u>此釋未顧及『又』下有一筆</u>，亦與文意不合。因爲『精爲不精，美爲不美』，與『不精爲精，不美爲美』在原則上是相通的。恐當釋爲『守』，遵循、奉行義。」[480]

建洲按：從字形上來說，二說均有可能，如《新蔡》乙四 100、零 532、678「反（返）」作㞴，其「反」下有一筆，與簡文「△」完全相同。其次，「守」一般作㝊（《郭店・唐虞之道》09）。而《上博（三）・仲弓》08「仲尼曰：『夫民安舊而厓（重）遷[481]』」，「厓」一般從「厂」（《楚文字編》頁 460），李朝遠先生指出：「古文字從厂從厂，一也。」[482]李天虹先生也有相近的說法。[483]換言之，「△」也可

12）頁 290。

[479] 裘錫圭：〈《天子建州》（甲本）小札〉，簡帛網，2007.07.16。

[480] 陳偉：〈《天子建州》校讀〉，簡帛網，2007.07.13。

[481] 「遷」是陳劍先生的說法，見〈上博竹書《仲弓》篇新編釋文（稿）〉，簡帛研究網，2004.04.18。

[482] 馬承源主編：《上海博物館藏戰國楚竹書（三）》（上海：上海古籍出版社，2003 年 12 月）頁 269。

[483] 見《出土文獻研究》第 7 輯 頁 36。

以理解爲形旁義近替換，而釋爲「守」。但衡量二說，釋爲「反」在字形上比較直接，而且文意上也是較好的選擇。楊華先生亦採此說。[484]

（五）《用曰》簡 12「聶其咊」釋讀

《用曰》9+12「【言】9 既出於口，則弗可悔，若矢之免於弦，用曰：聶（岀）其咊（禍），而不可復。」[485]

關於此段內容，李天虹教授已指出傳世文獻及《郭店·語叢》的書證。[486]筆者再補充《睡虎地·爲吏之道》二九伍－三四伍：「口，關也；舌，幾（機）也。一堵（曙）失言，四馬弗能追也。口者，關；舌者，符璽也。璽而不發，身亦毋薛。」[487]

對於「聶其咊」一句，李銳先生讀作「懾其禍」；[488]曹峰先生讀「聶」爲「囁」，意爲口亂言無節；[489]李天虹教授則認爲「『聶』於此或可用其本義。《說文》耳部：『聶，附耳私小語也。』」。[490]劉信芳先生讀爲「攝其栝」，簡文之「聶」猶「攝弓」之「攝」，蓋謂張開弩機以發矢也。下文「而不可還（復）」，猶《說苑·談叢》「不可從而退」也。[491]顧史考先生同意劉先生之說。[492]

建洲按：李銳先生之說失之於泛，與前面所言的「慎言」似乎關係並不密切。劉信芳先生之說亦有進一步討論的空間：首先，《說苑·談叢》：「夫言行者君子之樞機，樞機之發，榮辱之本也，可不慎乎！

[484] 楊華：〈《天子建州》理疏〉《「2007 年中國簡帛學國際論壇」論文》（台北：台灣大學中文系主辦，2007.11.10～11）頁 3。

[485] 斷句及編連參李銳：〈讀《用曰》札記（三）〉，簡帛網，2007.07.27。

[486] 李天虹：《上博六劄記兩則》，簡帛網，2007.07.21。

[487] 睡虎地秦墓竹簡整理小組：《睡虎地秦墓竹簡》（北京：文物出版社，1978.11）頁 295-296、睡虎地秦墓整理小組《睡虎地秦墓竹簡》（北京：文物出版社，1990.9）頁 176。

[488] 李銳：〈《用曰》新編（稿）〉，簡帛網，2007.07.13、李銳：〈讀《用曰》札記（三）〉，簡帛網，2007.07.27。

[489] 曹峰：〈《上博六〈用曰〉篇劄記（續一）》〉，簡帛研究網，2007.07.12。

[490] 李天虹：《上博六劄記兩則》，簡帛網，2007.07.21。

[491] 劉信芳：〈上博藏六《用曰》12、13 號簡試解〉，簡帛網，2007.07.28。

[492] 顧史考：〈上博楚簡〈用曰〉章解〉《「2007 年中國簡帛學國際論壇」論文》（台北：台灣大學中文系主辦，2007.11.10～11）頁 27。

故蒯子羽曰：言猶射也，括既離弦，雖有所悔焉，不可從而退己。」
是說「括既離弦」所以「不可從而退己」。但是依劉先生的解釋，只
是「攝其栝」，意即拉弓而已，箭尚未放出，二者文意有所不同。這
從劉先生的引文：《文選・喻巴蜀檄》注引張揖曰：「攝謂張弓注矢<u>而
持之</u>也。」亦可以說明。更為重要的是，上引張揖的說法未必正確。
《文選・喻巴蜀檄》原文是「夫邊郡之士，聞烽舉燧燔，皆攝弓而
馳，荷戈而走。」顯然「攝弓」相當於「荷戈」，皆指將兵器整理收
束好，方便快速前進到達戰場。況且若是兩手張弓而馳聘，又如何能
荷戈呢？如同《戰國策・趙策三》：「攝衽抱几」，王力先生主編的
《古代漢語》釋為：「提起衣襟、捧著几案。攝，持、提起。」劉台拱
《論語駢枝》曰：「攝，斂也，整也。……《戰國策》曰：『攝衽抱
几』，既抱几，能復摳衣乎？《弟子職》曰：『攝衣共盥』，既兩手奉
盥器，不容又有兩手摳衣。」楊寶忠先生贊同劉氏之說，並舉了許多
古籍例證來證明「攝」字有「收束整齊」的意思，可以參看。[493]《說
文・手部》「攝」字段注：「凡云『攝』者，皆整飭之意。」此說若可
信，則劉先生的說法就更不能成立了。

其次，如同張光裕先生所說：「至於『用曰』所提示者，多屬引
以為戒，或足以致用之嘉言。」[494]董珊先生也說：「從該篇的體例來
看，『用曰』的意思是總結上文」，[495]簡文此處顯然不是教我們拉弓射
箭的道理，如果此處「用曰」再說：「拉其弓，而不可復也。」文句
已與之前重複，與其他「用曰」語句精練，發人深省有所不同。筆者
以為曹峰先生之說可以考慮，但可以改讀作「嚻」。裘錫圭先生說：[496]

> 「嚻」字所從的「品」應該可以理解為很多張嘴。徐灝《說文
> 解字注箋》：「嚻從三口而山以連之，即絮聒之義。」解釋字形
> 比《說文》明白。《說文・言部》：「讘，多言也。從言，聶
> 聲。」《玉篇・口部》：「囁……囁嚅，多言也。」《說文》

[493] 楊寶忠：《古代漢語詞語考證》（保定：河北大學出版社，1997.12）頁 63-65。
[494] 馬承源主編：《上海博物館藏戰國楚竹書（六）》（上海：上海古籍出版社，2007年 7月）頁 285。
[495] 董珊：〈讀《上博六》雜記（續四）〉，簡帛網，2007.07.21。
[496] 裘錫圭：〈說「嚻」「嚴」〉《古文字論集》（北京：中華書局，1992.8）頁 100。

「嚚」與「讘」同訓，並且「讀與矗同」，彼此的關係十分密切。訓多言的的「讘」和「矗」，可以看作「嚚」的後起形聲字。

至於「㬎」可從李銳先生讀作「禍」。「嚚其禍」之「其」，表示動作或情況即將出現或發生，可譯為「將要」、「就要」。如《尚書・微子》：「今殷其淪喪。」《管子・小匡》：「教訓不善，政事其不治。」[497]所以整句話可以譯為：多言將會造成禍害，而無法回復本來的局面。

（六）《用曰》簡 16「流文惠武」釋讀

《用曰》16：「鰥之身，△1 吝（文）[498]惠武，龔（恭）弔（淑）以成。」「△1」作：

（△1）　　（△2）

凡國棟先生隸定作「㳮」，並指出：「㳮，整理者隸定作『沁』。恐不確。字意當與『惠』相關聯，待考。」[499]李銳先生贊同其隸定。[500]

建洲按：此字可能是「流」字的訛體。《汗簡》引華岳碑「流」作△2，[501]這大概是一種訛變的寫法，中間部分似從「言」，如《汗簡》的「言」作𢾅、《三體石經》「許」作 ，皆是明證。[502]「△1」可能是繼承了這樣的訛誤寫法，加上古文字「心」、「言」二旁是可以義近通用的，[503]遂成了「△1」的字形。簡文可以讀作「流文惠武」，

---

[497] 中國社會科學院語言研究所古代漢語研究室編：《古代漢語虛詞詞典》（北京：商務印書館，2000.1 二刷）頁 407。

[498] 讀為「文」，參凡國棟：〈《上博六〈用曰〉篇初讀》，簡帛網，2007.07.10。

[499] 凡國棟：〈《上博六〈用曰〉篇初讀》，簡帛網，2007 年 7 月 10 日。

[500] 李銳：〈《用曰》新編（稿）〉，簡帛網，2007.7.13。

[501] 徐在國：《傳鈔古文字編（下）》（北京：線裝書局，2006 年 11 月）頁 1137。

[502] 徐在國：《傳鈔古文字編（上）》（北京：線裝書局，2006 年 11 月）頁 217。

[503] 高明：《中國古文字學通論》（北京：北京大學出版社，1996.6）頁 135、亦見黃文杰：〈秦漢時期形聲字義近形旁換用現象考察〉《康樂集》（廣州：中山大學出版社，2006.1）頁 138-139。

《國語‧周語上》：「以文修之」，韋昭注：「文，禮法也。」《荀子‧非相》：「文久而息」，楊倞注：「文，禮文。」[504]「流」者，流行也。如《孟子‧公孫丑上》：「德之流行，速於置郵而傳命。」簡文意思大約是說：「使禮文普遍流行，對武力戰爭要存仁惠之心（即要減少戰爭之意，某種程度上，與「流」的意思是相反的。）」要說明的是，《用曰》簡本來就有正常的「流」字，如簡 6，那是否會與本文結論衝突呢？一來我們知道簡中異體字的頻率是很高的，[505]另一方面《用曰》的「鼎」字的寫法亦爲一證，如簡 7「則」的「鼎」旁是標準的寫法，但是同簡「貞可慎哉」之「貞」作，與「則」的「鼎」旁有所不同；又如第 19 號簡「甚」同時有兩種寫法：、[506]亦是佳證。

（七）《用曰》新見「寧」字構形分析

《用曰》簡 5、8、16 本來釋爲「盍」的字，凡國棟先生改釋爲「寧」，文意更加顯豁，[507]學者多贊同這樣的改釋。[508]但是如同凡國棟先生所說目前未見楚簡「穴」寫作「大」形，但從古文字的演變規律仍可說明此現象，試說如下：

古文字「穴」與「宀」常混用無別，如大家所熟知的「窮」作（《郭店‧成之聞之》11），亦可作「」（《郭店‧老子乙》14）。[509]而《郭店‧緇衣》20「邦家之不寧」之「家」字，《上博》相應字簡 11 的「家」作，其上「宀」旁寫作「勹」。又如「剢」，《包山》157 作；而傳抄古文「穴」亦有寫爲「勹」形者，如「究」，《集篆古文韻

---

[504] 宗福邦、陳世鐃、蕭海波主編：《故訓匯纂》（北京：商務印書館，2004.3 初版二刷）頁 975，第 74、76 義項。

[505] 請參拙文：〈以古文字的角度討論上博楚竹書文本來源—以《周易》、《曹沫之陣》、《鮑叔牙與隰朋之諫》爲例〉《第十八屆中國文字學國際學術研討會論文集》（台北：輔仁大學、中國文字學會主辦，2007.5.19-20）頁 227-231。（已收入本書）

[506] 參沈培：〈《上博（六）》字詞淺釋（七則）〉，簡帛網，2007.07.20。

[507] 凡國棟：〈《用曰》篇中的「寧」字〉，簡帛網，2007.07.12。

[508] 李銳：〈《用曰》新編（稿）〉，簡帛網，2007.07.13、陳劍：〈讀上博（六）短札五則〉，簡帛網，2007.07.20。

[509] 亦見黃文杰：〈秦漢時期形聲字義近形旁換用現象考察〉載《康樂集》（廣州：中山大學出版社，2006.1）頁 140。

海》4.45 作🔲，而《古文四聲韻》作🔲，可分析爲從「勹」又聲。[510]
換言之，「宀」與「穴」有相同的類化現象。值得注意的是，《集篆
古文韻海》4.45「富」作🔲，[511]其上「宀」旁寫作「大」形，依類化
的觀點，則「穴」旁似亦有可能寫作「大」形。

又如楚文字「六」、「穴」形體是非常接近的，偶有寫混的可能。
如「六」作🔲（《容成氏》30）；「穴」作🔲（《容成氏》10）。而大家
知道《馬王堆帛書・十 A 經》以往有「十大經」還是「十六經」的
論辯，關鍵在於「六」、「大」形體非常接近。對此李學勤先生指出：
「馬王堆帛書出土於楚國故地，係由楚地人士執筆抄寫，不僅其思想
蘊含濃厚的楚文化色彩，連文字構形也保存許多楚國文字獨有的特
徵。」[512]林清源師亦指出：「若要推測馬王堆帛書的早期抄本，最適
切的參照資料，毫無問題的，應以戰國時期的楚國簡帛文獻爲準，因
爲這兩批資料的各種客觀條件最爲接近。」[513]所以我們往前推測，可
以合理懷疑楚系文字可能也存在大、六的形混現象。又《漢書・藝文
志》有〈周史六弢〉六篇，清沈濤指出：「六」是「大」字之誤，[514]
亦爲一例。既然如此，則「穴」、「大」形混也就很有可能了。

（八）《用曰》簡 14 釋讀

《用曰》14：「毋事縸（漠）縸（漠）。強君△1 政，揚武于外，
克躐（獵）戎事，以△2 四炭（踐）。[515]」先討論「△1」字，字形
作：

---

[510] 徐在國：《傳鈔古文字編（中）》（北京：線裝書局，2006.11）頁 730。
[511] 徐在國：《傳鈔古文字編（中）》（北京：線裝書局，2006.11）頁 714。
[512] 李學勤：〈新出簡帛與楚文化〉《楚文化新探》（武漢：湖北人民出版社，1981）
    頁 28-39。
[513] 林清源師：〈馬王堆帛書《十大經》解題〉《簡牘帛書標題格式研究》（台北：藝
    文印書館，2004.2）頁 156。
[514] 參見王曉衛譯注：《六韜全譯》（貴州：貴陽人民出版社，1998.12）頁 8、258。
[515] 斷句依李銳：〈《用曰》新編（稿）〉簡帛網，2007.7.13、曹峰：〈上博六《用
    曰》篇札記（續二）〉，簡帛研究網，2007.07.16。

（△1）　　　　　（《信陽簡》）

整理者說疑爲「虐」，讀爲「虐政」。曹峰先生同之。[516]李銳先生則以爲從「虍」得聲，釋爲「慮」。[517]

建洲案：「虐」字作 （《容成氏》36），亦見於《姑成家父》01；　（《新蔡》甲三 64）[518]，與「△1」字形並不相同。「△1」字下部「八」並非虎足形，與簡 6「滹」相比可知。「△1」字形下部亦見於《信陽》2.08 作「一　盤」，李家浩先生分析字形爲從水從會，讀爲「沫」，「沫盤」指洗臉用的盤。[519]劉國勝、陳昭容、李守奎三先生同意此說。[520]後來，白於藍先生改釋爲「采」，[521]何琳儀先生釋爲「柔」。[522]基本上，「采」、「會」還是有聲音上的關係的，[523]我們將「△1」分析爲從虍「會」聲，讀爲「害」，二者同爲匣紐月部，例可通假。而「虐」本有「害」義，如《淮南子・覽冥》：「天不夭於人虐也」，高誘《注》：「虐，害也。」[524]所以與學者讀爲「虐政」意思相近。顧史考先生亦贊同筆者的釋讀。[525]

其次，「△2」字作：

[516] 曹峰：〈上博六《用曰》篇札記（續二）〉，簡帛研究網，2007.07.16。

[517] 李銳：〈《用曰》新編（稿）〉簡帛網，2007.7.13。

[518] 宋華強：〈新蔡簡中的祝號簡研究〉，簡帛網，2006.12.05。

[519] 李家浩：〈信陽楚簡「澮」字及從「关」之字〉《中國語言學報》第一期（北京：商務印書館，1983）頁 191-193。

[520] 劉國勝：《楚喪葬簡牘集釋》（武漢：武漢大學博士學位論文，2003.05.01）頁34、陳昭容：〈從古文字材料談古代的盥洗用具及其相關問題〉《中央研究院歷史語言研究所集刊》71：4（台北：中央研究院歷史語言研究所，2000.12）頁895、李守奎《楚文字編》頁 635。

[521] 白於藍：〈釋褎─兼談秀、采一字分化〉《中國古文字研究》第一輯（長春：吉林大學出版社，1998.12）頁 348-352。

[522] 何琳儀：〈魚顛匕補釋〉《中國史研究》2007.1 頁 34。

[523] 參上引白文頁 351、張儒、劉毓慶：《漢字通用聲素研究》（太原：山西古籍出版社，2002.4）頁 650 有【害與會】、【害與采】通假的例證。

[524] 宗福邦、陳世鐃、蕭海波主編：《故訓匯纂》（北京：商務印書館，2004.3 初版二刷）頁 1994 第 2 義項。

[525] 顧史考：〈上博楚簡〈用曰〉章解〉《「2007 年中國簡帛學國際論壇」論文》（台北：台灣大學中文系主辦，2007.11.10～11）頁 32。

（△2）	《郭店・老子乙》3	《新蔡》乙二 3、4	《新蔡》乙三 47

整理者釋爲「異」，並說「台異」讀爲「以翼」。凡國棟、李銳、曹峰先生皆從其說。[526]此說可疑。比對上面所舉的三個「員」或「散」字（皆讀爲「損」），可知「△2」實爲「員」字，[527]字形下部「大」、「矢」、「火」的變化如同：「央」作 （《新蔡》甲一：3）、（《新蔡》甲二：22、23、24）、（《上博（六）・用曰》）02；又如「衡」一般作 （《隨縣》112）、（《隨縣》115），亦可作 （《信陽》2.011）。[528]簡文疑讀爲「損」。「強君」若依照「強臣」之「強」的詞義來理解，應該是負面的意思，所以說爲「強王害政」是可以的。而「揚武于外」就應該是喜歡在外大動干戈，窮兵黷武。「克獵戎事，以損四戔（踐）」，「以」的用法如同「昔秦穆公不從百里奚、蹇叔之言，以敗其師。」（《漢書・息夫躬傳》）「以」，可翻譯爲「以致」。[529]此處的「四踐」可能是指方四方周遭鄰國，近於所謂「四鄰」或「四海」，如《容成氏》5「四海之外賓，四海之內貞」。綜上所述，簡文可以讀作「毋事縺（漠）縺（漠）。強君害政，揚武于外，克轣（獵）戎事，以損四戔（踐）。」

（九）《用曰》簡 5 的「前」字

　　《用曰》簡 5「視△（前）顧後」，整理者釋爲「前」（頁 290）。

526　凡國棟：《上博六〈用曰〉篇初讀》，簡帛網，2007.7.10、李銳：〈《用曰》新編（稿）〉簡帛網，2007.7.13、曹峰：〈上博六《用曰》篇札記（續二）〉，簡帛研究網，2007.07.16。

527　本則「△2」釋爲「員」，曾刊登於「簡帛網」（2007..7.20），幾乎同時陳劍先生亦有相同的意見，參陳劍：〈《讀上博（六）》短札五則〉，簡帛網，2007.07.20。

528　董珊：〈信陽楚墓遣策所記的陶壺和木壺〉，簡帛網，2007.06.20。

529　中國社會科學院語言研究所古代漢語研究室編：《古代漢語虛詞詞典》（北京：商務印書館，2000.1 二刷）頁 714。

由文例來看，這無疑是對的，但「△」字形作：

（△）　　　《包山》277「盾」　　五年師旋簋「盾」

與「前」不類，但接近于《包山》277 的「盾」字。[530]只是下部像「盾」之形寫得草率，未封口而已。如「酉（酒）」既作乙（《包山》203），又作乙（《包山》202）。「前」，從紐元部；「盾」，定紐文部，聲韻關係非常密切。【前與贊】、【象與鑽】、【象與盾】均有通假的現象，[531]所以「△」應釋為「盾」，讀為「前」。

（十）《用曰》簡 6 的「唇」字

　　簡 6「△亡齒倉（寒）」，「△」整理者張光裕先生釋為「唇」，並說下部可能從「數」，但是「數」是心紐屋部；唇是船紐文部，聲韻關係不近。（頁 292）

　　建洲案：張先生的想法無疑具啟發性的。「△」作：

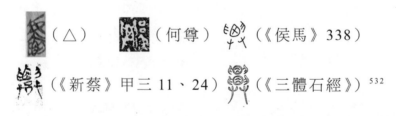

（△）　　　（何尊）　（《侯馬》338）

（《新蔡》甲三 11、24）　（《三體石經》）[532]

底下的確與常見的「數」或「婁」或「要」形近，[533]但是彼此的聲韻關係皆不近。筆者懷疑可能從「舁（即「遷」）」，上引諸「遷」字的

---

[530] 《戰國古文字典》頁 1334。

[531] 張儒、劉毓慶：《漢字通用聲素研究》（太原：山西古籍出版社，2002.4）頁 682、702。另外仔細閱讀陳劍先生：〈甲骨金文「　」字補釋〉、〈金文「象」字考釋〉兩篇文章亦可得出相同的結論，見於《甲骨金文考釋論集》（北京：線裝書局，2007.4）頁 101、262。

[532] 商承祚編著：《石刻篆文編》（北京：中華書局，1996.10）頁 89。

[533] 參《楚文字編》頁 683。

上部與「△」下部作「▨」接近。[534]《說文》曰:「舉,升高也。從舁囟聲。」(三上 21)古文字「囟」多作「角」旁。[535]只要把「廾」旁省略了便是本簡的▨了。「遷」的本義帶有由下往上移動的意思,所以《說文》曰:「遷,登也。」[536]本簡的▨仍然足以表示這樣的意思。另外,季師旭昇認為「遷」也有可能分析為從「閖」從「廾」,其曰:「楚系《望山楚簡》二‧45 有『櫙』字,很明顯地從『閖』。陳秉新以為『閖』字即『敠』,捉持獸角以捕獸、鬥獸。依此說,則『舉』字從『閖』從廾,即有捉住獸角使遷離之意。」[537]所以寫作「閖」已足以表達其本義。甲骨文有字作▨(《合集》19756)陳秉新先生以為是「遷」之初文,並認為▨實乃▨之繁化。[538]此說若可信,則簡文「遷」寫作▨就可以理解了。而古文字亦有省「廾」的情況,如「秦」字,中原地區的銅器銘文都寫作從午、二手、二禾,但是楚國的㲋忎鼎、大府鎬、強勻、救秦戎鐘、救秦戎鬲[539]的「秦」都省去「廾」旁(參《金文編》頁 506-507)。[540]又《侯馬盟書》「奐」字作▨、▨等形,承西周金文而來(見師奐父盤)。趙平安先生指出:「奐字表示『換取』,故從廾。」[541]但「祣」字作▨、▨等形,「㝵」字作▨,省去了廾旁。于省吾先生曾說:「古文字偏旁中從彡從 ▨ 從 ▨ 往往無別。」[542]裘錫圭先生也說:「甲骨文有時對從『彡』與從『▨』不加區別。」[543]如「學」字上部一般從「彡」旁,但者沱鐘作▨便是一證。則省掉與「彡」義近的「▨」旁應該可以理解。以上可為考釋「△」為「舉」的補證。

「唇」(船紐文部)從「辰」聲(禪紐文部);「遷」(清紐元部)。

---

[534] 亦可參《楚文字編》頁 356 的「櫙」字。

[535] 何琳儀:《戰國古文字典》頁 1041。

[536] 王力主編:《王力古漢語字典》(北京:中華書局,2002.12 三刷)頁 1455。

[537] 季旭昇師:《說文新證》(上)(台北:藝文印書館,2002.10)頁 168。

[538] 黃德寬主編:《古文字譜系疏證》第四冊(北京:商務印書館,2007.5)頁 3565-3566。此部分屬於「真」部,由陳秉新先生撰寫。

[539] 參宋華強:〈澳門崇源新見楚青銅器芻議〉,簡帛網,2008.01.01。

[540] 陳雙新:《兩周青銅樂器銘辭研究》(保定:河北大學出版社,2002.12)頁 166。

[541] 趙平安:《說文小篆研究》(南寧:廣西教育出版社,1999.8)頁 180。

[542] 于省吾:《甲骨文字釋林》(北京:中華書局,1993.4 三刷)頁 302。

[543] 裘錫圭:《古文字論集》(北京:中華書局,1992.8)頁 7。

《周禮‧遂師》:「共丘籠及蜃車之役。」鄭玄注:「蜃,《禮記》或作椁,或作輇。」[544]可見<u>「辰」、「全」聲系可通</u>,後者便是從母元部,與「遷」,清紐元部,無疑是非常接近的。又《競建內之》06「不遝(遷)[545]於善」。馬王堆帛書《式法》:「攺(仕)者,□遝(遷)。」[546]可見【戔與遷】聲系可通。而「銓」和「錢(從「戔」聲)」都是齒音元部字,古音極近。[547]而前面已舉例說明【全與辰】有相通的例證,所以「遷」與「唇」相通應無問題。底下再論音理的問題:

董珊先生指出:「上古音文部與元部韻尾相同,主要元音位置相近,因此這兩部字有時讀音相近,具有通假的條件。」[548]又舉了:「『顓』從『耑』聲(引按:元部字),諧『耑』聲的字也常和文部字相通假,例如:《禮記‧雜記上》『載以輲車』,《儀禮‧既夕禮》鄭注引《雜記》『輲』作『團』,又謂『《周禮》謂之蜃車』,是知『輲車』或寫作『團車』、『蜃車』,『輲』、『蜃』是通假字,而『蜃』為文部字。(原注:文部字與元部字相通假的例證還可參見高亨、董治安:《古字通假會典》(齊魯書社,1997 年)141 葉「蜃與輇」、139 葉「存與全」等。)」由董珊先生的例證,可知「遷」與「辰」的韻部相通是可以的。至於聲紐的關係,丁啓陣先生指出:「楚方言可能照三(章)組、精組、端組讀音相近」。[549]沈培先生也指出:「精系字以照三系字為聲,是很常見的現象。」[550]如「脽」是禪母,同從「隹」聲的「崔」、「璀」、「催」皆是清母。則「遷」(清)與「辰」(禪)顯然是可以相通的。另外,「遷」本從「囟」聲,而古書【夷與思(從囟聲)】、【辰與夷】均有通假的例證,[551]此亦可證明「遷」、「辰」音近

[544] 張儒、劉毓慶:《漢字通用聲素研究》(太原:山西古籍出版社,2002.4)頁 699。

[545] 陳劍:〈《談談〈上博(五)〉的竹簡分篇、拼合與編聯問題》〉,簡帛網,2006.02.19。

[546] 陳劍:〈《上博(五)》零札兩則〉,簡帛網,2006.02.21。

[547] 陳劍:〈關於「宅陽四銖」等「布權」的一點意見〉《古文字研究》26 輯 頁 383。

[548] 董珊:〈新蔡楚簡所見的「顓頊」和「雎漳」〉,簡帛研究網,2003.12.07。

[549] 丁啓陣:《秦漢方言》(北京:東方出版社,1991.2)頁 80。

[550] 沈培:〈上博簡《緇衣》篇「恭」字解〉《華學》第六輯(北京:紫禁城出版社,2003.6)頁 70。

[551] 張儒、劉毓慶:《漢字通用聲素研究》(太原:山西古籍出版社,2002.4)頁

可通。以此觀之,「唇」下從「遷」聲不無可能。綜合以上,「△」可以分析為從虍「」省聲,可以隸定為「虘」。

以上內容曾發表於「簡帛網」。[552]近見單育辰認為:「《中山王鼎》(《集成》2840)『奮桴振鐸』之『振』作『』形。《用曰》簡 6 的『唇』下之形很可能是『』的訛變。那麼,此處『唇亡齒寒』之『唇』字就應從《中山王鼎》『振』的省『辰』之體得聲。」[553]劉信芳先生亦同此說,並補充了《楚帛書》甲 7:「母(毋)思(使)百神風雨(晨、辰)禕(緯)亂乍(作)。」乙 9:「四晨(辰)堯羊。」(字殘存上部)郭店簡《五行》19:「金聖(聲)而玉(晨、振)之。」他的結論是:「可知簡文應是從虎,晨省聲。」[554]

建洲案:此二說恐皆不能成立。所舉字形如《楚帛書》上從兩爪形,中山銅器與《郭店‧五行》是兩爪形中加一豎筆,與《用曰》簡 6 的「唇」字下方兩爪形中從「角」顯有不同。另外所謂的「晨省聲」,實際上是省掉聲符「辰」,大家知道漢字的省簡一般不會把聲符省掉。職是之故,筆者以為拙說應該還是比較合理的。

(十一)《用曰》簡 17 的「殘」字

《用曰》17 簡:「△之不骨〈肯?〉[555],而麈(展[556])之亦不能。」其中「△」作:

771、947。

[552] 蘇建洲:〈讀《上讀(六)‧用曰》筆記五則〉,簡帛網,2007.07.20。

[553] 單育辰:〈佔畢隨錄之二〉,簡帛網,2007.07.28。

[554] 劉信芳:《上博藏六》試解之三〉簡帛網,2007.08.09。

[555] 此字晏昌貴先生釋為「肯」,〈讀《用曰》札記一則〉,簡帛網,2007.07.26。筆者曾指出字形上仍是「骨」字,〈讀《上博六》筆記〉,簡帛網,2007.07.30。但考慮到押韻及文例的問題,此暫從晏說:「可能是肯字的誤寫。」參晏昌貴:〈讀上博藏竹書《用曰》篇札記〉《「2007 年中國簡帛學國際論壇」論文》(台北:台灣大學中文系主辦,2007.11.10~11)頁 5、顧史考:〈上博楚簡《用曰》章解〉《「2007 年中國簡帛學國際論壇」論文》頁 37。

[556] 「麈(展)」參何有祖:〈上博六札記〉,簡帛網,2007.07.09。

何有祖先生將此字與（包山文書 135 號簡）、（包山文書 136 號簡）聯繫起來，[557]這是很對的。這種變化如同「無」、「踐」等字上部所呈現出來：、、三形可以互作。[558]所以將《用曰》的「△」與《包山》135、136 的字形聯繫起來自無問題。不過何先生將「△」隸作「僉」，並認為疑讀作「儉」或「斂」。李銳先生贊同其說。[559]但是以目前所看到的「僉」沒有寫成如簡文的字形者，一般上從「亼」，下從「曰」，或是「人」加上二橫線，見《慎子曰恭儉》簡1、《楚文字編》頁 319、《戰國古文字典》頁 1460。但是「△」、、三字顯然不具備此條件。裘錫圭先生曾釋後二者為「戔」字變體，讀為「戔」或「殘」。[560]「戔」是「殘」的初文，「殘」的本義是殘害。[561]依此說，簡文可讀為「殘之不肯（？），展之亦不能。」原釋「△」為「斂」者以為與「展」意思相對。而「殘」的本義是殘害，在某方面可以理解為減少、縮斂，與「展」也可以構成意思上的相對。《左傳·昭公二十年》：「仲尼曰：「善哉！政寬則民慢，慢則糾之以猛。猛則民殘，殘則施之以寬。」可見「殘」與「寬」義正相反。而「寬」與「展」無疑是義近的。如《詩·衛風·考槃》：「碩人之寬」，朱熹《集傳》：「寬，廣也。」《文選·班固·典引》：「展放唐之明文」，李周翰注：「展，廣也。」[562]

（十二）《孔子見季桓子》的「予閭之民」釋讀

《孔子見季桓子》簡 12「亓（其）易與『△1』之民」，其中「△1」字，整理者隸作「罠」，並疑與「覝」一字，「覝」，《集韻》：

[557] 何有祖：〈上博六札記〉，簡帛網，2007.07.09。

[558] 參拙文：〈《上博（五）·苦成家父》簡 9「帶」字考釋〉《中國文字》新三十三期。（已收入本書）。

[559] 李銳：〈《用曰》新編（稿）〉，簡帛網，2007.07.13。

[560] 裘錫圭：〈《太一生水》「名字」章解釋—兼論《太一生水》的分章問題〉，《古文字研究》22 輯 頁 225。

[561] 裘錫圭：《文字學概要》（北京：商務印書館，1988.8）頁 177。

[562] 宗福邦、陳世鐃、蕭海波主編《故訓匯纂》（北京：商務印書館，2004.3 初版二刷）頁 588、624。

「覤覤驚懼貌。」（210 頁）。另外，簡 11「夫與『△2』之民」。[563]還有簡 19「夫子曰：與『△3』之民」，其中「△2」、「△3」整理者原釋爲「虐」（頁 209、210），李銳先生則指出應與「△1」同爲一字。[564]這應該是對的，三個字形如下所示：

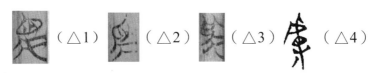

（△1）　　（△2）　　（△3）　　（△4）

三個字形以「△1」最清楚，可以作爲討論的基礎。整理者隸定作上從「目」下從「虍」，表面上看是對的，如「書也缶」的「斁（擇）」字作 ▦。[565]但是釋爲「覤」卻無法解決問題，以目前所看到的資料，「覤」均作疊詞「覤覤」來使用，未見單用。如《莊子‧天地》：「蔣閭葂覤覤然驚曰」、《集韻‧陌韻》：「覤覤，驚懼貌。」[566]可見簡文讀爲「覤之民」顯然是不行的。筆者以爲這些字形實不從目，簡文字形應該釋爲「虘」，讀爲「閭」，試說如下：

《侯馬盟書》有個人名字作「△4」，整理者依形隸定作「叡」。[567]吳振武先生曾指出此字應隸定爲「虡」，釋爲「擄」。[568]只要去掉「△4」的「又」旁，便與「△1」的偏旁完全相同，只是偏旁有所移動，這在古文字是屢見不鮮的。裘錫圭先生所說：「在古文字裡，偏旁位置不固定的現象很突出。」[569]如《郭店‧老子甲》13「守」作 ▦，何琳儀先生以爲字形「十」旁與「又」旁上下位置互換，[570]況且

---

[563] 釋爲「與」、「民」及斷句，見何有祖：〈上博六札記三則〉，簡帛網，2007.07.13。

[564] 李銳：〈《孔子見季桓子》新編（稿）〉，簡帛網，2007.07.11。

[565] 其他「目」形可參《古璽文編》頁 81、吳良寶：〈璽陶文字零釋三則〉《中國古文字研究》第一輯（長春：吉林大學出版社，1998.12）頁 153-154。

[566] 宗福邦、陳世鐃、蕭海波主編：《故訓匯纂》（北京：商務印書館，2004.3 初版二刷）頁 2089。

[567] 《侯馬盟書》（台北：里仁書局，1980.10）頁 344。

[568] 吳振武：〈釋戰國文字中的從『虘』和從『朕』之字〉《古文字研究》19 輯 頁498。

[569] 裘錫圭：《文字學概要》（北京：商務印書館，2003 年 5 月初版九刷）頁 66。

[570] 何琳儀：〈郭店竹簡選釋〉《簡帛研究二〇〇一》（桂林：廣西師範大學出版社，2001.9）頁 159。更多例證可參拙文：：〈以古文字的角度討論上博楚竹書文本來源—以《周易》、《曹沫之陣》、《鮑叔牙與隰朋之諫》爲例〉，《第十八屆中國

一般形構正常的文字，「虍」字之上很少還會有其他的偏旁或部件。可見「△1」的確可以釋爲「膚」。至於寫作「△2」者，可以比對：

膚：（《新蔡》甲三 291-2）（《新蔡》零 292）

犕[571]：（《包山》237）（《包山》243）

而「膚」是從「虍」聲的，可見「△2」亦可釋爲「虍」。至於「△3」顯然與「△2」比較接近的，而又稍有訛變。

筆者認爲這些「虍」字可以讀爲「閭」，二者皆爲來紐魚部，雙聲疊韻，古籍常見通假。[572]《說文·門部》：「閭，里門也。《周禮》五家爲比，五比爲閭。閭，侶也，二十五家相群侶也。」又《周禮·地官·大司徒》：「五比爲閭」，鄭玄注：「閭，二十五家也。」[573]其次，由簡文簡 19「夫子曰：與『△3』之民」來看，所謂「與閭之民」應是一個語法結構，其他簡 11、12 也應如是觀。筆者以爲「與」可讀爲「予」，古籍常見通假。[574]「予」即「余」，我也。《論語·述而》：「天生德於予，桓魋其如予何？」所以以上簡文可以讀爲「予閭之民」。

（十三）《孔子見季桓子》簡 20 的「娟」字

簡 20「夫視人不（△）」，陳偉先生釋「△」隸作「猒」，讀爲「厭」，並說：「此字左旁爲楚簡『猒』之所從，右旁疑是『犬』形之

文字學國際學術研討會論文集》（台北：輔仁大學、中國文字學會主辦，2007.5.19-20），頁 227-231。

[571] 參宋華強：〈釋新蔡簡中的一個祭牲名〉，簡帛網，2006.05.24。

[572] 張儒、劉毓慶：《漢字通用聲素研究》（太原：山西古籍出版社，2002.4）頁 358。

[573] 宗福邦、陳世鐃、蕭海波主編《故訓匯纂》（北京：商務印書館，2004.3 初版二刷）頁 2402。亦參見宋華強：〈釋新蔡簡中的「述」和「丘」〉，簡帛網，2007.01.09、李零：〈「三閭大夫」考〉《文史》54 輯（2001.6）頁 11-23。

[574] 張儒、劉毓慶：《漢字通用聲素研究》（太原：山西古籍出版社，2002.4）頁 352。

訛，應是『猒』，通作『厭』。『不厭』與『不倦』相對。」[575]

　　建洲按：釋爲「厭」可從，但是字形右旁從「女」形，與「女」作（《璽彙》3580）及《競建》04（安）的「女」旁同形，另參同簡 13 的「毋」字亦可知。可見字應釋爲「娟」，影紐元部，可音近讀爲「厭」，影紐談部。聲韻關係如同楚簡常見「猒」可讀爲「厭」（影談）或「怨」（影元）。[576]

（十四）《孔子見季桓子》簡 20 的「倦」字

　　簡 20「問禮不（△）」，整理者隸定作「劵」，不確。李銳先生釋爲「倦」是對的。[577]「△」左旁從「力」，如（《尊德義》15）。而「力」、「人」有形混的現象，[578]比如《上博四‧曹沫之陣》9「沒身就」，只要與楚簡常見的「死」字相比較，便會發現「」底下的「死」字呈現出「人」、「力」二形有形混的現象。[579]所以本字可以釋爲「倦」。

（十五）《孔子見季桓子》簡 2 的「矣」字

　　簡 2 夫子曰：「言即至△1」，「△1」作：

（△1）　　　（△2）

整理者釋爲「矣」，[580]諸家未見異說。[581]此字又見於簡 8、15，整理者一樣直接釋爲「矣」。

[575] 陳偉：〈讀《上博六》條記〉，簡帛網，2007.07.09。
[576] 參李銳：〈上博楚簡續劄〉《上博館藏戰國楚竹書研究續編》（上海：上海書店出版社，2004.7）頁 537。
[577] 李銳：〈《孔子見季桓子》新編（稿）〉，簡帛網，2007.07.11。
[578] 參拙文：〈對《說文》古文「虎」字的一點補充〉，簡帛網，2006.06.02。
[579] 高佑仁：〈談《曹沫之陣》的「沒身就世」〉，簡帛網，2006.2.20。
[580] 馬承源主編：《上海博物館藏戰國楚竹書（六）》（上海：上海古籍出版社，2007年 7 月）頁 199。
[581] 如李銳：〈《孔子見季桓子》重編〉，簡帛網，2007.08.22。

建洲案：此字顯然與「矣」字形不同，比對簡 24 的「矣」可知。本字應釋爲「𠂤」，讀爲「矣」。字形如同《郭店·語叢二》50「𠂤」作「△2」。對於「△2」，原亦誤釋爲「矣」。李家浩先生指出：「此字乃是疑惑之『疑』的表意初文『𠂤』字的省寫，省去了『𠂤』字下半由『大』訛變來的『矢』形的左右兩筆。」[582] 而「𠂤」與「矣」當是一字之分化，學者已有論及，[583] 所以簡 2、8、15 的「△1」字應隸定作「𠂤」，可讀爲「矣」。

附帶一提，對於本簡的「即」字，字作：

程燕先生認爲：「《釋文》釋作『即』。按，此字形體較爲奇特，與常見楚簡的『即』有別。左旁從『見』，右旁從『卩』，可能是『即』之誤寫。」[584]

建洲案：此字釋爲「即」應無疑問。其「皀」旁上部訛爲「目」形，亦見於《太一生水》10 的「𤏼」作 ；下部則見于《包山》257 的「食」作 。

（十六）《孔子見季桓子》簡 22「吾子」的問題

簡 16+22「先 16 迷言之，則恐舊（咎）虞（吾）子。桓子曰：虘（斯）不起，虞（吾）子迷言之猶恐弗智（知），皇（況）亓（其）女（如）」。[585] 其中兩處「吾子」以及「起」字均是陳偉先生所釋。[586]

---

[582] 李家浩：〈郭店楚簡文字考釋三篇〉之第一篇〈郭店楚墓竹簡中的『𠂤』字及從『𠂤』之字〉，未刊稿。引自陳劍：〈據戰國竹簡文字校讀古書兩則〉《第四屆國際中國古文字學研討會論文》（香港：香港中文大學，2003.10.15）頁 376、380 注 23。

[583] 參李守奎：〈《說文》古文與楚文字互證三則〉《古文字研究》24 輯 頁 468、張富海：〈說「矣」〉《古文字研究》26 輯 頁 502-504。

[584] 程燕：〈讀上博六札記〉，簡帛網，2007.07.24。

[585] 編聯依李銳：〈《孔子見季桓子》重編〉，簡帛網，2007.08.22。陳偉：〈《孔子見季桓子》22 號簡試讀〉，簡帛網，2007.07.24、楊澤生：〈讀《上博六》劄記（三則）〉，簡帛網，2007.07.24 均同此說。本則所引李銳、陳偉、楊澤生之文若無再

「皇」，讀為「況」是李銳的意見。筆者覺得比較有趣的地方是兩處「吾子」所指稱的對象。由文意來看，後一個「吾子」無疑是季桓子稱呼孔子的話，這是帶有敬意的稱呼，竹書也常見孔子弟子稱呼孔子為「吾子」，如《魯邦大旱》簡 3、《相邦之道》簡 4，子貢稱孔子為「吾子」。《仲弓》簡 26 仲弓稱孔子為「吾子」。另外《苦成家父》簡 7 欒書稱苦成家父為「吾子」，這也是敬稱。本簡另一個「吾子」看起來似乎是孔子稱呼季桓子的，但是既然前一個「吾子」是季桓子稱孔子的敬稱，此處孔子若也稱季桓子為「吾子」是頗難想像的。依照李銳先生的編聯，簡 2 與簡 7 可以拼合在一起，即「夫子曰：言即至矣，唯（雖）2 吾子勿睹（問），古（故）將弖（以）告。……7」看起來孔子的確稱呼季桓子為吾子。但是讀作「雖吾子勿問，故將以告」云云，似有違孔子「不憤不啟。不悱不發。舉一隅不以三隅反，則不復也。」（《論語‧述而》）的教學原則，意即受教者先發生困難，有求知的動機，然後才去啟發他，[587]類似「飽食終日，無所用心」的人，自是不用理會的。[588]其次，依照整理者的說明：「簡最長為 50.2 釐米，即本篇的第五簡，（引案：此說恐誤！最長是簡 15，53 釐米，42 字）……根據竹簡的現狀可知：原完簡兩端平齊，不作弧狀。長約 54.6 釐米，三道編繩。……估計完簡的書寫字數在 41 字左右。」[589]而簡 2 是 22 釐米，19 字；簡 7 是 32.7 釐米，25 字，字數方面達 44 字，似乎是稍多了些。拿李先生別的拼合，如簡 16+22，簡 16 是 21.5 公分，16 字；簡 22 是 33.5 公分，26 字，字數仍是 42 字。其三，簡 2 與簡 7 竹簡纖維、墨色均有所不同，且子、道、聞等字的寫法、筆勢不同，似非出於一人手筆。筆者以為簡 2 或可與簡 9 拼合，即：[590]

注出皆指此三文。

[586] 陳偉：《讀〈上博六〉條記》，簡帛網，2007.07.09、陳偉：〈《孔子見季桓子》22 號簡試讀〉，簡帛網，2007.07.24。附帶一提，本簡「虘」的「虍」頭寫法奇特，大概是由簡 17「皆同其口」的「皆」之「虍」頭變化而來。

[587] 楊伯峻：《論語譯注》（北京：中華書局，2000.8 二版 15 刷）頁 68。

[588] 蔡仁厚：《孔孟荀哲學》（台北：學生書局，1984.12）頁 43。

[589] 馬承源主編：《上海博物館藏戰國楚竹書（六）》（上海：上海古籍出版社，2007 年 7 月）頁 195。

[590] 底下通讀暫依李銳的說法。

矣。桓子曰：二道者，可得聞歟？夫子曰：言即至矣，唯[591]
【2】□仁𠃌（勵？）仁而進之，不仁人弗得進矣，𦥑（治）得
不可（攷？）人而歟？【9】

桓子所問的「二道」，原釋文指出二道爲仁與不仁。若依李銳先生所
說，所指爲仁人之道與不仁人之道。則簡 2＋簡 9 在文意上還可以理
解，在竹簡墨色上也較爲接近。依此觀之，則孔子稱呼季桓子爲吾子
就不存在了。

文獻上，孔子確有稱人「吾子」的，如《禮記·樂記》孔子稱賓
牟賈爲吾子，《正義》曰：「言吾子，相親之詞。」[592]《左傳·定公十
年》：「孔丘謂梁丘據曰：『齊、魯之故，吾子何不聞焉？……。』」惟
對話雙方彼此互稱「吾子」的現象是比較少見的，如《儀禮·士相見
禮》是一稱「吾子」，一稱「某」。《左傳·哀公六年》：「鮑子曰：『女
忘君之爲孺子牛而折其齒乎，而背之也？』悼公稽首，曰：『吾子，
奉義而行者也。』」一稱「女」，一稱「吾子」。[593]《左傳·襄公二十
八年》：「蔡侯之如晉也，鄭伯使游吉如楚。及漢，楚人還之，曰：
『宋之盟，君實親辱。今吾子來，寡君謂吾子姑還，吾將使駟奔問諸
晉而以告。』子大叔曰：『宋之盟，君命將利小國，……。』」楚君稱
游吉爲「吾子」，游吉稱對方爲「君」。[594]《荀子·哀公》中，魯哀公
對孔子說：「非吾子無所聞之也。」孔子則對曰：「君……。」《晏子
春秋·內篇諫上·景公從畋十八日不返國晏子諫第二十三》景公稱晏
子「吾子」，晏子稱景公爲「君」。[595]《莊子·齊物論》中瞿鵲子稱長
梧子爲「吾子」，長梧子稱瞿鵲子爲「女」。《莊子·在宥》中黃帝稱
廣成子「吾子」，廣成子稱黃帝「而」。《莊子·天地》：「禹趨就下
風，立而問焉，曰：「昔堯治天下，吾子立爲諸侯。……」此「吾
子」是禹稱伯成子高的。伯成子高曰：「昔者堯治天下，不賞而民
勸，不罰而民畏。今子賞罰而民且不仁，德自此衰，刑自此立，後世

[591] 李銳讀爲「雖」，此依形讀爲「唯」。
[592] 李學勤主編：《禮記正義》（下）（北京：北京大學出版社，1999.12）頁 1131。
[593] 楊伯峻：《春秋左傳注》（台北：洪葉書局，1993.5）頁 1638。
[594] 楊伯峻：《春秋左傳注》（台北：洪葉書局，1993.5）頁 1143。
[595] 吳則虞：《晏子春秋集釋》（台北：鼎文書局，1977.3 再版）頁 84。

之亂，自此始矣！**夫子**闔行邪？無落吾事！」成玄英《疏》曰：「伯成謂禹爲夫子。」[596]而與簡文用語相同者，如《儀禮·士冠禮》：

> 戒賓曰：「某有子某，將加布於其首，願**吾子**之教之也。」賓對曰：「某不敏，恐不能共事，以病**吾子**，敢辭。」主人曰：「某猶願**吾子**之終教之也！」賓對曰：「**吾子**重有命，某敢不從？」

《儀禮·士昏禮》：

> 昏辭曰：「**吾子**有惠，貺室某也。某有先人之禮，使某也請納采。」對曰：「某之子惷愚，又弗能教。**吾子**命之，某不敢辭。」致命曰：「敢納采。」

又如《列子·說符》：「孟孫陽讓之（引案：指心都子）曰：『何**吾子**問之迂，夫子答之僻？吾惑愈甚。』心都子曰：『……子長先生之門……。』一稱「吾子」，一稱「子」還算接近。[597]但是本簡季桓子是向孔子請益的，與這些文獻的語境有所不同，能否比附不無疑問，試看前面所舉語境相同的文獻都未出現這樣的用語，筆者懷疑簡文「迷言之，則恐舊虞（吾）子」的「子」可能是衍字，這是因爲抄手惦記著下面要寫「吾子」而衍了「子」字，屬於「涉下文而衍」。如《管子·樞言》曰：「眾人之用其心也，愛者，憎之始也；德者，怨之本也。唯賢者不然。」王念孫謂：「案此六句，皆涉下文而衍。下文云：『眾人之用其心也：愛者，憎之始也；德者，怨之本也。其事親也，妻子具，則孝衰矣；其事君也，有好業，家室富足，則行衰矣。爵祿滿，則忠衰矣，唯賢者不然。』此則重出而脫其太半矣。又下文尹氏有注而此無注，若果有此六句，則尹氏何以注于後而不注於前，然則尹所見本無此六句明矣。」[598]又如《史記·留侯世家》：「留

---

[596] 〔清〕郭慶藩：《莊子集釋》（台北：貫雅文化，1991.9）頁 424。
[597] 楊伯峻：《列子集釋》（北京：中華書局，1997.10 五刷）頁 266。
[598] 〔清〕王念孫：《讀書雜誌》（南京：江蘇古籍出版社，2000.9）頁 430。

矣死，并葬黃石冢」，王念孫曰：「案并葬黃石下不當有冢字，此涉下文上冢而誤衍也。《漢書》作『并葬黃石』。《藝文類・聚地部》、《太平御覽・時序部・臘類》及《地部》引《史記》亦作『并葬黃石』。《初學記・歲時部》引作『并黃石葬』。《御覽・時序部・伏類》引作『并黃石葬之』，皆無冢字。」[599]又如中華書局編輯部《史記點校後記》曰：「《楚世家》『於是靈王使棄疾殺之』，《左傳》作『王使速殺之』。疾速同義，『疾殺之』就是『速殺之』，只因下文有『公子棄疾』，就衍了一個『棄』字，如果不刪去，『棄疾』二字連讀，那就變成人名了，所以我們標點作『於是靈王使（棄）疾殺之。』」[600]《容成氏》簡 14「斺而坐之子」，裘錫圭先生亦曾懷疑「子」字是涉上文而衍。[601]以此觀之，簡文可以讀作「先 16 迷言之，則恐舊（咎）[602]虡（虖）！[子]桓子曰：虘（斯）不起，虞（吾）子迷言之猶恐弗智（知），皇（況）亓（其）女（如）。其中「[子]」表示衍字。「迷言」有三種解釋，李銳釋爲「類言」，是舉例的意思。陳偉先生釋爲「審言」，楊澤生先生釋爲「邇言」，後二者意思相近，大約是詳細明白的意思。筆者贊同陳偉、楊澤生二先生的說法，所以簡文可以譯爲：「一開始說得太明白，恐怕你會責怪我吧！季桓子說：『我不起（敏？）（宅？）[603]，您明白說我都恐怕不了解了，何況……』」

　　楊澤生先生認爲簡文「舊虞（吾）子」應讀作「咎吾子」，並解釋說：「『咎』也有責怪的意思，如《論語・八佾》：『成事不說，遂事不諫，既往不咎。』簡文『恐舊（咎）吾子』意思是怕先生您責怪。」[604]似乎即是認爲此句話是出自桓子之口來稱孔子？但是由文意及簡文形式結構來看機會不大。

---

[599] 〔清〕王念孫：《讀書雜誌》（南京：江蘇古籍出版社，2000.9）頁 113。

[600] 〔漢〕司馬遷：《史記・史記點校後記》冊十（北京：中華書局，1964.4 四刷）頁 2-3。

[601] 郭永秉：〈讀《六德》、《子羔》、《容成氏》札記三則〉，簡帛網，2006.05.26。

[602] 讀爲「咎」，參陳偉：〈《孔子見季桓子》22 號簡試讀〉，簡帛網，2007.07.24、楊澤生：〈讀《上博六》劄記（三則）〉，簡帛網，2007.07.24。

[603] 「宅」是陳偉先生的說法；「敏」是李銳先生的說法。

[604] 楊澤生：〈讀《上博六》劄記（三則）〉，簡帛網，2007.07.24。

（十七）《景公瘧》簡 10「丈夫」、「三布之玉」釋讀

　　《景公瘧》10「自姑尤以西，聊攝以東，其人數多已，是皆貧苦約瘠疾，夫婦皆詛，一丈夫執尋之幣、三布之玉，雖是夫【10】」。「丈夫」者，陳偉先生所釋，並認爲「一丈夫」應該是指齊景公之「祝」（祝固）。因爲對應于上文的「人數多已」、「夫婦皆詛」，所以這裏用「一」字強調。[605]張崇禮先生則認爲：「『尋之幣、三布之玉』是极言『一丈夫』祭品的簡陋。」[606]看來是指一般成年的男子。《穀梁傳・文公十二年》：「男子二十而冠，冠而列丈夫。」《墨子・節用上》：「昔者聖王爲法曰：『丈夫年二十，毋敢不處家。女子年十五，毋敢不事人。』」《孟子》中多見「丈夫」一詞，楊伯峻先生亦認爲是「成年男子」之通稱。[607]《晏子春秋・內篇雜下・靈公禁婦人爲丈夫飾不止晏子請先內勿服第一》：「景公好婦人而丈夫飾者，國人盡服之，公使吏禁之曰：『女子而男子飾者，裂其衣，斷其帶。』」[608]《說苑・政理》則記爲「景公」事。[609]《晏子春秋・內篇諫下・景公藉重而獄多欲託晏子晏子諫第一》：「今齊國丈夫耕，女子織，夜以接日，不足以奉上，而君側皆雕文刻鏤之觀，此無當之管也，而君終不知。」[610]《晏子春秋・內篇雜下・景公嘗五丈夫稱無辜晏子知其冤第三》：「景公畋于梧丘，夜猶早，公姑坐睡，而嘗有五丈夫北面韋廬，稱無罪焉。」其中「五丈夫」者，孫星衍云：「《文選注》作『見一丈夫』。」[611]以上「丈夫」皆泛稱成年男子。以此觀之，簡文「丈夫」似也應該指一般的成年男子。

　　「尋之幣」，「幣」，是用以餽贈之帛，亦用以祭神，如《上博二・魯邦大旱》簡 2「女毋愛珪璧幣帛於山川」、《九店楚簡・告武夷》

---

[605] 陳偉：〈讀《上博六》條記〉，簡帛網，2007.07.09。
[606] 張崇禮：〈《景公瘧》第十簡解詁〉，簡帛研究網，2007.07.26。
[607] 楊伯峻譯注：《孟子譯注》（北京：中華書局，2003.4 一版 13 刷）頁 106、348。
[608] 吳則虞：《晏子春秋集釋》（台北：鼎文書局，1977.3 再版）頁 370。
[609] 向宗魯：《說苑校證》（北京：中華書局，2000.3 三刷）頁 170。
[610] 吳則虞：《晏子春秋集釋》（台北：鼎文書局，1977.3 再版）頁 96-97。
[611] 吳則虞：《晏子春秋集釋》（台北：鼎文書局，1977.3 再版）頁 374 注 4。

「聶幣」等皆是。[612]《周禮·地官·媒氏》:「凡嫁子娶妻,入幣純帛,無過五兩。」鄭玄《注》:「五兩,十端也。……《雜記》曰:『納幣一束。束五兩,兩五尋。』然則每端二丈。」[613]《儀禮·覲禮》:「三享,皆束帛加璧,庭實唯國所有。奉束帛,匹馬卓上,九馬隨之,中庭西上。」《儀禮·公食大夫禮》所記載的「侑幣」,如「公受宰夫束帛以侑」、「大夫相食,親戒速。迎賓于門外,拜至,皆如饗拜。降盟。受醬、湆、侑幣束錦也……。」[614]又《新蔡》甲三 137「冊告自咎(文)王以就聖(聲)趄(桓)王,各束繢(錦)珈(加)璧。」其次,「尋」從何有祖先生釋,[615]用爲長度單位,大約是八尺。而根據上引鄭玄《注》的說法,可見一束是 200 尺,二者差別不可謂不大。簡文「丈夫」使用的是區區「尋之幣」,[616]此亦可證明所指是一般尋常百姓。

再看「三布之玉」,張崇禮先生說:「『布』,《廣雅·釋詁》:『布,列也。』在這裏用作量詞。」[617]此說可以參考。《新蔡》甲三 137「☐懇禱備(佩)玉各𢾃璜。」李天虹教授指出:

> 新蔡簡此字下部似是「友」字,應隸定作𢾃。據文意,我懷疑此字當讀作「友」。「友」可能用作量詞。《詩·小雅·吉日》「或群或友」,毛傳:「獸三曰群,二曰友。」「一友」,大概即一對、一雙之意。……望山楚簡裏與「友」、「偶」相當的詞是「雙」:一雙璜,一雙琥(M2:50)那麼,新蔡簡的「𢾃(友)璜」也許如同「雙璜」,即一對璜、二璜之意。[618]

---

[612] 夏德安:〈戰國時代兵死者的禱辭〉《簡帛研究譯叢》第 2 輯(長沙:湖南人民出版社,1998.8),頁 33-34、李零:〈讀九店楚簡〉《考古》1999 年第 2 期,頁 145、《九店楚簡》頁 108,考釋 172。

[613] 李學勤主編、趙伯雄整理:《周禮注疏(上)》(北京:北京大學出版社,1999.12)頁 365。

[614] 以上斷句依彭林譯注:《儀禮全譯》(貴陽:貴州人民出版社,1997.10)頁 348、353。

[615] 何有祖:〈上博六札記 070709〉,簡帛網,2007.07.09。

[616] 只有《儀禮·公食大夫禮第九》:「司宮具几,與蒲筵常緇布純,加萑席尋玄帛純,皆卷自末。」的「加萑席」才是八尺長。

[617] 張崇禮:〈《景公瘧》第十簡解詁〉,簡帛研究網,2007.07.26。

[618] 李天虹:〈新蔡楚簡補釋四則〉,簡帛研究網,2003.12.17。

筆者懷疑簡文「布」（幫紐魚部）可能讀爲「友」（匣紐之部）。聲紐幫匣二紐，古楚地有相通之例，如《阜陽漢簡詩經》簡 66「『柄』矢弗緩」，今本〈衛風・考槃〉首章作「『永』矢弗諼」；簡 67「『柄』矢弗告」，今本〈衛風・考槃〉三章作「『永』矢弗告」。另外〈衛風・木瓜〉「永以爲好也」，簡 75「永」作「柄」。永，匣母陽部；柄，幫母陽部，胡平生先生說：「韻同聲不同，何以能夠通假，還不清楚，或與方言有關。」[619] 又張博先生認爲「賁」（幫母）與「樺」（匣母）是音轉同族詞。[620] 又如《易・剝》：「剝床以膚」，《經典釋文》：「膚，京作簠。」[621]「簠」從「甫」得聲，與「布」常見通假，如《禮記・樂記》：「鋪筵席」。「鋪」，《史記・樂書》作「布」。[622] 而「膚」從「虍」得聲，[623]【乎與虖】也常見通假，[624] 其中「乎」便是「匣」紐。聯繫起來便是：布－甫－虍－乎，可見「布」的確有可能與「匣」紐之字通假。最後，「布」與「友」的韻部之、魚二部關係密切，如《詩經・鄘風・蝃蝀》「母」（之）、「雨」（魚）合韻、《小雅・巷伯》「謀」（之）與「者、虎」（魚）合韻。[625]《上博二・容成氏》14「畝」（之部）作「畳」，上從「毋」（魚部）得聲。《上博五・季庚子》簡 6：「孟者吳」，即「孟子餘」（趙衰）。其中「者」是魚部；「子」是之部。《管子・小問》「東郭郵（之部）」，《呂氏春秋・重言》引作「東郭牙（魚部）」亦是一證。以上可以證明「布」與「友」聲韻相通沒有問題。

還有另一種可能：賓祖賓出類有字作 𢎇，字形亦見於族名金文作

---

[619] 胡平生：《阜陽漢簡詩經研究》（上海：上海古籍，1988）頁 62-63。

[620] 張博：《漢語同族詞的系統性與驗證方法》（北京：商務印書館 2003.7）頁 17、107

[621] 張儒、劉毓慶：《漢字通用聲素研究》（太原：山西古籍出版社，2002.4）頁 338。

[622] 張儒、劉毓慶：《漢字通用聲素研究》（太原：山西古籍出版社，2002.4）頁 340。

[623] 《戰國古文字典》頁 449。《說文》「臚」字的籀文作「膚」，「臚」從「盧」聲，而「盧」是「從虍聲，荒烏切」，參陸志韋：《古音說略》載於《陸志韋語言學著作集》（一）（北京：中華書局，1985）頁 270-273。

[624] 高亨、董治安編纂《古字通假會典》（濟南：齊魯書社，1997.7 二刷）頁 832。

[625] 王力：《詩經韻讀》（上海：上海古籍出版社，1980.12）頁 32。

ꝗ（《金文編》頁 884）。李學勤先生釋為「幷」，陳劍先生贊同此說，並舉證如下：[626]

> 釋ꝗ為「幷」，在文字學上也可以找到證據。西周青銅器坒卣銘文中，器主之名寫作「㥪」（《金文編》第 884 頁），从壴比聲。「壴」與「土」作為意符常可通用，因此陳夢家先生釋此字為「坒」可從。同人所作的另一件器坒角中，這個字寫作ꝗ。《金文編》說「从友」，但「友」與「比」讀音相差很遠，作為聲符怎麼能通用呢？同樣的情況又見於戰國時期燕國銅器纕安君鉈。跟它同類的器的自名都寫作从「比」聲，（原注：關於這類銅器的自名和形制，參看裘錫圭：《說鉈、棆、棓棆》，收入《古代文史研究新探》，江蘇古籍出版社，1992年 6 月。）而此器的自名寫作ꝗ（《金文編》912 頁），聲符也跟「友」近似。在這兩個字形中，ꝗ形很可能都是以兩手相「比並」表意，是作為「比」字的異體來用的，與「友」字無關。甲骨文「幷」字多作ꝗ或ꝗ（《文編》第 351 頁），係以一條或兩條橫線聯結側向並立的兩個人，來表示「合併」意。其異體「ꝗ」形中並列的兩個「又」，當亦表「並列」、「比並」意，也跟「友」字無關，與金文的ꝗ、ꝗ可以相印證。

若依此說，則《新蔡》甲三 137「ꝗ」未必釋為從「友」聲，可以理解為從「比」聲，有「比並」的意思，一樣有成雙的涵義。「布」與「比」聲韻關係更近，《左傳・襄公十年經》：「遂滅偪陽」，《穀梁傳》「偪陽」作「傅陽」。[627]而「布」、「父」、「傅」常見通假已如前舉。《晏子春秋・內篇問上・景公問佞人之事君何如晏子對以愚君所信也第二十一》：「求君之逼邇」，「逼邇」，《銀雀山漢墓竹簡本》作「比壐（邇）」，注釋說：「比邇」，指親信。[628]則【畐與比】可通假。[629]所以

---

[626] 陳劍：《殷墟卜辭斷代對甲骨文考釋的重要性》（北京：北京大學中文系博士論文，2001 年 5 月）頁 60-61。又見《甲骨金文考釋論集》（北京：線裝書局，2007.4）頁 405-406。

[627] 高亨、董治安編纂：《古字通假會典》（濟南：齊魯書社，1997.7 二刷）頁 439。

[628] 銀雀山漢墓竹簡整理小組：《銀雀山漢墓竹簡》（壹）（北京：文物出版社，

「比」、「布」互通並不意外。又如【畐與伏】、【孚與伏】、【孚與甫】、【孚與夫】、【宓與伏】、【庇與秘】均有通假的例證，[630]亦可證明「布」與「比」的確是可以通假的。還有《易・比》：「比，吉」，焦循章句：「比<u>之言</u>輔也。」[631]既然「比」、「輔」可以聲訓，自然「布」、「比」是音近了。

《左傳・莊公十八年》：「皆賜玉五瑴、馬三匹，非禮也。」杜預注：「雙玉爲瑴。」其中「玉五瑴」與本簡「三友之玉」或「三比之玉」文例相近，可以爲證。

那麼簡文「三布之玉」之「玉」所指爲何呢？晁福林先生指出：「儒家非不信鬼神，而只是存而不論，不去深究，並且在需要的時候，還是要祭禱于鬼神，對於歷史上聖賢的祭禱持讚賞態度，大禹的『菲飲食，而致孝乎鬼神』，就被視爲禹的一個偉大之處。」[632]《上博（二）・魯邦大旱》2「孔子曰：『庶民知說之事鬼也，不知刑與德，女（如）毋愛珪璧幣帛於山川。……』」沈培先生解釋說：「對于庶民，因爲他們只知『說之事鬼』，而不知『刑與德』，因此，孔子要魯哀公『不如不要愛惜珪璧幣帛於山川』，也就是說要滿足老百姓的願望，用他們慣用的方法（即用珪璧幣帛於山川）去對付旱災。」[633]倘若沈培先生此說可信的話（即老百姓慣用珪璧幣帛於山川）則此「玉」應該指「圭璧」。此可與簡文「一丈夫執尋之『幣』、三布之『玉』」相呼應。[634]值得留意的是，《景公瘧》簡 9「明德觀行，物而崇者也，非爲美玉肴牲也。[635]今內寵有會譴，外亦有梁丘據營桋。公退武夫，亞

1985.9）頁 97 注 13。

[629] 張儒、劉毓慶：《漢字通用聲素研究》（太原：山西古籍出版社，2002.4）頁 760。

[630] 分見高亨、董治安編纂：《古字通假會典》（濟南：齊魯書社，1997.7 二刷）頁 438、441、591；張儒、劉毓慶：《漢字通用聲素研究》（太原：山西古籍出版社，2002.4）頁 55、101。

[631] 宗福邦、陳世鐃、蕭海波主編《故訓匯纂》（北京：商務印書館，2004.3 初版二刷）頁 1206，53 義項。

[632] 晁福林：《先秦社會思想研究》（北京：商務印書館，2007.6）頁 386-387。

[633] 沈培：〈由上博簡證「如」可訓爲「不如」〉，簡帛網，2007.07.15。

[634] 《孔子詩論》簡 20 曰：「幣帛之不可去也，民性固然」亦可以參考。

[635] 本句的釋讀參梁靜：〈《景公瘧》與《晏子春秋》的對比研究〉，簡帛網，2007.07.28。

聖人，播盈藏篤」，顯然此「美玉」是指景公的祝史用來祭鬼神的祭品。相對來說，一般百姓用的「三布之玉」的「玉」的等級應該是比較低的。《禮記·禮器》：「圭璋特，琥璜爵」，孔穎達《疏》：「琥璜，是玉劣於圭璋者也。……琥璜既賤，不能特達，故附爵乃通也。」錢玄先生說：「琥璜，玉之較次於圭璋者。言酬琥璜之玉，必與酬酒之幣同酬，不單獨酬。」[636]但由楚簡資料來看，「琥璜」的等級似乎也不是那麼低賤，如《望山》二號墓遣策 50 號簡說：「一緄帶，一雙璜，一雙琥，一玉鉤，一環。」李家浩先生說：「一玉鉤，一環」是指緄帶上的扣具，「一雙璜，一雙琥」是指緄帶上的玉佩。此玉佩是由璜、琥組成的。另外，《包山》218「有祟（祟），秋見琥。」其中「琥」也應是左尹昭它所佩帶的玉飾。[637]以此觀之，則似乎「琥璜」一類者的地位也不是那麼低。另一種想法是：《說文》曰：「玉，石之美有五德者。」學者指出：「玉為美石，故往往玉石連用。東周楚玉按用途主要可分儀禮器、佩飾器、喪葬器三類，品類有璧、琮、圭、璜、梳、笄、觿、瑯等數十種。……石製品基本不見生產用具如石鑿、石刀之類而與玉製品種類無大的不同，只因質料低劣，製作粗疏，一般為下層人物使用。」[638]則本簡「三布之玉」的「玉」可能是指「石製品」。[639]還有一種可能：孫慶偉先生指出：「上述周代祭祀坑中出土的祭祀用玉種類較多，舉凡圭、璧（包括發掘者所言的瑗和環）、璜、珩、瓏（龍形佩）、玦甚至於殘玉片和邊角廢料均可用作祭玉。」[640]則「三布之玉」之「玉」可能是指殘玉片和邊角廢料。

（十八）《景公瘧》簡 3 的「忬」字

[636] 錢玄、錢興奇編著：《三禮辭典》（南京：江蘇古籍，1998.3 二刷）頁 840。

[637] 以上見李家浩：〈包山卜筮簡 218-219 號研究〉《長沙三國吳簡暨百年來簡帛發現與研究國際學術研討會論文集》（北京：中華書局，2005.12）頁 192。

[638] 石泉主編、陳偉副主編：《楚國歷史文化辭典》（武漢：武漢大學出版社，1997.6 修訂版）頁 93。

[639] 1933 年安徽縣朱家集李三孤堆出土了石璧、石圭等，可以參考。參高至喜主編：《楚文化圖典》（武漢：湖北教育出版社，2000.1）頁 405。《楚國歷史文化辭典》、《楚文化圖典》均列有「玉石器」的詞條亦可以參考。

[640] 孫慶偉：〈出土資料所見的西周禮儀用玉〉《南方文物》2007.1 頁 56。

簡 3「是言也。高子、國子答曰：『身爲薪，或可焉，是信吾無良祝史，公盍誅之。』」濮茅左先生隸「△」爲「忝」，讀爲「祜」或「禱」。並說「身爲新」，「新」讀爲「薪」。意欲焚祝、史。[641]陳偉先生說：「整理者讀作：『身爲薪或可祜焉。』類似寫法的『愛』，見於上博楚竹書《魯邦大旱》2 號、3 號簡，《內禮》1 號簡。愛，吝惜。」[642]劉信芳先生認爲「簡文『忝』應讀爲『妖』，大意是說：身體爲親！有什麼妖祥爲害於身體，這種情況確實是因爲我們沒有稱職的祝史。此所以高子、國子提出要誅殺祝史。古人遇疾病則祈禱於鬼神，高子、國子將齊景公受疾病折磨的原因歸結于沒有好的祝史，合於古人特定的邏輯推理聯係。可知讀『忝』爲『妖』可以讀通。」[643]

建洲按：「△」應從「夭」，原隸定不誤。如「宎」作、、。[644]筆者以爲「△」或可讀作「燒」，從「堯」得聲，疑紐宵部；與「夭」，影紐宵部，聲韻關係密切。如【夭與交】、【堯與交】有通假的例證，[645]所以夭與堯相通並無問題。其次，由文意來看，濮先生讀「新」爲「薪」，可從。但是簡文「身」所指的對象應該不是「祝、史」而是「齊景公」。《晏子春秋·內篇雜下·景公病疽晏子撫而對之遂知群臣之野第七》：

> 景公病疽在背。高子、國子請。公曰：「職當撫瘍。」高子進而撫瘍。公曰：「熱乎？」曰：「熱。」「熱何如？」曰：「如火。」

---

[641] 馬承源主編：《上海博物館藏戰國楚竹書（六）》（上海：上海古籍出版社，2007.7）頁 170。

[642] 陳偉：〈讀《上博六》條記〉，簡帛網，2007.07.09。

[643] 劉信芳：〈《上博藏六》試解之三〉，簡帛網，2007.08.09。

[644] 參陳劍：〈也談《競建內之》簡 7 的所謂「害」字〉，2006.06.16。

[645] 張儒、劉毓慶：《漢字通用聲素研究》（太原：山西古籍出版社，2002.4）頁 232、244。

所以簡文是說景公的身體（背部），長了火熱的疽，這如同薪材遇火般會燒起來，比喻身體的狀況非常不好。也可以說景公因爲「疥且瘧，逾歲不已」，所以身體如同木薪一般脆弱，遇火將焚燒殆盡。也就是說高子、國子看完景公的身體之後，覺得祝、史沒有盡到職責，所以建議公何不誅殺他們。

（十九）《景公虐》簡 12、13 補釋

《景公虐》簡 12-13，沈培先生作了很好的釋讀，對我們理解文意有很大的助益。[646]其中簡 12 有句話說：「祭、正（貞）不獲祟」，「正」讀爲「貞」是沈先生的看法。筆者懷疑簡文的「祭」是呼應簡 1 會譴與梁丘據所說的「吾幣帛甚美於吾先君之量矣，珪璧大於吾先君之口」，此事亦見於《左傳・昭公二十年》：「齊侯疥，遂痁，期而不瘳。諸侯之賓問疾者多在。梁丘據與裔款言於公曰：「吾事鬼神豐，於先君有加矣。今君疾病，爲諸侯憂，是祝、史之罪也。」與《晏子春秋・內篇・諫上》：「景公疥且瘧，期年不已。召會譴、梁丘據、晏子而問焉，曰：『寡人之病病矣，使史固與祝佗巡山川宗廟，犧牲珪璧，莫不備具，其數常多先君桓公，桓公一則寡人再。病不已，滋甚！』」沈培先生亦覆信贊同筆者的看法。[647]其次，對於「獲祟」的意思，董珊先生認爲就是「得祟」。[648]筆者以爲此說尚有補充的空間。沈培先生曾扼要指出：「沈培（2007）曾在討論戰國卜筮祭禱簡時提出，常見的戰國卜筮祭禱採用兩次貞問，第一次貞問一般都是一種廣義的求福的貞問，真正的目的在於求祟。第二次貞問則是在得祟的前提下，提出具體的祭禱方案，其目的在於除祟。」[649]董珊先生也指出：「從楚卜筮簡所見龜卜與筮占的記錄來看，一組占卜通常

---

[646] 沈培：〈《上博（六）競公瘧》「正」字小議〉，簡帛網，2007.07.31。下引沈先生說法皆見此文。
[647] 2007.10.01 覆信內容。
[648] 董珊：〈讀《上博六》雜記〉，簡帛網，2007.07.10。
[649] 沈培：〈從戰國簡看古人占卜的「蔽志」——兼論「移祟」說〉，「第一屆古文字與古代史學術討論會」論文，（臺北：中央研究院歷史語言研究所，2006 年 9 月）、沈培：〈《上博（六）競公瘧》「正」字小議〉，簡帛網，2007.07.31。

可分為兩個相關的步驟：第一次占卜的目的是問是否有祟，若有祟則求其祟為何，求祟之占的結果若是得祟，就接著做第二次占卜，目的是除祟。除祟之占是卜問舉行某種祭禱能否除去此祟。」[650]簡單歸納起來就是：卜問有祟與否→求祟之由→得祟→卜問行何種祭禱除祟。可以看得出，由求祟到得祟的過程中，是不需要祭祀的。這在文獻中也可以看得出來，如《抱樸子·至理》的「分著問祟」、《論衡·祀義篇》：「是以病作卜祟，祟得脩祀，祀畢意解，意解病已。」楊寶忠先生說：「此文謂生病之後則卜問是何凶神作怪，發現是何凶神作怪，則脩治祭祀，祭祀結束，則病人疑心消釋，則疾病得以痊癒也。」[651]將過程說得非常清楚。可見若是將簡文「不獲祟」直接等同於「不得祟」，按理說是不需要「祭」的，但這與我們前面的推論有所矛盾。董珊先生曾指出：「雖然古人認為占卜可以辨祟，但并不是每一次占卜都能把真正作祟的鬼神辨清。楚簡所見，也常常泛泛而言『有祟』，而不說出到底是哪種鬼神作祟。例如：（15）占之吉，將得事，少有感（感）於躬身與宮室，有敓（祟）。望山 23+24……（17）☐恆貞吉，有見祟。以其故敓（說）之☐望山 1.49。不說出為祟之鬼具體名稱的原因，有時候是上下文已經說明；有時候是因尚不明確而不能說出。古人為求得有祟的真確原因（作祟之鬼的真確名號），有時或作多次占卜。可見，從求祟到得祟是一個比較複雜的過程。」[652]筆者懷疑所謂「不獲祟」是指知道「有祟」，所以才要以幣帛、圭璧「巡山川宗廟」、「事鬼神」。但是未能把「真正作祟的鬼神辨清」，所以祭禱的效果不彰，然後簡文底下才有「請祭與貞焉」。李家浩先生曾將齊景公的病況與秦惠文王作比對。他說：「齊景公生病，祭禱鬼神，雖然祭品備具，反而加重，心情十分困惑。秦惠文王生病，欲祭禱鬼神，雖然祭品精美，由於不得祭祀之方，病情一直不見好轉，心情也十分困惑。」[653]這也可以證明簡文的「獲祟」不是完全等同於第一次貞卜的「問祟（或求祟）」之後的「得祟」。值得注意的是，上引《望

---

[650] 董珊：〈楚簡中從「大」聲之字的讀法（二）〉，簡帛網，2007.07.08。

[651] 楊寶忠：《論衡校箋》下（石家莊：河北教育出版社，1999.1）頁 808。

[652] 董珊：〈楚簡中從「大」聲之字的讀法（二）〉，簡帛網，2007.07.08。

[653] 李家浩：〈秦駰玉版銘文研究〉《北京大學古文獻研究中心集刊（二）》（北京：燕山出版社，2001.4）頁 121。

山》1.49「恆貞吉，有見祟」之後接「以其故敓（說）之」，也就是進入「第二次貞問」即「除祟」的階段了。也就是說當時齊景公的祝史可能也有進行所謂的「除祟」，但是未見成效，所以齊景公才想要把他們殺了。後來通過晏子主持的祭祀和貞卜活動，十五天後，才找到使景公生病的真正祟由，經過正確的祭禱，使景公龍體康復。這種不同貞人得出不同祟源，遂有不同的祭禱方法的情形在《包山簡》也可以看到，沈培先生曾指出：「貞人與貞人之間既然有『同祟』，也就有不同之祟，就是說，不同的貞人在為同一事情占卜時所得的『祟』是不同的。事實確實是這樣。例如包山簡 218～219 記『東周之客鄦經歸胙於莪郢之歲，爨月己酉之日』之卜，貞人為鄦吉，所得之祟是『太見琥』；同日另一貞人『鄱朕』之卜見於簡 221～222，所得之祟則是『見親王父、殤』。正因為所得之祟不同，二者準備採用的祭祀方法和祭祀對象也不同。前者是『璧琥擇良月良日歸之，且為巫繼珮，速巫之；厭一貓於地主；賽禱行一白犬，歸冠帶於二天子』，後者則是『舉禱特牛，饋之』。」[654]

其次，簡 13 末句「旬又五，公乃出，見折。」沈先生將「折」讀為「厲」，並指出「簡文說『公乃出，見折』，如果解釋成『公乃出，見厲』，指通過晏子主持的祭祀和貞卜活動，景公在十五天后終於看到了給他帶來『祟』的厲鬼。」

建洲按：「折」讀為「厲」應該是可以信從的，但是「見厲」恐怕不能理解為景公看見鬼。一方面如同《國語·楚語下》韋昭所注：「巫、覡，見鬼者。」沈先生補充說：「從韋昭注可知，『巫覡』是能看到鬼的人。能看到鬼，就能『得祟』，從而為除祟打下基礎。祝史也是有這樣的能力的人，其所進行的活動正是求祟與除祟。」但是齊景公顯然不具備這種能力。其次，沈先生還說：「我們還看到，當生病的人自己看到鬼以後，也可以產生病愈的效果」，並引《莊子·達生》的故事為證。但是《莊子·達生》的故事卻是說齊桓公田于澤，見鬼之後，「公反，誒詒為病，數日不出。」劉文典先生說：「既見

---

[654] 沈培：〈從戰國簡看古人占卜的「蔽志」——兼論「移祟」說〉，「第一屆古文字與古代史學術討論會」論文，（臺北：中央研究院歷史語言研究所，2006 年 9 月）頁 19-24。

鬼，憂惶而歸，遂成病患，所以不出。」[655]可知見鬼之後，反致心懷恐懼，精神失常，並無所謂病愈的效果。而後來齊桓公知道所見的鬼是「委蛇」之後，病癒的主因應該是因為皇子告知：「見之者殆乎霸」，即看見它的人，大概會稱霸，[656]此正中齊桓公的下懷而不藥而癒，似乎不是因為見祟之所由而康復的。《論衡·訂鬼篇》也提到「凡天地之間有鬼，非人死精神為之也，皆人思念存想之所致也。<u>致之何由？由于疾病</u>。人病則憂懼，憂懼見鬼出。凡人不病則不畏懼。……病者困劇身體痛，則謂鬼持棰杖毆擊之，……初疾畏驚，見鬼之來」，[657]看起來見鬼是生病所致，且對病人無所助益。又如《論衡·解除》：「病人困篤，見鬼之至，物猛剛者挺劍操杖，與鬼戰鬥，戰鬥壹再，錯指受服，知不服必不終也。」[658]可知見鬼一事對病人而言實非好事。

筆者以為簡文「見」應讀為「現」，「現厲」即「厲現」。《望山》1.49「☐恆貞吉，<u>有見祟</u>。以其故敚（說）之☐」而《包山》223 作「<u>有祟見</u>。」可見「見祟」等於「祟見」，「見」都應讀作「現」。董珊先生曾經指出：「在不說出為祟之鬼的具體名稱時，則都省略介詞『於』，只說『有祟』或『有祟見』、『有見祟』。『見』的意思可能是指卜兆所顯現，或可以讀為『現』。」[659]此話後者是對的，但是前者則可商。如《包山》222「有祟，見親王父殤。」[660]「見」之後直接接作祟之由的人鬼。董珊先生還指出：「『親王父殤』與『殤東陵連囂（敖）子發』也都是『殤鬼』，他們既為祟，但又是受祭禱的對象。……由上討論可見，『<u>殤』是『厲鬼』這個範疇中的一個重要類別</u>。」而《包山》222 簡文的「見」，李家浩先生已明白指出應讀為「現」。[661]值得注意的是「見（現）親王父殤」，正與本簡「見（現）

---

[655] 劉文典撰，趙鋒、諸偉奇點校：《莊子補正》（合肥：安徽大學出版社、昆明：雲南大學出版社，1999.4）頁 524。

[656] 歐陽景賢、歐陽超釋譯：《莊子釋譯》下（台北：里仁書局，2001.3）頁 743。

[657] 楊寶忠：《論衡校箋》下（石家莊：河北教育出版社，1999.1）頁 712-713。

[658] 楊寶忠：《論衡校箋》下（石家莊：河北教育出版社，1999.1）頁 798。

[659] 董珊：〈楚簡中從「大」聲之字的讀法（二）〉，簡帛網，2007.07.08。下引董先生說法皆見此文。

[660] 此斷句董珊先生的看法。

[661] 李家浩：〈包山卜筮簡 218-219 號研究〉《長沙三國吳簡暨百年來簡帛發現與研究

厲」的句型相同，如此一來更可證明本簡的確應該讀爲「現厲」，即「厲現」。又如《左傳・襄公十年》：「舞，師題以旌夏。晉侯懼而退入于房。去旌，卒享而還。及著雍，疾。卜，桑林見。荀偃、士匄請奔禱焉。」杜預注：「祟見於卜兆。奔走還宋禱謝」。董珊先生說：「這個故事把晉侯生病之由歸爲『桑林』作祟，『卜，桑林見』是通過占卜<u>視兆</u>來知道，是桑林作祟。」並於注釋中說：「爲祟者應該是桑林中之樹神。」則「桑林見」即「桑林現」，這與本簡透過再次貞卜而「見（現）厲」（即「厲現」）的情況相同。而「見（現）厲」應該是景公痊癒的主因，《論衡・辨祟》有句話說：「<u>而病不治謂祟不得</u>，命自絕謂巫不審：俗人之知也。」[662]換言之，一般人認爲得祟即可治病，當然也有可能將「除祟」的過程省略掉了，這也可以呼應本簡的情形。簡文讀作「旬又五，公乃出，（獲祟），見（現）厲」，其中「獲祟」可能承上省略未寫出來，可以譯爲「十五天之後，公於是出外活動，因爲作祟的厲出現了（並順利除掉了）。」[663]

附記：〈《上博楚竹書（六）》字詞叢考〉一節內容發表於「簡帛網」，
　　　收入本書有所訂補。

國際學術研討會論文集》（北京：中華書局，2005.12）頁 191。底下所引李先生的說法皆見此文。

[662] 楊寶忠：《論衡校箋》下（石家莊：河北教育出版社，1999.1）頁 776。

[663] 參酌沈培先生 2007.10.02 給筆者的意見所譯。

第三章

《上博楚竹書》文字資料運用及相關文字考釋

一、前言

　　1925 年 7 月王國維先生在清華研究院作〈最近二三十年中中國新發見之學問〉的演講中提到:「古來新學問起,大都由於新發現」,[1]李學勤先生補充說:「現在可以說我們正處於前所未有的『大發現時代』。王國維先生所說的殷墟甲骨、樓蘭等簡牘及敦煌卷子研究,都早已成為專門學問。二十世紀七十年代以來各地出土的大量簡牘、帛書,在重要性上也能與之相比。」[2]這些話的確很有道理,比如清顧炎武《日知錄・卷三》有「楚吳諸國無詩」條,曰:「吳楚之無詩,以其僭王而夷之與?非也。太師之本無也。楚之先熊繹闢在荊山,篳路籃縷,以處草莽。惟是桃弧棘矢,以共禦王事,而周無分器。岐陽之盟楚為荊蠻,置茅蕝,設望表,與鮮牟守燎而不與盟,是亦無詩之可採矣。況於吳自壽夢以前,未通中國者乎?滕薛之無詩,微也。若乃虢鄶皆為鄭滅,而虢獨無詩。陳蔡皆列春秋之會盟,而蔡獨無詩,有司失其傳爾。」[3]今由《上博(四)・交交鳴鳥》及《多薪》可以知道楚國的確是有「詩」的。雖然這兩首詩的底本未必一定是楚國,但至少可以證明楚國境內是有「詩」這種文學體裁流傳的。其次,姚孝遂先生亦曾指出:「清代漢學復興,考據之學盛極一時。段玉裁、王念孫、王引之、錢大昕等以其廣博的學識和堅實的基礎,將文字、聲韻、訓詁之學推向一個新的頂峰,而其基礎和先導就是文字學。可惜的是,這些學者都沒有能夠利用新的文字資料,甚至都對新的文字資料抱著漠視以至懷疑的態度。這樣就不僅使他們的成就受到很大的侷限,同時也使得他們陷入傳統思想的窠臼而不能自拔。……與之形成鮮明對比的是,乾嘉以後的學者如王筠和徐灝等,能夠利用一些新的文字資料,具有獨到的見解,富有新意,給人以啟迪。……地下文字

---

[1]　《清華周刊》1925.9。引自朱淵清:《再現的文明:中國出土文獻與傳統學術》(上海:華東師範大學,2001.5)頁 47。李學勤、裘錫圭:〈新學問大都由於新發現－考古發現與先秦、秦漢典籍文明〉《文學遺產》2000.3 頁 4。

[2]　李學勤:《中國古史尋證》(上海:上海科技教育出版社,2002.5)頁 241。

[3]　〔明〕顧炎武撰,〔清〕黃汝成集釋:《日知錄集釋》上(台北:世界書局,1991.5 八版)頁 57。

資料的不斷大量出土，這些都是許慎所未及能見的。這些資料不僅豐富了人們的認識，而且也不能不對舊有的說解提出挑戰。」[4]這些話給我們兩個啓示，一是「文字學」或「古文字學」對推展學術進步有其重要性；二是善於利用新的文字材料，往往會有新的發現，進而鑿破以往視爲定論的說法或是突破無法解決的問題。本文的寫作便是根基於這樣的認識，拙文絕不能號稱新學問，只是將前賢的話謹記在心，並加以實踐而已。前輩學者如裘錫圭先生曾著有〈談談隨縣曾侯乙墓的文字資料〉一文[5]、黃天樹先生亦有〈花園莊東地甲骨中所見的若干新資料〉一文，[6]都是很好的示範。[7]湖北武漢大學「簡帛網」上亦有諸多學者專家利用新出楚簡資料來回頭解決古文字學、經學、哲學等問題，這些都值得學習。

　　本章內容有兩種類型：其一是利用《上博楚竹書》的新材料，來考釋在「楚銅貝」、「西周金文」、「戰國金文」、「楚簡文字」、「傳鈔古文」等材料上的一些字形，提出新的見解。另外，〈楚文字「灵」字及從「灵」之字再議－兼論傳鈔古文一個值得注意的現象〉一節，文字釋讀的關鍵或許不是《上博楚竹書》的資料，但相關字形也涉及到《上博（三）·極先》，我們提出自己的看法，並對其他楚文字材料兼及傳鈔古文作出構形分析與釋讀。

二、楚銅貝「豕」或「豥」字考釋

1986 年安徽肥西新倉鎭豐樂河畔發現有楚銅貝作「△1」：

（△1）　　　（△2）　　　（△3）

4　姚孝遂：《漢語文字學史·序》，載於黃德寬、陳秉新：《漢語文字學史》（增訂本）（合肥：安徽大學出版社，2006.8 第 2 版）頁 13。
5　裘錫圭：《古文字論集》（北京：中華書局，1992.8）頁 405-417。
6　黃天樹：《黃天樹古文字論集》（北京：學苑出版社，2006.8）頁 447-453
7　請參照第一章緒論的內容。

學者釋「安」、「禾」或「術」。[8]何琳儀先生則認為應析為二字，隸作上從「甲」下從「屮」，釋為「甲少」，讀作「甲小」。[9]黃錫全先生認為：「此字與楚國『安』字寫法有別，與他國『安』字有些近似，釋匋、釋安，均難論定。比較而言，以釋『安』為長。安有安定、平安等義。銅貝名安，當與銅貝作用有關。」[10]吳良寶先生則指出「此字待考」。[11]

建洲按：「△1」釋為「安」、「禾」或「術」，皆與字形不相吻合。而何琳儀先生的說法亦有待商榷。如同何先生文中所指出「楚銅貝銘文多載單字」，況且「△1」看起來本來就是一個字，實在沒有必要硬拆為二字；其次，楚文字的「甲」字，幾乎「匚」形中多作「十」形，[12]與「△1」作「T」形不相吻合。

《上博（二）·從政》甲 3「教之以刑則卷（△2）」，其中「△2」字，整理者張光裕先生釋為「述」。[13]陳偉先生比對同簡的「象」字作象（△3），其底下的「豕」旁放大後作「豕」，與「△2」右上的確同形，認為這個字應釋為「逐」。[14]但是李家浩先生指出：

> 古文字「象」、「豕」形近，所以戰國文字「墜」多將「象」旁寫作「豕」（參看《戰國文字編》878 頁）。據此，可以把用作「遞」的「逐」看作「遂」的訛體，與「追逐」之「逐」是同形字。我傾向把簡文「逐」看作「遂」的訛體。「教之以刑則遞」與 8 號簡「罰則民逃」同意。[15]

[8] 柯昌建：〈楚貝布文新釋〉《安徽錢幣》1999 年第 2、3 期。

[9] 何琳儀：〈楚幣六考〉《古幣叢考》（合肥：安徽大學出版社，2002.6）頁 237-240。

[10] 黃錫全：《先秦貨幣通論》（北京：紫禁城出版社，2001.6）頁 370。

[11] 吳良寶：《中國東周時期金屬貨幣研究》（北京：社會科學文獻出版社，2005.10）頁 273。

[12] 李守奎：《楚文字編》（上海：華東師範大學，2003.12）頁 836-837。

[13] 馬承源主編：《上海博物館藏戰國楚竹書（二）》（上海：上海古籍出版社，2002.12）頁 217。

[14] 陳偉：〈上海博物館藏楚竹書《從政》校讀〉，簡帛研究網，2003.01.10。

[15] 引自李守奎：〈《《上海博物館藏戰國楚竹書（二）》》釋讀一則〉《吉林大學古籍整理研究所建所二十周年紀念文集》（長春：吉林大學出版社，2003.12）頁 93-94。

范常喜先生意見相似，認為「逐」字可能即是「遂」字，而「遂」即古「遯」字。[16]陳劍先生也指出「《上海博物館藏戰國楚竹書（二）·從政甲》簡 3『教之以刑則逐』的『逐』字，跟《山海經·中山東經》的『逐』字相類，也源於這類『遂（遯、遯）』字之省體。」[17]將「△2」右上與「△1」字形相比對，可以看出二者只是開口左右有別，如同「永」作 犾（格伯作晉姬簋），亦作 小（燹公盨），[18]不排除是反書。今得「△2」字，可知「△1」可釋為「豕」或「彖」。至於「△1」尚有一斜筆不排除是沒有意義的筆劃。主因是與「△1」字形一樣大小均為單字，目前所見到的銅貝銘文內容為雙字者是「坴朱」，但是字形顯然是較小的。[19]

　　但是「豕」或「彖」在銅貝面文的含義為何，目前無法確知。吳良寶先生的一段話可為註腳：「銅貝面文的含義，除了『坴朱』」是計重、『巽』可能讀為『錢』之外，其餘的內容學者解釋不一，目前還沒有可靠的資料加以確定。」[20]

三、利用《上博楚竹書》字形考釋金文二則

　　本文利用新出《上博楚竹書（五）》字形的考釋成果來回頭檢討金文的舊材料，今柬選二則討論如下。

---

[16] 范常喜：〈上博二《從政甲》簡三補說〉，載於中山大學古文字研究所編《康樂集——曾憲通教授七十壽慶論文集》（廣州：中山大學出版社，2006.1）頁 229。

[17] 陳劍：〈金文「彖」字考釋〉《甲骨金文考釋論集》（北京：線裝書局，2007.4）頁 269。

[18] 裘錫圭：〈燹公盨銘文考釋〉《中國歷史文物》2002.6。亦刊載於《中國出土文獻十講》（上海：復旦大學出版社，2004.12）頁 66。

[19] 參黃錫全：《先秦貨幣通論》頁 369 圖 122、吳良寶：《中國東周時期金屬貨幣研究》頁 272 圖 10-1。

[20] 吳良寶：《中國東周時期金屬貨幣研究》（北京：社會科學文獻出版社，2005.10）頁 273。

（一）

　　1997 年 7 月陝西扶風縣段家鄉大同村出土一西周中期的宰獸簋，1997 年 8 月被周原博物館征集，[21]其內容是冊命銘文。其中周王賞賜宰獸的物品有「赤市、幽亢、△1 勒[22]」。「△1」字作：

（△1）　（孟鼎）　（△2）

此字羅西章先生釋爲「敨」。[23]施謝捷先生最早指出羅氏所釋不確，認爲應釋爲「攸」，即冊命金文常見的賞賜物品「攸勒」之「攸」。施先生對字形有如下的分析：「實際上，此字左偏旁應即『川』字異構。這種寫法的『川』數見於甲骨文、金文等古文字資料，舊釋爲『川』字，當可信。『川』、『水』意義相關，可以換用，如『淖（潮、朝）』、『涉』、『衍』等字或可從『川』……因此，圖一：1（引案：即「△1」）可隸定作『攽』，釋爲『汝』，即金文中常見的『攸』字異體。《說文》攴部：『攸，行水也。從攴，從人，水省。𣲢（汝），秦刻石嶧山文攸字如此。』」[24]劉雨、劉啓益二先生均從文例直接釋爲「攸」。[25]

　　建洲案：「△1」字釋爲「攸」無疑是對的。但是在字形的分析上，筆者認爲還有討論的空間。羅西章先生之所以會釋爲「敨」，顯然是受到《集成》4462瘐盨字，李學勤先生釋爲「敨」的影響。[26]李先生所釋可從，但是此字與「△1」顯有不同，其左偏旁尚有半圓形的部件，與金文「易」作有筆劃上的關係。

　　其次，「攸」字甲骨文作（《前》4.30.4），葉玉森認爲象以杖擊人之形（《殷虛書契前編集釋》2 卷 31 葉上）。西周金文作（攸

---

[21] 羅西章：〈宰獸簋銘略考〉《文物》1998.8 頁 83；劉雨、盧岩編著：《近出殷周金文集錄》（北京：中華書局，2002）第二冊 490 號頁 377-378。

[22] 「勒」的字形分析請見施謝捷：〈宰獸簋銘補釋〉《文物》1999.11 頁 78-79。

[23] 羅西章：〈宰獸簋銘略考〉《文物》1998.8 頁 84。

[24] 施謝捷：〈宰獸簋銘補釋〉《文物》1999.11 頁 78。

[25] 劉啓益：〈六年宰獸簋的時代與西周紀年〉《古文字研究》第 22 輯（北京：中華書局，2000.7）頁 79；劉雨、盧岩編著：《近出殷周金文集錄》（北京：中華書局，2002）第二冊 490 號頁 377

[26] 引自陳漢平：《金文編訂補》（北京：中國社會科學出版社，1993.9）頁 99。

簋）、（頌簋），林義光《文源》認爲從「彡」，彡飾也。姚孝遂先生指出：「『攸』許慎以爲『水省』者，實即彡之形訛。」[27]劉釗先生則認爲是加了「」形飾筆。[28]季師旭昇同意其說，並指出：「（攸）秦文字訛爲『』，《說文》遂誤以爲從『水』省。《說文》以爲嶧山刻石『攸』字從水，今秦文字未見此形。」[29]說可從，如秦繹山碑「攸」作。[30]明拓本嶧山刻石「攸」字作，趙平安先生指出：「新出文字資料與明拓本基本相同，因此，當爲的訛誤。」[31]可見若從表意字的觀點來看，施謝捷先生對「攸」字的解釋恐怕有疑義，況且目前所見的表意字「攸」未見省去「人」旁者，所以「△1」恐怕是形聲結構的機率比較大。

《上博（五）‧三德》16「奪民時以土攻，是謂稽，不絕憂恤，必喪其佖（秕）。奪民時以水事，是謂（△2），喪怠（以）係（繼）樂，四方來囂。」原整理者李零先生認爲「△2」右旁是「川」旁的另一種寫法。[32]後來范常喜先生指出這幾句話可以與《呂氏春秋‧上農》「奪之以土功，是謂稽，不絕憂唯，必喪其秕。奪之以水事，是謂籥，喪以繼樂，四鄰來虐」對讀，並說：「傳世本此處作『籥』，而且簡文與此相押韵之字爲『樂』、『囂』，可見整理者的說法不一定准確。此字當是一同『籥』、『樂』、『囂』韵部相近之字，但究竟何字，仍待詳考。」[33]魏宜輝先生則認爲：「這個『』很可能是『激』字的表意初文。『』字中的横劃幷非是無義的飾筆，而是具有表意功能的，象水流中的阻塞之物，而『』字正象水流阻塞之形。」又說：「在 E 例『朝』字中（引案：指朝歌右庫戈），『』是作爲表意形旁的。金文中的『朝』作、，是『潮』的本字，所從的、象水

---

[27] 林、姚二說並見《甲骨文字詁林》冊一頁 171。

[28] 劉釗：《古文字構形研究》（長春：吉林大學博士論文，1991）頁 157、又見於氏著：《古文字考釋叢稿》（長沙：岳麓書社，2005.7）頁 96。

[29] 季旭昇師：《說文新證》上（台北：藝文印書館，2002.10）頁 229。

[30] 袁仲一、劉鈺著：《秦文字類編》（西安：陝西人民教育出版社，1993.11）頁 23。

[31] 趙平安：《說文小篆研究》（南寧：廣西教育出版社，1999.8）頁 51。

[32] 馬承源主編：《上海博物館藏戰國楚竹書（五）》（上海：上海古籍出版社，2005.12）頁 299。

[33] 范常喜：〈《上博五‧三德》札記三則〉，簡帛網，2006.2.24。

流之形。『朝』字雖然與![字][1]、![字][2]有差別，但也表現出水流之形，所以也能够作『朝』字的形旁。」[34]但是如同魏先生所說既然![字][1]、![字][2]與![字][3]可以通用，但是前者顯然未見「水流中的阻塞之物」，所以不可能是「激」的表意字。而且西周金文的年代要早於魏先生所舉從「![字][3]」旁的戰國文字，按理說西周金文要寫得更能表現出「激」的字形，不可能早期文字卻比晚期文字不象形，可見釋為「激」之說尚可保留。陳斯鵬先生則指出：「范說是很有見地的，依『稽』、『恤』、『匹』為韵之例，『![字][4]』、『樂』、『囂』也應相協。從這一點來看，整理者之讀『順』，以及別的學者之釋『淵』，都是可疑的。」並指出該字實為「潮」字。其右旁即下列寫法的「朝」字所從：

![圖][5]（孟鼎）　![圖][6]（獸鼎）

並說![字][1]其實應即「潮」的象形初文，狀潮水湧動之形，並揭示了如下的演變：[35]

其說可從。不過要提出的是，吳振武先生在之前已將![字][1]與![字][8]連上關係，認為後者是前者演變而來。[36]![字][1]字寫法正與「△1」的左旁相同，可見「△1」可以分析為從攴，「潮」聲。字形結構如同![字][9]（《古璽彙

---

[34] 魏宜輝：〈試析古文字中的「激」字〉，簡帛網，2006.3.29。

[35] 陳斯鵬：〈讀《上博竹書（五）》小記〉，簡帛網，2006.04.01。最後一形為筆者所補，字形是《上博（三）·周易》6「朝」字右旁。此字寫法乍看類似「舟」旁，如《彭祖》簡3「朕」作![字]、《周易》57「受」作![字]、《新蔡》甲三 321「舟」作![字]，但是這些「舟」字上部作封閉形，而且兩旁線條沒有寫成彎曲狀，參見《楚文字編》頁 521。又《古錢大辭典》上冊 197 號（亦見於《中國歷代貨幣大系－先秦貨幣》1220 號）「舟百涅」的「舟」字，裘錫圭先生摹作![字]或![字]（分別見於《古文字論集》頁 396、432），乍看之下與《上博（三）·周易》6「朝」字右旁相似。但是回覆原拓，裘先生摹本不盡正確，原拓作![字]，何琳儀先生摹作![字]（《古幣叢考》頁 93 圖 3），吳良寶先生重新修整作![字]（《先秦貨幣文字編》頁 146）較為正確，而這種字形的確較接近「舟」形。

[36] 吳振武：〈燕國銘刻中的「泉」字〉《華學》第二輯（廣州：中山大學出版社，1996.12）頁 48。

編》3313）、⬚（包山 86），以「潮」字初文爲聲符。[37]「潮」，定紐
宵部；「攸」，余紐幽部，「攸勒」在《詩經》中寫作「鞗革」，而
「鞗」是定紐幽部，與「潮」是雙聲，韻部幽宵關係非常密切，陳劍
先生指出：「幽宵兩部關係密切，相通之例也很多。」如「造」與
「肇」可以相通。[38]《上博（六）·用曰》簡 13「隹（唯）君之賈臣，
非貨以⬚（酬）。有瘎在心，嘉德吉猷。心瘎之既權，征民乃⬚。」陳
劍先生指出：如「《天文氣象雜占》的『采』（引案：幽部）和簡文
（引案：指《用曰》簡 13）的『⬚』（引案：幽部）都讀爲『搖』。
『搖』是宵部字，簡文『⬚（酬）』、『猷』和『搖』可以看作幽宵合
韻。」[39]又顏世鉉先生亦曾論證從「麃」（宵部）、從「孚」（幽部）的
字音近可通。[40]《周禮·地官·大司徒》：「宜膏誤其民」，鄭玄《注》
曰：「玄謂膏當爲囊，字之誤也。」虞萬里先生指出：「膏與囊聲皆爲
見紐，韻則宵、幽之別。然陸氏《釋文》注『囊，古毛反，劉古到
反。』毛、到即在宵部，知劉昌宗、陸德明均未從鄭說爲字之誤。
《後漢書·馬融傳》：『昔命師於鞬囊』李賢注：『囊音高。』凡此，皆
證高、囊形不近而音近，鄭注應如段說爲『聲之誤』。」[41]宋華強先生
也舉了很多例證來證明「條」與「朝」音近可通。[42]而「條」正從
「攸」聲。另外，【攸與兆】、【朝與兆】聲系均有相通的例證，[43]所以
「潮」作爲「攸」的聲旁是沒有問題的。

　　附帶一提，三體石經古文「廟」作⬚[44]、《郭店·唐虞之道》簡 5
「廟」作⬚、《語叢一》88「廟」作⬚，其所從聲旁「潭」，李家浩先生

[37] 陳斯鵬：〈讀《上博竹書（五）》小記〉，簡帛網，2006.04.01。
[38] 陳劍：〈釋造〉《出土文獻與古文字研究（第一輯）》（上海：復旦大學出版社，2006.12）頁 96-97。
[39] 陳劍：〈上博六札記五則〉，簡帛網，2007.07.20。
[40] 顏世鉉：〈上博楚竹書文字釋讀札記五則〉《簡帛》第一輯（上海：上海古籍出版社，2006.10）頁 190-191。
[41] 虞萬里：〈《三禮》鄭注「字之誤」類徵〉《國學研究》第十六卷（北京：北京大學出版社，2005.12）頁 187-188。
[42] 宋華強：〈釋甲骨文中的「今朝」和「來朝」〉《漢字研究》第一輯（北京：學苑出版社，2005.6）頁 372。
[43] 張儒、劉毓慶：《漢字通用聲素研究》（太原：山西古籍出版社，2002.4）頁 122、219。
[44] 徐在國：《傳鈔古文字編（中）》（北京：線裝書局，2006.11）頁 929。

認爲「即潮水之『潮』的異體」。[45]可見在戰國文字的系統裡,「潮」字存在著表意字與形聲字兩種不同的寫法。

（二）

戰國燕系兵器銘文常見一字作「」,其語法地位與「作」字相當。「乍（作）」字多見於燕國兵器,是兵器銘文中的動詞,最完整的格式爲:**國君名—作（）－配屬對象－兵器名**,[46]如《集成》11273「郾王戎人（國君名）乍（動詞）雲[47]萃（配屬對象）鋸（兵器名）」。「」字除掉「爪」旁、「心」旁之後的偏旁作「」,學者以往有多種解釋,如湯餘惠先生以爲從「舟」,讀爲「授」。[48]裘錫圭先生讀作「鑄」。[49]李家浩先生釋爲從「舟」,讀作「造」或「鑄」,而傾向後者。[50]何琳儀先生原釋爲從「亡」,[51]後亦改釋爲從「舟」。[52]看的出釋爲「舟」是絕大數學者意見,但是吳振武先生曾經列舉燕國與相鄰地區的「舟」或從「舟」的字形,指出「舟字無論怎麼變,都不出現點狀筆劃。」[53]董珊、陳劍二先生認爲此說「對於燕國及相鄰地區的文字來說,是精當的」,所以釋「」爲「乍（作）」的一種變體。[54]這些說法現在看來都有問題。值得注意的是,李家浩先生釋爲從

---

[45] 李家浩:〈說「青廟」—關於郭店竹簡《語叢一》88 號的解釋〉《「2007 年中國簡帛學國際論壇」論文》（台北:台灣大學中文系主辦,2007.11.10～11）頁 1。

[46] 沈融:〈燕兵器銘文格式、內容及其相關問題〉《考古與文物》1994.3 頁 492。

[47] 釋爲「雲」見董珊:《《戰國題銘與工官制度》》（北京:北京大學博士學位論文,2002.5）頁 100。此字何琳儀釋爲霙,見〈戰國兵器銘文選釋〉（1988 古文字年會論文）《古文字研究》20 輯頁 115。

[48] 湯餘惠:《戰國銘文選》（長春:吉林大學出版社,1994）頁 64。

[49] 裘錫圭說法引自董珊:〈新見戰國兵器七種〉《中國古文字研究》第一輯（長春:吉林大學出版社,1998.12）頁 200 注 3。

[50] 李家浩:〈傳遽鷹節銘文考釋－戰國符節銘文研究之二〉《海上論叢》第二輯（上海:復旦大學出版社,1998.7）頁 22。又載於《著名中年語言學家自選集－李家浩卷》（合肥:安徽教育出版社,2002 年 12 月）頁 88-89。

[51] 何琳儀:《戰國古文字典》頁 1539。

[52] 程燕:〈《戰國古文字典》訂補〉《古文字研究》23 輯頁 173。

[53] 吳振武:〈燕國銘刻中的「泉」字〉《華學》第二輯（廣州:中山大學出版社,1996.12）頁 47。

[54] 董珊、陳劍:〈郾王職壺銘文研究〉《北京大學中國古文獻研究中心集刊》第三輯（北京:北京大學出版社,2002.10）頁 33-34。

「舟」的根據是戰國陶文「舟」及朝歌右庫戈「朝」。此二字分別作：

（《古陶彙編》9.30）　　　（朝歌右庫戈）

可以看出其字形正與《三德》簡 16「潮」字寫法相同。換言之，戰國燕系兵器銘文「△」字還是應該理解爲從「潮」的初文得聲。而由通假例證來看，筆者傾向讀爲「鑄」。銅器的製作動詞很多用「鑄」字，例多不繁備舉。「壽」的基本聲符「弖」是定母幽部，與上述「條」、「儵」相同，所以與「朝（潮）」音近可通。同時，【朝與周】、【壽與周】聲系可以相通。[55]其次，【壽與舟】聲系可通，[56]而《說文》分析「朝」字是從「舟」聲，此亦可證明。

最後，燕系銅器傳遽鷹節「」字，李家浩先生原釋爲「舟」，讀爲「鑄」。[57]根據以上考釋，可知同樣應釋爲「潮」，讀爲「鑄」。

附記：本文發表於簡帛網，2007.11.03，收入本書有所增補。

四、試論楚文字從「弋」偏旁的幾個字

目前楚文字有幾個從「弋」偏旁的字，由文例來看，大抵可以底下幾個字爲代表：（一）楚系常見的「」字；（二）《競建內之》簡 10 的「」字；（三）《容成氏》簡 9 的「戴」字；（四）《容成氏》簡 1、39 的「戎」字；（五）《天星觀》的「郢」[58]；（六）《信陽》1.1 的

---

[55] 張儒、劉毓慶：《漢字通用聲素研究》（太原：山西古籍出版社，2002.4）頁113、218。

[56] 張儒、劉毓慶：《漢字通用聲素研究》（太原：山西古籍出版社，2002.4）頁113。

[57] 李家浩：〈傳遽鷹節銘文考釋－戰國符節銘文研究之二〉《海上論叢》第二輯（上海：復旦大學出版社，1998.7）頁 23。又載於《著名中年語言學家自選集－李家浩卷》（合肥：安徽教育出版社，2002 年 12 月）頁 89-90。

[58] 滕壬生：《楚系簡帛文字編》（武漢：湖北教育出版社，1995.7）頁 447。

「 ▨ 然作色」。以上諸字學者說法很多，現由新出土楚文字資料，可嘗試對這些字作一番釐清，茲試論如下：

（一）楚系文字「戠」字

《說文》分析「戠」爲從戈從音（十二下十七），此說不確。「戠」字甲骨文作 ▨、▨（《甲骨文編》頁 651、861），陳劍先生指出：「『戠』是一個從戈從樴的象形初文得聲的形聲字。」[59]又說：「杙、樴音義皆近，當是一語之分化。」[60]楚系文字「戠」字的所謂「戈」旁大約有三種寫法[61]：

(1) ▨（《郭店·六德》24）、▨（《郭店·六德》10）

(2) ▨（《包山》18）、▨（《璽彙》5482）

(3) ▨（《包山》243）、▨（《包山》248）

筆者以爲有兩種分析的方法，一種是按照甲骨文字形的來源，分析爲從「戈」旁：(1) 形的寫法，亦常見於《天星觀》，從甲骨文來看，分析爲從「戈」旁應無問題。順此說，則 (2) 形可以分析爲「戈」旁加一飾筆，如《隨縣》179「▨ 逡（路）」，裘錫圭、李家浩二先生以爲即古代「五路」之一的「戎路」。又如《容成氏》簡 1「慎（神）『戎（農）』」作▨、簡 39「『戎』逡」作▨亦是相同情形。又如「成」作▨（《郭店·太一生水》2），可能也是加了一飾筆。李家浩先生曾說：「本墓（建洲按：指「九店楚墓」）竹簡『戌』字原文作▨，『城』字原文作▨，[62]皆於『戌』之上加有一短橫，寫法比較特別。」[63]則▨有可能是▨形的省簡，如同「滅」作▨（《郭店·唐虞之道》28）、▨（《上博六·天子建州》乙本 10），亦作▨（《信陽》2.3）、▨（《天子

---

[59] 陳劍：〈殷墟卜辭的分期分類對甲骨文字考釋的重要性〉《甲骨金文考釋論集》（北京：線裝書局，2007.4）頁 425。

[60] 陳劍：〈殷墟卜辭的分期分類對甲骨文字考釋的重要性〉《甲骨金文考釋論集》（北京：線裝書局，2007.4）頁 416。

[61] 參《楚文字編》頁 699-701、873-874。

[62] 《上博（二）·從政甲篇》15「城」亦作同形。

[63] 李家浩：〈五六號墓竹簡釋文與考釋〉《九店楚簡》頁 65 注 29。

建州》甲本簡 11）[64]（3）形左上從「止」形，可以理解爲「戠」增添「止」爲聲。「戠」，章紐職部；「止」，章母之部，聲韻關係非常密切。另外，【戠與之】、【之與止】聲系均有互通的例證，[65]亦可證明。

另一種看法是根基於李家浩先生所指出的「古文字戈旁往往有用爲弋的現象」，[66]如《楚帛書》丙篇 94 的「鳶」，其「弋」旁寫作「戈」。所以可將（1）、（2）、（3）形都視爲「形聲字」，分析爲從「弋」得聲。前面已經提出「杙」、「樴」，當是一語之分化，所以「弋」、「戠」無疑聲韻關係密切。[67]其中第（3）形增添聲符「止」。

（二）《競建內之》簡 10 的「⿰亦弋」字

《競建內之》10 易牙的「易」寫作△1：

（△1） （△2）

整理者隸作「⿰亦弋」，[68]學者未見異議。[69]《上博（二）·容成氏》9「履地△2（戴）天」，其中「△2」字，李零先生隸作「⿰首戈」，並說：「『⿰首戈』即『戴』。原從首從戈，『戈』疑同『𢦏』。」[70]很明顯地，二字

64 參蘇建洲：〈楚簡文字考釋二則〉《國文學報》34 期（台北：台灣師大國文系，2003.12）頁 81-82。筆者舊亦爲此種「成」字可能是變形音化爲「𢦏」，現在看來應無成立的可能。

65 張儒、劉毓慶：《漢字通用聲素研究》，（太原：山西古籍出版社，2002.4）頁 23-24。

66 李家浩：〈戰國邙布考〉《古文字研究》第三輯（北京：中華書局，1980.11）頁 160。

67 亦參張儒、劉毓慶：《漢字通用聲素研究》，（太原：山西古籍出版社，2002.4）頁 61。

68 馬承源主編：《上海博物館藏戰國楚竹書（五）》（上海：上海古籍出版社，2005.12）頁 27、177。

69 季師旭昇：〈《上博（五）·鮑叔牙與隰朋之諫》試讀〉所作的集釋，未見他家之說。見《新出楚簡國際學術研討會·上博簡卷》（湖北：武漢大學等舉辦，2006.6.26）頁 14。

70 馬承源主編：《上海博物館藏戰國楚竹書（二）》（上海：上海古籍出版社，2002.12）頁 257。

上部是同形的，但一認為從「弋」，一認為從「𢎨」，中間容有探討的空間。

前面已經說明「戠」可以分析為從「弋」聲。而「𢎨」與「弋」又存在著音近的現象：「𢎨」從「才」得聲，而陳劍先生已指出「才」與「弋」是一字分化：

《說文·才部》：「才，艸木之初也。从丨上貫一，將生枝葉。一，地也。」研究者多據此為說，謂「才」字為草木破土而出初生之形等（《古文字詁林》第六冊 32～39 頁），跟古文字字形不合，不可信。「才」字殷墟甲骨文作 ↓（多見於賓組、自組等早期卜辭）、↓、↓、中 等（《甲骨文編》269 頁），金文作 ↓、↓、↓、↓、中、↓、↓、↓ 等，其填實與鈎廓、中豎穿透與否皆無別。後來逐漸線條化作 ↓、十、十（《金文編》411～412 頁 0972 號）。「弋」字本象橛杙之形，是「杙」字的表意初文（看裘錫圭：《釋「柲」——附：釋「弋」》，《古文字論集》29～31 頁，中華書局，1992 年 8 月）。甲骨文「弋」字和用作偏旁的「弋」字作 ↓（《合集》1763）、↓（《合集》4443）、↓（《合集》10048）、↓（《合集》30893「督」所從）等，西周金文「叔」所從的弋字或作 ↓、↓、↓、↓（叔簋，4132.2、4133.1）、↓、↓（叔鼎，4.2052.1、2052.2）、↓（大克鼎，5.2836）。其填實與鈎廓亦無別，後也大多線條化作 ↓、↓ 一類形（《金文編》815 頁 2024 號「弋」、《金文編》191 頁 0463 號「叔」字）。「弋」跟「才」字形各方面的情況都很接近，其區別僅在於「弋」字右上比「才」字多出一小筆。兩字讀音相差也不遠，所以我認為，它們本是由一字分化而來的，「才」字字形也應說為象下端尖銳的橛杙之形。何琳儀先生《戰國古文字典》（中華書局，1998 年 9 月）69 頁說：「弋，金文作 ↓（智鼎），從才，右上加短橫分化。才亦聲。」已經注意到了「才」跟「弋」的關係。但根據甲骨文「必」字字形可知，「弋」字右上的短橫本是字形中固有的部分，恐不能說為分化符號（參看裘錫圭：《釋

「秘」——附：釋「弋」》，《古文字論集》17～34 頁）。《合集》
19946 是一版𦥑組大字類卜骨，時代較早。其反面卜辭爲：「壬
子卜，貞，㞢（才—在）六月，王◆（才—在）毕。」前一
「才（在）」字與「弋」形完全相同。這是「才」跟「弋」本爲
一字分化的有力證據。[71]

可見「弋」、「𢦏」（從「才」聲）聲韻關係的確密切。另外，《說文》
「戴」字籀文作𢧄，段玉裁注說：「『弋』聲、『𢦏』聲同在一部，蓋非
從戈也。」[72]亦可證明。再由音理來看，「𢦏」（精紐之部）與「弋」
（余紐職部）二者韻部對轉，而聲紐有其互通的現象，如《上博五·
鮑叔牙》6「貴尹」，學者已指出讀作應讀作「潰朘」，其中「尹」（余
紐）與「朘」（精紐）的關係正符合此條件。[73]宋華強先生也說古代余
母與精系可以相通，如「允」屬余母，而從「允」得聲的「俊」屬精
母。[74]換言之，《容成氏》的「戴」字有可能從「弋」或是「𢦏」得
聲。[75]至於《競建內之》的「易」字也是相同情形，「易」，余紐錫
部，不管是「亥」，匣紐之部；「弋」，余紐職部，還是「𢦏」，聲紐都
是可以的，[76]但是韻部似未見互諧之例。結合以上的討論，上述
「𢦏」、「戴」恐怕還是分析爲從「弋」較好，因爲「𢦏」讀作「易」
應該是個形聲字，從「弋」聲則至少是雙聲的關係，比釋爲從「亥」
或「𢦏」聲音理更加密切。而《容成氏》的「戴」字可以「弋」爲
聲，已有《說文》籀文重文爲證。[77]（詳下討論）

---

[71] 陳劍：〈釋造〉《出土文獻與古文字研究（第一輯）》（上海：復旦大學出版社，
2006.12）頁 67-68 注 34。亦見《甲骨金文考釋論集》（北京：線裝書局，2007.
4）頁 141 注 1。

[72] 〔清〕段玉裁注：《說文解字注》（台北：漢京文化，1985.10）頁 105「戴」字條
下。

[73] 季師旭昇：〈《上博（五）·鮑叔牙與隰朋之諫》試讀〉《新出楚簡國際學術研討
會·上博簡卷》（湖北：武漢大學等舉辦，2006.6.26）頁 20 注 43、何琳儀：〈貴
尹求義〉《新出楚簡國際學術研討會·上博簡卷》頁 133。

[74] 宋華強：〈新蔡簡「延」字及從「延」之字辨析〉，簡帛網，2006.05.03。

[75] 當然從《說文》籀文「戴」亦可得知。

[76] 匣、余的關係可見李家浩：〈讀《郭店楚墓竹簡》瑣議〉《中國哲學》20 輯（瀋
陽：遼寧教育出版社，1999.1）頁 351。精、余則前已論及。

[77] 本則結論得到沈培先生同意，見氏著：〈試釋戰國時代從「之」從「首（或從

陳劍先生曾向筆者指出:「𢼄字會不會實係『改』字異體（『亥』聲通『改』無問題），因『同義換讀』而用爲改易之『易』因而有『易』音、簡文又用之爲姓氏之『易』?」[78]茲存此備考。

（三）《容成氏》簡 9 的「戴」字

沈培先生曾有〈試釋戰國時代從『之』從『首』（或從『頁』）之字〉大作，筆者拜讀完覺得受益良多。從文意來看，沈培先生將「上從『之』下從『首（或從‘頁’）』」的字（以下用「◆」代替此字）釋爲「戴」，並說此字從「之」得聲，應該是可以被接受的。[79]文中沈培先生亦提到《上博（二）·容成氏》9「履地◆（戴，△）天」的「戴」字。對於「△」字，李零先生隸作「戠」，並說:「『戠』即『戴』。原從首從弋，『弋』疑同『找』。」[80]筆者曾撰文指出此種看法恐有誤，並認爲「△」應從「弋」得聲。[81]沈先生則分析「△」爲從首從「弌」得聲，但是「弌」（影紐質部）與「戴」（精紐之部）聲韻關係並不近。

今由「◆」可知這兩個字形是可以聯繫起來的。因爲「戴」可以「弋」爲聲，已有《說文》籀文重文爲證。而「弋」（余紐職部）、「之」（章紐之部）聲韻關係密切，韻部對轉，聲紐亦常見相通，如《曾侯》81「戠」（章紐）可增添「翼」（余紐）聲;又「俞」（余紐）和「朱」（章紐）音近可通。[82]又如《金文編》頁 417「蔡公子義瑚」的「之」增添「弋」聲;𪔂鐘中「不貳」一詞，李家浩先生認爲讀作

『頁』）之字〉《「2007 年中國簡帛學國際論壇」論文》（台北:台灣大學中文系主辦，2007.11.10～11）頁 5。

[78] 2007 年 12 月 07 日覆信內容。

[79] 沈培:〈試釋戰國時代從"之"從"首（或從‘頁’）"之字〉，簡帛網，2007.07.17。亦見《「2007 年中國簡帛學國際論壇」論文》（台北:台灣大學中文系主辦，2007.11.10～11）。

[80] 馬承源主編:《上海博物館藏戰國楚竹書（二）》，（上海:上海古籍出版社，2002.12），頁 257。

[81] 蘇建洲:〈《上博（五）競建內之》「𢼄」字小考〉，簡帛網，2006.7.23。參看第二則的討論。

[82] 高亨、董治安編纂:《古字通假會典》（濟南:齊魯書社，1997.7 二刷）頁 328。

「不特」，上古音「貳」、「特」都是定母職部，而「特」從「之」聲；「貳」從「弋」聲，亦爲一證。[83]另外【之與戠】、【弋與戠】常見相通的例證，[84]自然「之」、「弋」是可以相通的。由於「」出現次數頗多，可能是本來的寫法，至於《容成氏》的「」字則是替換聲符的結果。至於《天星觀》遣策「羽」，《戰國文字編》隸定作「戠」，[85]現在看來應隸定作「貳」，讀作「戴羽」就更沒問題了。[86]

（四）《天星觀》的「」字

筆者曾全面考釋楚簡常見「A 郢」的「A」字，認爲「A」字應釋爲從「」，相關字形可隸作「栽」、「」、「蔶」、「茲」，主要聲符是「」。而「A 郢」有學者提出就是「紀郢」。[87]不過「A」字也有很多學者釋爲「戚」。裘錫圭、李家浩二先生曾考釋說：「『菽郢』之名亦見於鄂君啓節與一九七八年江陵天星觀一號楚墓出土竹簡。『菽郢』上一字天星觀簡多作『』，[88]所從之『』與漢印『叔』字左旁極爲相似，故暫時隸定爲『菽』。本墓五號、七號簡有『郢』，八號簡有『郢』，皆應是『菽郢』的異文。『菽郢』疑指江陵之郢。」[89]裘錫圭先生還指出：秦漢文字中「叔」字有從「尗」和從「」兩類寫法，分別淵源有自。從「尗」者殷墟甲骨文已見是爲大家所熟悉的（引者案：指類似字形的左旁），「」形則來源於最早已見於西周金文的「」形（鐘銘中常見的一個形容鐘聲之字的聲旁）。「」是與「尗」字音同或音近的一個字，用作聲旁時二者可以通用。[90]又說

---

[83] 李家浩：〈驫鐘銘文考釋〉，《著名中年語言學家自選集—李家浩卷》（合肥：安徽教育出版社，2002.12）頁 80。

[84] 張儒、劉毓慶：《漢字通用聲素研究》，（太原：山西古籍出版社，2002.4）頁 23、61。

[85] 湯餘惠主編《戰國文字編》頁 822。至於滕壬生《楚系簡帛文字編》頁 878 則依形隸定作戠。

[86] 以上拙文的看法得到沈培先生的贊同。（2007 年 7 月 21 日覆信）。

[87] 蘇建洲：〈楚簡文字考釋二則〉《國文學報》34 期（台北：台灣師大國文系，2003.12）頁 68-84。

[88] 此字形並未見於《楚系簡帛文字編》頁 444-447。

[89] 湖北省文物考古研究所等：《望山楚簡》頁 68、86 注 2。

[90] 裘錫圭：〈戎生編鐘銘文考釋〉《保利藏金》（嶺南美術出版社，1999.9）頁 371-

「下部『人』形之旁有點,是 字的重要特點。」[91]顯然將「A」字釋為「戚」,其所從的「朮」旁是源自「 」。但是,筆者以為這樣的連結不無疑問。首先,金文「 」形能否釋為「朮」,目前未成定論。[92]其次,筆者曾將「A」字依字形分為十四類,其中僅有《天星觀》的寫法吻合「 」的特點,其餘絕大多數左下從「木」或是「人」形之旁未見有點,與目前我們所見戰國秦漢文字的「朮」旁有所不同。[93]其三,《天星觀》多見 字,其左上作「一」形,也很難用「朮」來解釋。新出《上博(六)·平王問鄭壽》簡 2「 陵」,字形與 (《包山》129)、 (《包山》206)形近。何有祖先生即釋為「戚」,他說:「比較直接的證據是作為上取『戚』字異體的《包山》58 號簡的 ,見於郭店《性自命出》30 號簡的 (戚),《三德》3 號簡有『戚』字即與 同。因此,我們認為此處應釋為『戚陵』,它與『臨易』同是在楚平王晚年修建的『新都』。」[94]何先生所舉字形例證與《平王問鄭壽》簡 2「 」字並不相同,此字左下從「木」,與「朮」並不相同,要將此字形釋為「戚」實在很勉強。現在我們由前面的討論,可知《天星觀》的「 」字應該釋為從「弋」聲,則相關諸字似皆可以得到合理的解釋,討論如下:

(1) (《天星觀》),字形亦見於前引「 」的(3)形,可以分析為從「弋」聲,並增添「止」聲。又馬王堆帛書《式法·祭》「有大 (災)」,[95]「 」即「災」(從「才」聲),字形一樣可以分析為

372。

[91] 裘錫圭:〈戎生編鐘銘文考釋〉《保利藏金》(嶺南美術出版社,1999.9)頁 371。

[92] 李家浩:〈齊國文字中的「遂」〉,收入《著名中年語言學家自選集－李家浩卷》(合肥:安徽教育出版社,2002.12)頁 48-49、陳雙新:《兩周青銅樂器銘辭研究》(保定:河北大學出版社,2002.12)頁 127-129、胡長春:〈釋「鷔鷔雟雟」〉《古文字研究》25 輯頁 133-143。

[93] 黃錫全:〈「葳郢」辨析〉《古文字論叢》頁 284-285、何琳儀:《戰國古文字典》頁 199-200、湯餘惠主編:《戰國文字編》(福州:福建人民出版社,2001.12)頁 181、492;《漢印文字彙編》頁 41、104-105;陳松長:《馬王堆簡帛文字編》頁 116。

[94] 何有祖:〈上博六所見四篇楚王故事叢考〉《「2007 年中國簡帛學國際論壇」論文》(台北:台灣大學中文系主辦,2007.11.10～11)頁 2。

[95] 馬王堆漢墓帛書整理小組:〈馬王堆帛書《式法》釋文摘要〉《文物》2000.7 頁 93。

從「弋」聲，「弋」、「才」音近已如前述，則「𢦏」是增添了「止」聲。此為釋𢼸為從「弋」聲的佳証。另外，如上所述，「A」字絕大多數作𢼸形，則𢼸左下的寫法應該是由前者字形左下的「人」形加二筆繁化而來，如《上博（二）‧容成氏》的「虖」皆作「𠂤」，是由𠂤（乎，《上博（二）‧民之父母》2）繁化而來。[96]最後，這種形體還可以寫作𢼸，其左上亦是「止」。字形變化如同「歲」字作𢧀（《包山》234），左上從「止」，亦作𢧀（《包山》199）、𢧀（《包山》124）、𢧀（《包山》125）、𢧀（《郭店‧太一生水》3），「止」旁寫法可以參考。

　　（2）𢼸（《天星觀》），字形亦見於前引「𢧀」的（2）形、《競建內之》的「𢦒」、《容成氏》的「戴」，可以分析為從「弋」聲。

　　（3）𢼸（《平王問鄭壽》簡 2），左上的「中」可以理解為𢼸字「艸」旁之省。餘下的部分便是「弋」旁與「木」旁。

　　黃錫全、陳漢平等先生都同意（1）－（2）的「A 郢」指的是湖北江陵的「紀南城」，即「紀郢」。[97]顏世鉉先生亦同意讀作「紀郢」，但認為「A」應釋為「戚」。但是「紀」從「己」聲（見紐之部）與「戚」（清紐覺部），聲韻關係俱遠，恐難成立。[98]今改釋為從「弋」（余紐職部）聲，與「紀」韻部對轉，聲紐見余關係密切，先看諧聲偏旁：如「喬」是余紐；「橘」是見紐。「與」，余紐，而從與的「舉」是見紐。「公」，見紐；「容」，余紐。「匜」（余紐）；「姬」（見紐）。「君」（見紐）從「尹」（余紐）聲。再看重文的證據：「唐」字從口從庚（見紐）聲，「唐」字古文多從「昜」（余紐）。[99]最後是通假例證，如《王家台秦簡》：「亦曰：昔者□□343 夜曰：昔者北□夫=（大夫）卜逆女……」，「夜」、「亦」兩卦，均相當於今本的「蠱」卦，蠱（見紐）；夜、亦（余紐）。[100]

---

[96] 蘇建洲：〈楚簡文字考釋二則〉《國文學報》34 期（台北：台灣師大國文系，2003.12）頁 71-72。

[97] 黃錫全：〈「藏郢」辨析〉《楚文化研究論集－第二集》（湖北人民出版社，1991.3）311-324。亦見於氏著《古文字論叢》頁 281-290。陳漢平：《金文編訂補》頁 573-576。

[98] 顏世鉉：《包山楚簡地名研究》（台北：台灣大學中文所碩士論文，1997.6）頁 59-60。

[99] 黃鳳春：〈湖北鄖縣新出唐國銅器銘文考釋〉《江漢考古》2003.1 頁 9。

[100] 王明欽：〈王家台秦墓竹簡概述〉《新出簡帛研究》（北京：文物出版社，

　　從輾轉通假的例證亦可證明：古文字中，己巳巳三字關係密切。趙平安先生曾指出：「由於形近，自戰國至漢，己和巳都有寫混的現象。如包山簡的己一般作己（31 號、150 號等），偶而也作巳（79 號簡）……總之，巳己形音俱近，關係非常密切。」[101]又如《郭店·緇衣》簡 16「改」字寫作🔲，从攴巳聲，張富海先生指出：「『改』之從巳聲猶『起』之從巳聲（原注：小篆『起』字從巳聲，但古文字材料中『起』字亦多有從己聲者）。雖然《說文》『改』字從『己』（原注：《說文》也有『改』字，是與『改』不同的一個字），但如甲骨文、侯馬盟書、馬王堆帛書等較早文字材料中的『改』字皆從『巳』。」[102]而香港中文大學藏《緇衣》簡「改」字寫作🔲，左邊所從的形體比較奇怪。馮勝君先生指出：「對比同篇 11 號簡『巳』字寫作🔲，可知『改』字所從也是『巳』，🔲有可能是『巳』的異體。」[103]可見「改」既從「己」，亦從「巳」、「巳」。[104]而【以與巳】、【似與巳】與【姒與弋】均有通假的例證。[105]可見弋、己的確音近。如此一來，「A 郢」讀作「紀郢」，音理方面就合理多了。至於（3）《平王問鄭壽》簡 2「栽陵」要如何釋讀，尚待來日。

（五）《信陽》1.1 的「🔲」字

　　《信陽》1.1「周公🔲（△）然作色曰：『易（狄），夫賤人格

　　2004.12）頁 32、王輝：〈王家台秦簡校釋〉《江漢考古》2003.1 頁 83。

[101] 趙平安：〈試釋包山簡中的「笆」〉《簡帛研究二〇〇二、二〇〇三》（桂林：廣西師範大學，2005.6）頁 3。

[102] 張富海：《郭店楚簡〈緇衣〉篇研究》（北京：北京大學中國語言文學系碩士論文，2002）頁 15。

[103] 馮勝君：《論郭店簡〈唐虞之道〉、〈忠信之道〉、〈語叢〉一～三以及上博簡〈緇衣〉爲具有齊系文字特點的抄本》，（北京大學博士後研究工作報告，2004.08）頁 250。

[104] 關於巳巳的關係，可參見裘錫圭：《文字學概要》（台北：萬卷樓圖書公司，1999.1 再版二刷）頁 256、李家浩：《著名中年語言學家自選集－李家浩卷》（合肥：安徽教育出版社，2002.12）頁 321、吳振武：〈關于新見垣上官鼎銘文的釋讀〉，簡帛網，2005.11.04。

[105] 高亨、董治安編纂：《古字通假會典》（濟南：齊魯書社，1997.7 二刷）頁 390-391。

上，則刑戮至。剛』」，1.2「曰：『易，夫賤人剛恃而及（？）于刑者，又尚賢』。關於「△」字，李學勤先生說：「又如『△』字，疑從『𢥞』省，讀爲『勃』。」[106]李家浩先生贊同其說。[107]李零先生亦分析作從月從「𧥳」字籀文（從二或，正反倒置，見《說文・言部》）的省文。[108]何琳儀先生分析此字爲從月，弋聲，讀作「慨」。《禮記・檀公》上：「練而慨然」，鄭《注》：「憂悼在心之貌也。」[109]筆者曾以爲應讀作「愀」，清紐幽部，聲韻關係與「弋」一字分化的「才」（從紐之部）或是「𢦏」（從「才」聲，精紐之部）都非常密切。聲紐同爲精系字，韻部之幽二部常見通協，[110]經高本漢、董同龢研究，「之」部與「幽」部通押是上古楚方言特色之一，如《楚辭・九章・懷沙》：「眴兮杳杳，孔靜幽默。鬱結紆軫兮，離慜而長鞠。」默（之部入聲）：鞠（幽部入聲）。《楚辭・九章・惜往日》：「自前世之嫉賢兮，謂蕙若其不可佩。妒佳冶之芬芳兮，嫫母姣而自好。」佩（之）：好（幽）。[111]又如《詩・大雅・思齊》：「肆成人之有德，小子有造。古之人無斁，譽髦斯士。」造：士，之幽合韻。[112]《詩・大雅・瞻卬》：「人有土田，女反有之。……此宜無罪，女反收之。」有：收，之幽合韻。[113]《彭祖》簡 7：「多㤅者多憂，賊者自賊也。」孟蓬生先生指出：「『㤅』，《說文》以爲『懋』字重文，訓爲『勉』，此處當讀爲『謀』。古音謀字爲明紐之部，『㤅』爲明紐幽部，韻部相

[106] 李學勤：〈長台關竹簡中的《墨子》佚篇〉《簡帛佚籍與學術史》（臺北：時報文化出版社，1994.12）頁 342。

[107] 李家浩：〈信陽楚簡「樂人之器」研究〉《簡帛研究》第 3 輯（南寧：廣西教育出版社，1998.12）頁 14。

[108] 李零：〈長台關楚簡《申徒狄》研究〉，簡帛研究網，2000/08/08，http：//www.bamboosilk.org/Wssf/Liling2.htm；亦收錄於《揖芬集－張政烺先生九十華誕紀念文集》（北京：社會科學文獻出版社，2002.5）頁 310。

[109] 何琳儀：《戰國古文字典》頁 1080、何琳儀：〈信陽竹書與墨子佚文〉《安徽大學學報》2001.1 頁 29 注 2、《戰國文字通論訂補》頁 157。

[110] 趙彤：《戰國楚方言音系》（北京：中國戲劇出版社，2006.5）頁 131、李玉：《秦漢簡牘帛書音韻研究》（北京：當代中國出版社，1994.10）頁 79-94、宋華強〈澳門崇源新見楚青銅器芻議〉，簡帛網，2008.01.01。

[111] 丁邦新編：《董同龢先生語言學論文選集》（台北：食貨出版社，1981.9）頁 8。

[112] 王力：《詩經韻讀》（上海：上海古籍出版社，1980.12）頁 341。

[113] 王力：《詩經韻讀》頁 386。亦參向熹、《詩經詞典》（成都：四川人民出版社，1997.7 二版三刷）頁 1077。

近，可以通假。」[114]又簡 8「狗（耇）老二拜旨（稽）首曰：『朕孳不敏，既得聞道，恐弗能守乚。』」陳斯鵬先生指出：「敏」、「道」、「守」爲韻，之、幽合韻。[115]我們現在認爲舊說仍是有道理的，底下內容大部分引自舊說，只增補部分新材料：[116]

「脖」作🔣（《包山》80）、🔣（《包山》135）；「臂」作🔣（《璽彙》484）[117]、🔣（《侯馬》），字形均與「△」的上部不似，是否一定解爲「🔣」省，似無堅強證據。何琳儀先生之說與前舉沈培先生討論《容成氏》的「戴」字同，筆者已辨析於上。不過何先生將簡文改讀爲「慨」，並引鄭《注》訓爲「憂悼在心之貌也」對我們仍是有啓發的。

關於《信陽竹書》的性質，李學勤先生以爲是《墨子》佚篇，[118]並也得到一些學者的認同。[119]但是近來楊澤生先生重新論證，以爲舊說「儒家著作」仍是對的，[120]楊先生文中引《孔子家語·好生》一段話可與簡文參看：

> 孔子謂子路曰：「君子而強氣則不得其死，小人而強氣則刑戮薦臻。《豳詩》曰：『迨天之未陰雨，徹彼桑土，綢繆牖戶。今汝下民，或敢侮予。』」孔子曰：「能治國家如此，雖欲侮之，豈可得乎？」

[114] 孟蓬生：〈《彭祖》字義疏證〉，簡帛研究網，2005.6.21。
[115] 陳斯鵬：〈上海博物館藏楚簡《彭祖》新釋〉《華學》第七輯（北京：紫禁城出版社，2004.12）頁163。
[116] 參蘇建洲：〈楚簡文字考釋二則〉《國文學報》34 期（台北：台灣師大國文系，2003.12）頁82-84。
[117] 朱德熙：〈關於侯馬盟書的幾點補釋〉《朱德熙古文字論集》頁57。
[118] 李學勤：〈長台關竹簡中的《墨子》佚篇〉《簡帛佚籍與學術史》（臺北：時報文化出版社，1994.12）頁341-348。
[119] 駢宇騫、段書安：《本世紀以來出土簡帛概述》（台北：萬卷樓出版社，1999.4）頁12-13、李零：〈長台關楚簡《申徒狄》研究〉，簡帛研究網，2000/08/08，http：//www.bamboosilk.org/Wssf/Liling2.htm。
[120] 楊澤生：〈信陽楚簡第 1 組 38 號和 3 號研究〉《簡帛研究二〇〇一》（桂林：廣西師範大學，2001.9）頁1-5、楊澤生：〈長臺觀竹書的學派性質新探〉《文史》2001年第4輯（北京：中華書局，2001.12）頁31-37。

這表達了孔子「未雨綢繆」的治國主張,而「綢繆」的內容楊先生引《孔子家語・始誅》來說明:

子喟然而歎曰:「嗚呼!上失其道而殺其下,非理也。不教以孝而聽其獄,是殺不辜。三軍大敗,不可斬也;獄犴不治,不可刑也。何者?上教之不行,罪不在民故也。夫嫚令謹誅,賊也;徵斂無時,暴也;不試責成,虐也。政無此三者然後刑可即也。《書》云……言必教而後刑也。既陳道德以先服之而猶不可,尚賢以勸之;又不可即廢之;又不可而後以威憚之。若是三年,而百姓正矣。其有邪民不從化者,然後待之以刑,則民咸知罪矣。《詩》云……是以威屬而不試,刑錯而不用。今世則不然,亂其教,繁其刑,使民迷惑而陷焉。又從而制之,故刑彌繁而盜不勝也。」

可見主張的是「教而後刑」。楊先生又以為 1、2 號簡文中的「夫」是提起連詞,它所提起的話題的意思其實應該是注重「刑戮」、「尚賢」而不是重「教」,因而並不是周公所贊同的。因此簡文中周公所表述的意思反而和孔子的主張相一致。[121]文章中也提到王志平先生認為「竹簡書中的周公正是孔子一派」,與楊文正同。[122]依此說,可幫助我們釋讀簡文中的「△」字。《晏子春秋・卷六・景公欲更晏子之宅晏子辭以近市得所求諷公省刑第二十一》:「是時也,公繁于刑,有鬻踊者,故對曰:『踊貴而屨賤。』」公愀然改容,公為是省于刑。」[123]相同內容,《韓非子・難二》作:「是時景公繁於刑,晏子對曰:『踊貴而屨賤。』景公曰:『何故?』對曰:『刑多也。』景公造然變色,曰:『寡人其暴乎!』於是損刑五。」[124]可見「愀然改容」即「造然

[121] 楊澤生:〈長臺觀竹書的學派性質新探〉《文史》2001 年第 4 輯(北京:中華書局,2001.12)頁 33。

[122] 楊澤生:〈長臺觀竹書的學派性質新探〉《文史》2001 年第 4 輯(北京:中華書局,2001.12)頁 34。

[123] 張純一:《晏子春秋校注》《新增諸子集成》六(台北:世界書局,1983.4 新四版)頁 169

[124] 陳啟天:《增訂韓非子校釋》(台北:商務印書館,1982.8 四版)頁 331。

變色」。「造然」，亦見於《大戴禮記‧保傳》:「靈公往弔，問其故，其子以父言聞，靈公造然失容曰:『吾失矣。』」盧辯《注》曰:「造然，驚慘之貌。」[125]蓋簡文中周公既然主張刑罰是末，則對於賤人格上導致刑戮至，沒有理由表現出「勃然作色」，反倒應該是「愀然改容」的檢討爲何德性教化未能感化賤人，要省其刑，正其教，使民有恥且格。「作色」即「改容」、「變色」之意，《禮記‧哀公問》:「孔子愀然作色而對曰⋯⋯」，鄭《注》:「愀然，變動貌也。作猶變也。」[126]可證。綜合以上，簡文應讀作「周公愀然作色曰:『易（狄），夫賤人格上，則刑戮至。剛』」。

最後，《包山》255 有個字形《楚系簡帛文字編》摹作 ![字形]（頁67），類似「弋」旁。但是細察圖形，其戈上一橫筆並不明顯，而且與「中」連在一起，恐怕不是從「弋」。

附記：本文承蒙陳劍先生指正，讓筆者避免了一些謬誤，謹致謝忱。

【附錄】：　本文在第（四）則改釋楚簡常見「A 郢」之「A」字爲從「弋」聲的基礎上，原還有如下的三則改釋，但考慮到此三則爭議較大（詳下引陳劍先生之說），故移作「附錄」：

（一）《郭店‧性自命出》30「![字形]」字

《郭店‧性自命出》30「哭之動心也，⋯⋯![字形]然以終」，末句學者讀作「戚然以終」，陳偉先生說:「戚，憂愁，悲傷。」[127]「![字形]」的上部與《包山》58「![字形]郢」寫法相同。此字可以分析爲從「屮」，從「弋」聲，下從「人」，並增添「止」聲，如同前述《天星觀》的![字形]與![字形]二字。筆者則以爲可以讀作「惻然以終」。「惻」，初紐職部；「弋」，余紐職部，聲韻關係密切。而與「弋」爲同源的「才」，與

---

[125] 〔清〕王聘珍撰，王文錦點校:《大戴禮記解詁》（北京:中華書局，1998.12 四刷）頁 66。

[126] 《十三經注疏－禮記》頁 849。

[127] 陳偉:《郭店竹書別釋》（武漢:湖北教育出版社，2003.1）頁 194。

「則」有通假的例證，[128]如《禮記‧禮運》：「知氣在上」，「在」，《孔子家語‧問禮》作「則」。又《周禮‧輪人》：「察其菑（菑）蚤不齵」，鄭玄注引鄭司農曰：「菑（菑）讀如雜廁之廁。」「菑（菑）」可以分析爲從「才」聲（《說文段注》一下四十一）。「惻然」一詞古籍常見，如《漢書‧卷十‧成帝紀》：「關東流冗者衆，青、幽、冀部尤劇，朕甚痛焉。未聞在位有惻然者，孰當助朕憂之！」《吳越春秋‧句踐伐吳外傳》：「二十四年九月丁未，范蠡辭於王……越王惻然，泣下霑衣。」《烈女傳‧晉弓工妻》：「妻曰：『君聞昔者公劉之行乎？羊牛踐葭葦，惻然爲民痛之。恩及草木，豈欲殺不辜者乎！』」皆爲悲傷、悲痛之意，[129]與「戚」義近。

（二）《上博（三）‧極先[130]》02「[字形]」字

　　《上博（三）‧極先》02「[字形]（△）＝夢＝」，原整理者李零先生隸定作「洂」，分析爲從水從「宋」從戈，宜以音近讀爲「寂」。[131]董珊先生隸定作「滅」，讀作「寂」。簡文「滅＝夢＝」，讀作「寂寂夢夢」。「寂寂」是形容不動的狀態，「夢夢」是說昏亂的樣子。二者都是描述「道」在運行之前的混沌狀態，[132]由文意來看是有道理的。值得注意的是，《淮南子‧天文》：「天墜（地）未形，馮馮翼翼，洞洞灟灟，故曰太昭〈始〉。[133]」所描寫的情況與《極先》1-2：「未有天地，未1有作行出生，虛靜爲一，若△△夢夢，靜同而未或明（萌），未或滋生。」相似。則簡文「△△夢夢」正相應於《淮南子‧

---

[128] 張儒、劉毓慶：《漢字通用聲素研究》，（太原：山西古籍出版社，2002.4）頁64。

[129] 宗福邦、陳世鐃、蕭海波主編：《故訓匯纂》（北京：商務印書館，2004.3 初版二刷）頁810。

[130] 「恆先」改讀爲「極先」，參裘錫圭：〈是「恆先」還是「極先」〉《「2007 年中國簡帛學國際論壇」論文》（台北：台灣大學中文系主辦，2007.11.10～11）頁 1-16。

[131] 馬承源主編：《上海博物館藏戰國楚竹書（三）》（上海：上海古籍出版社，2003年 12 月）頁 289。

[132] 董珊：〈楚簡《恒先》初探〉，簡帛研究網，2004.05.12。

[133] 依〔清〕王念孫《讀書雜誌‧淮南內篇第三》（南京：江蘇古籍出版社，2000.9）頁 782 引王引之之說校改。

天文》「馮馮翼翼」。「△」依照筆者之前的分析從「弋」聲，與「翼」（余紐職部）雙聲疊韻，古籍常見通假，我們在前面已舉過例證。[134]而「夢」（明紐蒸部）與「馮」（並紐蒸部），二者聲韻關係密切。《楚帛書》有「夢夢墨墨」一詞，馮時先生指出：「夢墨」、「芒昧」之疊語實皆「馮翼」之轉。[135]其說可從。此例正可爲我們釋「△」一系列字從「弋」聲的佳證。

（三）《上博（五）·三德》簡 3「▨」字

《上博（五）·三德》03「陽而幽，是謂大▨；幽而陽，是謂不祥。」整理者李零先生讀作「大感」。[136]此說可商，因爲「感」是人的心理狀態，與後面「不祥」屬於外在因素所引起的結果無法比附。筆者以爲可以讀作「大災」，經籍常見此詞：《荀子·王霸》：「傷國者，何也？曰：以小人尙民而威，以非所取於民而巧，是傷國之大災也。」《春秋經·莊公二十年》：「夏，齊大災。」《左傳·昭公元年》：「天無大災，子之力也。」《周禮·春官宗伯·小宗伯》：「若大甸，則帥有司而臚獸于郊，遂頒禽。大災，及執事禱祠于上下神示。」《周禮·春官宗伯·司服》：「大札、大荒、 大災，素服。」《周禮·春官宗伯·司巫》：「國有大災，則帥巫而造巫恆。」而且「災」、「祥」時常相對爲言，如《呂覽·有始覽·應同》：「〈商箴〉云：『天降災布祥，並有其職』，以言禍福人或召之也。」再說押韻的情況，「陽而幽（幽部），是謂大災（之部）；幽而陽（陽），是謂不祥（陽）。」之幽二部常見通協，[137]可見簡文「▨」分析爲從「弋」聲，讀作「災」是可以的。

對以上附錄三則，陳劍先生向筆者指出：

---

[134] 高亨、董治安編纂：《古字通假會典》（濟南：齊魯書社，1997.7 二刷）頁 375。

[135] 馮時：《中國天文考古學》（北京：社會科學文獻出版社，2001.11）頁 16。

[136] 馬承源主編：《上海博物館藏戰國楚竹書（五）》（上海：上海古籍出版社，2005.12）頁 290。

[137] 趙彤：《戰國楚方言音系》（北京：中國戲劇出版社，2006.5）頁 131、李玉：《秦漢簡牘帛書音韻研究》（北京：當代中國出版社，1994.10）頁 79-94

《三德》「大戚」、《性自命出》「戚然」、《恆先》「寂寂」之釋，各方面均甚自然直接（所謂「戚郢」辭例的限制性不強，姑置不論），其辭例頗有不同而如同釋爲與「叔」聲有關之字則皆甚圓通，當非偶然（大作說「因爲『戚』是人的心理狀態，與後面『不祥』屬於外在因素所引起的結果無法比附。」按此亦不可看死。憂戚之「戚」亦可由人的心理狀態而指造成此心理狀態之事，亦即「可爲憂戚之事」、「可爲之發愁之事」，正與「有憂」、「無憂」之「憂」相類，並不難理解。《左傳》宣公四年：「楚司馬子良生子越椒，子文曰：『必殺之。……』子良不可，子文以爲大戚。」秦駰禱病玉版云「余身曹（遭）病，爲我戚憂」，均可與《三德》「是謂大戚」類比體會）。改釋之後，《三德》要說爲之、幽合韻，《性自命出》讀爲「惻然」也覺不如「戚然」之順，其必然性到底有多大？我感到，戰國文字中偏旁趨同嚴重，分析文字時要重視整體結構的制約，不同文字中所包含的寫法相同的部分，未必就有關係。[138]

陳劍先生之說有其道理，但考慮到此三則的寫作似又不全爲無據，暫置附錄，以俟後考。

五、楚文字「炅」字及從「炅」之字再議
——兼論傳鈔古文一個值得注意的現象

孫詒讓曰：「今略摭金文、龜甲文、石鼓文、貴州紅巖石刻，與說文古籀互相勘校，楬其歧異，以箸渻變之原，而會最比屬，以尋古文大小篆沿革之大例」[139]，一語道出傳鈔古文與出土文字關係之密

---

[138] 2007 年 12 月 07 日覆信內容。

[139] 孫詒讓《名原·自序》，轉引自丁福保編《說文解字詁林及補遺》（十一）（台北：商務印書館，1959.12）頁 85 下

切。而最近徐在國先生集中精力編著多本與傳鈔古文相關的書籍，[140]
便利學界，居功厥偉。其中《隸定古文疏證》一書的「前言」中提
到：「『隸定古文』存在著誤置的情況。隸定『古文』中誤置的情況主
要有義近而誤置和形近而誤置。」[141]而所謂的「義近而誤置」，徐先
生注釋說：「裘錫圭曰：『有時候，人們不管某個字原來的讀音，把這
個字用來表示意義跟它原來所代表的詞相同或相近的另一個詞（一般
是已有文字表示的詞）。這兩個詞的音可以截然不同。』裘先生稱之
為『同義換讀』。《文字學概要》，219 頁，北京，商務印書館，
1988。」[142]由徐先生文中所舉例證來看，在《古文四聲韻》、《集
韻》、《龍龕手鑑》等按照聲韻來歸字的典籍中，確實可以理解為「同
義換讀」。不過，還有一種情形是歸字者因不識某字，但從字義上判
斷與字頭意義相近，遂誤歸某字於該字頭下。與徐先生所論不同的
是，如所舉《古文四聲韻》3‧果‧21 下「禍」字下引崔西裕《纂
古》或作「袂」（《玉篇》：「袂，古文殃」）。歸字者顯然是認識隸定古
文「袂」，歸於《古文四聲韻》果韻「禍」字下，無疑是「同義換
讀」。但是本文所說的情況是歸字者並不認識此字形，所以當然不是
所謂「同義換讀」。《說文》古文「燬」便是一個例證，其字形作：

（大徐本《說文》古文「燬」）、（小徐本古文）

《說文》古文「燬」的字形與底下楚文字形近相關：

（1）（《楚帛書》，後為摹本）

（2）（《郭店‧六德》33）、（《新蔡》零 213、212）

（3）（《包山》85）、（《包山》82、115、124、194 等簡）、
（《包山》125）、（《包山》103）

---

[140] 徐在國：《隸定古文疏證》（合肥：安徽大學出版社，2002.6）、徐在國：《傳鈔古
文字編》（三冊）（北京：線裝書局，2006.11）。

[141] 徐在國：《隸定古文疏證》（合肥：安徽大學出版社，2002.6）頁 5。

[142] 徐在國：《隸定古文疏證》（合肥：安徽大學出版社，2002.6）頁 8 注 13。亦見
徐在國：《傳鈔古文字編‧前言》上冊（北京：線裝書局，2006.11）頁 13。

（4）　（《包山》97）、（《天星觀》）[143]

（5）　（《新蔡》甲三 342-2）、（《新蔡》甲三 33）、（《新蔡》甲三 3）、（《新蔡》零 122）、（《新蔡》乙四 118）

（6）　（《上博（三）·極先[144]》11）

（7）　（《包山》139）

（8）　（《包山》179）

（9）　（《上博（四）·柬大王泊旱》16）

劉信芳先生曾根據《說文》古文「熾」的寫法，將（7）字釋爲「熾」，讀爲「戠」。[145]而對於（6）形的解釋是：

> 熾尨：「熾」原簡字形以上從日，下從火之字爲聲符。新蔡葛陵楚簡甲三 33 有一人名用字，從黽，其聲符也是上從日，下從火，該字簡甲三 342 作「𦉥」。據此該字有可能讀爲「熾」，「熾」、「𦉥」皆是職部字。「熾」是盛的意思，「尨」讀爲「厖」，大也（《爾雅·釋詁》）。「其熾尨不自若作」，強者所成就的大作，其盛其大不是他自己的如此之作。亦即作之預期與作之成果不一定相符。[146]

范麗梅小姐根據劉先生的說法，指出「根據《說文》與包山楚簡對照，可知此聲符，古音與『熾』相同。馬王堆帛書《老子》甲本炅與《楚帛書·甲篇》寅皆應讀作熾。……《郭店·六德》『少而熾多也』，乃指『門內之治恩掩義』，重視『仁』，而使宗族子孫能由少繁衍而多，逐漸壯大之意。」同時認爲劉先生將（6）讀爲「熾」是對

---

[143] 此二字形取自滕壬生：《楚系簡帛文字編》（武漢：湖北教育出版社，1995.7）頁 918。

[144] 「恆先」改讀爲「極先」，參裘錫圭：〈是「恆先」還是「極先」〉《「2007 年中國簡帛學國際論壇」論文》（台北：台灣大學中文系主辦，2007.11.10～11）頁 1-16。

[145] 劉信芳：《包山楚簡解詁》（台北：藝文印書館，2003.1）頁 135。

[146] 劉信芳：〈上博藏竹書《恒先》試解〉，簡帛研究網，2004.05.16。

的，但認爲應連下一字「〔圖〕」讀爲「鴻蒙」，是一疊韻聯綿詞。[147]

建洲案：裘錫圭先生曾指出：

> 《黃帝內經素問》裡常見「炅」字，用法跟「熱」十分相似。如《舉痛論》先言「炅氣」，後言「熱氣」，而意義無別。又言「寒則氣收，炅則氣泄」，以「炅」與「寒」對舉。居延漢簡中也常見同樣用法的「炅」字。……《老子‧德經》「靜勝熱」句，馬王堆帛書甲本作「靚生炅」（乙本此句殘去）。又甲本《道經》「或炅或□」句，乙本作「或熱或㓎」。帛書整理小組認爲「炅，從火，日聲，當即熱之異體字，不讀古迥切或古惠切。」，完全正確。[148]

施謝捷先生也說：「『去熱』是秦漢時常用的名字，取意與習見之『去疾』、『去病』、『去傷』等相類。漢印有『趙去熱』（《徵補》10.3『熱』欄），亦以『去熱』爲名，是其比。或寫作『去炅』，（原注：「秦漢文字『熱』或寫作『炅』，可參看裘錫圭先生《考古發現的秦漢文字資料對於校讀古籍的重要性》，載《古代文史研究新探》，江蘇古籍出版社 1992 年，34-35 頁。」）如秦印『田毋辟‧臣去炅』（穿帶印。《尊古齋印存》六集）、『潘去炅』（《魏石經室古璽印景》），漢印『闆去炅』（《王氏集古印譜》5.13）等，均其例。《澂秋館印存》著錄秦漢之際私印『與炅巳（已）‧肖形』（穿帶印），以『炅已』爲名，顯然也應該就是『熱已』，漢印中有名『熱已』者，如『周熱巳（已）』（《徵》10.9『熱』欄），即其例。」[149]大家知道將「炅」分析爲從「日」得聲，釋爲「熱」，已是學界普遍認同的。單憑一《說文》古文的「熾」字遂將相關諸字加以改釋，恐有問題。我們先討論

---

[147] 范麗梅：〈上博楚簡考釋四則〉《「2007 年中國簡帛學國際論壇」論文》（台北：台灣大學中文系主辦，2007.11.10～11）頁 1-3。

[148] 裘錫圭：〈考古發現的秦漢文字資料對於校讀古籍的重要性〉《古代文史研究新探》（南京：江蘇古籍出版社，2000.1 二刷）頁 35。

[149] 施謝捷：〈漢印文字校讀札記（十五則）〉，發表于《中國文字學會第四屆學術年會論文集》（陝西西安，2007.8.8～11）。又載於復旦大學出土文獻與古文字研究中心網站，2007.12.16。

《說文》古文「熾」字來源：

徐在國先生分析![字]的構形，認爲其所從的「![字]」似由戠字訛變。[150]此說若可成立，可以證明「![字]」字形上與「炅」毫無關係。不過，「![字]」字形與上引楚文字（5.1）、（7）字形完全相同。根據《包山》人名![字]（《包山》124），又作![字]（《包山》125）可以證明「嵗」即是「炅」，則（5.1）、（7）字形可以隸定作「戭」、「戭」。但這種寫法與楚文字常見的「戠」作![字]（《郭店・六德》24）、![字]（《郭店・六德》10）等形明顯不同，[151]要說成是訛變的現象，有一定的難度，筆者對徐先生之說持保留的態度。我曾與陳劍先生討論到此字，陳先生有一很好的意見，茲轉引如下：

> 包山簡 139 從「嵗」從「戈」之![字]字雖與《說文》古文「熾」作![字]形同，但![字]形何以是「熾」，本無多少理據可說，恐不能據以釋古文字。我們反而應當反過來考慮，根據六國文字中「嵗」聲字可用為「熱」的情況，古文「熾」作![字]形很有可能是用為「熱」的![字]類形「因義近而誤置」；同時可能也有![字]跟「熾」字形上也多少有點聯繫的因素——其實說白了就是，漢人看到古文寫本資料中從上下文看意義當為「熾熱」一類的![字]字，對其字形已不能確識，就認作偏旁裏也有「火」、有「戈」的「熾熱」之「熾」了。[152]

此說確有其理。上引楚文字（3）、（4）、（5）、（6）、（7）由字形來看，可能是一字異體，均從「炅」得聲，其偏旁或從「戈」、「匕」、「易」、「斤」、「糸」。「![字]」顯然也是同一系列的字。這些字形形體上看不出與「戠」的關係，所以直接釋爲「熾」是不行的。「熾」本爲火盛之意（《慧琳音義》卷一「炬熾」注引《說文》），[153]與「炅（熱）」義近。許慎不識從「炅（嵗）」之字，在《說文》中「炅」是

[150] 徐在國：《隸定古文疏證》（合肥：安徽大學出版社，2002.6）頁 213。
[151] 參《楚文字編》頁 699-701、873-874。
[152] 2006 年 12 月 16 日覆信內容。
[153] 宗福邦、陳世鐃、蕭海波主編：《故訓匯纂》（北京：商務印書館，2004.3 初版二刷）頁 1375。

「古迴切」，釋爲「見也。從火日。」直到段玉裁《注》還說：「按此篆義不可知。」[154]所以當許慎看到 ✳ 或 ✳ 字時，可能由字義判斷是同「燬熱」義近之字，再加上有「火」及「戈」兩旁，遂以爲是小篆「燬」字的古文，即所謂「義近而誤置」，[155]不知道其實 ✳ 字與「炅」音義皆近。不過，必須指出的是「燬」是昌紐職部，與「日」，日紐質部，聲紐同爲舌上音，韻部職質常見互通，如「暱」從「匿」得聲，《說文》異體作「昵」，「暱」、「昵」是（質部）；「匿」是（職部）。《詩經‧大雅‧文王有聲》：「築城伊淢，作豐伊匹」，《釋文》：「淢，況域反，溝也。字又作洫。」淢（職部）；洫（質部）。詩中「淢」、「匹」爲韻，「匹」亦質部。《禮記‧投壺》：「壺中實小豆焉」，《大戴禮記‧投壺》：「實」（質部）作「置」（職部）。《周禮‧考工記‧弓人》：「凡昵之類，不能方。」鄭《注》：「故書『昵』或作『樴』。杜子春曰：『樴』讀爲『不義不昵』之『昵』」「昵」（質部）；「樴」（職部）。[156]今本《緇衣》：「毋以嬖禦人疾莊後，毋以嬖禦士疾莊士、大夫、卿士」的「疾」，郭店本相應之字作「愬」，上博本作「盡」。古音「息」是心母職部字，「盡」是曉母職部字；「疾」是從母質部字。《說文》：「息，喘也。從心，從自，自亦聲。」息，職部；自，質部。[157]《禮記‧王制》「必即天論。」鄭注：「即（職部）或爲則（質部）。」《左傳‧僖公二十八年》：「允當則歸。」《文選‧爲鄭沖勸晉王牋》李注引「則」作「即」。《楚辭‧九歎》：「即聽夫人之諛辭。」《考異》：「即，一作惻。」[158]也就是說「✳」字釋爲「燬」的古文，也可以說有聲音的因素。但如上述許慎既然不識「✳」從「炅（熱）」得聲，就不可能進一步將字形分析從「日」得聲，就如同上述徐在國先生分析 ✳ 爲「燬」之誤寫一樣。以此觀之，《說文》古文

---

[154] 〔清〕段玉裁注：《說文解字注》（台北：漢京文化，1985.10）頁 486。

[155] 必須說明的是，此處我們不歸於「形近而誤置」的原因是有主從之別。我們的推斷是許慎先因「義近」，再因爲字形與「燬」有筆劃上的關係而誤置。否則單靠小篆「燬（燬）」，恐還不足與 ✳ 牽上關係。

[156] 馮勝君：《二十世紀古文獻新證研究》（長春：吉林大學博士論文，2002）頁 107。

[157] 崔樞華：《說文解字聲訓研究》（北京：北京師範大學出版社，2000.9）頁 47。

[158] 參何有祖：〈幣文「即」與楚簡「稷」字探疑〉，簡帛網，2007.01.10。

「熾」作「」理解為「義近而誤置」是合理的推斷。至於《汗簡》
5.68、《古文四聲韻》4.8「熾」字古文均引自《說文》，[159]也是一樣的
情形。綜合以上的討論，（1）－（8）應該還是釋為「炅」或從「炅」
得聲的字。底下逐條加以說明：

　　（1）《楚帛書》釋為「熱」，已有多位學者提出。[160]帛書文例
是「熱氣氣」，第三個字或釋為「寒」（如李零），或釋為「倉」
（如周鳳五、《楚文字編》頁 321）。由字形來看是應該釋為「寒」。
「寒」字以往只見於西周銅器，黃天樹先生指出《花園莊》3.17應
釋為「寒」，與一般寫法差別在省「宀」旁。[161]《上博（一）·緇衣》
6「寒」作、《上博（三）·周易》45 作，可以看出中間從一人形，
與金文寫法相近。至於「倉」作（《郭店·太一生水》04），不見人
形，且左下從一爪形。釋為「寒」，字形近於《上博（三）·周易》
45 寫法，「宀」旁與「人」形有共筆的現象。[162]

　　（2）《郭店·六德》32-33「容之為言也猶容容也，少而（△）
多也。」「容」字依陳偉先生的考釋。[163]「△」字，《郭店》整理者釋
為「寮（？）」。[164]李零先生釋為「炅」，解釋說：「『少而炅多也』，第三
字是古『熱』字（寫法同楚帛書『熱氣寒氣』的『熱』字），這裡疑
讀為『折』。」[165]顏世鉉先生亦隸作「炅」，並以為與「炅」當同為一
字之異體，是從火日聲的字，它可和從「真」之字相通。簡文「炅」
也可讀為「軫」。同時指出《六德》簡文相當於《郭店·五行》40-41
「匿之為言也猶匿匿也，少（小）而訪者也。」及簡 43「少（小）而

[159] 徐在國：《傳鈔古文字編（下）》（北京：線裝書局，2006.11）頁 1010。

[160] 李零：〈古文字雜識（五則）〉《國學研究》第三卷（北京：北京大學出版社，
　　 1995）頁 269、周鳳五：〈子彈庫帛書「熱氣倉氣」說〉《中國文字》新二十三期
　　 （台北：藝文印書館，1997）。

[161] 黃天樹：〈讀契雜記（三則）〉《黃天樹古文字論集》（北京：學苑出版社，2006.
　　 8）頁 220。

[162] 不過，倉與寒的確存在形近易混的現象，參考馮勝君：《論郭店簡〈唐虞之
　　 道〉、〈忠信之道〉、〈語叢〉一～三以及上博簡〈緇衣〉為具有齊系文字特點的
　　 抄本》，（北京大學博士後研究工作報告，2004.8）頁 236-238、張新俊：《上博楚
　　 簡文字研究》（長春：吉林大學古籍研究所博士學論文，2005.4）頁 85。

[163] 陳偉：《郭店竹書別釋》（武漢：湖北教育出版社，2003.1）頁 127。

[164] 荊門市博物館：《郭店楚墓竹簡》（北京：文物出版社，1998.5）頁 188。

[165] 李零：《郭店楚簡校讀記－增訂本》（北京：北京大學出版社，2002.3）頁 133。

軫者，能有取焉。」「夎」的位置相當於「軫」，有多的意思。[166]劉釗
先生也隸作「夎」，並解釋說：「『夎』從『昗』（『慎』字古文），疑讀
爲『實』。……此『小而夎（實）多也』與馬王堆漢墓帛書《五行》
『匿者，言人行小而軫者也。小而實大，大之者也。』中的『小而實
大』相同。（引按：見於 296-297）」[167] 陳偉先生則贊同上引顏世鉉的
說法。[168]李守奎先生也隸作「夎」，釋爲「熱」。[169]顧史考先生則讀爲
「慎」。[170]

建洲案：由字形來看，「 [字] 」字中間作「 [字] 」，與「日」形作封
閉形有所不同。《楚帛書》甲篇 2.9「女 [字] 」，[171]陳斯鵬先生贊同李零
先生釋爲「塡」[172]；《上博（三）・周易・頤》簡 24 與今本「顛頤」之
「顛」相當之字作 [字] ，以及《曾侯》61「真」字作 [字] ，筆者曾根據以上
三項證據懷疑「△」字就是「真」。但是一來裘錫圭先生指出 [字] 字實
在無法釋出，只能依其上部形體有「出」形，暫且讀爲出。而且「女
[字] 」未必要讀爲女媧。[173]其次，上引《新蔡》零 213、212 的字形偏
旁與「昗」形近，其「日」旁亦作 [字] 形。[174]所以「△」釋爲「昗」
或「慎」（詳下）字形上應該比較合理。而由文意及辭例對照來看，
顏世鉉先生所釋可從。魏啓鵬先生說：「佚書屢以『大而炭（罕）』與

---

[166] 顏世鉉：〈郭店楚簡〈六德〉箋釋〉《中央研究院歷史語言研究所集刊》72：2
　　（台北：中央研究院歷史語言研究所，2001.6 頁 480-481。

[167] 劉釗：《郭店楚簡校釋》（福州：福建人民出版社，2003.12）頁 118。

[168] 陳偉：《郭店竹書別釋》（武漢：湖北教育出版社，2003.1）頁 128。

[169] 李守奎：《楚文字編》（上海：華東師範大學，2003.12）頁 586。

[170] 顧史考：〈郭店楚簡《成之》等篇雜志〉《清華大學學報（哲學社會科學版）》
　　2006 年第 1 期，第 88 頁。亦見氏著：《郭店楚簡先秦儒書宏微觀》（台北：學生
　　書局，2006）頁 208。

[171] 曾憲通：《長沙楚帛書文字編》（北京：中華書局，1993.2）頁 94，262 號。

[172] 陳斯鵬：〈戰國楚帛書甲篇文字新釋〉《古文字研究》第 26 輯（北京：中華書
　　局，2006.11）頁 343-345。

[173] 裘錫圭：〈先秦宇宙生成論的演變─從原始神創說到上帝即天說〉「中央研究院
　　歷史語言研究所傅斯年講座 2007 講稿」（2007.11.07）頁 7。

[174] 《新蔡》此字，宋華強先生認爲從「真」，與筆者先前的想法相同。但考慮到
　　《新蔡》此字的上部與下部與「真」字還有距離，故暫釋爲「宲」。宋文見宋華
　　強：《新蔡楚簡的初步研究・新蔡簡釋文分類新編》（北京：北京大學中文系博
　　士學位論文，中國古典文獻學專業，2007.05）頁 28。又張勝波先生將此《新
　　蔡》此字隸定作 [字] ，是比較合理的。見張勝波：《新蔡葛陵楚墓竹簡文字編》
　　（長春：吉林大學碩士論文，2006.4）頁 91。

『小而軫』對舉，大與小反義詞，罕與軫亦當爲反義詞，罕者稀少也，由此亦證軫者多也。」[175]此爲字義的證據。其次，聲音的證據：劉樂賢先生指出《說文》古文「慎」作🔲，與秦漢文字中用爲「熱」的「炅」爲一字，是一個從「日」得聲的形聲字，以音近假借爲慎。[176]又如秦公簋中有一從「金」從「炅」聲的字應讀爲「鎮」。[177]而「軫」（章紐文部），與「真」（章紐真部）的關係是雙聲，韻部真文旁轉關係非常密切，如楚大府鎬「晉（精紐真部）鎬」應讀作「荐（精紐文部）鎬」。[178]而且典籍常見「真」、「參」二聲互通的例證，[179]所以「日」、「參」聲旁相通自無問題。而如果將「△」讀爲「熾」（昌紐職部），與「軫」（章紐文部），韻部同樣頗有距離，亦可證明此說不能成立。附帶一提，上引范麗梅小姐將《六德》此簡的「多」釋爲增加的意思，此不確。幾位學者已指出《六德》13-19 簡、25-26 簡、31-33 簡的幾個相同句式的「多」字應讀爲「者」或「者也」的合音，如簡 14-17「……因而施祿焉，使之足以生，足以死，謂之君，以義使人多。……危其死弗敢愛也，謂之[臣]，以忠事人多。忠者，臣德也。」此處的「多」讀爲「者也」的確文從字順。[180]

（3）此形諸字，皆爲人名。上引沈培先生已指出是一字，主體偏旁是「炅」、「黽」，沈先生並說：「我們把上述幾種寫法不同的字的隸定中

[175] 魏啓鵬：《簡帛〈五行〉箋釋》（台北：萬卷樓圖書出版有限公司，2000.7）頁113-114。

[176] 詳參劉樂賢：〈釋《說文》古文慎字〉《考古與文物》1993.4。

[177] 王輝編著：《秦銅器銘文編年集釋》（西安：三秦出版社，1990.7）頁 19。

[178] 李家浩：〈楚大府鎬銘文新釋〉《著名中年語言學家自選集－李家浩卷》（合肥：安徽教育出版社，2002.12）頁 121。亦可參《九店楚簡》頁 79 注 69、趙彤：《戰國楚方言音系》（北京：中國戲劇出版社，2006.5）頁 147。

[179] 高亨、董治安編纂：《古字通假會典》（濟南：齊魯書社，1997.7 二刷）頁 90-94。

[180] 陳劍：〈郭店簡《六德》用爲「柔」之字考釋〉《中國文字學報（第二輯）》（北京：商務印書館，2007.12）：「如果將這些『多』字都換成『者』字來讀，可以說是再通順不過了。我現在傾向于認爲，《六德》篇中這幾個『多』字，都可以就直接解釋爲指示代詞，意爲『……的（人或東西）』，跟『者』字的部分用法相類。」顧史考先生有相同的看法，見顧史考：〈郭店楚簡《成之》等篇雜志〉《清華大學學報（哲學社會科學版）》2006 年第 1 期，第 88 頁。亦見氏著：《郭店楚簡先秦儒書宏微觀》（台北：學生書局，2006）頁 208。

『匕』、『斤』等偏旁，很可能都是『易』的訛變。這個問題將另文討論。」[181]茲將沈先生之說錄此待考。

（4）《包山》97 是人名。至於《天星觀》的文例是「△車」，疑讀爲「駟車」。

（5）《新蔡》甲三 342-2「盧戝以尨䵣爲囗」，《新蔡》甲三 33「魼黽以尨靈爲君裚（卒）戠（歲）【貞】囗」，二者文例相同，皆爲貞人名。關於甲三 342-2 的「戝」字，上引劉信芳先生依《新蔡簡》整理者的說法從「則」，不確。而宋華強先生將此字隸定作「毗」，但由字形來看，其右旁分明從「戈」。又甲三 3「囗亡（無）咎。又（有）敚（祟），與黽同敚（祟）」，沈培先生指出：「『黽』字已見於新蔡甲三：33、零：122，應該就是指『魼黽』這個人，新蔡甲三：342-2 有『盧毗』，與此當是同一人，原釋文將其名釋爲『蔣』，誤。『魼』、『盧』當表同一姓，很可能就是後代的『盧』姓。……『與黽同祟』應當就是說此次某貞人所得之祟與『黽』這個貞人所得之祟相同。」[182]最後，《新蔡》乙四 118「囗黽囗」，應該也是同一貞人名的異寫。

（6）《上博（三）·極先》11：「舉天下之作，強者果天下之大作，其[字][字]不自若作；若作，用有果與不果，兩者不法。」[183]《極先》此句的標點，整理者李零先生作：「舉天下之作強者，果天下之大作，其[字][字]不自若作，庸有果與不果。兩者不廢，舉天下之爲也……」。[184]

廖名春先生作：「舉天下之作，強者果天下 10 之大作，其冥蒙不自若。作庸有果與不果？兩者不廢。」並解釋如下：「[字][字]」釋爲「冥蒙」，以爲是「蒙昧」，此與「強者」相對，指不強者。「自若」，自如。「不自若」，「不得自若」，不得自如。此指「不果」，不成。又

---

[181] 參上引沈文：頁 19-22、23。

[182] 沈培：〈從戰國簡看古人占卜的「蔽志」——兼論「移祟」說〉「第一屆古文字與古代史學術討論會」論文（臺北：中央研究院歷史語言研究所，2006.9）頁 19-22、19-23。

[183] 此主依季師旭昇點斷，見《上海博物館藏戰國楚竹書（三）讀本》（台北：萬卷樓圖書股份有限公司，2005.10）頁 236，另間雜己意，詳下。

[184] 馬承源主編：《上海博物館藏戰國楚竹書（三）》（上海：上海古籍出版社，2003 年 12 月）頁 296-297。又見〈上博楚簡《恆先》語譯〉《中華文史論叢（總第八十一輯）》2006 年第一期（上海：上海古籍出版社，2006.3.20）頁 283。

說「『作』字後有表示句讀的符號，故李零在『作』字後斷句。但從文義而言，可能抄書者有誤。如楚簡《老子》甲本簡 8『亓事好長』，『好』後也有表示句讀的符號。」最後「『兩者』，指『果』與『不果』。『廢』，廢除。此是說成與不成都有其意義。」[185]

董珊先生標點作：「舉天下之作，弜（剛—強）者果；天下【10】之大作-，其㝬（敦）尨（厖）不自若-（若；若）作-（作，作）甬（庸）有果與不果？兩者不廢。」[186]曹峰先生贊同此說，並說「㝬（敦）尨（厖）」亦可能讀作「純蒙」。[187]

丁四新先生標點作：「舉天下之作強者，果天下 10 之大作，其㝬尨不自若（諾）作，甬（庸）有果與不果。兩者不法（法）。」並解釋說：「㝬尨，廖名春讀作『冥蒙』；劉信芳讀作『熾尨』，幷說：『熾是盛的意思，尨讀爲厖，大也。』其意不明，其義皆難以通曉。此詞待考。」又說「『其㝬尨不自若（諾）作』與『不果』對應，故疑『若』讀爲『諾』。」「兩者，指『果天下之大作』與『不自若（諾）作』兩種『作強』的情況。法，即『法』，效法；此處不當讀爲『廢』。」[188]

季師旭昇標點作：「舉天下之作，強者果天下之大作，其🔲🔲不自若作，若作，庸有果與不果？兩者不廢。」並解釋說：

> 承前段「祥義、利巧、綵物出於作，作爲有事，不作無事。舉天之事自作爲，事庸呂不可廙也」繼續申論。前段談完「祥義、利巧、綵物出於作」之後，接著先談「祥義、利巧、綵物」這些「名」不過是「荒言之」；其次談什麼人作這些「實」，「舉天下之作，強者果天下之大作」謂天下之「作」，強者包辦了其中之大者，如王侯將相之流取天下、易服色、改制度，但這些真是強者「自若作」的嗎？（若讀爲如。自若，自

---

[185] 廖名春：〈上博藏楚竹書《恒先》簡釋（修訂稿）〉，孔子 2000 網站，2004.04.22。

[186] 董珊：〈楚簡《恒先》初探〉，簡帛研究網，2004.05.12。

[187] 曹峰：〈《恆先》的編聯與分章〉《上博楚簡思想研究》（台北：萬卷樓圖書公司，2006.12）頁 121 注 24。

[188] 丁四新：〈楚簡《恒先》章句釋義〉《楚地簡帛思想研究（二）》（武漢：湖北教育出版社，2005.4）頁 127。亦見簡帛網，2005.12.30。

　　如也，自然也。）[189]

　　筆者以爲董珊先生、季師旭昇之說值得注意。簡文簡 11「大作-」及「若-作-」均有「-」符號，前者依文意可理解爲句讀號，後者則廖、丁二先生均視而不見，恐不妥。雖然《極先》簡文多見「重文號」用「＝」來表示，但是以目前所見之資料來看，並不足否定「-」釋爲重文號。如《上博五·弟子問》11：「宰我問君子-（子，子）曰：……」。同篇 19 號簡以雙短橫「＝」表示重文，李天虹先生指出：「不能證明這裏的『-』一定不是重文符，郭店《老子乙》就是以『＝』、『-』兩種符號表示重文。」[190]其說可從。又如《上博一·緇衣》簡 22-23「則好仁不【22】堅而惡-（惡惡）不厇（著）也。……《詩》云：『朋友卣〈卣（攸）〉[191]図＝（攝，攝）以威儀。』同一簡 23，重文號一作「-」，一作「＝」，最是明證。《郭店·五行》9-10 號簡「未見君子，憂心不能惙惙」的「惙惙」是寫作「惙 」，而 12 號簡「未見君子，憂心不能忡忡」的「忡忡」是寫作「忡 」。[192]另《上博四·柬大王泊旱》21「君王元君-」、23「君王元君＝」，有學者認爲亦是相同情況。[193]以此觀之，「若-作-」解爲重文符號是可以的。

　　其次，簡文強者之「大作」，筆者同意季師旭昇解釋爲取天下、易服色一類跟戰爭有關的事，也呼應《左傳·成公十三年》：「國之大事，在祀與戎」的說法。在此觀點之下，可以討論來「 」的字形與讀法。「 」可隸定作憵，整理者隸定右上從「攴」不確，其主體結構仍是「炅」，並以之爲聲符。 ，學者多釋爲「尨」。[194]但是「尨」字形作 （《上博（三）·周易》01）、 （《新蔡》甲三 204）、

[189] 季師旭昇編著：《上海博物館藏戰國楚竹書（三）讀本》（台北：萬卷樓圖書出版有限公司，2005.10）頁 237-238。

[190] 李天虹：〈《上博（五）》零識三則〉，簡帛網，2006.02.26。

[191] 馮勝君先生釋爲「囚（晶）」，以爲是「卣」的形近誤字。見馮勝君：〈論郭店簡〈唐虞之道〉、〈忠信之道〉、〈語叢〉一～三以及上博簡〈緇衣〉爲具有齊系文字特點的抄本〉，（北京大學博士後研究工作報告，2004.8）頁 288。

[192] 引自曹銀晶：〈《上博·柬大王泊旱》瑣記〉，簡帛網，2006.12.17。

[193] 曹銀晶：〈《上博·柬大王泊旱》瑣記〉，簡帛網，2006.12.17。

[194] 參《上海博物館藏戰國楚竹書（三）讀本》頁 236-238 所引諸家的說法。

⻊（《新蔡》乙四 103）、⻊（⻊，《新蔡》甲一 25），象「犬之多毛」（《說文段注》十上二十七），均從「犬」旁有長毛「彡」形。[195]季師旭昇分析此字從「犬」、從「中」或「才」共筆，<u>未必是「尨」字</u>。[196]這觀察是敏銳的。筆者認爲⻊字所加的筆劃在犬字上的，類似「犮」的寫法，如《上博六·天子建州》乙本簡 11「不言⻊」，楊華先生讀爲「不言魃」[197]；又如《上博（五）·三德》18「⻊」，整理者李零先生釋爲「尨」，陳劍先生疑讀爲「犮」，[198]侯乃鋒先生進一步指出：「『⻊』字釋爲『犮』極是。此字形又見于曾侯乙墓竹簡 170，何琳儀老師以爲此字從犬，加短橫表示犬行有所碍。（原注：何琳儀：《戰國古文字典》，954 頁，1998 年 9 月第 1 版。）此處似當讀爲『祓』。」[199]同時，何琳儀先生也正確指出所加短橫是「指示」符號（同上文），則⻊字恐怕也是表示犬行有所碍之意，只是絆足的指示符號由本來的「一」，變爲「▽」形。最明顯的證據是《說文》：「⻢，絆馬足也。從馬〇其足。」[200]另外《說文》還有「⻢」字，大徐本《說文》曰：「馬一歲也。從馬一絆其足。」（十上一）。《說文解字繫傳》內容相同。（通釋第十九一）。但是段玉裁認爲「絆其足」三字蓋衍文。[201]「⻢」字亦見於《侯馬盟書》92：7，是參盟人名。（見《侯馬盟書·字表》頁 331）。假如我們以上的推論正確的話，段玉裁的更動《說文》原文，實無必要。蓋指示符號作「一」形或作「封閉形」（如〇或▽）本無區別，如同「膺」，甲骨文作「⻊」，從隹，以一半圓筆指示鳥膺部位所在，爲「膺」字初文。到金文應侯見工簋作⻊，本來的圈形變成一點。[202]又如「厷」既作⻊，又作⻊。[203]裘錫圭

---

[195] 亦可參金文「彪」的寫法，《金文編》頁 335。

[196] 季師旭昇編著：《上海博物館藏戰國楚竹書（三）讀本》（台北：萬卷樓圖書出版有限公司，2005.10）頁 238。

[197] 楊華：〈《天子建州》理疏〉《「2007 年中國簡帛學國際論壇」論文》（台北：台灣大學中文系主辦，2007.11.10～11）頁 3。

[198] 陳劍：〈談談《上博（五）》的竹簡分篇、拼合與編聯問題〉，簡帛網，2006.02.19。

[199] 侯乃鋒：〈讀上博（五）《三德》札記四則〉，簡帛網，2006.02.27。

[200] 〔清〕段玉裁注：《說文解字注》（台北：漢京文化，1985.10）頁 467-468。

[201] 〔清〕段玉裁注：《說文解字注》（台北：漢京文化，1985.10）頁 460。

[202] 劉釗：《古文字構形研究》（長春：吉林大學博士論文，1991）頁 125。

[203] 劉釗：《古文字構形學》（福州：福建人民出版社，2006.1）頁 82。

先生也指出：「、、當是字加指示符號的繁體。在象柲形的筆劃上加點或圈以指明『柲』的字義。」[204]另外，陳劍先生也指出鈇簋的「墬（地）」字所從的「豕」旁作，其異體作（趣觶），豕頸所象繩索之形的變化亦可參考。[205]筆者認爲「瘛攵」應讀作「肆伐」或「襲伐」。「褻」與「肆」通，《禮記‧表記》「安肆日偷」鄭玄注：「肆或爲褻。」「褻」從「埶」聲；「炅」讀爲「熱」，亦從「埶」聲。況且「日」聲本與「埶」聲可通，最明顯的例證即是：《上博四‧柬大王泊旱》簡 16「駐」字，根據李家浩先生之說可讀爲「駬」。[206]孟蓬生先生也指出：「駐當讀爲『駬』，驛車也。『杢』爲『埶』的省寫。《尙書‧堯典》：『格于藝祖。』《史記‧五帝本紀》：『歸於祖禰廟。』《周禮‧考工記‧輪人》：『則無槷而固。』鄭注：『槷讀如涅。』《說文‧水部》：『涅，黑土在水中者。從水，從土，日聲。』又《衣部》：『褻，私服也。從衣，埶聲。』又：『袒，日日所常衣。從衣，日聲。』褻袒音義相通。」[207]而「攵」與「伐」同爲並紐月部，雙聲疊韻，古籍常見通假。[208]「肆伐」一詞見於《詩‧大雅‧大明》「涼彼武王，肆伐大商」，《風俗通義‧皇霸》引《詩》則作「亮彼武王，襲伐大商」，可見「肆伐」又作「襲伐」。[209]另外，我們將簡文「甬」釋爲「用」，理解爲連詞，「表示下文所述乃是前事所導致的結果。」[210]丁四新先生釋爲「庸」，意爲「乃」，也是可以的。最後，「果」的用法，可以參見《周禮‧春官‧大卜》：「以邦事作龜之八命，一曰征，

[204] 裘錫圭：《古文字論集》（北京：中華書局，1992.8）頁 21。

[205] 陳劍：〈金文「豕」字考釋〉《甲骨金文考釋論集》（北京：線裝書局，2007.4）頁 258。

[206] 李家浩：〈南越王墓車駬虎節銘文考釋——戰國符節銘文研究之四〉《容庚先生百年誕辰紀念文集（古文字研究專號）》（韶關：廣東人民出版社，1998.4）頁 662～671。

[207] 孟蓬生：〈《上博竹書（四）》閒詁〉，簡帛研究網，2005.02.15。

[208] 張儒、劉毓慶：《漢字通用聲素研究》，（太原：山西古籍出版社，2002.4）頁 599。

[209] 「埶」可讀爲「襲」，參陳劍：〈釋上博竹書和春秋金文的「羹」字異體〉《「2007年中國簡帛學國際論壇」論文》（台北：台灣大學中文系主辦，2007.11.10～11）頁 14。

[210] 中國社會科學院語言研究所古代漢語研究室編：《古代漢語虛詞詞典》（北京：商務印書館，2000.1 二刷）頁 739。

二曰象，三曰與，四曰謀，五曰果，六曰至，七曰雨，八曰瘳。」其中「果」字，鄭玄注引鄭眾之語曰：「果謂事成與不也。」[211]

所以簡文可斷讀作：「舉天下之作，強者果天下之大作，其肆伐不自若作；若作，用有果與不果，兩者不法。」意思大概是說：「拿天下的事來說吧，強者（即「君王」）完成兼併天下的大作為，他對外國的侵伐不需要自己去作（意即指派手下兵將出征）。如果去作（親自出征），自身就會陷於成功與否的壓力之中。不管派人出征或是親征，都不可以效法。」這種反對戰爭，反對作強，主張無為之思想正如丁四新先生所說：「竹簡的看法，與《老子》的思想頗相一致。」[212]

（7）《包山》138-139「陰人舒㱃命證陰人御君子陳旦、陳龍、陳無正……大脰尹公㱃（宿）[213]必，與（予）戴（矢）卅。」「戴」字《楚文字編》頁586、704歸於「爇」字下，不妥。此字仍應理解為從「炅」得聲。劉信芳先生認為字與《說文》「爇」之古文同形，疑讀為「爇」，並指出：「古代訟獄須納財物於官府，『與爇三十』乃舒㱃為要求盟證所付的訴訟費。」[214]但是「爇」，見紐鐸部，不管與「日」（日紐質部）或是「熱」（日紐月部），聲韻均有距離，可知釋為「爇」是有疑問的。陳偉先生已指出《包山》簡138-139應連讀，為舒㱃的取證請求，所列為證人名單。[215]但他將「戴」讀為「僚」現在看來也是不對的。結合兩位學者的意見，筆者以為「戴」應讀為「矢」（書紐脂部），與「日」聲紐同為舌上音，韻部對轉。而且《禮記‧仲尼燕居》：「軍旅武功失其制」，「制」，《孔子家語‧論禮》作「勢」（從「埶」聲），則「制」與「熱」音近可通。而【制與折】、【誓與矢】關

---

[211] 參見楊華：〈說「果告」〉，簡帛網，2008.01.01。

[212] 丁四新：〈楚簡《恒先》章句釋義〉《楚地簡帛思想研究（二）》（武漢：湖北教育出版社，2005.4）頁127。亦見簡帛網，2005.12.30。

[213] 釋為「宿」，參李守奎：〈九店楚簡相宅篇殘簡補釋〉《新出土文獻與古代文明研究國際學術研討會會議論文》頁2。後收入謝維揚、朱淵清主編：《新出土文獻與古代文明研究》（上海：上海大學出版社，2004.12初版二刷）頁347-348。亦見《楚文字編》頁434、457。

[214] 劉信芳：《包山楚簡解詁》（台北：藝文印書館，2003.1）頁135。

[215] 陳偉：《包山楚簡初探》（武漢：武漢大學出版社，1996.8）頁142-143。

係密切，古籍常見通假，[216]可見「矢」、「熱」相通應無問題。或曰楚簡既見「矢」字，爲何還要將字形寫得如此繁瑣？但是只要看楚簡常見的「文」字亦作🔣、🔣就應該不覺奇怪。《周禮・秋官・大司寇》：「以兩造禁民訟，入束矢於朝，然後聽之。」鄭玄《注》曰：「訟，謂以財貨相告者。造，至也。使訟者兩至，既兩至，使入束矢乃治之也。……必入矢者，取其直也。《詩》曰：『其直如矢』。」孫詒讓曰：

> 《管子・中匡篇》：「軍無所計而訟者，成以束矢。」又《小匡篇》：「無坐抑而訟獄者，正三禁之，而不直，則入束矢以罰之。」並禁訟入束矢之遺制。據《管子》所云，蓋訟未斷之先，則令兩入束矢，既斷之後，則不直者，沒入其矢以示罰，其直者則還其矢。[217]

此次的盟證大概是舒旟自己要求的，或他是當事人、興訟人，所以要「入束矢」。「戣」從戈，與兵器相關，或可作爲釋「矢」之證。[218]又「束矢」，一般認爲指「百矢」，簡文是「三十矢」，亦有不同。另外，《集成》9456 裘衛盉：「裘衛迺龢告于白邑父、㶳白、定白、琼白、單白」，「龢告」即「矢告」，馬承源先生認爲「矢告」就是「直告」，也就是「正告」，[219]可能也與《周禮・秋官・大司寇》：「以兩造禁民訟，入束矢於朝，然後聽之」的制度有關。

　　（8）《包山》179「燹人登蒼」，可見當作地名用。《包山》47 有個字形原簡不太清楚，張守中先生摹作「𣂏」，[220]劉樂賢先生則隸作

---

216 張儒、劉毓慶：《漢字通用聲素研究》，（太原：山西古籍出版社，2002.4）頁620、621。

217 〔清〕孫詒讓撰，王文錦、陳玉霞點校：《周禮正義》十一冊（北京：中華書局，2000 年 3 月二刷）頁 2748。

218 呂靜先生認爲：「古代矢與誓爲通訓之字。由此可以認爲，在古代矢字的本身或折矢的行爲，表示個人心中強烈的、不可更改的決心，表示『誓』的意思。」存此備考。見氏著：《春秋時期盟誓研究》（上海：上海古籍出版社，2007.6）頁69。

219 馬承源：《商周青銅器銘文選》（北京：文物出版社，1988）頁 128。

220 張守中：《包山楚簡文字編》（北京：文物出版社，1996.8）頁 253。

「𤋮」，其文例是地名：「𤋮易」。劉先生亦是從「炅」讀爲「熱」的角度切入，將「𤋮」釋爲從「日」得聲，讀作「涅」。「𤋮易」即古書的「涅陽」，戰國時代屬於楚國。[221]則本簡的𩕳或亦可釋爲「涅」。

（9）《上博（四）‧柬大王泊旱》16「王有野色，屬者有人」，字形可以隸定作「㷣」。孟蓬生先生釋爲「暍」，他說：「『㷣』字簡文分明從日。頗疑此字結構當分析爲從欠，炅聲。炅即熱字，如此字果從炅聲，則當讀爲『暍』，義爲『中暑』。《說文‧日部》：『暍，傷暑也。』……此簡大意是說，經過三日雩祭，楚柬王面有風塵之色，而隨從柬王留在郊外的侍從及寵臣中也有因此而中暑的人。」[222]此從其說。

最後，楚文字還有表面看起來從「炅」，但實際上與「炅」毫無關係的字。如：楚簡文字常見「虩」字，一般作（《包山》15）、（《郭店‧五行》25）。而《郭店‧緇衣》16「虩（赫）虩（赫）師尹」，「虩」字作，原考釋者說：「簡文從『虍』從『㣇』省，與『虩』一字。」[223]相應字在《上博（一）‧緇衣》09「虩」作，下訛變爲「火」形；字形亦見於「公子命諸生以衛蓳☐」（《新蔡》乙一：16），賈連敏先生釋爲「虩」，正確可從。[224]字形下雖從「炅」形，但這顯然是訛變所造成的，不能誤以爲字從「炅」旁。《望山》1.136「☐公（△）☐」，其中「△」字，《望山楚簡》、《楚文字編》、《望山楚簡校錄》均依形隸定作虞，而沒有解釋。[225]現由以上的討論，可知字應釋爲「虩」。字形關係如同「然」作（《郭店‧太一生水》3），又作（《天星觀》）。另外，相似寫法亦見於《璽彙》1571作「絑」，是私名璽，亦應釋爲「虩」。

另外，《上博（二）‧子羔》簡 8「而和」，首字整理者馬承源先

---

[221] 劉樂賢：〈楚文字雜識（七則）〉《第三屆國際中國古文字學研討會論文集》（香港：香港中文大學，1997.10）頁 630-631。

[222] 孟蓬生：〈上博竹書（四）閒詁（續）〉，簡帛研究網，2005.03.06。

[223] 荊門市博物館：《郭店楚墓竹簡》（北京：文物出版社，1998.5）頁 133 注 45。

[224] 賈連敏：《新蔡葛陵楚墓出土竹簡釋文》《新蔡葛陵楚墓‧附錄一》（鄭州：大象出版社，2003.10）頁 202。

[225] 湖北省文物考古研究所、北京大學中文系編：《望山楚簡》（北京：中華書局，1995.6）頁 79、《楚文字編》頁 586、張光裕主編：《望山楚簡校錄》（台北：藝文印書館，2004.12）頁 203。

生按照原形摹出，不作解釋。[226]楊澤生先生分析爲上部看作「齒」，與下部的「口」同爲意符，而中間部分從「日」從「火」的「炅」是音符，並認爲讀爲「協」，先秦文獻有「協和」一詞，「協和」字在匣母緝部。[227]此字與一般所見楚文字從「炅」之字構形有所差別，而且「炅」與「協」的聲韻關係並不密和，此說不無疑問。宜存疑待考。

本文曾請陳劍先生審閱指正，謹致謝忱。另外，陳劍先生向筆者指出：「荊門左塚漆局文字有一■字（『民～』），不知與大作所論『毗』旁有無關係？『天』或『大』形與『火』形之交替楚簡文字中似頗不乏其例。」[228]茲存此說備考。

六、楚文字訛混現象舉例

劉釗先生認爲所謂文字的「訛混」是：「指一個文字構形因素與另一個與其形體接近的構形因素之間產生的混用現象。」[229]李天虹教授最近寫了一篇文章探討楚簡文字形體的混同、混訛現象：「在戰國文字中，一些形體原本相近的字，有時會發生混訛。」如楚簡象、兔本來寫法有別，但是到後來，如「爲」的偏旁「象」卻寫成類似「兔」，這種現象類似「寫錯字」。還有一種現象是「由於省變的緣故，一些形體原本相近的字，有時會發生混同。」如「畏」與「鬼」。[230]「訛混」這方面的議題，我們也曾作過。[231]今再就「訛混」的

---

[226] 馬承源主編：《上海博物館藏戰國楚竹書（二）》（上海：上海古籍出版社，2002.12）頁 41、192。

[227] 楊澤生〈上海博物館所藏竹書劄記〉，簡帛研究網，2003.04.17，http：//www.bamboosilk.org/Wssf/2003/yangzesheng03.htm。

[228] 2007 年 12 月 7 日覆信內容。

[229] 劉釗：《古文字構形學》（福州：福建人民出版社，2006.1）頁 139。

[230] 李天虹：〈楚簡文字形體混同、混訛舉例〉《江漢考古》2005.3 頁 83。

[231] 如李天虹先生文中所探討的「流與融」、「與、興、遷」等字，筆者亦曾著文討論，前者見〈楚簡文字考釋五則〉（台中：東海大學文字學學術研討會，2004 年 3 月 13 日）；後者見〈楚簡文字考釋二則〉《國文學報》2003 年 12 月，第三十四期（台北：台灣師範大學國文學系），頁 55-86。

範疇，舉楚文字例證如下：

（一）「止」與「山」與「中」

楚國有兩方璽印作如下之形：

（《璽彙》3200）　　　　　（《璽彙》3201）

李零先生釋爲「舺流」，並說：「舺流」，是與船舶通行有關的官印；如作私璽，恐怕也得從左向右讀，讀爲「流（游）舺」（「游」是古代常見的姓氏）。[232]文炳淳先生認爲《璽彙》3200 爲玉質，覆斗紐與一般楚官璽不同，故上揭二璽應該是姓名璽。至於該璽的讀序問題，如讀作「舺流」，則「舺」氏不見古姓氏書，故只好從李零先生讀作「流舺」，然而古有「流」氏。……有關璽文的釋讀，仍待研究。[233]《戰國文字編》將璽印右邊字形隸作「艚」。[234]《楚文字編》從李零之說釋爲「舺」。[235]

建洲按：首先，璽印左邊是「流」字這是可以確定的。其次，筆者同意文氏之說，此二方應爲私璽，而且應該依照一般讀序由右而左讀作「△1 流」。對於「△1」字，李零先生釋爲「舺」有待商榷。「△1」字右旁作▨（△2），試與下列楚系文字從「网」之字相比較：

▨ 《上博（二）·容成氏》簡 41「罟」

▨ 《九店》56.31「罟」

▨ 《信陽》1.1「剛」

---

232 李零：〈古文字雜識（二則）〉《第三屆國際中國古文字學研討會論文集》（香港：香港中文大學，1997.10）頁 759。
233 文炳淳：《先秦楚璽文字研究》（台北：台灣大學中文所博士論文，2002.6）頁 170。
234 湯餘惠主編：《戰國文字編》（福州：福建人民出版社，2001.12）頁 591。
235 李守奎：《楚文字編》（上海：華東師範大學，2003.12）頁 522。

《璽彙》167「岡」[236]

均可看出「网」旁與「△2」右上作不同。筆者認爲「△2」應釋爲「畏」，試比對「畏」字：

（《郭店・五行》34）

（《郭店・五行》36）

可見「△2」上部應從「甶」旁。而底下的變化只是「山」、「止」二形訛混所致，雖然一般講構形學的書未提出此現象，但並非無此例證，如「諸」，《汗簡》引《古尚書》作 ，其「止」旁訛變爲「止」，而在《古文四聲韻》引《籀韻》則寫作 ，已訛變爲「山」形。[237] 又如《璽彙》174「武關廄」，其中「武」字作：

其「止」旁亦類似「山」形。[238] 由於其與「△1」同爲璽印材質，所以證據力更強。於此已可證明「△2」實「畏」字。底下我們再舉例說明「山」、「止」、「中」皆有形混的現象，提供解決「△2」字形的不同想法。如：

 《馬王堆漢墓帛書[肆]・養生方》66行，圖版 59頁，注釋 105頁

 《馬王堆漢墓帛書[肆]・五十二病方》246行，圖版 26頁，注釋 54頁

 《睡虎地秦墓竹簡・封診式》簡57，圖版 73頁，注釋 157頁

---

[236] 此璽印《戰國文字編》頁 625 以爲國別不知；《楚文字編》頁 549 則列爲楚文字，此暫依後說。

[237] 徐在國：《傳鈔古文字編（上）》（北京：線裝書局，2006.11）頁 219、220。

[238] 李家浩：〈楚國官印考釋（四篇）〉，《江漢考古》1984 年 2 期。又載於《著名中年語言學家自選集－李家浩卷》（合肥：安徽教育出版社，2002.12）頁 138。

《馬王堆漢墓帛書[肆]‧五十二病方》432 行，圖版 36 頁，注釋
　　73 頁

《張家山漢墓竹簡‧引書》簡 99，圖版 117，釋文注釋 298 頁[239]

以上這些字形應隸定作「岀」或「屵」，皆應釋爲《說文》的「嵞」。
相近形體亦見於《周禮‧考工記‧弓人》：「夫角之本，蹙于𡈼而休于
氣，是故柔。」《釋文》：「𡈼，本又作腦。」[240]字亦見於《集篆古文
韻海》「嵞」作𡵉。[241]還有《墨子‧雜守》：「寇至，先殺牛、羊、雞、
狗、鴈，收其皮革、筋、角、脂、岀、羽。」畢沅曰：「『岀』，即
《考工記》『𡈼』字，本『嵞』字之訛也。」[242]二說皆可信。於此亦可
見「止」、「山」二形有互相訛混的現象。

　　《郭店‧六德》31～33 号簡「仁類𦱸而速，義類屵而絕。仁𦱸而
敀（？），義剛而簡。敀（？）之爲言也，猶敀（？）敀（？）也，
小而𤠭多也。」本句句意亦見於《郭店‧五行》簡 40～42「匿之爲
言也猶匿匿也，小而訪〈診（軫）〉者也。簡，義之方也。匿，仁之
方也。剛，義之方。柔，仁之方也。」（請比對兩種簡文筆者所加的
符號）對照之下，《六德》跟《五行》兩段文字中講「義」的「剛」
和「簡」分別對應；則《六德》講「仁」的「𦱸」和「敀」，也可能
是分別對應于《五行》講「仁」的「柔」和「匿」的。[243]所以「𦱸」
可以讀作「柔」，其字形分別作：

字形下半作「𠠇」，陳劍先生指出：「嵞字本身，也是由『𠠇』形進一

[239] 以上例證引自陳劍：〈郭店簡《六德》用爲「柔」之字考釋〉《中國文字學報
　　（第二輯）》（北京：商務印書館，2007.12）。
[240] 〔清〕孫詒讓：《周禮正義》（北京：中華書局，2000.3 二刷）第十四冊頁 3537。
[241] 徐在國：《傳鈔古文字編（中）》（北京：線裝書局，2006.11）頁 810。
[242] 〔清〕孫詒讓：《墨子閒詁》（台北：華正書局，1995.9）頁 583。
[243] 參龐樸：《竹帛〈五行〉篇校注及研究》（臺北：萬卷樓圖書出版有限公司，
　　2000.6）頁 187-188、陳劍：〈郭店簡《六德》用爲「柔」之字考釋〉《中國文字
　　學報（第二輯）》（北京：商務印書館，2007.12）。

步訛變而來的。『刉』字象『以刀斷草』之形，就是古書多見的『翦
薙』之『薙』的表意初文。『薙』、『柔』、『𡎺』古音并相近。『柔』是
日母幽部字，『薙』是日母宵部字，兩字中古音都是開口三等；『𡎺』
是泥母宵部字，與薙同從『堯』聲的撓、橈、鐃、譊等字也是泥母
字。其相通之例證如《周易·說卦》：『坎為矯輮。』《釋文》：『輮，
荀作橈。』『荔』字以『刉（薙）』為聲符，故簡文中可因讀音相近而
用為『柔』。」[244]而裘錫圭先生指出郭店簡的殘簡第 5 號有字作，
可能與《郭店·六德》的荔字有關，其下正作「止」旁。由此可進一
步說明「山」、「止」、「中」三字有訛混的現象，也就是：

　（從中）　　　　　（從止）　　　　　（從山）

　　在此基礎之下，我們還可有一種考慮是：「」下本從「中」，雖
然馮勝君先生指出「『山』字寫法豎筆與彎筆交接處均塗黑填實，無
一例外，而且戰國楚系簡帛文字『山』字的寫法這一特徵均十分明顯
（參《楚系簡帛文字編》727-728 頁）。」[245]可以注意的是，他所指的
是「簡帛文字」，但是由於璽印是刀刻之故，所以有時這種特徵並不
是絕對的。如《璽彙》2258「苛脁（敬）[246]」亦是一方楚璽，其
「苛」作：

上面「艸」旁作，正是所謂「寫法豎筆與彎筆交接處均塗黑填
實」，與「」的下方作、形近，所以也可以認為就是「中」形。
而古文字中「止」、「中」兩形經常相混，不煩備舉。[247]

[244] 陳劍：〈郭店簡《六德》用為「柔」之字考釋〉《中國文字學報（第二輯）》（北
京：商務印書館，2007.12）。
[245] 參馮勝君：〈讀《郭店楚墓竹簡》札記（四則）〉《古文字研究》第二十二輯（北
京：中華書局，2000.7）頁 211。
[246] 李天虹：《郭店竹簡《性自命出》研究》（武漢：湖北教育出版社，2003.1）頁
258。
[247] 參劉釗：《古文字構形學》（福州：福建人民出版社，2006.01）頁 337。

所以█應隸定作「觝畏」。「觝畏」不見於字書，當然歷史上也就沒有「觝畏」姓了。但依照文字學的知識判斷，字應從「畏」得聲，戰國時正有「畏」姓，如《陶彙》3.1094「『畏』目」。[248]「畏」姓亦見於《古今姓氏表》。[249]所以本璽應讀作「畏流」。這種情形正如《璽彙》1569「絑倉」，歷史上同樣未見「絑」姓者，何琳儀先生認為就是「朱」姓，[250]值得參考。退一步想，古文字材料出現傳世文獻未見的姓氏應該也不是令人太意外的事，如著名的戰國中期楚式銅器「書也缶」，學者即指出「在已知的先秦文獻中尚未發現以『書』為氏的直接證據。」[251]

(二)「韋」與「臺」

《上博（四）·內禮》附簡有字作「█」，整理者李朝遠先生隸作「韋」，並說「『韋』，西周金文多見，或孳乳為『敦』字，或孳乳為『錞於』之『錞』。此處為『錞』字，與『準』通。」[252]類似寫法也見於《郭店》，如《郭店·窮達以時》15「故君子█於反己」，李零先生將「█」釋為「敦」[253]。顏世鉉先生讀作「惇」。《說文》：「惇，厚也。」朱駿聲《說文通訓定聲》云：「（惇）經傳皆以**敦**為之，《左僖廿七傳》：『說禮、樂而敦《詩》、《書》』，……《漢書·鮑宣傳》：『敦外親小童』，注謂『厚重也』。」[254]但周鳳五先生則分析作從心韋聲，從朱淵清先生讀作「勇」。[255]

[248] 何琳儀：《戰國古文字典》（北京：中華書局，1998.9）頁 1186。

[249] 石玉新、徐俊元、張占軍：《華夏姓氏考》（石家莊：河北科學技術出版社，1997.8）頁 555。

[250] 何琳儀：《戰國古文字典》（北京：中華書局，1998.9）頁 400。

[251] 參林清源師：〈樂書缶的年代、國別與器主〉《中央研究院歷史語言研究所集刊》73：1（台北：中央研究院，2002.3）頁 30。

[252] 馬承源主編：《上海博物館藏戰國楚竹書〔四〕》（上海：上海古籍出版社，2004.12）頁 229。

[253] 李零：《郭店楚簡校讀記－增訂本》（北京：北京大學出版社，2002.3）頁 86。

[254] 顏世鉉：〈郭店楚簡淺釋〉《張以仁先生七秩壽慶論文集》（台北：學生書局，1999.1）頁 387-388。

[255] 周鳳五：〈上博五〈苦成家父〉重編新釋〉，中國簡帛學國際論壇（2006）論文，武漢大學簡帛研究中心，2006.11.8～10）頁 7 注 39。

　　《郭店・成之聞之》簡 4「君子之於教也，其導民也不浸，則其淳也弗深矣」裘先生〈按語〉說：淳或可釋為「淳」。[256]而《說文》分析「淳」為從水「𠅃」聲。

　　《郭店・六德》簡 21、22「子也者，會埻長材以事上，謂之義」，李零先生讀為「埻」，字同「準」（見《周禮・天官・司裘》）。[257]劉釗先生亦釋為「埻」，讀為「敦」或「朝」。[258]《說文》分析「埻」為從土「𠅃」聲。

　　《上博（四）・曹沫之陣》33「使人不親則不繪」，李零先生讀作「敦」，[259]白於藍先生同其說。[260]

　　《上博（五）・弟子問》19「子惇＝如也」，張光裕先生讀作「子惇惇如也」。[261]《說文》分析「惇」為從心「𠅃」聲。

　　依此看來，「𠅃」釋為「敦」應該不是問題。《說文》分析「敦」為從攴「𠅃」聲，曾憲通先生也指出「𠅃字從亯從羊，即烹羊為孰會意，義同於鬻，故《說文》云然。……考金文𠅃字除作器名用外，多孳乳為敦伐之敦」。[262]

　　值得注意的是，相同的字形在楚文字中卻又能釋作「臺」（郭或墉）。如曾侯乙鐘的「臺」作臺，裘錫圭、李家浩先生釋為「墉」。[263]何琳儀先生分析說是墉或郭之初文。[264]《楚文字編》亦同時歸於「郭」下與「墉」下。[265]又如《上博（一）・孔子詩論》28「牆」作

[256] 荊門市博物館：《郭店楚墓竹簡》（北京：文物出版社，1998.5）頁 168。

[257] 李零：《郭店楚簡校讀記－增訂本》（北京：北京大學出版社，2002.3）頁 133。

[258] 劉釗：《郭店楚簡校釋》（福州：福建人民出版社，2003.12）頁 114。

[259] 馬承源主編：《上海博物館藏戰國楚竹書（五）》（上海：上海古籍出版社，2004.12）頁 264。

[260] 白於藍：〈《曹沫之陣》新編釋文及相關問題討論〉，《中國文字》新三十一期（台北：藝文印書館，2006.11）頁 122。

[261] 馬承源主編：《上海博物館藏戰國楚竹書（五）》（上海：上海古籍出版社，2005.12）頁 278-279。

[262] 曾憲通：〈「亯」及相關諸字考辨〉《中央研究院第三屆國際漢學會議－文字學組論文》2000.71。又見於《古文字研究》22 輯頁 270-271。

[263] 裘錫圭、李家浩：〈曾侯乙墓鐘、磬銘文釋文與考釋〉，《曾侯乙墓・附錄二》（北京：文物出版社，1989.7）頁 559 注 21。

[264] 何琳儀：《戰國古文字典》（北京：中華書局，1998.9）頁 492。

[265] 李守奎：《楚文字編》（上海：華東師範大學，2003.12）頁 327、775。

畢、《郭店‧語叢四》2「牆」作鏨，季師旭昇已指出字應分析為從
「臺」（郭、墉）片聲。[266]《上博（五）‧三德》19「鏨勿增」，季師旭
昇讀作「牆勿增」。[267]《上博（四）‧曹沫之陣》18「城鏨」，無疑應讀
作「城『郭』」[268]，而非「城『敦』」。相似寫法亦見於「厚」字偏
旁，如鏨（《孔子詩論》15）、鏨（《郭店‧語叢一》7），馮勝君先生指
出形體下部所從就是「昌」字，可參看哀成叔鼎（《集成》2782 號）
鏨字所從「臺」（墉）旁。[269]相同的，如《新蔡》甲三 83 祝融之
「融」作鏨，左旁的「臺」卻寫作類似「章」！

　　在此觀點之上，我們可以進一步討論《上博（二）‧從政》甲 5
「鏨五德」的讀法。「鏨」字與上引諸字字形相同，整理者張光裕先生
釋為「敦」。[270]何琳儀先生則釋為「墉」，並認為「《考釋》誤釋
『敦』。『敦』左下從『羊』，與『墉』有別。按，簡文『墉』當讀
『庸』。《說文》『庸，用也。』下文 12 簡『庸乃不倦，持善不厭。』
其中『庸』與『持』對文見義。」[271]黃德寬先生亦認為：「釋文讀
敦，誤。字即《說文》『墉』之古文，與『敦』無涉。此簡讀作
『庸』，也即『用』也。」[272]我們由上列字形來看，何、黃二先生之說
可謂失之武斷。由字形來看，釋為「敦」或「墉」皆有可能，這還必
須由文意來判斷才行。這如同先前所引李天虹教授的說法：「戰國文
字中存在字形混同、混訛的現象，……在文字的考釋過程中，處理這

---

[266] 季師旭昇：〈讀郭店、上博簡五題：舜、河滸、紳而易、牆有茨、宛丘〉，《中國
文字》新 27 期頁 120。

[267] 季師旭昇：〈上博五芻議（下）〉，簡帛網，2006.2.18。

[268] 馬承源主編：《上海博物館藏戰國楚竹書〔四〕》（上海：上海古籍出版社，2004.
12）頁 254。

[269] 馮勝君：《論郭店簡〈唐虞之道〉、〈忠信之道〉、〈語叢〉一～三以及上博簡〈緇
衣〉為具有齊系文字特點的抄本》（北京：北京大學博士後研究工作報告，2004
年 8 月）頁 12、218。亦參李守奎：〈楚簡文字四考〉《中國文字研究》第三輯
（南寧：廣西教育出版社，2002 年）頁 190-196、魏宜輝：〈讀上博簡文字札記〉
《上博館藏戰國竹書研究》（上海：上海書店出版社，2002.3）頁 393。

[270] 馬承源主編：《上海博物館藏戰國楚竹書（二）》（上海：上海古籍出版社，2002
年 12 月）頁 219-220。

[271] 何琳儀：〈滬簡二冊選釋〉，簡帛研究網，2003.01.14。

[272] 黃德寬：《《戰國楚竹書》（二）釋文補正》，簡帛研究網，2003.01.21。

樣的問題，既要注意字形，也要充分重視上下文意。」[273]

曾憲通先生已指出戰國時期「臺」、「臺」兩個形體已趨於合流。[274]上引《曹沫之陣》18 的 ●（臺，即「郭」）字，李零先生隸作「臺」，不知是否也是這樣的看法？[275]陳劍先生也認爲「當然，戰國文字字形相混的現象比較突出，簡中此字（引者按：指〈從政〉的 ● 字）到底是『墉』還是『敦』左半，應該根據上下文義來判斷。簡五云：『敦五德、固三制』，敦、固對文，就是古書常見之『敦人倫』、『敦教化』一類的『敦』，怎麼可能改釋呢？」[276]筆者以爲曾、陳二先生所說爲是，目前所見確定爲楚文字的「臺」字底下未見從「羊」形。也就是說，不管臺或臺都可用 ● 字形表示，可見《上博（二）‧從政》的 ● 字並非不能釋爲「敦」，黃、何二先生所提出的字形分別標準恐怕太過絕對。最後，《上博（四）‧曹沫之陣》33「使人不親則不●」，李銳先生讀作「庸」。[277]《郭店‧窮達以時》15「故君子 ● 於反己」，周鳳五先生則分析作從心臺聲，從朱淵清先生讀作「勇」。[278]都還算可以理解的範圍。換言之，具體的讀法還必須從上下文義來看，無法由字形上來判斷。

（三）「爾」與「亶」

《上博（四）‧曹沫之陣》簡 2「今邦 ● 小而鐘愈大」，李零先生隸「●」作「悤」，讀作「彌」，正確可從。[279]這個字的出現值得注意，

---

[273] 李天虹：〈楚簡文字形體混同、混訛舉例〉《江漢考古》2005.3 頁 83。

[274] 曾憲通〈「亶」及相關諸字考辨〉《中央研究院第三屆國際漢學會議－文字學組論文》2000.7.1。又見於《古文字研究》22 輯頁 272。

[275] 李守奎先生則認爲：李零隸作「臺」，大概是爲了表示楚國的「郭」字與《說文》卷五的「臺」，卷十三「墉」之古文「臺」寫法有所不同。見氏著〈《曹沫之陣》之隸定與古文字隸定方法初探〉《漢字研究》（第一輯）（北京：學苑出版社，2005 年 6 月）頁 494。

[276] 陳劍於 2003-3-6 在國學網站的「國學論壇」上的意見。

[277] 李銳：〈讀上博四札記（三）〉，孔子 2000 網，2005.2.21。

[278] 周鳳五：〈上博五〈苦成家父〉重編新釋〉，中國簡帛學國際論壇（2006）論文，武漢大學簡帛研究中心，2006 年 11 月 8～10 日）頁 7 注 39。

[279] 馬承源主編：《上海博物館藏戰國楚竹書〔四〕》（上海：上海古籍出版社，2004.12）頁 244。

如《新蔡》甲一：12「☐【霝篓】[280]爲君貞：將逾取🦔，還返尙毋有咎。」「🦔」，整理者賈連敏先生隸作「𦵡」，讀作「稟」。[281]陳偉先生在最近的一篇論文中亦將該字釋爲「稟」。[282]

建洲按：「🦔」除去「艸」旁之後的字形作「🦔」（△），楚文字常見以「△」爲偏旁的字，如《包山》150 字作𦵡、𦵡，劉釗先生釋爲「𦵡」。[283]這應該是賈、陳二先生釋文的根據。另外，「△」旁亦見於《九店》56.53，字形作🦔，李家浩先生亦釋爲「箅」。[284]《郭店·老子甲》30「而民🦔叛」，與今本對照，可知應釋爲「爾」，讀作「彌」。但是何琳儀先生卻仍認爲字從「靣」，「靣」聲系同「林」聲系。戰國文字「離」或從「林」聲，所以簡文讀作「離叛」。[285]現在有了《上博（四）·曹沫之陣》的證據，可見「△」就是「爾」字。附帶一提，上引《九店》56.53 李守奎先生已釋爲「爾」。[286]

以上內容寫於 2005 年 7 月。後來看到晏昌貴先生專文討論《葛陵》甲一：12「將逾取🦔，還返尙毋有咎。」他也將🦔釋爲「稟」，並與《香港簡·奴婢稟食粟出入簿》聯繫起來，認爲是平夜君發放口糧的記錄。[287]宋華強先生不同意晏先生對簡文的解釋，但亦將🦔釋爲「𦵡」，並說：「取𦵡」疑讀爲「叢林」，這段話大概和《左傳·宣公十二年》欒武子稱說楚國先人「若敖、蚡冒篳路藍縷，以啓山林」有

[280] 此二字依「乙一：26、2」擬補。本簡內容亦見於「乙一：26、2」，二者可互相發明。

[281] 賈連敏：《新蔡葛陵楚墓出土竹簡釋文》，河南省文物考古研究所編著：《新蔡葛陵楚墓》（河南：大象出版社，2003.10）頁 187。

[282] 陳偉：〈葛陵楚簡所見的卜筮與禱祠〉《出土文獻研究》第六輯（上海：上海古籍出版社，2004.12）頁 35。

[283] 劉釗：〈包山楚簡文字考釋〉，中國古文字研究學第九屆學術討論會論文，1990年。又刊載於《東方文化》（香港：香港大學出版）1998 第一、二期合訂本頁62〔116〕條。

[284] 湖北省文物考古研究所、北京大學中文系編：《九店楚簡》（北京：中華書局，2000.5）頁 118 注 213 同。

[285] 何琳儀：〈郭店竹簡選釋〉《簡帛研究二○○一》（桂林：廣西師範大學出版社，2001.9）》頁 160。

[286] 李守奎：〈《九店楚簡》相宅篇殘簡補釋〉《新出土文獻與古代文明研究國際學術研討會會議論文》2002.7 頁 3。亦見《楚文字編》頁 278。

[287] 晏昌貴：〈新蔡葛陵楚簡「上逾取稟」之試解〉《新出楚簡國際學術研討會論文》（武漢：武漢大學，2006.06.26）頁 282。

關，說的也是楚國先輩艱辛立國之事。[288]邴尙白先生亦認爲晏說不可信，不過他同筆者一樣釋爲「繭」，並說「將逾取繭」可能是指將要順流而下去收取某種物品「繭」的意思。[289]《新蔡》中內容屬於「逾取 🔲」者，僅有四簡，分別是（1）甲三 240＋甲二 16＋甲三 229；（2）乙一 16＋甲一 12；（3）乙一 26、2＋零 169；（4）乙四 9。[290]但是對於簡文文意目前並無正詁，我們實無法從文意來判斷應釋爲「繭」或「啇」。《新蔡》乙四 30、32「爾」🔲，的確與🔲（啇偏旁）形近。二字在金文中已有形近的現象，如《集成》4293 六年琱生簋「稟」作🔲，[291]其上「啇」旁與「爾」形近（參《金文編》頁 231、812、850）」。筆者曾於 2006 年 9 月 2 日去函請問陳劍先生對此現象的意見，陳劍先生回信如下：

就文中所舉材料來看，我感覺恐怕還是要注意從形體訛混的角度立論，方不失平實公允。郭店《老子》和上博《曹沫之陳》之字無疑分別是「爾（彌）」和「壐（彌）」，但由此並不能必然得出相近的九店、新蔡、包山簡諸字所從皆只能為「爾」而不能是「啇」的結論。九店簡之字，我是相信《九店楚簡》注釋之說的。原簡文「……必肉飤（食）以飤（食）。箆（廩）尻（居）西北，不吉」云云，原注釋引「秦簡《日書》甲種相宅之書有『囷居宇西北匚（陋），不利』之語（一四背肆）」為說，我覺得是有相當說服力的，恐難否定。在《江陵九店東周墓》出版以後、《九店楚簡》出版以前，劉信芳先生、陳偉先生已有此說，見劉信芳：《九店楚簡日書與秦簡日書比較研究》，《第三屆國際中國古文字研討會論文集》，533 頁，香港

[288] 宋華強：〈新蔡簡中的祝號簡研究（連載二）〉，簡帛網，2006.12.09。亦見宋華強：《新蔡楚簡的初步研究·第五章》（北京：北京大學中文系博士學位論文，2007.5）。

[289] 邴尙白：《葛陵楚簡研究》（台北：台灣大學中國文學研究所博士論文，2007.1）頁 123、236-237。

[290] 參宋華強：《新蔡楚簡的初步研究》（北京：北京大學中文系博士學位論文，2007.5）頁 50-53。前三者宋先生歸於「卜筮簡」，末者則歸於「祝禱簡」。

[291] 此字的釋讀參林澐：〈琱生三器新釋〉，復旦大學出土文獻與古文字研究中心網站，2008.01.01。

中文大學中國文化研究所、中國語言及文學系，1997 年 10 月。陳偉：《九店楚日書校讀及相關問題》，《人文論叢》（1998 年卷），151－164 頁，武漢大學出版社，1998 年 10 月。李守奎先生之說，文意難通，簡文的斷句也有問題（簡文後一「飤（食）」字之下有一明顯的墨點，應是表示讀斷的符號，據此除非另有強證不能將此「飤（食）」字與下「簞」字連讀），恐不可從。以我們現在對戰國文字中不同來源的、本來寫法不同的偏旁的訛混情況的嚴重的認識，「爾」、「㐭」兩偏旁在楚文字中寫得很接近，實在不足為奇。包山簡兩形為同一人名，其所從到底是「爾」還是「㐭」難定。新蔡簡之字，晏昌貴先生在武大會議上的新文章我還沒有讀到……對此沒有什麼確定的看法。[292]

筆者以為陳劍先生所說有憑有證，實屬可信。《九店》仍應從李家浩先生釋為「簞（廩）」。若將相關字形放大如下，仍可以看出二者寫法略有不同：

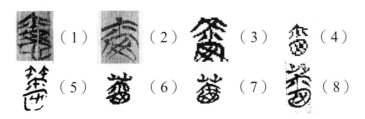

（1）《曹沫之陣》2「　　（彌）」；（2）《新蔡》乙四 30、32「爾」；（3）《包山》100「爾」[293]；（4）《郭店·老子甲》30「爾（彌）」；（5）《九店》「簞」；（6）、（7）《包山》150；（8）《新蔡》甲一：12

其中（5）原簡字形模糊，此採用李守奎先生的摹本（《楚文字編》頁 278）。（6）、（7）、（8）雖然從文意尚無法確定是「爾」或「㐭」，但仔細分辨，其與（1）～（3）「爾」字不同之處有二：【一】前

---

[292] 2006 年 9 月 3 日覆信內容。
[293] 見《楚文字編》頁 476。

者下有封口;「爾」則沒有;【二】前者下部大約作「Ｘ」形;「爾」字下則作「※」形。以此觀之,(6)、(7)劉釗先生釋爲「蔜」可從,至於(8)也應該釋爲「蔜」。至於(4)雖然下面是密封狀,但裡面的筆劃較接近「※」形,所以仍可以判斷爲「爾」字。

(四)「呂」與「幺」

　　《郭店·老子甲》27「𢾅(△)其𥣪(銳)」,《郭店》整理者將「△」隸定作「劀」,謂「簡文待考」[294]。已有多位學者指出「△」字應釋爲「散」。2003 年 12 月 20 日徐在國先生在中央研究院歷史語言研究所舉辦的「中國南方文明學術研討會」發表〈釋楚簡「散」兼及相關字〉一文,[295]在提問討論時間時,陳劍先生發言贊同徐先生將《郭店·緇衣》、《語叢四》等原釋爲「敓」的字改釋爲「散」,他說:「《郭店·老子甲》簡 27 原釋爲『畜』是『覺』部,與『歌』、『月』皆遠(引按:指今本「挫」是歌部。)若釋爲『散』(月部)則相當符合,反此可證《緇衣》、《語叢四》本字俱應釋爲『轍』。」[296]又如馮勝君先生也說:「按此字(引按:指「△」字)左邊所從與上引『轍』字傳抄古文𢾅形右邊所從相同(引按:指《古文四聲韻》引古《老子》和《義雲章》「轍」字寫作𢾅、𢾅),可能並非『畜』字,而是讀音與『轍』相近的一個字,也可能就是『散』字的異體。轍,定紐月部;劀,清紐歌部。定、清爲舌、齒鄰紐,月、元對轉,古音相近,所以𢾅字可依今本讀爲『劀』。」[297]之所以會造成這種現象,實乃因爲「幺」與「呂」形混所致。「畜」,甲骨文作𢾅(《寧滬》1.521),上從「幺」聲。[298]《集成》267 春秋時期秦公鎛作𢾅,文例是

---

[294] 荊門市博物館:《郭店楚墓竹簡》(北京:文物出版社,1998.5)頁 116 注 65。
[295] 徐在國:〈釋楚簡「散」兼及相關字〉《中國南方文明學術研討會論文》(台北:中央研究院歷史語言研究所,2003.12.19-20)。
[296] 據筆者在會議現場的紀錄。
[297] 馮勝君:《論郭店簡〈唐虞之道〉、〈忠信之道〉、〈語叢〉一～三以及上博簡〈緇衣〉爲具有齊系文字特點的抄本》,(北京大學博士後研究工作報告,2004 年 8 月)頁 283。
[298] 季旭昇師:《說文新證》下(台北:藝文印書館,2004.11)頁 238。

「齍盂胤士，咸畜左右」。王輝先生釋「畜」爲「養，任用也」。[299]
《集成》10008 書也缶，也有此字作,文例是「余畜孫書也」,「畜
孫」讀爲「孝孫」已是學界定論。[300]更爲明顯的證據是《楚帛書》丙
篇亦有「畜」字作,文例是「畜生」,李零先生讀作「畜牲」。[301]但
是同是《楚帛書》丙篇字,徐在國先生釋爲「敵」,二者上部的寫
法截然不同。[302]而「敵」左上從「呂」得聲,[303]這該是「敵」、「畜」
二者分別所在。按理說,二者的筆法完全不同,如「呂」作(《郭
店‧緇衣》26)、(《上博一‧緇衣》08)、「宮」作(《包山》
210);「幺(糸)」則作(《上博(三)‧彭祖》5「紀」所從)、(《上
博(一)‧紂衣》1「紂」所從)。前者是由左而右而右下;後者則往左
下寫。但是

(《郭店‧成之聞之》14,「窮」)(《新蔡》甲三404,「窮」)

兩者比對,《成之聞之》的「呂」旁亦作類似「幺」形。以此觀之,
《郭店‧老子甲》27左上本應從「呂」,但因與「幺」形混,遂誤認
爲「畜」。

(五)「取」與「爲」

　　《上博(二)‧從政》甲一:「聞之曰:昔三代之明王之有天下者,
莫之予也,而□(終?)取之,民皆以義」。其中「△」原
簡字形模糊,僅剩類「耳」形,但右邊還有筆劃。末句張光裕先生釋
爲「民皆以爲義」,[304]但△字形與「爲」不類,如甲 3「爲」作,反

---

[299] 王輝:《商周金文》(北京:文物出版社,2006.1)頁 274。

[300] 參林清源師〈欒書缶的年代、國別與器主〉《中央研究院歷史語言研究所集刊》
　　73:1(台北:中央研究院,2002.3)頁 14。

[301] 李零:《中國方術考》(北京:東方出版社,2000.4)。亦見曾憲通:《長沙楚帛書
　　文字編》(北京:中華書局,1993.2)頁 62,字頭 176、何琳儀:《戰國古文字
　　典》(北京:中華書局,1998.9)。

[302] 徐在國:〈釋楚簡「敵」兼及相關字〉《古文字研究》第 25 輯頁 349。

[303] 徐在國:〈釋楚簡「敵」兼及相關字〉《古文字研究》第 25 輯頁 348。

[304] 馬承源主編:《上海博物館藏戰國楚竹書(二)》(上海:上海古籍出版社,

而類似同簡的「取」字作𦔮。所以劉信芳先生主張讀作「民皆以取義」，他說：「『取』前一字依據殘存筆劃，有可能是『自』字。『自取之』是說民依其足養而自取。『民皆以爲義』句，『以』後一字原簡字形左從耳，右下殘，釋爲『爲』不一定可靠，有可能是『取』字。所謂『民皆以取義』，『取』緊承上文『莫之舍』、『自取之』而來，意思是說當時人民取土地以作居住衣食之需，是正當的，不多取，他人亦無非議。」[305]

　　筆者曾以爲劉先生文意不是很通順，況且若依劉先生的解釋，則簡文應讀作「民皆取之以義」。所以懷疑簡文此處可能是形近誤寫，比如「取」作𦔮（《郭店‧五行》43）；「爲」作𤔲（《郭店‧老子甲》2）可以看出二者的確存在形近誤寫的可能。[306]近閱《上博（六）‧平王問鄭壽》簡5「臣『△1』君王臣」，

　　　　　　（△1）　　　　　　　　　　（△2）

整理者讀爲「臣爲君王臣」，文意沒有問題。但是字形卻近似簡 1 的「取」作「△2」。凡國棟先生指出上舉二字實際同形，並分析說：「楚簡『爲』一般作 （上博周易 1 號簡）形，倘若右上方那部分筆畫起筆部分誤作橫筆，并且漏寫下方兩橫筆，就成了『取』字，頗疑此處乃涉簡 1『取』字而誤。」[307]其說可信，也爲筆者前說提供了證據。

（六）「箴」與「職」

　　先將相關幾個文字羅列如下：

2002.12）頁 215-216。

[305] 劉信芳：〈上博楚竹書《從政》補釋（六則）〉《第四屆國際中國古文字學研討會論文》（香港：香港中文大學，2003.10.15）頁 258。

[306] 蘇建洲：《上海博物館藏戰國楚竹書（二）校釋》（台北：台灣師範大學國文所博士論文，2004.6）頁 523。

[307] 凡國棟：〈《上博六》楚平王逸篇初讀〉，簡帛網，2007.07.09。

（1）![字形]（鄂君啓舟節）、![字形]（鄂君啓車節）

（2）![字形]![字形]（《隨縣》152，後者爲摹本）![字形]![字形]（《隨縣》171，後者爲摹本）![字形]（《隨縣》211）

（3）![字形]（《新蔡》零 271）

（4）![字形]（《包山》157）

（5）![字形]（《集成》4600 蠚公簠，《金文編》頁 143）、![字形]（《集篆古文韻海》2.29）[308]

（6）![字形]（《集成》2753 蠚公鼎）

（7）![字形]（《集成》4443 曩白子𡩜父盨）、![字形]（《集成》4443 曩白子𡩜父盨）

（8）![字形]（《上博五‧君子爲禮》10）

（9）![字形]![字形]（汨羅高泉山墓地 M1 銅盤，後爲摹本）

（10）![字形]（《集成》1.285 叔弓鎛）![字形]（《集成》1.274 叔弓鐘）

（11）![字形]（《集成》11902 廿四年鐵桯銅鏃）、![字形]（《集成》10452 銅鏃）

以上（1）－（3）文例都是「某尹」。裘錫圭、李家浩二先生考釋《隨縣》簡時指出：

---

[308] 徐在國：《傳鈔古文字編（下）》（北京：線裝書局，2006.11）頁 1308。

「戠尹」亦見於鄂君啟節，商承祚先生釋「戠」為「織」（《鄂君啟節考》，《文物精華》第二集），可從。楚有「箴尹」之官，見《左傳》宣公四年、哀公十六年。亦作「鍼尹」，見《左傳》定公四年。簡文和鄂君啟節的「織尹」，應即「箴尹」。《呂氏春秋‧勿躬》高誘注：「楚有箴尹之官，亦諫臣也，」恐是望文生義的臆說。[309]

這是贊同釋為「箴」（從「咸」）的一派。另一派則隸作「織」，釋為「織」，[310]以為字即《汗簡》引《尚書》「織」作🈂️[311]、《古文四聲韻》引《古尚書》「織」作🈂️。[312]李零先生說：「于省吾先生指出，《古文四聲韻》卷五『織』字同此，此字應分析為從糸🈂️聲。又《古文四聲韻》于『織』字下引《崔希裕纂古》以『🈂️』字（作🈂️）與『弒』、『絲』等字相同，這些字都是之部或職部字（職部是之部的入聲）。」[313]還有一種是採折衷的方式，即認為字形是「織」，但可以讀為「箴」，「織尹」即「箴尹」，有典籍所載楚官為證。[314]李守奎先生則是釋（1）－（3）為「織」，但隸作「🈂️」，以為從「𣏾」省聲。[315]換言之他認為字形左上從「𣏾」。

建洲按：首先，以上字形與傳鈔古文「織」不是完全相似。尤其是「🈂️」，楚文字作🈂️（「哉」，《楚帛書》乙 9.34）、🈂️（「載」，《隨

---

[309] 中國社會科學院考古研究所編：《曾侯乙墓‧曾侯乙墓竹簡釋文與考釋》（北京：文物出版社，1989.7）上冊頁 526 注釋 224。

[310] 于省吾：〈鄂君啓節考釋〉《考古》1963.8、郝本性：〈釋論楚國器銘所見的府與鑄造組織〉《楚文化研究論集》（荊楚書社，1987.1）頁 322、李零：〈楚國銅器銘文編年匯釋〉《古文字研究》13 輯（北京：中華書局，1986.6）頁 370、湯餘惠：《戰國銘文選》（長春：吉林大學出版社，1993.9）頁 44、崔恒昇：《安徽出土金文訂補》（合肥：黃山書社，1998.11）頁 225。何琳儀：《戰國古文字典》頁 1513。

[311] 〔宋〕郭忠恕、夏竦：《汗簡‧古文四聲韻》（北京：中華書局，1983.12）頁 34。

[312] 〔宋〕郭忠恕、夏竦：《汗簡‧古文四聲韻》頁 82。

[313] 李零：〈楚國銅器銘文編年匯釋〉《古文字研究》13 輯（北京：中華書局，1986.6）頁 370。

[314] 董蓮池：《金文編訂補》（長春：東北師範大學，1995.9）頁 345。

[315] 李守奎：《楚文字編》頁 736。

縣》80）、![字](「載」，《上博（一）·孔子詩論》20）、![字]（「才」，《上博（二）·魯邦大旱》3）。與上引諸字並不相同，但未見諸家加以說明，恐難服人。傳鈔古文釋為「織」應該是因為字形從「弋」聲，但是由上引（8）、（9）字形來看，分析這些字從「弋」聲卻未必適當（詳下）。

其次，李守奎先生認為字形左上從「罙」。但是楚文字的「罙」有如下三種寫法：

(a) ![字]（《郭店·性自命出》31）、![字]（《上博一·孔子詩論》2）

(b) ![字]（《郭店·五形》46）

(c) ![字]（![字]）《上博（五）·季庚子》11

但不管省下為「穴」旁或「宀」旁皆與常見的寫法![字]左上偏旁有距離。況且若真省減為「穴」旁或「宀」旁，又何以證明一定是「罙」呢？

筆者贊同商承祚等先生釋為「織」。上引（5）、（6）同為![字]公之名。[316]（5）「咸」的「戌」旁省作「戈」；（6）「咸」的「口」旁省略，字皆可以釋為「織」。《集篆古文韻海》「緘」字頭下正保留二形省簡之綜合體，也就是「咸」省簡作「戈」形。[317]（7）是「臧」字，其「口」旁省略可以參考。更為重要的是（8）《上博五·君子為禮》10 的寫法，此字筆者曾釋為「織」，[318] 其「咸」旁亦省簡作「戈」形，與《集篆古文韻海》「咸」旁同形。何有祖先生贊同拙說，並撰文說：「現在看來蘇建洲先生對字形的分析是可取的。考釋所引文獻中提及『父事者三人』、『兄事者五人』、『友事者十一人（或十二人）』，是據主體角度的差異（父子、兄弟、朋友）來對孔子學生作分類。而簡文當從師徒所受教益的角度來描述。其中『三人』、『五人』之數位與順序可與簡文對應。『兄事者五人』意近乎簡文『弟徒五人』，兄事『可以教悌』，『弟』疑可讀作『悌』。『織徒三人』可與『父事三人』意思相對應。字疑讀作『箴』。《晏子春秋·外篇重而异者》

---

[316] 陳漢平：《金文編訂補》（北京：中國社會科學出版社，1993.9）頁 277。

[317] 宋·杜從古著。其自序曰：「今輒以所集鐘鼎之文、周秦之刻……有可取者，撮之不遺」，此字正為一例。見徐在國：《傳鈔古文字編（上）·前言》（北京：線裝書局，2006.11）頁 9

[318] 蘇建洲：〈初讀《上博五》淺說〉，簡帛網，2006.2.18。

『景公問後世孰將踐有齊者晏子對以田氏』章：『父慈而教，子孝而箴，兄愛而友，弟敬而順』。《左傳》昭公二十六年『子孝而箴』，杜預注：『箴，諫也。』事父母之道，除了《大戴禮記‧曾子大孝》所言『養』、『敬』，『諫』亦是比較重要的一方面。《大戴禮記‧曾子立孝》：『君子之孝也，以正致諫』，又『君子之孝也……微諫不倦，聽從而不怠，歡欣忠信，咎故不生，可謂孝矣。』《大戴禮記‧曾子事父母》：『單居離問于曾子曰：『事父母有道乎？』曾子曰：『有。愛而敬。父母之行，若中道而則從，若不中道則諫，諫而不用，行之如由己。從而不諫，非孝也；諫而不從，亦非孝也。』』所謂父事者，幷非真爲其父，故不需『養』，然而還需『敬』，此外還有『諫』，即簡文所言『箴』的因素。」[319] 其說可從。（9）是 1993 年 4 月在湖南省汨羅市高泉山墓地 M1 所出土銅盤上的人名，張春龍先生釋爲「箴」，即「子箴」。並指出：「箴作……慈利楚簡《國語‧吳語》：『其臣箴諫以不入』，之『箴』正是如此，證明商承祚先生所釋正確。……子箴可以理解爲墓主人之名，也可以將『子』理解爲爵稱或是美稱。……盥盤銘文是湖南省考古發現楚國青銅器銘文中最長者。」[320] 所舉慈利楚簡若可信的話，則是釋爲「箴」的堅強證據。

綜合以上，上引（1）、（3）字形皆可釋爲「織」，字形從「竹」省、從「咸」省、從「糸」，可參照（8）《上博五‧君子爲禮》10「織」的寫法，其「竹」旁不省。（2）形上部字形不清，似與「竹」稍有不同，而近「宀」旁，但不妨害讀作「箴」。三者皆讀作「箴尹」，《楚國歷史文化辭典》「箴尹」條下曰：

> 楚官名。又作鍼尹。春秋時置。具體職守史無明載。《左傳》中有多處箴尹活動的記錄。或出使鄰國，或築城備敵，或侍王出行，或率師平亂。擔任此官的人員，或爲楚王公子，或是世家大族。公元前 506 年，吳兵入郢，昭王亡命出奔，鍼尹固曾與王同舟共濟入於雲中避難。從這些史實考查，鍼尹當是楚王

319 何有祖：〈上博五零釋二則〉，簡帛網，2006.03.03。

320 張春龍等：〈湖南出土的兩件東周銅器銘文考釋〉《中國歷史文物》2004.5 頁 33-34。

寵信近臣。後世注家或說是楚王諫臣。[321]

(4)《包山》157「舟![字]」,《包簡釋文》隸作「竅」,何琳儀先生贊同,[322] 後又改釋爲「![字]」。[323] 不過,陳煒湛先生認爲![字]既不從宀,亦不從戈,實乃從「竹」省,由「竿」作、「答」作可知。並說此字亦見於鄂君啓節,商承祚先生釋爲![字],分析從竹,從緘省口,即後世之「箴」。是簡文此字亦可釋箴。[324] 李家浩先生則釋爲「緘」。[325] 包山 157「舟贅、舟箴、司舟、舟斦」可與簡 168「舟贅公、舟斦公、司舟公」對應,則「舟箴」可能是官名,但不知何解?[326]

(10)叔弓鎛:「余命女(汝)![字]差卿,爲大事」;叔弓鐘作「![字]差正卿」。[327] 宋代王俅把銘文中的「![字]」釋讀爲「緘」(《嘯堂集古錄》,中華書局,1985 年 6 月,158 頁,165 頁),清末孫詒讓改釋爲「織」(《古籀拾遺·古籀餘論》,中華書局,1989 年 9 月,6 頁下)。[328]「正卿」是春秋時諸侯國的最高執政大臣,權力僅次於國君,[329] 則「差」只能讀能「佐」。陳劍先生釋文作「余命汝箴(?)佐正卿,兼命于外內之事。」及「余命汝箴(?)佐卿,爲大事,兼命于外內之事。」[330] 意思可能是說「我命令你勸戒輔佐正卿,同時承擔命于外內

---

[321] 石泉主編、陳偉副主編:《楚國歷史文化辭典》(武漢:武漢大學出版社,1997.6 修訂版)頁 483。

[322] 何琳儀:《戰國古文字典》頁 1513。

[323] 何琳儀:《戰國文字通論訂補》(南京:江蘇教育出版社,2003.1)頁 168。

[324] 陳煒湛:〈包山楚簡研究(七篇)〉《容庚先生百年誕辰紀念文集》(廣東:廣東人民出版社,1998.4)頁 590。

[325] 湖北省文物考古研究所、北京大學中文系編:《九店楚簡》(北京:中華書局,2000.5)頁 58 注 4。

[326] 文炳淳:《包山楚簡所見楚官制研究》(台北:台灣大學中文所碩士論文,1997.12)頁 96。宋華強先生亦認爲是職官名,見《新蔡楚簡的初步研究·釋文》(北京:北京大學中文系博士學位論文,2007.5)頁 26。

[327] 江淑惠:《齊國彝銘彙考》(台北:國立台灣大學出版社,1990.6)頁 35。

[328] 引自宋華強:《新蔡楚簡的初步研究·釋文》(北京:北京大學中文系博士學位論文,2007.5)頁 26。

[329]《漢語大詞典》冊五頁 319。

[330] 陳劍:〈甲骨文舊釋「昝」和「蠿」的兩個字及金文「飄」字新釋〉《甲骨金文考釋論集》(北京:線裝書局,2007.4)頁 230-231。

之事。」

（11）戰國燕國鏃類兵器刻銘有職官名「右（或左）佐戫」（《集成》16・10452、18・11902），董珊先生釋「戫」為「織」，讀為「弋」。並說：「『佐織（弋）』見於先秦文獻記載，《韓非子・外儲說上》記載衛有佐弋，《秦始皇本紀》有佐弋竭，據《集解》，屬於秦少府，《漢書・百官公卿表》少府屬官有左弋……用於弋射的箭鏃上刻有掌管弋射的佐弋的官署名，自然是很合理的事情。」[331]陳直先生說「弋射」是：「掌助弋射之事」[332]《漢語大詞典》「弋射」詞條下：「秦及漢初掌管弋射事務的官職名。」（冊一 頁 1234）。但是董珊先生論文中所舉其他燕國兵器或銅器上的刻銘多與器物本身有關，如「左攻尹」是負責生產兵器；「左、右內」的職責是有關兵器的修繕；鐵範「右廩」，董珊先生認為首要目的是表示器物的置用地點；「左（右）遲」、「右府」兩個機構的性質與器物的保管關係較大，但可能也會有生產器物的職能。[333]看起來都是跟工官或是使用機構相關，大抵不出製作、保管、修繕三個範疇。董先生還提出：「漢代的鍾官執掌鑄錢，那麼戰國燕國的鍾尹是否也有類似的職司？」[334]同樣的問題，我們要問：既然同樣是兵器上的刻銘都與器物本身相關，如製作、保管、修繕，則「右佐戫」是否也有類似的職司？何以「右佐戫」卻是掌管弋射的佐弋的官署名，而不是跟器物本身有關呢？

筆者認為「戫」仍應釋為「箴」，讀作「圅（函）」。「箴」從「咸」聲，匣紐侵部；「函」，匣紐談部，聲韻關係非常接近。《說文》認為「函」從「弓」聲，「弓」即為匣紐侵部。可見「箴」與「函」相通絕無問題。《周禮・地官・伊耆氏》：「共其杖咸」，鄭玄注：「咸，讀為函。」[335]可為例證。王國維云：「古者盛矢之器有二種，皆

---

[331] 董珊：〈《戰國題銘與工官制度》〉（北京：北京大學博士學位論文，2002.5）頁 115-117。

[332] 繆文遠：《戰國制度通考》（成都：巴蜀書社，1998.9）頁 7。

[333] 以上見董珊：〈《戰國題銘與工官制度》〉（北京：北京大學博士學位論文，2002.5）頁 116-117。

[334] 同上文，頁 117。

[335] 張儒、劉毓慶：《漢字通用聲素研究》（太原：山西古籍出版社，2002.4）頁 1020。

倒載之。射時所用者為箙……藏矢所用者為函，則全矢皆藏於其中，
🔲字象之。〈考工記〉：『函人為甲。』謂作矢函之人兼作甲，盛矢之
函欲其堅而不穿，故與甲同工。」[336]裘錫圭先生補充說：

> 王國維認為「函」的本義是「盛矢之器」，近人皆從之。殷墟
> 所出小臣牆骨板所記戰爭俘獲中，有如下數項：「車二丙、櫓
> 八十三、函五十、矢……」函列於矢前，顯然指盛矢之器，用
> 的正是本義。稱甲為「函」，是較晚的事。（原注 9：《考工記》
> 「函人」之「函」，不一定指甲，參看上引王國維文。）……依
> 此說（引案：指上引王國維說法），似乎古人作戰時隨身所帶
> 盛矢之器必為箙而非函。但小臣牆骨板所記之函是戰爭中的虜
> 獲物，與列於其前的櫓都應是作戰者隨身之物。故知「射時所
> 用」的盛矢器也可以是函，王氏之說過於絕對。[337]

根據上引二說，可知「函」既是象盛矢之器，又是作戰者隨身之物，
而箭鏃自然納於函，「函人」如同王國維所說是「作矢函之人」。《周
禮・夏官・司弓矢》曰：「司弓矢：掌六弓四弩八矢之法，辨其名
物，而掌其守藏，與其出入。中春獻弓弩，中秋獻矢箙。」可見
「箙」亦是「司弓矢」掌管的名物之一，可見「矢」、「箙」的確關係
密切。又如《包山》277「苛䣄受（授）：一箸，豹韋之盾（幨），二十
矢」，李家浩先生認為箸應釋為「筡」，《儀禮・既夕禮》鄭玄注：
「筡，矢箙。」[338]可以給我們兩點啟示，一是出土文獻「箭袋」的用
字並不固定，所以銅器銘文用「篏」來表示箭袋應該可以接受；二是
箭袋與箭矢是一同出現，可見關係的確密切。同理銘文讀作「佐函」
自然也可以包括箭鏃。而「佐」有治理、管理的意思，如《大戴禮

---

[336] 王國維：〈不嬰敦蓋銘考釋〉《王國維遺書》。引自《古文字詁林》第六冊（上
海：上海教育出版社，2003.12）頁 543。

[337] 裘錫圭：〈說「揜函」〉《華學》第一期（廣州：中山大學出版社，1995）頁 61。

[338] 李家浩：〈包山遣冊考釋（四篇）〉《古籍整理研究學刊》2003 年第 5 期頁 6-7、
李家浩：〈仰天湖楚簡剩義〉《簡帛》第二輯（上海：上海古籍出版社，
2007.11）頁 37。

記‧衛將軍文子》：「以佐其下」，盧辯《注》：「佐，治也。」[339]《左傳‧襄公三年》：「晉侯以魏絳爲能以刑佐民矣。」《史記‧孝文本紀》：「且朕既不德，無以佐百姓。」則銘文讀作「佐函」，大概是管理（或保管）矢函等相關兵器（含箭矢）或是負責生產矢函的工官。

（七）「友」與「厷」與「尤」

《郭店‧六德》16「勞其△1△2之力弗敢單（憚）也」，二者字形分別作：

（△1） （△2）

趙平安先生指出：「2000年初在清華簡帛研讀班上，我曾試讀爲股肱。此說當時幸得多位學者贊同，廖名春先生更率先在文中惠予引用。[340]後來，陳偉先生又專門撰文加以論證。[341]看來在這兩個字的釋讀上，大家頗有共識。」[342]其中「△1」字形從「夊」，讀爲「股」，已有學者指出。[343]但是對於「△2」的構形，目前尚無共識，如何琳儀先生隸定作「忧」，以爲字形同於《信陽》1.039的「忧」。[344]陳斯鵬先生則認爲字形應分析爲從「又」加衍筆，如同《六德》30的「友」字。[345]陳偉先生認爲此字左從心，右旁與甲骨文「厷」字形

[339] 宗福邦、陳世鐃、蕭海波主編：《故訓匯纂》（北京：商務印書館，2004.3 初版二刷）義項5頁100。

[340] 廖名春：〈郭店楚簡〈六德〉篇校釋〉《清華簡帛研究》第一輯，（北京：清華思想文化研究所，2000.8）頁74。

[341] 陳偉：〈郭店簡〈六德〉校讀〉《古文字研究》第24輯（北京：中華書局，2002）頁395-396。

[342] 趙平安：〈關於夊的形義來源〉，簡帛網，2007.01.23。

[343] 參季師旭昇：〈上博三周易比卦「有孚盈缶」「盈」字考〉，簡帛研究網，2005.08.15、侯乃峰：〈說楚簡「夊」字〉，簡帛網，2006.11.29，以及上引趙文。

[344] 何琳儀：〈郭店竹簡選釋〉《簡帛研究二○○一》（桂林：廣西師範大學出版社，2001.9）頁166。又載於黃德寬、何琳儀、徐在國合著：《新出楚簡文字考》（合肥：安徽大學出版社，2007.9）頁61。

[345] 陳斯鵬：〈郭店楚簡解讀四則〉《古文字研究》24輯（北京：中華書局，2002.7）頁410。

似。疑當釋爲「忕」,通作「肱」。[346]侯乃峰先生亦說:「C2(引案:指「△2」)構形頗爲詭異,右部所從字形之筆勢雖與甲骨文和金文中的『厷』字形 C4、C5 相似,但與楚簡中『厷』字形 C3 有一定距離,此存疑,暫隸定爲『忕』,依文義讀爲『肱』。」[347]

　　建洲案:由上引三家的說法,可見「友」與「厷」與「尤」三字字形存在糾葛的現象。筆者以爲上述諸說,何先生之說可信。侯乃峰文中所指的 C4、C5 分別作:

（甲骨文）（金文）

主體結構是「又」,但是「△2」顯然並不從「又」,彼此字形還有距離。至於楚簡從「厷」的字,如:

（《上博(二)‧民之父母》簡 9「厷」,即上引侯文的 C3）

（《郭店‧語叢四》16「雄」）

（《郭店‧語叢四》26「雄」）

（《上博四‧曹沫之陣》56「忕」）

（《包山》44「鈜」）

（《包山》169「扙」）

（《信陽》2.4「迖」）

（《隨縣》10「𥲤」）

陳劍先生指出:「戰國楚簡、曾侯乙墓竹簡中,有不少從厷的字。如包山 169、183 簡『扙』,26、44 簡『鈜』,143、162 簡『宏』,曾侯乙墓 208 簡的『坂』、10 簡『𥲤』,48、53 簡『弦』,新出郭店楚簡

---

[346] 陳偉:〈郭店簡《六德》校讀〉《古文字研究》24 輯(北京:中華書局,2002.7)頁 395。

[347] 侯乃峰:〈說楚簡「夃」字〉,簡帛網,2006.11.29。

《語叢四》14、16、26 簡『雄』等，厷字寫法大同小異，均作『』類形。其特徵是『又』下所從以上下兩弧筆合成一個近似圓形，與其它從口之字口作『』類型明顯有別。它顯然應該是從西周金文的『』字發展而來的。甲骨文、族氏金文的『』。『○』與手形（『又』字）分離，即成爲形；以後『○』以上下兩弧筆合成，即成爲戰國楚系文字的『』。」[348]可見「厷」基本形體從「又」是沒有問題的。以此觀之，《上博（三）‧周易》簡 51「折其右肱」的「肱」字作：

（△3）

整理者隸定作「拡」，[349]大概是有問題的，因爲仔細觀察字形並不從「又」。筆者以爲「△2」、「△3」均應隸作爲從「尢」，楚簡從「尢」之字如下：

（《信陽》1.039「忧」）[350]

（《新蔡》甲三 61「慼」）

（《新蔡》甲三 143「蚘」）

（《新蔡》甲三 182-2「蚘」）

（《上博五‧鬼神之明、融師有成氏》簡 7「蚘」）

（《新蔡》零 472「尤」）

---

[348] 陳劍：〈釋西周金文中的「厷」字〉《甲骨金文考釋論集》（北京：線裝書局，2007.4）頁 237-238。

[349] 馬承源主編：《上海博物館藏戰國楚竹書（三）》（上海：上海古籍出版社，2003.12）頁 63、205。

[350] 陳劍：「此據商承祚《戰國楚竹簡匯編》（齊魯書社，1995 年 11 月）147 頁簡 25 摹本，同書 137 頁所收此簡照片比《信陽楚墓》（文物出版社，1986 年 3 月）圖版一一六（CXVI）所收清晰。《戰國楚竹簡匯編》釋爲右從『厷』，此從劉雨先生《信陽楚簡釋文與考釋》所釋，見《信陽楚墓》，126 頁。」參陳劍：〈甲骨金文舊釋「尤」之字及相關諸字新釋〉《北京大學古文獻研究中心集刊》第四輯（北京：北京大學出版社，2004.10）頁 75 注 3。亦載於《甲骨金文考釋論集》（北京：線裝書局，2007.4）頁 60 注 3。

（《新蔡》零 204「試」）

吳良寶先生、陳劍先生均曾舉過古文字從「尤」的字，我們援引如下：[351]

鑄司寇鼎「尤」，《第三屆國際中國古文字學研討會論文集》483 頁圖一

邾試鼎「試」，《集成》4.2426

魚顚匕「蚘」，用為「蚩尤」之「尤」。《集成》3.980

《古陶文彙編》4.131「試」

《古陶文彙編》5.22「就」

《說文·京部》籀文「就」

《古璽彙編》2154「郛㲂」

《上海博物館藏印選》36「尤衛」

根據以上的字形，陳劍先生認為：「這些字形很明顯都不從『又』，而且其形體似乎是一個整體，很難拆分出一個獨立成字的部分來。『尤』字的字形結構當如何分析，看來還祇能存疑待攷。」[352]看得出來「△2」、「△3」顯然從「尤」，可讀作「肱」。「尤」，匣紐之部；「肱」，見紐蒸部。聲紐見匣古同為喉音，關係密切，如「咸」，匣紐；從咸聲的「緘」，見紐。「骨」，見紐；從骨聲的「滑」，匣紐。而韻部之蒸陰陽對轉，所以聲韻關係絕無問題。其中「△3」應該是變形音化的現象，即將意符「厷」的「又」旁改為形近的聲符「尤」。

---

[351] 吳良寶：〈璽陶文字零釋（三則）〉《中國古文字研究（第一輯）》（長春：吉林大學出版社，1999.6）頁 151-152、上引陳劍先生文章。

[352] 陳劍：〈甲骨金文舊釋「尤」之字及相關諸字新釋〉《北京大學古文獻研究中心集刊》第四輯（北京：北京大學出版社，2004.10）頁 76。亦載於《甲骨金文考釋論集》（北京：線裝書局，2007.4）頁 61。

另外，上引陳斯鵬先生以爲「△2」從「友」作，其所舉字形是《郭店·六德》簡 30 的字形：

（《六德》30）　（《六德》30）　（《天子建州》甲本 10）　（《天子建州》乙本 10）

這種寫法亦見於《上博六·天子建州》甲本 10 及乙本 10。此二字一般隸定上作「友」（從二「又」），以爲是「又」加上贅筆。但是這些字形顯然不從「又」，[353] 不免啓人疑竇。筆者以爲這些寫法應從「尤」，上部所從即上引《新蔡》零 472 的「犾」（文例：不爲犾（憂）），所以《六德》等字應該隸定作「犮」，讀作「友」，「尤」、「友」同爲匣紐之部。

最後，《上博六·用曰》4「攝[354]好棄△4」，「△4」字形作：

整理者釋爲「恔」，何有祖先生釋爲「忧」，因與前面的「好」意義相反，故而可讀作「尤」。《詩·小雅·四月》：「廢爲殘賊，莫知其尤。」鄭玄箋：「尤，過也。」[355] 其說可信。此字乍看之下以爲從「又」，不過這只是筆劃寫得較直而已，況且由「 ⊂ 」部件的位置，還是可以幫助我們判斷出是「尤」字的。

附記：第（一）、（四）、（五）、（六）則爲新作；第（二）則選自〈楚文字雜釋〉，簡帛研究網，2005.10.30；第（三）則發表於《中國文字》新卅一期（台北：藝文印書館，2006.11）；第（七）則發表於復旦大學出土文獻與古文字研究中心網站，2008.01.01。以上收入本書均有所訂補。

---

[353] 參《楚文字編》頁 183。
[354] 讀爲「攝」，見何有祖：〈讀《上博六》札記〉，簡帛網，2007.07.09。
[355] 何有祖：〈讀《上博六》札記〉，簡帛網，2007.07.09。

七、「訊」字形體演變臆說

　　郭永秉先生將《上博六・平王問鄭壽》簡 1、2 的█字改釋為
「訊」，[356]對筆者很有啓發。文中提到：「楚文字中目前只發現了『誩』
字（《說文》『訊』字的古文）」，則恐不然。《上博二・容成氏》22
「禹乃建鼓於廷，以爲民之有謁告者█焉。」筆者曾將█隸作「訐」，
[357]陳劍先生進一步根據《管子・桓公問》：「禹立諫鼓於朝，而備訊
唉。」等詞句，認爲：「訐」字顯然就是訓爲「告」的「訊」字的異
體。擊鼓以告，故字從「鼓」的初文「壴」爲意符；「千」爲聲符，
與「訊」讀音極爲相近。[358]陳劍先生並推論今天所見的「凡」可能就
是源自於「千」。[359]對於█等字，郭永秉先生分析爲「從言從係會意
（表示訊問係累之人之義），很可能就是專門爲『訊問』之『訊』所造
的會意字。」並說「『係』旁中的『人』（日母真部），似有可能兼起
聲旁的作用。」另外，「曾侯乙墓竹簡的『█』、『█』二字，裘、李兩
位先生對字形結構的分析仍可從。它們應分析爲從『韋』（或從
『走』）『█（訊）』省聲。」這些意見都是可取的。結合兩位先生的意
見來看，█是訊字，可以分析爲從「壴」，「█（訊）」省聲。要說明的
是，「訊」的「係」旁進一步省爲「人」形。這種現象可能如同甲骨
文「敖」既作█，又作█；「羌」作█，又作█。[360]以此觀之，█僅作
「人」形，即將繩索形省掉似不無可能。[361]或可以解釋爲█本是訊問的

---

[356] 郭永秉：〈讀《平王問鄭壽》篇小記二則〉，簡帛網，2007.08.30。

[357] 蘇建洲：〈上博楚竹書《容成氏》、《昔者君老》考釋四則〉，簡帛研究網，2003.
01.15。

[358] 陳劍：〈上博楚簡《容成氏》與古史傳說〉《中國南方文明學術研討會論文》（台
北：中央研究院歷史語言研究所，2003.12.19）頁 10、頁 20 注 44。

[359] 據筆者於陳劍先生：〈上博楚簡《容成氏》與古史傳說〉《中國南方文明學術研
討會論文》（台北：中央研究院歷史語言研究所，2003.12.19）會場演講的記錄。

[360] 劉釗：〈釋甲骨文耤、羲、敖、栽諸字〉《古文字考釋叢稿》（長沙：岳麓書社，
2005.7）頁 10-11。

[361] 雖然甲骨文的例子屬於繁化，但是由於字形偏旁實與「係」相當吻合，應該也
有參考的價值。

專字，但是 [字] 在簡文中用的是諫告的意思，如《詩經・陳風・墓門》:「夫也不良，歌以訊之。」所以將繩索形省掉了。退一步說，除非我們不將 [字] 與 [字] 的構形並觀，否則恐怕還是得承認 [字] 省作「人」形的現象。

　　假如 [字] 真能省作「人」形，則 [字] 字形變爲「𠱡」，再加一筆變爲 𠱡，從「千」（即 [字] 的右旁，𠂤）。有趣的是如此一來字形正與楚文字「信」同形（參《楚文字編》頁 142-144），兩字也正好同爲「心紐真部」。西周金文訣叔鼎（《集成》2767）有「信」字作「仨」，而對於師同鼎 [字] 字，郭永秉先生指出:「如果把這個字的『<u>止</u>』形省去，把『口』旁換成『言』旁，不就正是《平王問鄭壽》的 [字] 字嗎？」巧的是，如果依照「係」可省爲「人」的現象，則師同鼎的「訊」字正與訣叔鼎的「仨（信）」同字。也就是說訣叔鼎的「仨（信）」可能是利用師同鼎省簡的「訊」字來表示的。此說若可成立，則「訊」的「係」旁省爲「人」，在西周就曾出現過。對於《說文》認爲「信」從人、言，會意的說法，裘錫圭先生指出:「在上古文字裏，這種跟後來的『歪』一類字相似的、完全依靠會合偏旁字義來表意的字，是非常少見的。《說文・敘》舉出的這兩個字都有問題。現代學者大多數認爲『信』本是從『言』『人』聲的形聲字。」[362]從「人」聲也與「訊」字相同，則訊、信是音近而同用一字。後來「訊」的「千」旁變換方向，[363]遂訛變爲「訊」，從此與「信」的形體毫無瓜葛。「訊」的字形演變如下:

$$\text{𦥑} \rightarrow \text{𠱡} \rightarrow \text{𠱡} \rightarrow \text{訊} \rightarrow \text{訊} \rightarrow \text{訊} \rightarrow \text{訊}$$

附記:本文原以「對《平王問鄭壽》簡 1、2 的「訊」字的一點補
　　　充」爲題，發表於簡帛網，2007 年 8 月 30 日。

---

[362] 裘錫圭:《文字學概要》（北京:商務印書館，2003.5 九刷）頁 99。
[363] 此概念受前引陳劍先生現場會議演講說法的啓發。

八、《說文》古文補說二則

（一）對《說文》古文「虎」字的一點補充

　　近讀宋華強先生將《新蔡》簡的祭牲名 ![字] 改釋爲「勮」，[364]由字形來看較舊釋合理。而文中曾論及《說文》古文「虎」字作 ![字] 的結構，並認爲這種形體是從「勮」演變來的。

　　宋先生認爲：

> 把「力」旁第二筆的起筆寫在靠上一些，與第一筆的起筆齊平，整個形體再寫得瘦長一些，就有可能訛變爲類似上揭古文下部中間「 ![人] 」那樣的形體。戰國璽印文字中的「力」旁有的就已經和「 ![人] 」很相近了，例如： ![璽印] 。

　　換言之，宋華強先生認爲 ![人] 形是「力」旁。

　　李家浩先生則認爲：

> 「虎」字古文「 ![字] 」、「 ![字] 」也有可能是從上揭散氏盤、毛叔盤那樣的「虎」字寫法訛變來的。具體說就是兩足爪形脫落，寫成「臼」形，身體部分則經過類似常見的「虎」字下部訛變爲「人」形那樣的過程，訛變爲「 ![人] 」形。

　　換言之，李家浩先生認爲 ![人] 形可能接近「人」形。

　　筆者以爲由字形來看似乎較接近「力」形，但是也不能排除釋爲「人」的可能性。比如《上博四·曹沫之陣》9「沒身就 ![字] 」，末字李零先生釋作「死」，以爲「與簡文常見死字（作 ![亮] ）相近，這裡釋『死』」。[365]高佑仁兄亦認爲字形下部從「死」，但根據《上博五·季庚

---

[364] 宋華強：〈釋新蔡簡中的一個祭牲名〉，簡帛網，2006.05.24。

[365] 馬承源主編：《上海博物館藏戰國楚竹書（四）》，（上海：上海古籍出版社，

子問於孔子》簡 14 改讀爲「世」。[366]而只要與楚簡常見的「死」字相比較，便會發現「」底下的「死」字呈現出「人」、「力」二形有形混的現象。換言之，《說文》古文「虎」作，李家浩先生認爲底下從「人」的可能性是不能排除的。而這種形體是否一定是從「勉」演變來的，應該也允許有不同的思路。[367]

（二）《說文》古文「」字來源論證

《說文·石部》：「磺，銅鐵樸石也。從石黃聲，讀若穬。，古文礦。周禮有人。」（九下十）但是段玉裁《注》云：「按：《周禮·鄭注》云：『之言礦也。』賈疏云：『經所云是總角之字。此官取金玉，於字無所用，古轉從石邊廣之字。』語甚明析。之言礦，非磺字也。凡云之言者，皆就雙聲疊韻以得其轉注假借之用。本說文卵字。古音如關，亦如鯤。引申爲總角兮之，又假借爲金玉樸之礦。……至於《說文》卵字本作，不作卵。……今於卵部正之，於石部刪之。學者循是以求之，許書之真面可見矣。」[368]所以段玉裁將《說文》古文「」移至「卵」字下，並改爲「，古文卵。」[369]此說有學者並不贊同，如何琳儀先生《戰國古文字典》便將「」、「卵」分立兩個字頭，[370]並認爲若截取商代金文「」字（《集成》3195 父己簋）的頭上部分即成「」字，象少年束髮爲兩總角之形。[371]徐在國先生看法相同。[372]不過李家浩先生在 80 年代中期

2004.12）頁 249。

[366] 高佑仁：〈談《曹沫之陣》的「沒身就世」〉，簡帛網，2006.02.20。此文曾在台中逢甲大學全國文字學會宣讀（2006 年 5 月 20 日）。

[367] 拙文觀點得到宋華強：《新蔡楚簡的初步研究·第五章新蔡簡祭禱內容若干問題的研究》（北京：北京大學中文系博士學位論文，中國古典文獻學專業，2007.05）頁 145 的引用。

[368] 〔清〕段玉裁注：《說文解字注》（台北：漢京文化，1985.10）頁 448-449「磺」字下。

[369] 〔清〕段玉裁注：《說文解字注》（台北：漢京文化，1985.10）頁 680「卵」字下。

[370] 分別見於頁 1001、1035。

[371] 《戰國古文字典》頁 1001。

[372] 黃德寬主編：《古文字譜系疏證》第三冊（北京：商務印書館，2007.5）頁 2632。

講述《說文解字》課程時卻是贊同段《注》的說法，他說：「『北』字實際上即卵字，借用『卵』字爲『礦』。」[373]黃天樹先生看法相同。張富海先生亦指出：「北，許云：『古文礦，《周禮》有北人。』段玉裁指出此是『卵』字。望山二號墓 53 號簡『卵』作，曾侯乙墓 18號簡作（偏旁）。古文假『卵』爲『礦』。」[374]

建洲按：《隨縣》有如下幾個字形：

（簡 126）　　　　（簡 137）　　　（簡 51）

此三字顯爲一字，其中簡 51 因爲原簡偏旁字形不清楚，故以摹本替代。此三字裘錫圭、李家浩二先生皆隸作「礦」，從「卵」旁，可見「卵」字除可寫作我們所熟知的形（簡 51），還可作「北」形（簡 126、137）。更重要的是《上博（四）‧交交鳴烏》有「閒『△』思旬」一句見於簡 3 與簡 4，其中「△」分別作

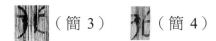

（簡 3）　　　（簡 4）

「閒△」一詞，整理者釋爲『間北』，讀爲「間關」，並指出詞見《詩‧小雅‧車舝》「間關之車舝兮」。同時解釋「北」說：「以絲貫杼爲『北』，讀作『關』。」[375]董珊先生亦指出：「間北，『北』字即《說文》所錄『礦』字古文，『關』字從此聲。」[376]季旭昇師則以爲字形當隸作「卵」，又見於《子羔》簡 11「卵」作，字釋爲「卵」，毫無可疑。[377]諸說中當以季師旭昇的說法爲確。董珊先生認爲「△」就是

根據第四冊「後記」的說明，此部份爲徐在國先生撰寫。

[373] 李家浩先生的說法見黃天樹：〈《說文》重文與正篆關係補論〉《黃天樹古文字論集》（北京：學苑出版社，2006.8）頁 322。

[374] 張富海：《漢人所謂古文研究》（北京：北京大學中國語言文學系博士學位論文，2005.4）頁 134，572 號。

[375] 馬承源主編：《上海博物館藏戰國楚竹書（四）》（上海：上海古籍出版社，2004.12）頁 176。

[376] 董珊：〈讀《上博藏戰國楚竹書（四）》雜記〉，簡帛研究網，2005.02.20。

[377] 季旭昇師：〈《交交鳴烏》新詮〉「第一屆古文字與古代史學術討論會」論文（臺北：中央研究院歷史語言研究所，2006.9）頁 8-14。

「關」字的聲符「丱」,這也是普遍的意見。[378]《集韻‧平聲‧刪韻》
也云:關或省作間。而戰國文字「關」作:

（《古錢大辭典》333）[379]　　（陳純釜）

似乎吻合這個現象。但是我們知道目前所見楚系文字的「關」皆從
「串（貫）」聲,[380]如:

（《孔子詩論》10）、　（《容成氏》18）、　（《包山》34）[381]

所以《上博(四)‧交交鳴鳥》的「△」不會出現在楚系文字「關」的
偏旁,也就是說沒有積極證據說明「△」就是「丱」。其次,仔細觀
察兩個「△」的寫法,正好兼具「丱」、「卵」二者的寫法,的確可以
說明「丱」就是「卵」字。現在看來,關其下還是應理解為「卵」,
應隸作「關」。

附記:本文第一則發表於簡帛網,2006 年 6 月 2 日。第二則是新作。

九、《信陽楚簡》遣冊考釋一則

《信陽楚簡》遣冊部分 2-024「一△1△2」(字形如下):

　△1　　　　　△2　　　　　△3　　　　　△4

[378] 黃德寬主編:《古文字譜系疏證》第三冊(北京:商務印書館,2007.5)頁
2633。

[379] 丁福保編:《古錢大辭典》上冊(北京:中華書局,1982.12)上編頁 28,333 號。

[380] 裘錫圭先生已指出這是楚國特有的寫法,見〈戰國文字釋讀二則〉《于省吾教授
百年誕辰紀念文集》(長春:吉林大學出版社,1996.9)頁 157。

[381] 參見《楚文字編》頁 670。

劉雨先生釋為「二集圮」。[382]商承祚先生僅依形隸定，未作釋文。[383]
郭若愚先生釋為「一珥垟」。[384]劉國勝先生釋為「一□垟」，並解釋
說：「按：『垟』所指不詳，似當指陶罐一類的盛食器。」[385]田河先生
依形隸定，並解釋說：「『一』下之字左邊似從『耳』，右邊從『屰』
是沒有問題的。聮作何解釋還不知。」[386]

建洲按：以上諸說郭若愚、劉國勝二先生的說法值得注意。先看
△1 字，字形左邊從「耳」應該是對的，相近字形可參同簡 2-02「一
笥翠珥」、「一笥齒珥」的兩個「珥」字作：

這些「耳」旁皆缺了左邊一直筆，只要補上之後便接近「耳」形。其
次，「△1」的右旁並非「屰」，字從倒「矢」形，應釋為「矢」，[387]如
《上博（一）‧孔子詩論》簡 22「四矢（矢）反」、《上博（二）‧容成
氏》2「侏儒為矢（矢）」、《上博（四）‧昭王毀室》「幸」作矢（左從
「矢」）。[388]筆者懷疑此字就是「聑」，《說文》曰：「聑，軍法以矢貫耳
也。從耳從矢。」（12 上 8）[389]

其次，「△2」諸家隸作「垟」，這無疑是對的。值得注意的是，
《上博（二）‧容成氏》29 出現兩次「咎陶」，其「陶」字分別作「△
3」、「△4」，簡 29「△3」字李零先生隸作「垟」，又隸作「垟」。[390]經

[382] 劉雨：〈信陽楚簡釋文與考釋〉，載於河南省文物研究所《信陽楚墓》（北京：文
　　物出版社，1986.3）頁 130。
[383] 商承祚：《戰國楚竹簡匯編》（濟南：齊魯書社，1995.11）頁 38。
[384] 郭若愚：《戰國楚簡文字編》（上海：上海書畫出版社，1994）頁 95。
[385] 劉國勝：《楚喪葬簡牘集釋》（武漢：武漢大學博士學位論文，2003.05.01）頁
　　27。
[386] 田河：《信陽長台關楚簡遣冊集釋》（長春：吉林大學碩士論文，2004.5）頁
　　117。
[387] 「屰」字參李守奎：《楚文字編》（上海：華東師範大學，2003.12）頁 98。
[388] 陳劍：〈釋上博竹書《昭王毀室》的「幸」字〉《漢字研究》（第一輯）（北京：
　　學苑出版社，2005.6）頁 462。亦見於「簡帛網」，2005.12.16。
[389] 〔漢〕許慎著、〔宋〕徐鉉校定：《說文解字》（北京：中華書局，2002.10 第 20
　　刷）頁 250。
[390] 馬承源主編：《上海博物館藏戰國楚竹書（二）》（上海：上海古籍出版社，

由 █、█ 二字相比較的結果，筆者曾贊同李零先生的說法，並指出：「█左下的『口』旁可能是飾符。而『土』、『口』共用一筆，換言之，字從三『土』。《上博（二）》頁 276 即隸作從三『土』。」[391]所以 █字亦可以理解爲「土」的繁構。何琳儀先生以爲上引《容成氏》█字應分析爲從「土」，從「匋」，乃「陶」之異文。[392]但是「宙（匋）」作 █（《郭店・窮達以時》2）、█（《容成氏》簡 13），與 █左旁字形很有距離。由放大圖版來看，█左上一直筆非常明顯，顯然是「土」形的構形。況且「△4」作 █字左旁與 █字就相差更遠了。牛淑娟先生亦將上述二字隸作「█」。[393]「土」，透紐魚部與「陶」，余紐幽部，「余」紐古歸「定」紐，所以聲紐同爲舌頭音，如《語叢三》48「有德者不迻（移）」移，余紐；多，端紐。韵部魚幽旁轉音近，《楚辭・九章・思美人》：「攬大薄之芳茝兮，搴長洲之宿莽。惜吾不及古人兮，吾誰與玩此芳草？」其中「莽」（陽，魚的陽聲韻）、「草」（幽）合韻即爲其例。[394]「奴」，魚部，從「奴」聲的「怓」是幽部亦爲一證。又如《禮記・聘義》：「孚尹旁達，信也。」鄭玄《注》：「孚（幽部），或爲扶（魚部）。」[395]還有「牟」（幽部）、「無」（魚部）常見通假，如《左傳・宣公十五年》：「仲孫蔑會齊高固于無婁」，「無婁」，《公羊傳》作「牟婁」。[396]以此觀之，上述《信陽》「△2」隸作「垚」，釋爲「陶」應該是沒有問題的，這正與劉國勝先生的推論：「似當指陶罐一類的盛食器。」相近。筆者以爲《信陽》「垚」字大概相當於《包山》255 的「硴」或「垍」字。《包山楚簡》整理者對此二字注釋說：「指陶罐」。[397]李天智先生進一步指出：「因此，12

2002.12）頁 273、276。

[391] 蘇建洲：《上海博物館藏戰國楚竹書（二）校釋》（台北：臺灣師範大學國文所博士論文，2004.6）頁 195-196。

[392] 何琳儀：〈滬簡二冊選釋〉，簡帛研究網，2003.01.14。

[393] 牛淑娟：《上海博物館藏戰國楚竹書（二）研究概況及字編》（長春：吉林大學碩士論文，2005.4）頁 113。此論文由李守奎先生指導。

[394] 趙彤：《戰國楚方言音系》（北京：中國戲劇出版社，2006.5）頁 132。

[395] 高亨、董治安編纂：《古字通假會典》（濟南：齊魯書社，1997.7 二刷）頁 767。

[396] 張儒、劉毓慶：《漢字通用聲素研究》（太原：山西古籍出版社，2002.4）頁 108。

[397] 湖北省荊沙鐵路考古隊：《包山楚簡》（北京：文物出版社，1991.10）頁 59 注 508。

件陶罐的原有稱名就有了比較清楚地揭示：通過對湖北荊門包山二號墓陶罐與遣策的類比分析，推定我們當今所說的陶罐，在其墓主人時代－戰國中期，它們的原有稱名並不叫『陶罐』，而是以該墓遣策中所載的『砡』、『垎』、『羃』這三種名稱命名的。」[398]退一步想，既然「壴」，《容成氏》讀爲「陶」，而「匋」可從「包」省聲，而「包」、「缶」同爲幫紐幽部，雙聲疊韻。彼此的關係正如《上博（五）‧競建內之》簡1「鮑叔牙」之「鮑」字寫作「鞄」。另外，齊國銅器「鮈鎛」（《集成》271）：「齊辟鎜叔之孫」，楊樹達說「鎜叔」即「鮑叔」。[399]又《上博二‧容成氏》09「而橐在四海之內」，「橐」從「缶」聲，讀作「包」。可見「匋」、「包」、「缶」聲韻關係密切。所以《信陽》「垎」字若讀爲「缶」也是可以理解的。值得注意的是上引鮈鎛的「鎜」字形作 ，而齊鮈氏鐘作 ，後者將聲符「缶」替換爲「土」。不其簋銘文中的地名「高陶」之「陶」作 ，亦從「土」作。此亦可爲《信陽》「垎」讀爲「缶」提供佐證。綜合以上，簡文讀作「一昳垎（缶）」。還有一種可能，是將「垎」理解爲表意字，「缶」是陶罐，由「土」所構成，所以字寫作「垎」表示「缶」的材質。黃金貴先生指出：「陶器義的同義詞主要有陶、瓦、土三字。……『土』，指最早的陶器。原始制陶的產品在輪制時代的人眼中，自然很『土』，並且首先取土爲之，故文言中稱這一時期的陶器爲『土』。《墨子‧節用中》：『飯於土塯，啜於土刑。』刑，即鉶，盛羹器。塯，盛飯器。《史記‧秦始皇本紀》：『堯舜……飯土塯。』裴駰集解引如淳曰：『土

---

[398] 李天智：〈包山二號墓陶罐試析〉《江漢考古》2003.4 頁 79。附帶一提，李天智先生認爲：「第二，包裝方面，它們都是採取『絹→泥餅→草餅→紗』封口，其封口絹皆蒙在最外層（應爲蒙絹）、用組帶和條帶束繫的全封閉狀態的包裝方法，器表用較細草繩包裹，盛裝物是魚、醬類等。從型制方面分析，它本身就有容易掩蔽的型制設計之意；又從其包裝方面分析，它本身又具有很明顯的掩蔽效果。因此，B 類陶罐的型制和包裝應都是其原有名稱稱名爲『羃』的主要依據。……又由於 B 類陶罐的型制本身就有掩蔽之義，因此 B 類陶罐就理所當然地摘取了有『掩蔽』之意的『羃』來命名其原有名稱。」（頁 79-80）建洲按：羃字作 ，上從「网」，下部偏旁與《說文》古文「弇」作 、《古文四聲韻》上聲29「弇」作 形近。頗疑「羃」本從「弇」旁，只是將本來的「穴」旁換爲「网」旁，一樣可以會掩蔽之意。又羅小華先生將「羃」釋爲「尊」似無堅強證據，暫不取此說。見氏著：〈釋尊〉，簡帛網，2007.12.11。

[399] 楊樹達：《積微居金文說》（北京：中華書局，1997.12）頁 81。

形，瓦器也。」……『土』字下增一義：『土：〈古〉原始陶器。』[400]
上引《墨子·節用中》的話亦見於《上博四·曹沫之陣》簡 2「昔堯
之饗舜也，飯於土𥸸（簋），欲於土型（鉶）」。則「土」代表「陶
器」的確見於先秦出土文獻。這如同典籍所載代表信物的璽印本作
「瑞」，但燕國銅質長條形官璽多自名爲「鍴」，是因爲材質是用金屬
所做的，所以改從「金」作。[401]

十、《上博（六）·用曰》的「欠」旁及相關幾個字

《用曰》17「謀事既無功」，[402]其中「既」作「△1」：

（△1）　　（△2）

相同字形亦見於簡 12、10、13 等等，其中「旡」旁寫法有點奇怪。
另外，簡 7「贛」作「△2」，其「欠」旁寫法相同。亦見於簡 8
「飲」字。古文字「旡」、「欠」二旁本有相混的現象。這個偏旁會讓
我們想起《上博·子羔》簡 10-11 簡文曰：「契之母，……有燕銜卵
而措諸其前，取而 🔲（吞）之」，現在可以確定馬承源先生將「吞」
字隸定作「㰻」是可信的。[403]裘先生先前同意《子羔》該字隸作
「㰻」也是很具卓見的。[404]另外，還可以聯想到《新蔡》甲三 175 有
字作：

🔲（△3）

---

[400] 黃金貴：《古漢語同義詞辨釋論》（上海：上海古籍出版社，2002.8）頁 137-138。

[401] 吳振武：〈釋雙劍誃舊藏燕「外司聖鍴」璽〉《于省吾教授百年誕辰紀念文集》頁 164 注 1。

[402] 依李銳先生斷讀，李銳：〈《用曰》新編（稿）〉，簡帛網，2007.07.13。

[403] 馬承源主編：《上海博物館藏戰國楚竹書（二）》（上海：上海古籍出版社，2002.12）頁 196。

[404] 裘錫圭：〈釋《子羔》篇「𫟹」字並論商得金德之說〉《中國簡帛學國際論壇 2006 學術研討會論文》，（武漢：武漢大學，2006.11）頁 244。

文例是「△陵陳䭲之述」，整理者釋此字爲「肥」。[405]邴尚白先生同此
說。[406]此說實可疑，楚簡「肥」字作 ▨（《新蔡》甲三 240）、▨
（《新蔡》乙四 80）、《上博（三）・周易》31 作 ▨，[407]皆可見右旁與
「△3」字不同，所以不能釋爲「肥」。宋華強先生將「△3」釋爲
「胞」，並指出：「此字右旁與睡虎地秦簡、馬王堆帛書『絕』字所從
『色』旁類（參看陳振裕、劉信芳：《睡虎地秦簡文字編》，湖北人民
出版社，1993 年 12 月，136 頁；陳松長：《馬王堆簡帛文字編》，文
物出版社，2001 年 6 月，522 頁），疑是『胞』字。《說文・肉部》：
『胞，小臾易斷也。從肉、從絕省。』」[408]我們注意到《子羔》簡 12
有字作 ▨，馬承源先生將之與簡 11 ▨右旁當作一字，所以隸作
「欽」。裘錫圭先生指出：「其右旁明顯與 11 號簡下段『軟』字的
『欠』旁有別，而與《郭店楚墓竹簡》中《五行》篇 13、14 號『色』
字相似，與 14 號簡之▨尤爲一致。」[409]看得出來，《新蔡》甲三 175
「△3」字右旁顯然與「△1」、「△2」是同一個寫法，加上裘先生已說
「欠」、「色」字形相差頗大，所以「△3」恐怕不能釋爲「胞」，而應
釋爲「𣢣」，此字見於《玉篇》。

十一、《上博（六）・孔子見季桓子》簡 6 的「害」字

　　簡 6「☑……由仁歟？害（蓋）[410]君子聽之。」其中「害」字

---

[405] 河南省文物考古研究所編著《新蔡葛陵楚墓》（河南：大象出版社，2003.10）頁 194。

[406] 邴尚白：《葛零楚簡研究》（台北：台灣大學博士論文，2007.1）頁 316。

[407] 更多字形參看李守奎：《楚文字編》（上海：華東師範大學，2003.12）頁 262。

[408] 宋華強：《新蔡楚簡的初步研究・新蔡簡釋文分類新編》（北京：北京大學中文系博士學位論文，中國古典文獻學專業，2007.05）頁 52。

[409] 裘錫圭：〈釋《子羔》篇「𦭲」字並論商得金德之說〉《中國簡帛學國際論壇 2006 學術研討會論文》，（武漢：武漢大學，2006.11）頁 245。

[410] 「害」讀爲「蓋」，參彭裕商〈讀《戰國楚竹書（一）隨記三則》《新出楚簡與儒學思想國際學術研討會》（北京：清華大學出版社，2002.3）。又載於謝維揚、朱

作：

（簡影）　　　（摹本）

此字偏旁又見於《天星觀》作：

（《楚系簡帛文字編》頁 65）

《楚文字編》列為不識字，並加注釋說：「疑為管字」。[411]其實，李家浩先生早就指出此字與《古文四聲韻》卷四泰韻「害」字引《古孝經》作　者相似，並說此字當釋為「蕭」，《方言》卷三「蘇、芥，草也。……沅湘之南或謂之蕭」，郭璞注：「今長沙人呼野蘇為蕭。」蕭在天星觀楚墓竹簡中用作占卜的工具，當是以野蘇之莖為之。[412]今由《孔子見季桓子》簡 6 的「害」字，證明李家浩先生說法可信。

淵清主編：《新出土文獻與古代文明研究》（上海：上海大學出版社，2004.12 初版二刷）頁 81-82。李銳：〈《孔子見季桓子》重編〉，簡帛網，2007.08.22。

[411] 李守奎：《楚文字編》（上海：華東師範大學，2003 年 12 月）頁 879（015）。

[412] 湖北省文物考古研究所、北京大學中文系編：《九店楚簡》（北京：中華書局，2000.5）頁 91-92。

第四章

以古文字的角度討論
《上博楚竹書》文本來源

一、前言

　　陳偉先生曾指出:「目前發現的戰國楚簡,大致分作這樣幾種類型:(1)文書檔案,如包山簡中的官府文書和江陵磚瓦廠 370 號墓所出私人文書。(2)卜筮禱祠記錄,如江陵望山 1 號墓竹簡、江陵天星觀簡的一部分、荊門包山簡中的一部分、新蔡葛陵簡的大部分以及江陵秦家嘴三座墓所出竹簡。(3)喪葬記錄,如長沙五里牌 406 號墓竹簡、長沙仰天湖 25 號墓竹簡、信陽長台關簡的一部分;望山 2 號墓竹簡、天星觀簡的一部分、包山簡的一部分,大多爲一般所說的遣策,也有一些是賵書。(4)書籍,如長台關簡的一部分、荊門郭店簡、上海博物館藏簡以及慈利石板村簡。」[1]其中前三項都是楚國人的原產品,所以沒有底本來源的問題。但是書籍類竹簡的來源卻很複雜,已有幾位學者指出這些竹書未必是楚人的原作(詳下討論),[2]筆者以爲這種說法是很有道理的。本章將以《上博楚竹書(三)·周易》、《上博楚竹書(四)·曹沫之陣》、《上博楚竹書(五)·鮑叔牙與隰朋之諫》(含《競建內之》)、《上博楚竹書(二)·昔者君老》、《上博楚竹書(六)·孔子見季桓子》等竹書爲研究對象,除考釋難字外,也對竹書底本提出討論。

二、學者對於竹書底本的看法

　　周鳳五先生曾經根據文字的「形體結構」與「書法體勢」將郭店

---

[1] 陳偉:〈楚人禱祠記錄中的人鬼系統以及相關問題〉「第一屆古文字與古代史學術研討會」論文(臺北:中央研究院歷史語言研究所,2006 年 9 月 22 日～24 日)頁 17-1。

[2] 如大西克也先生曾說:「郭店楚簡的內容全部是《老子》《緇衣》等先秦古籍,其原書未必都在楚國成書,所以不能盲目地當成楚國語料去研究。」這樣的態度是很審慎的。參見大西克也:〈從方言的角度看時間副詞「將」、「且」在戰國秦漢出土文獻中的分布〉《紀念王力先生百年誕辰學術論文集》(北京:商務印書館,2002.8)頁 152。

楚墓竹書分作四類：（1）楚國通行字體，有《老子》甲乙丙三組，《太一生水》、《緇衣》、《魯穆公問子思》、《窮達以時》、《語叢四》等九篇，是楚國文字本色，是楚國的標準字體。（2）字形結構與第一類基本相同，但有「豐中首尾銳」的特徵，如《性自命出》、《成之聞之》、《尊德義》、《六德》四篇。是出自齊、魯儒家經典抄本，但已經被楚國「馴化」。（3）結體較長，筆劃較均勻，可以歸入「篆書」之列，如《語叢》一、二、三，用筆似小篆，應當是戰國時代齊、魯儒家經典文字的原是面貌。（4）與第三類字體比較接近，保存一些齊系文字結構，與楚文字迥然有別，如《唐虞之道》、《忠信之道》。這些竹簡與齊國文字特徵最吻合，是楚國學者新近自齊國傳抄、引進的儒家典籍，保留較多齊國文字的形體結構與書法風格。3這讓我們對「楚竹書」的底本來源有了深一層的認識。林素清先生將楚地簡牘資料分為四類：（1）遣策。（2）卜筮祭禱紀錄。（3）公文檔案。（4）文獻典籍。並指出：「前兩種最能代表當時楚人日常書寫體，也最能表現當地（楚）文字特點。第三類公文檔案，也是日常應用書體，……。這些或隸或篆或草的書體，基本也是屬於楚文字範疇的。至於第四類文獻典籍類的書體則顯得十分複雜。各種簡本字體的差異，究竟和書手、典籍傳鈔有無關聯，其是否和地域有關，都是值得探討的問題。」4這也從字體點出某些竹書可能並非來自楚國。李家浩先生亦曾指出《郭店簡·唐虞之道》、《忠信之道》、《語叢》一～三以及《上博·緇衣》很可能是戰國時期魯國的抄本。受此觀點啟發，馮勝君先生從「文字形體」和「用字習慣」兩方面加以闡發，認為以上幾篇簡文與楚文字有別，而多與齊系文字及《說文》古文、三體石經古文相合，從而論定了《郭店·唐虞之道》、《忠信之道》、《語叢》一～三以及上博《緇衣》是「具有齊系文字特點的抄本」，5此說可從。此外，

3　周鳳五：〈郭店竹簡的形式特徵及其分類意義〉武漢大學中國文化研究院編《郭店楚簡國際學術研討會論文集》（武漢：湖北人民出版社，2000.5）頁 53-63。

4　林素清：〈郭店、上博《緇衣》簡之比較－兼論戰國文字的國別問題〉《新出土文獻與古代文明研究國際學術研討會會議論文》2002.7。後收入謝維揚、朱淵清主編：《新出土文獻與古代文明研究》（上海：上海大學出版社，2004..12 初版二刷）頁 92。

5　參馮勝君：《論郭店簡〈唐虞之道〉、〈忠信之道〉、〈語叢〉一～三以及上博簡

馮勝君先生還提出：

> 古書類簡文則恰好相反，原創性較差而可複制與傳播性較強
> （原注：實際上我們目前還沒有發現哪一篇古書類簡文是原始
> 寫本而非轉錄本。）既然非原創且可以複制、傳播，就不可避
> 免地存在底本與抄本的問題。從理論上講，楚地出土的戰國簡
> 特別是古書類竹簡，當然有可能是由某一國家的書手用當地文
> 字抄寫，流傳到楚地，在被埋入墓葬之前一直保持原貌，未經
> 輾轉傳抄，但這種情況到目前為止尚未發現。以郭店簡和已公
> 布的上博簡為例，沒有哪一篇簡文是完全不包含楚文字因素的
> 其他國家的抄本，應該都是楚人的轉錄本。……裘錫圭先生曾
> 專門寫文章談郭店簡和上博簡中存在大量誤摹之字（原注：裘
> 錫圭：《談談上博簡和郭店簡中的錯別字》，《華學》第六輯 50
> ～54 頁，紫禁城出版社，2003 年，北京。）李家浩先生據此
> 推斷這是因為書手對底本的文字不熟悉或不認識所導致，而這
> 種不熟悉或不認識不一定是因為書手的文化水平低，而很可能
> 是書手對其他國家文字比較陌生的緣故（原注：此據筆者在北
> 京大學「戰國文字概論」課上所作課堂筆記。）上舉各例均足
> 以證明，楚地出土的戰國簡都是楚人的抄本。……我們認為，
> 在目前的情況下對這類包含較多他系文字因素的竹書，比較穩
> 妥的界定似應為「具有某系文字特點的抄本」。「具有某系文字
> 特點」是指簡文中包含有較多的該系文字因素，類似《五行》
> 篇那種包含零星的非楚文字因素的簡文不在此列；「抄本」一
> 詞則涵蓋了兩種情況：一種是某系書手的抄本，一種是楚人以
> 某系書手的抄本為底本的轉錄本。在楚人的轉錄本中可以包含
> 一些楚文字的因素，這應該不會影響對「具有某系文字特點」
> 的界定，正如《五行》篇包含零星他系文字因素，但我們仍然
> 可以認為它「具有楚系文字特點」一樣。[6]

〈緇衣〉為具有齊系文字特點的抄本》（北京大學博士後研究工作報告，
2004.8）。

[6] 馮勝君：《論郭店簡〈唐虞之道〉、〈忠信之道〉、〈語叢〉一～三以及上博簡〈緇

馮勝君先生寫作此文所看到的資料雖僅至於《上博（三）》，有些結論還可以進一步探討，[7]但他的看法無疑還是有相當的說服力的。陳偉先生亦說：「在上博簡一至三冊中，我們也未能看到確乎屬於楚人的作品。上博楚竹書第四冊的出版，使這一狀況得到改變。其中《昭王毀室》等三篇帶有比較明顯的出自楚人的證據。」[8]陳偉先生的說法相當有啓發性，筆者在後文還會進一步來討論此問題。歐陽禎人先生

衣〉爲具有齊系文字特點的抄本》頁 1、4。

[7] 比如《上博（四）·柬大王泊旱》、《昭王毀室》、《昭王與龔之脽》就有學者認爲應出自楚人之手。參陳偉：〈《昭王毀室》等三篇竹書的幾個問題〉，《出土文獻研究》第七輯（上海：上海古籍出版社，2005.11）頁 31、陳偉：〈上博楚竹書〈苦成家父〉研究〉，「簡牘所見中國古代史」國際學術研討會論文，〔韓國〕慶北大學 2006 年 6 月，後載於《中國古中世史研究》（韓國）第 16 輯頁 12。但工藤元男先生則認爲：「我們應該注意，《柬大王泊旱》的主題與殷湯王、齊景公的傳說或故事基本相同。要說《柬大王泊旱》有一定的特點，便是楚簡王要將自己的身體作爲犧牲求雨，賮尹、大宰等反對，偏要主張按傳統的『常制』舉行，而作者對此給予了很高的評價。我們從中可以看出《漢書·地理志下》所說的『信巫鬼，重淫祀』這種楚文化的地域特徵吧。從這個意義來說，陳偉先生將《柬大王泊旱》視作楚人之作的解釋很恰當，但這是否屬於歷史事實又是另外一個問題。我們倒不如認爲，是楚人在當時業已存在的殷湯王、齊景公的傳說或故事基礎上，將其改編，變成了楚簡王的故事。」見工藤元男：〈楚文化圈所見卜筮祭禱習俗──以上博楚簡《柬大王泊旱》爲中心〉《簡帛》第 1 輯（上海：上海古籍出版社，2006.10）頁 147。在另文也說：「以楚系文字書寫的該篇文字，儘管所述爲楚王之故事，然而其記述動機則與《呂氏春秋·季秋紀·順民篇》所見殷之湯王（成湯）、《晏子春秋·內篇諫上》所見齊景公之故事等基本相同，因此，難以從其中窺見楚之地域性特點。更毋寧說，此簡內容乃以此前的乞雨故事爲背景，改造加工爲楚簡王之事情。」見氏著：〈地域文化論所見「楚文化」〉，簡帛網，2007 年 3 月 24 日。假如工滕先生說法可信的話，那未嘗不能將《柬大王泊旱》也認爲是一種轉錄本，即《柬大王泊旱》抄寫過程是楚人根據已有的故事架構加以置換主角並重新詮釋而已。這如同歐陽禎人所指出的：「《民之父母》比《孔子閒居》少了『三王之德』那個部分，不是無意識的遺失，而是有意識的刪節，是楚國的抄錄者對儒家相關思想的一次新的詮釋或者批評。這顯示了楚國的政治學家們與儒家政治哲學思想上的矛盾。」見歐陽禎人：〈論《民之父母》的政治哲學內涵〉《孔子研究》2007.1 頁 43。最後，我們在下面討論《曹沫之陣》的國別時，提到大西克也先生曾歸納出在《包山》、《望山》、《九店》等楚簡中，並列連詞都用「與」，不用「及」。戰國早期曾侯乙墓出土的遺冊也使用了不少的連詞「與」。可見並列連詞只用「與」是楚地一帶語言的一個重要特點。（詳下文）而《柬大王泊旱》簡 15「相徙、中余『與』五連小子『及』寵臣皆逗」，並列連詞用了「及」，也可證明其恐非楚國原產。

[8] 陳偉：〈《昭王毀室》等三篇竹書的幾個問題〉《出土文獻研究》第七輯（上海：上海古籍出版社，2005.11）頁 31。

也指出：「《民之父母》雖然是北方齊魯地區儒家的文獻，但它卻是楚國人根據楚國現實政治的需要而抄錄的。」[9]以上學者都指出大部分「楚竹書」並非楚人原著，合理的假設是一定會有底本與抄本的問題。循著此種思考方向，再重新檢視簡文，的確可以發現一些蛛絲馬跡。目前我們所看到的楚竹書，雖然絕大多數文字都已被轉寫成了楚文字，但是經過仔細分析，仍然可以對簡文底本提出一些積極的看法。

不過當然也有學者提出不同的意見，如《上博一‧緇衣》簡 11「不」字既作**，又作**，張新俊先生指出：「前一個『不』字的寫法，具有齊系文字特點，而後一個『不』字，則屬於楚系文字的風格。在一枚竹簡上、同一抄手，齊、楚兩系文字並見，這種情況足以說明兩系文字之間的相互影響。」[10]筆者以為這是就表面來說，若從根源來說，可以理解為是底本來源於齊，楚人不熟悉或改之未盡的結果。退一步說，我們用這樣的角度來詮釋應該也是可以被接受的。此外，張先生在論述竹書誤字現象時提出：「不過，因為當時的竹書抄手出自眾手，這些抄手有可能來自不同國別，也有可能是抄寫的底本非楚系文字，因為某些文字國別的不同。所以，抄寫者在抄寫的過程中，有誤書的可能。」[11]張氏前說似乎是認為因為抄手來自各國，所以抄寫楚國書籍時造成寫錯字的現象。此說容有討論空間：首先，既名之「抄手」，則顯然已承認有「底本」的問題。筆者也認為竹書的抄寫可能出自眾手，我們從竹書上有著不同筆跡的字形可以了解當時的確存在這樣的現象。比如《上博五‧鮑叔牙與隰朋之諫》與《競建內之》本是同一篇，但是字形頗有差異。[12]又如《周易》簡 37、49（此二簡似乎是同一人所為）寫法亦與他簡不同，如「六」、「吉」等字都可比對。而且筆劃較粗，不似它簡的纖細。可以證明即使相同一

9　歐陽禎人：〈論《民之父母》的政治哲學內涵〉《孔子研究》2007.1 頁 43。

10　張新俊：《上博楚簡文字研究》（長春：吉林大學古籍研究所博士學論文，2005.4）頁 7-8。

11　張新俊：《上博楚簡文字研究》頁 49。

12　參見陳劍：〈談談《上博（五）》的竹簡分篇、拼合與編聯問題〉，簡帛網，2006.2.19、郭永秉：〈關于《競建》和《鮑叔牙》的字體問題〉，簡帛網，2006.3.5。

篇內容的竹書，筆跡的確是有可能不同的。[13]陳夢家先生也指出：「在各篇（《儀禮》）中，有一篇由一人一次鈔齊的，有由數人數次鈔成的（或由數人同時分鈔，或由數人先後鈔成的）。即使是同一人所鈔寫，在同一篇中（甚至同一行中）對于同一個字可以有不同寫法，可知書手并不如經師那末固守師法家法。」[14]也是明白指出有書手的存在。但是當時楚國抄手是否真的來自各國目前並無證據顯示，同時也未見張文有任何的說明。[15]退一步說，這些書籍既然起著閱讀與傳播學術的作用，很難想像會請齊國抄手來寫楚國的書，抄寫時故意將楚文字轉寫爲齊魯一系文字，這顯然是很難理解的。[16]《孟子·滕文公下》曾經說過一段話：

> 孟子謂戴不勝曰：「……有楚大夫於此，欲其子之齊語也，則使齊人傳諸？使楚人傳諸？」曰：「使齊人傳之。」曰：「一齊人傳之，眾楚人咻之，雖日撻而求其齊也，不可得矣；引而置之莊嶽之間數年，雖日撻而求其楚，亦不可得矣。」

此即「一傳眾咻」成語的來源。汪啓明先生認爲：「孟子這段話雖然是對宋國人戴不勝講的，是用學習語言來比喻宋王向善的事。但是從

---

[13] 蘇建洲：〈《上博（五）楚竹書》補說〉，簡帛網，2006.2.23。

[14] 陳夢家：《漢簡綴述·由實物所見漢代簡冊制度》（北京：中華書局，1980）頁299。

[15] 李松儒曾經分析過《郭店竹書》抄手的問題，但是未見所謂「抄手國別」的問題。見氏著：《郭店楚墓竹簡字跡研究》（長春：吉林大學古籍研究所碩士學論文，2006）頁30。

[16] 李學勤先生曾指出：「馬王堆漢墓所出簡帛書籍多爲楚人著作」，又說：「秦代寫本《篆書陰陽五行》，文字含有大量楚國古文的成分。例如……在『併天地左右之，大吉』一句中，抄寫者把『左』字寫成古文的『右』，下面『并天地而左右之，一擊十』一句，又改正爲『左』。同樣，在『凡戰，左天右地，勝』一句中，他按照古文寫法，把『戰』字寫成從『曰』，在『王戰』一句中，又遵照了秦國的字體。這位抄寫者顯然是還未能熟練掌握秦朝法定統一字體的楚人。」李學勤：〈新出簡帛與楚文化〉，湖北省社會科學院歷史研究所編《楚文化新探》（武漢：湖北人民出版社，1981）頁36-37。亦可參范常喜：〈馬王堆簡帛古文遺跡述議（一）〉，簡帛網，2007.09.22。也就是說即使到了秦國，楚地人仍起用當地人抄寫文本，所以才會出現楚、秦文字夾雜的現象。更遑論戰國時代楚國，一定也是以楚國人來抄寫自己的文本。

中我們可以推測到齊語和楚語之間的差別不小。」[17]此說誠是。既然如此，楚人請齊人來書寫自己「課本」的機率就更小了。

前引周鳳五先生從「形體結構」與「書法體勢」角度切入討論竹書的國別。馮勝君先生指出：「我們認爲在在目前的條件下，尚不宜採用『書法體勢』的標準來斷定郭店簡和上博簡的地域和國別特點，而是應該从字形結構和用字習慣兩個方面入手。這兩項標準比『書法體勢』更具穩定性，一般不會因書手的不同而受到影響。」[18]他還指出：

> 我們在利用「字形結構」和「用字習慣」這兩項標準來判斷郭店和上博部分簡文的國別和地域特點的時候，首先要注意我們用以説明問題的標本是否具有典型性。這裡所說的典型性應該包含「異」和「同」兩個方面：「異」是指某一種「字形結構」或「用字習慣」罕見或不見於楚文字；「同」是指這種「字形結構」或「用字習慣」常見或只見於某系文字。不具有「典型性」的標本是不能説明問題的。……另外，即使標本具有很好的典型性，也還要有一定的數量，像上舉陳文那樣根據一個標本來立論，說服力是不強的。[19]

筆者並非書法專家，無法如周先生從書法體勢看出端倪。所以本文主要也是採用「字形結構」和「用字習慣」爲觀察的重點，並注意到典型性與數量的問題，同時輔以詞彙以及文言虛辭用法來探討底下竹書底本的來源。

三、《上博楚竹書（三）·周易》底本國別討論

黃人二先生曾撰文從古文字的角度來考察《周易》的底本來源，

---

[17] 汪啓明：《先秦兩漢齊語研究》（成都：巴蜀書社，1999.4）頁 56。

[18] 馮勝君：《論郭店簡〈唐虞之道〉、〈忠信之道〉、〈語叢〉一～三以及上博簡〈緇衣〉爲具有齊系文字特點的抄本》頁 6。

[19] 馮勝君，《論郭店簡〈唐虞之道〉、〈忠信之道〉、〈語叢〉一～三以及上博簡〈緇衣〉爲具有齊系文字特點的抄本》，頁 6 注 2。

他根據濮茅左先生對《周易》字形的疏理，柬選竹簡字形與《說文》古文等傳鈔古文相合者，提出「上博簡《周易》之文本之少數文字一二孤證與之（引按：指《說文》古文）類似，或難於作出結論判斷，然相似與相同之字形數量既多，已略能判定上博簡《周易》之文本，其底本乃爲齊魯文字之本。」並一步認爲「竹簡本《周易》爲西漢古文經本子之一源。」[20]黃先生所舉的三十二項例證中，有十五則[21]標出竹簡字形與「古文」或「《說文》古文」或「傳鈔古文」相關。但是這些字形例證中，恐怕僅有一項其文字用法可能顯示出齊魯系文字的特點。張富海先生指出：「我們可以把漢人所謂古文分成兩部分，其大部分是六國文字，小部分是非六國文字。屬於六國文字的古文的主體是戰國齊系文字中的魯文字，同時含有戰國晉系文字和楚文字的成分。非六國文字成分中，有少量西周銅器銘文中的字形，有漢代小學家考定爲古文的字形，甚至有編造拼湊的字形。」[22]其說應屬可信。也就是說其他十四項文字寫法雖然見於《說文》古文，但未必就是齊魯一系文字。底下先討論黃文中非屬於齊魯文字的十四例，依照頁碼中說明如下：

〔1〕頁 188（3）：認爲簡 8「長子衛師」之「衛」乃承襲《說文》的字書《玉篇》與傳鈔古文《古文四聲韻》。

建洲按：簡文字形作 ⿰ ，《三體石經》作 ⿰ 。張富海先生指出：「西周金文此字作 ⿰ 、 ⿰ 等形（《金文編》，91 頁）；六國文字中，楚文字都同此石經古文之形，即同上引西周金文第二形；晉系文字如侯馬盟書、中山王⿰鼎等同上引西周金文第一形，（原注：「參看《戰國古文字典》，下冊 1282 頁。侯馬盟書中此字或省去「彳」旁。」）但

---

[20] 黃人二：〈上博藏簡《周易》爲西漢古文經本子源流考〉，《中國經學》第一輯（桂林：廣西師範大學出版社，2005.11）頁 195。又關於此點，史杰鵬先生亦曾指出：「郭店楚簡中一些經書抄寫的情況可以說明，用楚國文字抄寫的古籍中大體保留了古文經的面貌。」「例如《郭店楚墓竹簡》中的《緇衣》，其中鄭玄注中疊出的和今本許多異文，往往和竹簡文字相同，李學勤先生認爲這是真正的古文經。」參史杰鵬：〈《儀禮》今古文差異釋例〉《古籍整理研究學刊》1999.3 頁 2、頁 6 注 8。

[21] 本爲十六則，但頁 193（31）則與頁 190（13）則內容重複，故實爲十五則。

[22] 張富海：《漢人所謂古文研究》（北京：北京大學中國語言文學系博士學位論文，2005.4）頁 317。

十三年上官鼎（《集成》5.2590）作▨，結構同石經古文；燕文字中左行議率戈（《集成》17.11111）作▨，亦與石經古文同；齊文字庚壺（《集成》17.9733）作▨，略有差別。」[23]其他如《包山》、《楚帛書》、《郭店・六德》均可見此種形體，[24]可見簡文此字不能判斷為齊魯文字。

〔2〕頁 189（6）：簡 9「遂（後）夫凶」之「遂」，認為簡文、傳鈔古文、《說文》古文三者於「後」字的字形同樣都是從辶。

建洲按：此字整理已指出見於《包山楚簡》、《郭店楚墓竹簡》，[25]可見此字不能判斷為齊魯文字。

〔3〕頁 189（8）：簡 13「其▨（鄰）」之「鄰」，從厸、從吝得聲。其中偏旁的「厸」於字書、傳鈔古文中為「古文」。

建洲按：這種寫法常見於六國文字，如《望山》、《郭店》、《上博（二）・從政》甲 4、《上博（四）・曹沫之陣》5、中山王鼎等。[26]所以此偏旁也不能用來判斷為齊魯文字。

〔4〕頁 190（11）：簡 16「利尻貞」之「尻」，指出字形與《說文》引古壁古《孝經》、字書相同。

建洲按：季師旭昇認為居尻同源，這是合理的推論。[27]此字楚文字常見，學者或釋為「處」，[28]所以此字也不能用來判斷為齊魯文字。

---

[23] 張富海：《漢人所謂古文研究》（北京：北京大學中國語言文學系博士學位論文，2005.4）頁 55。

[24] 李守奎：《楚文字編》，（上海：華東師範大學，2003.12）頁 126-127。

[25] 李守奎：《楚文字編》，（上海：華東師範大學，2003.12）頁 119-120。

[26] 李守奎：《楚文字編》，（上海：華東師範大學，2003.12）頁 392-393、湯餘惠主編：《戰國文字編》（福州：福建人民出版社，2001.12）頁 413。

[27] 季師旭昇：《說文新證（下）》（台北：藝文印書館，2004.11）頁 39、248。

[28] 李守奎：《楚文字編》，（上海：華東師範大學，2003.12）頁 804-805。另外，居處易混，楚文字多用為「處」。李家浩先生認為過去讀為「居」是有問題的，應讀為「處」。見氏著：〈包山卜筮簡 218-219 號研究〉《長沙三國吳簡暨百年來簡帛發現與研究國際學術研討會論文集》（北京：中華書局，2005.12）頁 197。結合季師旭昇、李家浩先生的見解，我們得出如下的認識：居、尻雖然同源，但由《包山》簡 32「居尻（處）名族」一句，可證楚文字居、尻二字還是有所區別。甲骨文也有相同現象：「冊」、「𠕋」有通用的例子，但卜辭常見「冊冊𠕋某」句式，學者指出「冊」、「𠕋」連用，可知二者實有別。參姚孝遂主編：《殷墟甲骨刻辭類纂》下冊（北京：中華書局，1989 年 1 月）頁 1195、何琳儀、黃錫全：〈啟卣、啟尊銘文考釋〉，《古文字研究》第九輯頁 376、于省吾主編：《甲骨文字詁

〔5〕頁 190（12）：簡 20「不利有攸迖（往）」之「迖」，認爲簡文
與《說文》古文字形相同。

建洲按：《說文》古文作迖，雖然也見於齊陶，如《陶彙》
3.974、3.973。[29]但是這種寫法也見於《郭店・尊德義》簡 31、32；
《語叢四》簡 2、《九店》56.97 等。[30]所以此字也不能用來判斷爲齊魯
文字。

〔6〕頁 190（14）：簡 23「六五：豶豕之㯱（牙）」之「㯱」，認爲
簡文與《說文》古文字形相同。

建洲按：㯱常見於《曾侯》156、165、《郭店・緇衣》9、《上
博・緇衣》6，[31]亦見於晉系文字《璽彙》2503、《陶彙》6.102。[32]所
以此則不能作爲判斷齊魯文字的標準。

〔7〕頁 190（16）：簡 26「執其陸（隨）」之「陸」，認爲根據段
玉裁的說法，簡文字形與古籀同。

建洲按：原釋文隸定作「陸」，不確。此字多見於《包山》，李守
奎先生有專文討論。[33]所以此字顯然也不是齊魯文字。

〔8〕頁 190（19）：簡 37「佰（夙）吉」之「佰」，認爲簡文字形
與《說文》古文同。

建洲按：此字亦見於《上博（二）・容成氏》簡 28 作佰、《九店》
56.53。[34]本爲「宿」字，《周易》假借爲「夙」。[35]所以此字也不是齊

林（四）》（北京：中華書局，1996 年 5 月）頁 2969「曾」字條下姚孝遂按語。另
　王力先生曾說過的一段話，也值得我們參考：「各組的字既然同源，讀音相同或
　相近，就不免有通用的時候。分用是常，通用是變。例如『命』用作名詞，
　『令』用作動詞，這是常；『命』有時用作動詞，『令』有時用作名詞，這是
　變。」見王力：《同源字典》（北京：商務印書館，1982.10）頁 38。

[29] 湯餘惠主編：《戰國文字編》（福州：福建人民出版社，2001.12）頁 115。

[30] 李守奎：《楚文字編》（上海：華東師範大學，2003.12）頁 118。

[31] 李守奎：《楚文字編》（上海：華東師範大學，2003.12）頁 128-129。

[32] 湯餘惠主編：《戰國文字編》（福州：福建人民出版社，2001.12）頁 125。

[33] 李守奎〈楚文字考釋（三組）〉《簡帛研究》第三輯（南寧：廣西教育出版社，
　1998.12）頁 24-26。亦可參看李學勤：〈論 公盨及其重要意義〉，《中國歷史文
　物》2002 年 6 期頁 7-8；裘錫圭：〈 公盨銘文考釋〉，同上 14 頁。

[34] 李守奎：《楚文字編》（上海：華東師範大學，2003.12）頁 457，原文誤爲「簡
　54」。又底下說「與夙爲一字分化。詳見卷九。」按：應爲卷七，頁 434。

[35] 二者的關係可參黃天樹：〈《說文》重文與正篆關係補論〉《黃天樹古文字論集》
　（北京：學苑出版社，2006.8）頁 319。

魯文字。

〔9〕頁 191（22）：簡 42「王假于▨（廟）」之「▨」，認爲簡文字形與《說文》古文類似（广、宀同義）。

建洲按：《說文》古文「廟」作▨，這樣的寫法亦見於中山王方壺「廟」作▨、郭店《語叢四》27 號簡有字作▨。[36]事實上，《周易》的寫法亦見於《上博（一）·孔子詩論》簡 5「清『廟』」、簡 24「宗『廟』之敬」。或是通假爲「貌」，如《郭店·性自命出》20、63，以上字形皆作▨形，「田」變成「日」形，在古文字中，作爲偏旁或部件的「日」、「田」形經常互訛，戰國文字尤其突出。[37]以上皆可證明《周易》▨字不可能是齊魯一系特有的寫法。

附帶一提，三體石經古文「廟」作▨，[38]字形與《郭店·唐虞之道》簡 5「廟」字同▨、《語叢一》88「青（清）『廟』」作▨形近，[39]這應該才是齊魯一系的寫法。

〔10〕頁 192（24）：簡 44「萊（井）」卦之「井」作▨，黃先生指出字形與《說文》古文「阱」作▨相同。

建洲按：《汗簡》引《說文》「阱」作▨，[40]字形與《周易》字形更近，但是用法與《周易》並不相同。相同字形亦見於《九店》56.27，亦用爲「井」。李家浩先生說：「『萊』可能是『井』字的異體，古文假借爲『阱』。」[41]換言之，若以文字用法的角度來看，《周易》的「萊」恐怕還是視爲楚系文字較好。

〔11〕頁 192（26）：簡 50「酓（飲）食」之「酓」，認爲簡文字形乃古文「飲」。

建洲按：楚文字的「酓」雖然多用爲楚姓「熊」，或是借爲「含」，如《郭店·老子甲 33》「酓（含）德之厚者」。但是亦見用爲

---

[36] 李守奎：《楚文字編》（上海：華東師範大學，2003.12）頁 553。

[37] 劉釗：《古文字構形學》（福州：福建人民出版社，2006.1）頁 337。

[38] 徐在國：《傳鈔古文字編（中）》（北京：線裝書局，2006.11）頁 929。

[39] 《語叢一》88「青廟」，可能讀爲「情貌」。見李家浩：〈說「青廟」－關於郭店竹簡《語叢一》88 號的解釋〉《「2007 年中國簡帛學國際論壇」論文》（台北：台灣大學中文系主辦，2007.11.10～11）頁 1-11。

[40] 徐在國：《傳鈔古文字編（中）》（北京：線裝書局，2006.11）頁 504。

[41] 湖北省文物考古研究所、北京大學中文系編：《九店楚簡》（北京：中華書局，2000.5）頁 82 注 82。

「飲」者，如《上博（四）·曹沫之陣》11「不歓（飲）酒」、《上博（五）·三德》07「凡食歓（飲）無量計（從「自」）」、《上博（二）·容成氏》03「歓（飲）而食之」，以上字形多了個「欠」旁。而完全相同者則如《九店》56.35「利於酓（飲）食」，可見此則也是不能成立的。

〔12〕頁 192（28）：簡 52「窺其戻（戶）」之「戻」，認爲不僅是《玉篇》，《說文》古文「戶」亦作「戻」，簡文字形與之全同。

建洲按：《說文》古文「戶」作㢳，這種字形雖亦見於齊國陳胎戈作㦬，[42] 但是《郭店·語叢四》簡 4 作㦬，也見於《包山》竹簽牌、《九店》56.27，[43] 可見此則也未必能成立。

〔13〕頁 192（29）：簡 53「褱（懷）其資」之「褱」，認爲是古文「懷」，並說簡文中間從偏旁「米」，疑以韻與「褱」脂微旁轉通假。

建洲按：此字雖見於《上博（一）·緇衣》21「私惠不褱（懷）德」，但亦見於《容成氏》07「褱（懷）以來天下之民」、《孔子詩論》07「褱（懷）此明德」。況且亦無其他齊系文字可供佐證，恐亦非齊魯一系的特色。另外，「米」（明紐脂部）、「懷」（匣紐微部）聲紐差距較遠，況且簡文所從並非是米。《說文》曰：「褱，俠也。從衣，眔聲。」而陳斯鵬先生已指出上引《孔子詩論》07「褱」字下部類「米」形部件是「眔」所從「垂泪形」寫法的訛變。[44] 而《周易》的寫法與之相近，所以也應同等觀之，可知與「米」渺不相涉。

〔14〕頁 193（30）：簡 53「得童儓（僕）之貞」之「儓」，認爲簡文字形從「臣」之偏旁與《說文》古文相同。

建洲按：楚文字「僕」多見寫作「儓」，例不煩舉。[45] 此則顯然不是齊魯一系的文字。

黃先生文中確定是有齊魯文字特色者是：

〔15〕頁 190（13）：簡 21「邑人之灷（災）」之「灷（災）」，濮茅左先生指出字形與《說文》古文「𤆎」、《古文四聲韻》引《古尚書》

---

[42] 湯餘惠主編：《戰國文字編》（福州：福建人民出版社，2001.12）頁 778。

[43] 李守奎：《楚文字編》（上海：華東師範大學，2003.12）頁 667。

[44] 陳斯鵬：〈「眔」爲「泣」之初文說〉《古文字研究》第二十五輯（北京：中華書局，2004.10）頁 257。

[45] 李守奎：《楚文字編》（上海：華東師範大學，2003.12）頁 156-157。

「災」字字形相同。黃先生同意其說，並指出簡文偏旁采上下或左右之構形，雖有不同，但意思一樣。

建洲按：《周易》這種用法亦見於簡 56「是謂亦灻（災）眚」。《說文》古文「燚（災）」作枞，《汗簡》引《古尚書》「灾（災）」作𢭤、《古文四聲韻》引《古尚書》作枂。[46] 以目前我們所看到的楚簡資料，灻字似乎僅見於《上博（三）·周易》，且正好作為「災」字用，應該可以認為有齊魯系文字的特點。楚簡文字讀為「災」的字形如《上博（二）·從政》甲 8「而不知則逢炍（災）害」、《上博（二）·容成氏》16「禍才（災）去亡」、《上博（五）·鮑叔牙》08「日㫰（差）[47] 亦不為志（災）」、《上博（五）·三德》14「天材（災）繬＝（混混）」，皆與「灻」字不同。值得注意的是，《上博（五）·鮑叔牙》的底本有可能來源於齊國，[48] 直接的想法當是因為歷史事件的背景是發生在齊國，而從簡文的某些字體以及用字習慣，的確也呈現出齊系文字的現象（詳下討論）。但是《鮑叔牙》的「災」卻不寫作「灻」反而寫作「志」，不過這不能反證上述的推論，因為《鮑叔牙》簡文中也存在著不少楚文字的標準寫法，寫作「志」當是楚系文字的表述方法。[49]

我們還可以補充一個例證：《上博（三）·周易》49「⿰（章）艮」，即「『敦』艮」，又見於簡 19 作「⿰復」，即「敦復」，惟字形有所殘闕。其「章」字寫法與下列齊系文字相同：「章」作⿱（齊侯

---

[46] 徐在國：《傳鈔古文字編（下）》（北京：線裝書局，2006.11）頁 1006-1007。

[47] 見陳劍：〈談談〈上博（五）〉的竹簡分篇、拼合與編聯問題〉，簡帛網，2006.02. 19。

[48] 李零先生曾將《上博（五）·競建納之》歸於「故事類的史書」中的「春秋戰國故事」，並已標出其國別為齊國。與《競建納之》為同一篇的《鮑叔牙與隰朋之諫》自然亦是齊國的產物。見李零：《簡帛古書與學術源流》（北京：三聯書店，2004.4）頁 275。

[49] 「志」字亦見於其他楚簡資料，如《郭店·太一生水》10「道亦其志（字）」、12「天地名志（字）並立」；《郭店·尊德義》24-25「非禮而民悅志（戴）」，讀為「戴」，見陳偉：〈郭店簡書〈尊德義〉校釋〉，《中國哲學史》2001 年 3 月頁 116。甚至《鮑叔牙》簡 6「其為志也深矣」，有學者認為「志」應該讀為「猜」，參張富海：〈上博簡五《鮑叔牙與隰朋之諫》補釋〉，簡帛網，2006.05.10，此文又發表於《北方論叢》2006 年第 4 期。亦見李天虹〈《鮑叔牙與隰朋之諫》5-6 號簡再讀〉《簡帛》第二輯（上海：上海古籍出版社，2007.11）頁 282-283。可見「志」的用法並不固定，《鮑叔牙》「志」字通讀為「災」也當是可以理解的範圍。

鐵）、（淳于公戈）；「敦」作（陳純釜）、（《璽彙》4033）；「錞」作（十四年陳侯午敦）、（陳侯因資敦）。但反觀楚系文字的「臺」與「章」有形混的現象，[50]如《上博（四）‧曹沫之陣》18 的（臺，即「郭」）、《上博（五）‧弟子問》19「惇」作、《郭店‧成之聞之》簡 4「君子之於教也，其導民也不浸，則其也弗深矣」裘先生〈按語〉說：或可釋為「淳」。[51]後二者均從「臺」得聲，但是字形卻與「章」相同。雖然《新蔡》甲三：83「融」作，其下似從「羊」旁，但是我們知道「融」本從「墉」旁，與「臺」並無關係。換言之，目前所見楚文字的「臺」字底下未見從「羊」形，可見《周易》簡 19、49 的「臺」字的確也帶著齊系文字的風格。以上字形資料都為竹書《周易》底本的確定增添了證據。

　　附帶一提，《周易》52「」字，整理者隸作「埶」。[52]張新俊先生舉了「章」的寫法來說明來反證此字應隸作「埶」。[53]筆者以為若是在其他楚系文字材料中，這樣的更改是沒有必要的，因為「」字是從「夬」得聲，而左邊形體則是「臺」、「章」皆有可能。但在《周易》中以我們之前所舉簡 19、49「臺」字的寫法來看，張先生之說應該是可從的。

　　然而《上博（三）‧周易》中是否已經沒有其他國家的文字了呢？這也不盡然。簡 30 遯卦六二爻辭曰：「六二：（飾？埶？）[54]用黃牛之革，莫之勑（勝）（底下以△1 表示）。」本句馬王堆帛書《周易》作「六二：共之用黃牛之勒，莫之勝奪」；今本《周易》作「六二：執之用黃牛之革，莫之勝說。」對於「△1」字，整理者隸定作

50　詳見本書〈楚文字訛混現象舉例－第二則「章」與「臺」〉。

51　荊門市博物館：《郭店楚墓竹簡》（北京：文物出版社，1998.5）頁 168。

52　馬承源主編：《上海博物館藏戰國楚竹書（三）》（上海：上海古籍出版社，2003.12）頁 207。

53　張新俊：《上博楚簡文字研究》（長春：吉林大學古籍研究所博士學論文，2005.4）頁 138-140。

54　此字或釋為「飾」，如楊澤生：〈竹書《周易》劄記一則〉，簡帛研究網，2004.04.24、張新俊：《上博楚簡文字研究》，（長春：吉林大學博士學位論文，2005.4）頁 10-11。或讀為「埶」，如《周易》整理者濮茅左，《上海博物館藏戰國楚竹書（三）》（上海：上海古籍出版社，2003.12）頁 177、季師旭昇，見陳惠玲撰寫，季師旭昇訂改：〈周易譯釋〉《上海博物館藏戰國楚竹書（三）讀本》（台北：萬卷樓出版社，2005.10）頁 80。

「𤕝」，認爲：「『𤕝』字待考，或釋『敓』，《廣韻》：『敓，強取也，古奪字。』以喻牢固。」[55]楊澤生先生隸定作「㲃」，並分析爲從「八」從「丈」。簡文「㲃」所從的「八」當有兼表音、義的作用，似可讀爲有分義的「判」、「牉」或「料」。因此「㲃」可以有分的意思。馬王堆帛書《周易》與簡文「㲃」對應的字作「奪」，今本《周易》作「說」；「說」字一般讀作「脫」，訓爲「解」，正與簡文「㲃」表示的「分」義相近。[56]何琳儀先生懷疑可能釋爲「豙」，他指出：「今本作『說』，『豕』與『兌』聲系可通，參《會典》555-557。」[57]黃錫全先生則認爲：此批《周易》簡有幾見「丈」字，如簡 7 作▨，簡 16 作▨，所從「十」之豎筆基本垂直，與此字豎筆向左撇出書寫相近，但并不相同。「丈」字從「八」似乎也不太好解。「八」下左側下方有一點，可能是簡上污點，如同簡「九」之上方、「莫」之下方的污點。根據字形字義，此字（𤕝）有下列兩種可能：

　　一種可能是楚系文字「發」寫作▨的省變之形，在此讀爲「撥」。撥、拔與奪、脫音義相近。《廣雅·釋詁》撥，弃也，除也，絕也。王念孫《廣雅疏證》：「撥者，《史記》太史公自序云：秦撥去古文，焚滅詩書。」《史記·扁鵲傳》：「一撥見病之應，因五臟之輸。」撥，即撥開衣衿。「執之用黃牛之革，莫之勝▨（撥）」，就是用黃牛皮帶捆綁住，使之不能分撥開或解除。第二種可能就是「弁」字。其形與上海簡《民之父母》的▨、信仰《楚簡的▨所從類似。這種「弁」形的考釋，說見李家浩《戰國竹簡〈民之父母〉中的「才辯」》。弁、辮、辨、辯等屬并母元部。變，幫母元部。月、元二部陰陽對轉。《說文·刀部》「辦，判也」。「判，分也」。辦、判有分離、裁斷等義。兩相比較,似以第二種可能性較大。[58]陳惠玲先生贊同黃錫全先生的第二種說法。[59]

---

[55] 馬承源主編：《上海博物館藏戰國楚竹書（三）》（上海：上海古籍出版社，2003.12）頁 177。

[56] 楊澤生：〈竹書《周易》劄記一則〉，簡帛研究網，2004.04.24。

[57] 何琳儀、程燕：〈滬簡《周易》選釋〉，簡帛研究網，2004.5.16。

[58] 黃錫全：〈讀上博《戰國楚竹書（三）》札記數則〉，簡帛研究網，2004.06.22。

[59] 陳惠玲撰寫，季師旭昇訂改：〈周易譯釋〉《上海博物館藏戰國楚竹書（三）讀本》，（台北：萬卷樓出版社，2005.10）頁 81。

　　建洲按：楊澤生先生說法的問題，已見於上引黃錫全先生文章。但是黃先生所認爲比較可靠的第二種說法，季師旭昇認爲「字形還有一點距離」，[60]這是有道理的。這是因爲「𠫔」字上所從的「午」旁不能拆作「八」、「十」二形，而且「午」所從的中豎筆也未見有如本簡「△1」字的筆勢者。[61]筆者認爲何琳儀先生的說法是值得注意的。以目前所見的楚文字，似未見能與「△1」直接比附者，所以必須從其他戰國文字尋找證據。《考古與文物》1994 年 4 期著錄一「郭大夫釜甗」，[62]其銘文如下：

（△2）　　　（△1）　　　家（毛公鼎）　　家（伯家父簋）

值得注意的是，銘文第四字，我們放大後作「△2」，與本簡的「△1」字形非常相似。

　　「郭大夫釜甗」銘文，最具爭議的是第四、五兩字，王輝先生釋作「冢鈞」。[63]李家浩先生從銅器異稱的角度出發，釋△2 作「复」讀「鍑」，連同下一字▦釋作「鍑鋯」，讀「鍑甗」。[64]馮勝君先生認爲上述二種釋法均與字形不合，應釋作「家珍」[65]。筆者以爲馮勝君先生之說在字形上較爲合理，「△2」整個字形與金文「家」作▦（伯家父

[60] 陳惠玲撰寫，季師旭昇訂改：〈周易譯釋〉《上海博物館藏戰國楚竹書（三）讀本》，（台北：萬卷樓出版社，2005.10）頁 81。

[61] 李守奎：《楚文字編》（上海：華東師範大學，2003.12）頁 121-122。

[62] 王長啓：〈西安市文物中心藏戰國秦漢時期的青銅器〉《考古與文物》1994 年 4 月頁 6 圖 6、7。

[63] 王輝：〈富春大夫甗跋〉《考古與文物》1994.4 頁 61。

[64] 李家浩：〈燕國「𣵡谷山金鼎瑞」補釋〉《中國文字》新 24 期（台北：藝文印書館，1998.12）頁 79。亦見李家浩：《著名中年語言學家自選集－李家浩卷》（合肥：安徽教育出版社，2002.12）頁 157-158。

[65] 馮勝君：〈戰國燕青銅禮器銘文彙釋〉《中國古文字研究》第一輯（長春：吉林大學出版社，1999.6）頁 193。

簋）、⊕（毛公鼎）形近，所以△2 應可釋爲「家」。[66]知道「△2」是「家」字後，對於「△1」的構形我們可以有幾個思考的方向。首先，便如何琳儀先生所說，將「△1」釋爲「㒸」字。《說文》曰：「㒸，從意也。從八，豕聲。」（二上一）而何先生文中已指出「豕」與「兌」聲系可通，所以「△1」可讀作「脫」，訓爲「解脫」或「逃脫」是沒有問題的。黃壽祺、張善文二先生解釋《周易・遯》六二爻辭說：「六二，被黃牛皮製的革帶綁縛，沒有人能夠解脫。」[67]廖名春先生也說：「用黃牛皮的革帶捆住，沒有誰能夠逃脫。『說』，讀爲脫，逃脫，也就是『遯』。」[68]

另一種解釋是將「△1」釋爲「家」，也就說將其上的「八」形理解爲「宀」旁的割裂。這種情形如同楚簡常見的⿱（向）字演變，裘錫圭先生指出此字是「向」之訛體，讀爲「鄉」。「向」本從「∧（宀）」，變從二「∧」。[69]湯餘惠、吳良寶二先生贊成裘先生的說法，並說「宀」旁由「∧」離析呈「八」，與下面的「ㅂ」形組合，再重新分裂所致，[70]如下圖所示：

⿱ — ⿱ — ⿱ — ⿱ — ⿱

如此則「△1」與「△2」便同一字了。「家」，見紐魚部；「說」，書紐月部。聲紐看起來似遠，但我們知道「照三」系字與端系字、見系字的聲母應該有一個共同的上古來源。如《周易》睽卦六三「其牛掣」一句，《香港簡》作「其牛攴」，「介」（見紐）；「掣」（昌紐）。[71]又如「挈」是見母，從「挈」得聲的「瘈」是昌母。同樣，見紐與書

---

[66] 蘇建洲：《戰國燕系文字研究》（台北：台灣師大國文研究所碩士論文，2001.6）頁 94。

[67] 黃壽祺、張善文：《周易譯注（修訂本）》（上海：上海古籍出版社，2001.9 新一版）頁 274。

[68] 廖名春：《周易經傳十五講》（北京：北京大學出版社，2004.9）頁 115。

[69] 荊門市博物館：《郭店楚墓竹簡》（北京：文物出版社，1998.5）頁 120，注釋28。

[70] 湯余惠、吳良寶：〈郭店楚簡文字拾零四篇〉《簡帛研究二〇〇一》上冊（桂林：廣西師範大學出版社，2001.9）頁 200-201。

[71] 馬承源主編：《上海博物館藏戰國楚竹書（三）》（上海：上海古籍出版社，2003.12）頁 179。

紐亦有例證如下：《尚書‧康誥》：「式爾，有厥罪小，乃不可不殺。」，《潛夫論‧述赦》引「式」（書紐）作「戒」（見紐）。《楚辭‧天問》：「吾告堵敖以不長，何試上自予，忠名彌彰」，洪興祖《補注》所附《考異》說：「試，一作誠」。李家浩先生在考釋《郭店‧窮達以時》8「杕樺」讀作「械柙」時指出：「式」作「戒」和「試」作「誠」，它們之間的關係除了字形相近的因素外，恐怕還有字音相近的因素。[72]又如董同龢先生曾經在《上古音韻表稿》中，從諧聲字的角度，舉出溪母的「屈」和昌母的「出」、書母的「收」和見母的「丩」、見母的「股」和禪母的「殳」等為證。[73]假如直接通讀為「脫」，透紐月部，則聲紐關係亦有例證如下：「貪」（透紐）從「今」聲（見母）。[74]又如《包山》222 有字作█，李天虹先生釋為「敬」，並指出「壬」（透母）是「敬」（見母）的聲符。如同與「敬」同音的「翌」亦從「壬」得聲。[75]還有同從「翏」聲的「膠」是見紐，「瘳」是透紐亦為一例。至於韻部「魚」、「月」是通轉關係，如王力先生認為同從「兌」聲的「悅（說）」與「豫」（魚部）是同源的關係。[76]只是這樣解釋稍嫌曲折。

另一考慮是直接讀作「解」，見紐錫部，與「家」（見紐魚部），雙聲，韻部魚錫通假並不少見，如《淮南子‧原道》：「一之解際天地。」《文子‧道原》「解」（見紐錫部）作「豥」（見紐魚部）即完全吻合本簡的通假現象。[77]又如「漉」（來紐屋部）、「瀝」（來紐錫部）、

[72] 李家浩：〈讀《郭店楚墓竹簡》瑣議〉《中國哲學》20 輯（瀋陽：遼寧教育出版社，1999.1）頁 351。亦見王輝：〈《上博楚竹書（五）讀記〉《中國文字》新三十二期（台北：藝文印書館，2006.12）頁 26。

[73] 參看董同龢：《上古音韻表稿》（臺北：中央研究院歷史語言研究所出版，1997）頁 16；李方桂：《上古音研究》（北京：商務印書館，2001）頁 85-94。

[74] 參張博：《漢語同族詞的系統性與驗證方法》（北京：商務印書館 2003.7）頁 344。

[75] 李天虹：《郭店竹簡《性自命出》研究》（武漢：湖北教育出版社，2003.1）頁 258。

[76] 王力：《同源字典》（北京：商務印書館，1999.9 五刷）頁 162。

[77] 高亨、董治安編纂：《古字通假會典》（濟南：齊魯書社，1997.7 二刷）頁 452、〔戰國〕文子著，李定生、徐慧君校釋：《文子校釋》（上海：上海古籍出版社，2004.3）頁 32。

「濾」（來紐魚部），王力先生此三者爲一組同源詞，[78]蔣紹愚先生亦有相同看法。[79]其中「瀝」、「濾」的聲韻關係亦與本簡接近。前引楊澤生先生已根據《周易集解》將「說」釋爲「解」，今引全如下：「虞翻曰：『莫，無也。勝，能。說，解也。乾爲堅剛，巽爲繩，艮爲手，持革縛三在坎中，故莫之勝說也。』」[80]解與脫意思相近，《禮記·曲禮上》：「解屨不敢當階」，孔穎達《疏》曰：「解，脫也。」《漢書·律曆志上》：「取竹之解谷生」，顏師古《注》孟康曰：「解，脫也。」[81]這樣應該是比較直接的。

筆者將「△1」釋爲「豚」或「家」，還有一個問題必須說明。即《周易》簡文常見「豕」字或從「豕」旁的字，如簡 23「豕」作，簡 30「勝（遯）」作，簡 52「家」字作，其他還可見簡 8、30、31、40、44。這種寫法比較奇特，[82]頗疑是《包山》227「豕」作、《上博（五）·鬼神之明》2 正「家」作、「遂」作所從「豕」旁的進一步訛變。「」形的寫法與無關，是《周易》中第二種「豕」的寫法。另外，還有一種寫法是簡 22「家」作，這種「豕」旁比較接近一般楚系文字的寫法，如《天星觀》「豢」作。[83]《周易》「豕」字有三種寫法，這是屬於同一書手書寫不同文字形體的現象，這種現象在楚簡是很常見的，此所謂「同篇異字」或「同簡異字」。[84]《上博（五）·弟子問》「者」字作（簡 14），或體又作（簡 21）。[85]又袁國華師曾舉《包山》簡 55 兩「癸」字、簡 148 三個「禱」字爲例，也可以說明此問題。[86]《新蔡》「駁」作（乙四：

[78] 王力：《同源字典》（北京：商務印書館，1999.9 五刷）頁 152。
[79] 王力主編：《王力古漢語字典》（北京：中華書局，2002.12 三刷）頁 622。根據後記的說明，此部份由蔣紹愚先生所寫，見頁 1816。
[80] 〔唐〕李鼎祚著，張文智、汪啓明整理：《周易集解》（成都：巴蜀書社，2004.5）頁 111。
[81] 以上並見宗福邦、陳世鐃、蕭海波主編：《故訓匯纂》（北京：商務印書館，2004.3 初版二刷）頁 2096。
[82] 參李守奎：《楚文字編》，頁 448、564-566、873。
[83] 李守奎：《楚文字編》，頁 564。
[84] 參孟蓬生：〈「牪」疑〉，簡帛研究網，2007.09.22。並參本書第二章〈《用曰》簡 16「流文惠武」釋讀〉。
[85] 參陳偉：〈上博五《弟子問》零釋〉，簡帛網，2006.2.21。
[86] 袁國華師：〈《上海博物館藏戰國楚竹書（五）·鮑叔牙與隰朋之諫》〉《中國文字》

45），亦作🦂（甲三：157）形體不同。《上博六‧用曰》的「鼎」字的寫法亦爲一證，如簡 7「則」的「鼎」旁是標準的寫法，但是同簡「貞可慎哉」之「貞」作🦂，與「則」的「鼎」旁有所不同。裘錫圭先生在談到一號漢墓隸書字體的特點時，也曾指出其「文字形體很不統一，同一個字或偏旁往往有不同的寫法。」[87]所以本文將「△1」釋爲從「豕」的「豢」或「家」實不足爲奇。[88]從根源來說，「△1」或可理解爲楚國書手對文本不熟悉所留下底本字形的孑遺。

以上是在燕國銅器「郭大夫釜甗」銘文的基礎上作了以上的考釋，[89]但是筆者也贊同《上博（三）‧周易》的某些文字帶有齊系文字的特點，這樣是否會互相矛盾呢？這可以有兩種解釋：首先，吳振武先生考釋陳曼瑚「达（逐）」字時，對於「达（逐）」字所從「犬」旁寫法類似燕系文字的「犬」時，曾說：「齊、燕接壤，兩地文字在寫法上互相影響，自屬情理中事。此器全銘風格近燕，尤可注意。」[90]

新三十二期（台北：藝文印書館，2006）頁 49。

[87] 裘錫圭：〈從馬王堆一號漢墓「遣策」談關於古隸的一些問題〉《古代文史研究新探》，（南京：江蘇古籍出版社，1992）頁 275。

[88] 亦可參見陳斯鵬：〈略論楚簡中字形與詞的對應關係〉，《出土文獻與古文字研究（第一輯）》（上海：復旦大學出版社，2006.12）頁 216。

[89] 應該說明的是「郭大夫釜甗」的「也」字作🦂，這種寫法常見於楚系文字，如「書也缶」、《信陽簡》1.07、1.10、1.39、《郭店‧緇衣》11、《包山》204 等等，參李守奎：《楚文字編》（上海：華東師範大學，2003.12）頁 691。所以王輝先生認爲「郭大夫釜甗」是楚國器物，見氏著：〈「富春大夫」甗跋〉《考古與文物》1994 年 4 月頁 60。那有無可能「郭大夫釜甗」的「家」字是受到《周易》「△1」影響的楚系文字呢？我們認爲這是有問題的。首先，相同「也」的字形亦見於傳世燕國銅器「丙辰方壺」（《西清》19.2），可證並非一定是楚系寫法，況且湯餘惠主編：《戰國文字編》（福州：福建人民出版社，2001.12）頁 813 也將「郭大夫釜甗」的「也」字歸於燕系文字下。其次，「郭大夫釜甗」是戰國時期燕國銅器，其「大夫」合文作「大＝」，正是標準燕系文字特色，參湯餘惠：〈略論戰國文字形體研究中的幾個問題〉，《古文字研究》15 輯頁 54、湯餘惠主編：《戰國文字編》（福州：福建人民出版社，2001.12）頁 986。亦可參李家浩：〈燕國「洀谷山金鼎瑞」補釋〉《中國文字》新 24 期（台北：藝文印書館，1998.12）頁 79，亦載於《著名中年語言學家自選集－李家浩卷》（合肥：安徽教育出版社，2002.12）頁 156-157、蘇建洲：《戰國燕系文字研究‧燕系文字詁林》所記諸家之說（台北：台灣師大國文研究所碩士論文，2001.6）頁 443。其三，楚系文字目前找不到「豕」字寫作「△1」、「△2」者。可見這樣的考慮應該是可以屏除的。

[90] 吳振武：〈陳曼瑚「逐」字新證〉，《吉林大學古籍整理研究所建所十五周年紀念

又如燕國著名的「夏屋都三璽」(《璽彙》15、5541、5546),其中「屋」字的「虍」旁近於齊國文字的寫法,亦爲一例。[91]又如戰國文字「申」字寫作：🔲(陳𦙁簋蓋「神」所從,齊)、🔲(《璽彙》876,燕)、🔲(《包山》42,楚)、🔲(《璽彙》1294,三晉)。而《郭店·忠信之道》簡 6「申」字寫作🔲,與楚文字有別而與上舉燕、齊文字形體接近,[92]則與本簡情形相仿。另一種解釋是:《史記·仲尼弟子列傳》:「孔子傳《易》於瞿,瞿傳楚人馯臂子弘,弘傳江東人矯子庸疵,疵傳燕人周子家豎,豎傳淳于人光子乘羽,羽傳齊人田子莊何,何傳東武人王子中同,同傳菑川人楊何。」《索隱》曰:「周豎字子家,有本作『林』。」《漢書·儒林傳》曰:「自魯商子木受《易》孔子,以授魯橋庇子庸,子庸授江東馯臂子弓,子弓授燕周醜子家,子家授東武孫虞子乘,子乘授齊田何子裝。」其中「燕周醜子家」即《史記》所記的「燕人周子家豎」。雖然這種傳承過程學者不無疑慮,[93]但認爲司馬遷、班固全部臆造,恐也太過。如宋翔鳳《過庭錄》卷一〈子夏易傳〉條曰:「《漢書·儒林傳》稱魯商瞿子木受《易》孔子,以授魯橋庇子庸,子庸授江東馯臂子弓,子弓授燕周醜子家。則子家必爲六國時人,受子弓之易,傳於燕地。」[94]這其中,孔子、商瞿、橋疵都是魯國人,[95]而周豎是燕人,對照簡文有齊、燕二種字體來看,可能不是偶然。

綜合以上的討論,上博《周易》的底本可能是來自於齊魯一地,

文集》(長春:吉林大學出版社,1998.12)頁 46-47。

[91] 蘇建洲:《戰國燕系文字研究》(台北:台灣師大國文研究所碩士論文,2001.6)頁 125-126。

[92] 馮勝君:《論郭店簡〈唐虞之道〉、〈忠信之道〉、〈語叢〉一～三以及上博簡〈緇衣〉爲具有齊系文字特點的抄本》,北京大學博士後研究工作報告,2004.8)頁 19。

[93] 如徐復觀、錢穆均認爲是僞造的,參徐復觀:《論經學史二種-中國經學史的基礎》(上海:上海書店出版社,2006.7)頁 72、錢穆:《先秦諸子繫年》(石家莊:河北教育出版社,2002.1)頁 114-116。

[94] 引自鍾肇鵬:〈《漢書·藝文志》釋疑〉《國學研究》第七卷(北京:北京大學出版社,2000.7)頁 3。

[95] 參〔漢〕司馬遷:《史記·仲尼弟子列傳》(北京:中華書局,1964.4 四刷)第七冊頁 2211-2212 的《索隱》、《正義》。

而且也與《周易》是儒家作品相吻合。[96]否則像「灻」字用爲「災」、「章」字寫作🔣便很難解釋，只是簡文絕大多數的文字被轉寫爲楚文字罷了。這種情形如同《上博（二）‧子羔》一般認爲是楚文字抄本，但是簡文「於」字七見中有六例寫作🔣，[97]字形同於《說文》古文及《郭店‧語叢》一～三，馮勝君先生說：「這種現象說明了《子羔》底本有可能來自其他國家，我們現在看到的本子是經過楚人轉錄的。」[98]

四、《上博楚竹書（四）‧曹沫之陣》底本國別討論

張新俊先生考釋《曹沫之陳》簡 63「乃自過以敓（悅）於萬民，弗琷（狎）[99]危地，毋🔣食。☐」說：「簡文中的🔣字，整理者釋作『亦』，恐非。在同篇竹書中，『亦』字多見，均寫作：🔣簡 6、🔣簡 9、🔣簡 65 均與簡 63 中的形體有別。《曹沫之陳》是典型的楚文字風格，整理者大概沒有正確區分齊、楚兩系中『亦』字的寫法，把楚文字中的『火』誤釋作『亦』。有不少的學者把🔣改釋作『火』，可信。」[100]筆者以爲《曹沫之陣》🔣字的確應該釋爲「火」，但字形未必是張先生所說楚文字特色的「火」字。如「爐」，《璽彙》3561 作🔣，一般歸爲齊璽，[101]其「火」旁的寫法便與「🔣」相同。又如《說文》古文「慎」作🔣，劉樂賢先生指出此字與秦漢文字中用爲「熱」的「炅」爲一字，是一個從「火」，從「日」得聲的形聲字，以音近假借爲慎。[102]所以齊系銅器郘公華鐘「慎」作🔣，其上「火」形亦與

---

96 詳參廖名春：〈從郭店楚簡論先秦儒家與《周易》的關係〉《漢學研究》18 卷第 1 期（民國 89.6）頁 55-72。亦載於《新出楚簡試論》（台北：台灣古籍出版社，2001.5）頁 111-129。

97 簡 9、10、11（2 見）、12、《香港中文大學藏簡‧戰國 3》。

98 馮勝君：《論郭店簡〈唐虞之道〉、〈忠信之道〉、〈語叢〉一～三以及上博簡〈緇衣〉爲具有齊系文字特點的抄本》，北京大學博士後研究工作報告，2004.8）頁 2。

99 釋爲「狎」是李銳的看法，見氏著：〈《曹劌之陣》釋文新編〉，孔子 2000 網，2005.02.22。季師旭昇亦同意此種釋法（2007.3.8 覆信內容）。

100 張新俊：《上博楚簡文字研究》（長春：吉林大學古籍研究所博士學論文，2005.4）頁 76。

101 湯餘惠主編：《戰國文字編》（福州：福建人民出版社，2001.12）頁 680。

102 劉樂賢：〈釋《說文》古文慎字〉《考古與文物》，1993 年第 4 期。亦見陳劍：

「▢」相同。

附帶一提，《郭店・語叢一》簡 46「慎」作▢，與楚系文字「慎」一般作▢等形並不相同。[103]陳劍先生早已敏銳的指出具有齊地的特徵。[104]而「▢」字上部所從似非火形，反而接近「亦」形，如▢（《郭店・太一生水》11）。筆者懷疑楚國抄手可能不了解齊系「慎」字的構形，遂誤以爲「▢」是從「亦」，這可由《上博（一）・緇衣10》的「亦」作▢得到印證。所以在轉寫過程遂寫成上從「亦」下從「日」的無法理解之文字形構，這應該可以歸類到裘錫圭先生所說的「錯別字」。[105]

但《曹沫之陣》是否真的沒有齊系文字風格呢？恐非如此，只是某些字乍看之下不易發現而已，請看以下的討論：[106]

《上博（四）・曹沫之陣》簡 52「改▢爾鼓，乃失其▢（△1）。」對於「△1」字，原考釋者李零先生隸定作「備」，讀作「服」，並說「『鼓』是中軍之帥用以指揮作戰的重要工具，如果失去，則三軍不知所從，故曰『乃遊其備（服）。』」[107]陳劍先生逕讀作「服」。[108]禤健聰先生以爲「『備』似可讀爲準備之『備』，『乃失其備』是指使敵對方缺乏防備。一方面鼓舞己方士氣，另一方面又使對方防備鬆懈，以此

〈說慎〉《簡帛研究二〇〇一》（桂林：廣西師範大學，2001.9）頁 207。

[103] 楚系文字「慎」的寫法可參《楚文字編》頁 606、811-812。另外，可以再補充《上博（一）・性情論》簡 39、《上博（二）・容成氏》簡 39 二種比較特別的寫法。後二者的文字構形參裘錫圭：〈釋郭店《緇衣》「出言有▢，黎民所▢」〉《古墓新知—郭店楚簡出土十週年論文專輯》（國際炎黃文化出版社，2003.11）。亦載於裘錫圭：《中國出土古文獻十講》（上海：復旦大學出版社，2004.12）頁 298。

[104] 陳劍：〈說慎〉《簡帛研究二〇〇一》（桂林：廣西師範大學，2001.9）頁 212。

[105] 裘錫圭：〈談談上博簡和郭店簡中的錯別字〉《新出楚簡與儒學思想國際學術研討會論文集》（北京：清華大學出版社，2002.3）。又載於《華學》第六輯（北京：紫禁城出版社，2003.6）頁 50-55、《新出土文獻與古代文明研究》（上海：上海大學出版社，2004.4）頁 77-80、《中國出土古文獻十講》（上海：復旦大學出版社，2004.12）頁 308-316。

[106] 底下關於《曹沫之陣》簡 52「備」字的意見，已通過《古籍整理與研究學刊》的審查。

[107] 馬承源主編：《上海博物館藏戰國楚竹書（四）》（上海：上海古籍出版社，2004.12）頁 277-278。

[108] 陳劍：〈上博竹書《曹沫之陳》新編釋文（稿）〉，簡帛研究網，2005.02.12。

增加取勝的機會，使得能夠『明日復陣，必過其所』。」[109]白於藍先生亦逕讀作「服」。[110]以上可見諸家皆認為此字是「備」，只是通讀稍有不同。但是如同陳劍先生指出：此字與「備」確實不像，但比對上下文例此處正應是「備」。[111]高佑仁先生也認為：「△1 字字形確實與『備』字形稍不類，但此處文例作『備』字可通，再尚無其他說法之前，暫從『備』字之說，以俟來者。」[112]

戰國楚系文字「備」字作 （《郭店‧緇衣》16）、（《上博（一）‧緇衣》9）、（《上博（四）‧昭王毀室》1）、（《上博（五）‧季庚子》3）、（《新蔡》甲三：137）、（《新蔡》乙三：44、45），基本上形體差異不大，看起來的確與「△1」字形不類。筆者認為「△1」字的確是「備」字，字形結構與《郭店‧語叢三》54「備」作、《語叢一》94「備」作有密切關係，可能是帶有戰國齊魯一系的特色，底下先分析《郭店‧語叢》幾個「備」字的形體來源，並討論《曹沫之陣》「△1」字的形體結構：

甲骨文「萑」字作（《前》7.44.1），象矢在箙中之形，為「箙」之象形初文。[113]金文「萑」作（番生簋）、（毛公鼎），「箭杆與箙形組合與『用』字相似」。[114]這種寫法也見於《隨縣》146「𩦹」作、147 作。[115]而《郭店‧語叢一》94「備」作（△2）、《語叢

---

[109] 禤健聰：〈上博楚簡釋字三則〉，簡帛研究網，2005.04.15。

[110] 白於藍：〈《曹沫之陣》新編釋文及相關問題討論〉，《中國文字》新三十一期（台北：藝文印書館，2006.11）頁 121。

[111] 引自高佑仁：《《上海博物館藏戰國楚竹書（四）‧曹沫之陣》研究》（台北：台灣師範大學國文系碩士論文，2006.9）頁 338 注 529。

[112] 高佑仁：《《上海博物館藏戰國楚竹書（四）‧曹沫之陣》研究》（台北：台灣師範大學國文系碩士論文，2006.9）頁 338。

[113] 參于省吾主編、姚孝遂按語：《甲骨文字詁林》（北京：中華書局，1996）冊三頁 2555，2561 條下、裘錫圭：〈上博簡《相邦之道》1 號簡考釋〉，《中國文字學報》第一輯（北京：商務印書館，2006.12）頁 69。

[114] 何琳儀：《戰國古文字典》（北京：中華書局，1998.9）頁 124。又這種寫法亦見於《屯》622 的「𩦹」字，參黃天樹：〈殷墟甲骨文「有聲字」的構造〉《黃天樹古文字論集》（北京：學苑出版社，2006.8）頁 276。

[115] 《隨縣》「萑」的寫法與上引楚系文字不同，這是可以理解的。如同「大」字寫作大（《隨縣》1）與齊系文字特色相同（詳下），馮勝君先生以為：「曾侯乙墓的年代為戰國早期，比包山、郭店等墓葬的年代要早 100 年左右，而且曾國文字雖然屬於楚文字系統，但畢竟還會有一些自己的特點，因此曾侯乙墓文字材料

三》54 作◇（△3），字形寫法與《集成》11021 春秋晚期齊系銅器子備戈的「備」字作◇、《說文》古文「備」作◇[116]形近。其中「△3」的「◇」偏旁可能即來源於上引金文◇、◇以及◇類似「用」形的部件。[117]證據如下：《郭店·語叢一》96「虘」字作◇，又作◇（《郭店·語叢三》58），又可作◇（《郭店·唐虞之道》25），依照馮勝君先生的研究，《語叢》一～三、《唐虞之道》同爲具有齊系文字特點的抄本，所以三個形體可能有一定程度的演變關係。[118]值得留意的是，◇字下半部的寫法也見於《郭店·語叢三》39「蒲」作◇。依照陳劍先生所指出：「相同的字形，在文字發展的過程中，其演變也往往是平行、同步的」的原則，[119]可以合理推論「蒲」字可作◇的形體，如此正與番生簋◇下部字形相同。後來「◇」形脫落上移，即裘錫圭先生所說：「在古文字裡，偏旁位置不固定的現象很突出。」[120]而底下又訛變爲「人」形，再加上「女」形，即◇→◇→◇（△3 偏旁）。以上是《語叢三》54◇字構形的說明。

其次，林澐先生曾指出一條著名的規律：在商代文字中，「◇」形和「◇」形就有互變之例。這種形變在周代文字中是常見的。而且，字形中之含有「◇」形者，又往往在東周時變爲含有「◇」形。[121]這樣的說法不太精確，陳劍先生指出：「古文字中『◇』形和

與戰國中晚期典型楚文字在形體上有一些差別，是毫不奇怪的。」《論郭店簡〈唐虞之道〉、〈忠信之道〉、〈語叢〉一～三以及上博簡〈緇衣〉爲具有齊系文字特點的抄本》頁 10。這種曾、楚兩國文字的差異已有學者指出，如蕭聖中：《曾侯乙墓竹簡釋文補正暨車馬制度研究》（武漢：武漢大學博士學位論文，2005 年 5 月）頁 2、趙平安：〈釋曾侯乙墓竹簡中的「◇」和「◇」〉武漢大學簡帛研究中心主辦《簡帛》第一輯（上海：上海古籍出版社，2006.10）頁 11-14。

[116] 張富海先生認爲此字具有齊系文字的特點，見《漢人所謂古文研究》（北京：北京大學中文系博士學位論文，2005.4）頁 306。

[117] 雖然「◇」形有可能是「丹」旁，如《包山》16。但是解作「丹」對於整體形構似乎很難說得通，故不採此想法。

[118] 馮勝君：《論郭店簡〈唐虞之道〉、〈忠信之道〉、〈語叢〉一～三以及上博簡〈緇衣〉爲具有齊系文字特點的抄本》，北京大學博士後研究工作報告，2004.8）。

[119] 陳劍：〈釋造〉《出土文獻與古文字研究（第一輯）》（上海：復旦大學出版社，2006.12）頁 65。

[120] 裘錫圭：《文字學概要》（北京：商務印書館，2003.5 初版九刷）頁 66。

[121] 林澐：〈釋古璽中從朿的兩個字〉《古文字研究》第十九輯。此引自《林澐學術文集》（北京：中國大百科全書出版社，1998.12）頁 10。

『ᄃ』形、『ᄇ』形的交替多見，如『平』、『方』、『彔』、『央』和『束』字等。」[122]意即這三個形體有共時演化的現象，如「坪」，《包山》184 作 ，又作 、。仔細觀察，不難看出「![字]」、「![字]」二者筆法相同，差別只是二豎筆之間橫畫數目之別，如同前述，這是可以同時存在的。另外，「![字]」的位置也上移了，如同「鞅」字寫作 ，但同時又作 。魏宜輝先生認為「『央』旁上端的「ᄉ」形，我認為可能是人體的手臂之形，由原先的『ᄃ』旁下上移至『用』形之上。」[123]魏先生是就「ᄉ」形來說的，但就「ᄃ」旁來說，無疑是往上移動的。《郭店‧老子甲》13「守」作 ![字]，何琳儀先生以為字形「十」旁與「又」旁上下位置互換。[124]又如《上博（一）‧性情論》簡 6 ![字]字，李天虹先生指出：此字可能是「快」字變體。古文字「夬」通常作「![字]」、「![字]」，像右手套扳指形。此字右旁可能是將扳指之形移於手形之下，遂致形體與「右」近似。郭店本作「快」。[125]還有「甚」作 ![字]（《郭店楚墓竹簡‧唐虞之道》24 簡）、![字]（《郭店楚墓竹簡‧老子甲》36 簡）。將前者八和口調換一下位置，便成為後者[126]。以上均可作為偏旁移動的證明。[127]

「△3」上作「![字]」，帶著楚系文字「甫」字的特徵，這種糅合兩系字形的現象，如同《郭店‧五行》29「家」字作 ![字]，馮勝君先生指出

---

[122] 陳劍：〈上博竹書「葛」字小考〉，簡帛網，2006.3.10。

[123] 魏宜輝：《楚系簡帛文字形體訛變分析》（南京：南京大學博士學位論文，2003年）頁 19。

[124] 何琳儀：〈郭店竹簡選釋〉，《簡帛研究二〇〇一》（桂林：廣西師範大學出版社，2001 年 9 月）頁 159。

[125] 李天虹：《郭店竹簡《性自命出》研究》（武漢：湖北教育出版社，2003 年 1月）頁 210 注 24。

[126] 孟蓬生：〈「瞻」字異構補釋〉，簡帛網，2007.08.06。

[127] 「△1」的上部「![字]」形體與《上博（二）‧容成氏》簡 1「其德酋清」之「酋」作 ![字]，其上部「八」形作 ![字]相同。而且正好「八」（幫紐質部）；「備」（並紐職部），聲韻皆近，似乎可以看作是「增添聲符」，但是這樣並無法解決「△1」下部形體 ![字]來源的問題。從文字脈絡聯繫來看，我們更傾向於與「![字]（△3）」的「![字]」旁來源相同，因為 ![字]是 ![字]的變體。（詳下）這就如同我們前面討論「![字]」的「![字]」旁不認為從「丹」的道理是一樣的。

此字是「糅合了楚文字與非楚文字因素的結果。我們推想，底本
『家』字可能本來不從爪。抄手甲在抄寫底本形體寫了一個『宀』
旁，忽然意識到楚文字『家』應該是從爪的，所以在『宀』旁之下又
寫了一個楚文字的『家』字。結果就成了我們現在看到的 這種形
體，這是抄手將非楚文字轉寫爲楚文字過程中出現的一次意外。」[128]
所以對於「△1」、「△2」「△3」上部的「」形體，合理的解釋是楚
國書手在抄寫齊國文獻時，一方面慣於自己國家文字的書寫方式，另
一方面又對齊國文字不甚了解所留下的孑餘。再回頭看「△1」的
「」旁，乍看之下與「羔」同形，但事實上二者是沒有關係的，因爲
前面已討論過字形上部是楚系文字的「甫」旁。筆者認爲此偏旁應拆
成兩部分：（「甫」旁）、，其中橫筆有「共筆」的現象。與
《上博（一）·緇衣 10》的「亦」作 完全同形，而這種寫法的「亦」
當是由「大」作 （齊大宰歸父盤）形體演變而來。值得注意的是，
吳振武先生已指出：將「大」字像人形兩臂的部分拉直，正是齊系文
字的特點。[129]再往前追溯，這種「大」形的寫法應源自上引「甫」作
（《郭店·語叢三》39）的「人」形以及 （子備戈）、（《郭
店·語叢一》94）、（《語叢三》54）等「備」字的「甫」旁所從
「人」形。因爲古文字中側立的「人」形與正面的「人」形（大）有
通用現象，[130]如甲骨文「葬」作 ，又作 。[131] 字作 ，又作 。[132]

---

[128] 馮勝君：〈談談郭店簡《五行》篇中的非楚文字因素〉，《簡帛》（第一輯）（上
海：上海古籍出版社，2006.10）頁 51。附帶一提，「糅合」一詞本是吳振武先
生發明，但其原來所包含範圍較窄：「讀音相近的兩個文字的某一部分揉合在一
起」、「將兩個經常通假的字糅合（此詞較捏合更準確）成一字」。參氏著：〈古
璽姓氏考（複姓十五篇）〉《出土文獻研究》第三輯（北京：中華書局，1998）頁
84、〈戰國文字中值得注意的一種構形方式〉，《姜亮夫、蔣禮鴻、郭在貽紀念文
集》（上海：上海教育出版社，2000.5）頁 92-93。而馮勝君先生的用法顯然不侷
限於此，本文的用法是與馮先生相同的。另外，本則曾請吳振武先生審閱，吳
先生同意筆者的結論，而且對本文「糅合」一詞的使用並未提出異議，顯然也
是同意對「糅合」一詞作擴大的界定。

[129] 吳振武：〈古璽姓氏考（複姓十五篇）〉，《出土文獻研究》第三輯（北京：中華
書局，1998 年）頁 77。或參馮勝君：《論郭店簡〈唐虞之道〉、〈忠信之道〉、
〈語叢〉一～三以及上博簡〈緇衣〉爲具有齊系文字特點的抄本》，北京大學博
士後研究工作報告，2004.8）頁 11。

[130] 劉釗：《古文字構形學》（福州：福建人民出版社，2006.1）頁 41、336；劉釗：
〈利用郭店楚簡字形考釋金文一例〉《古文字研究》第 24 輯，（北京：中華書

金文「幾」作▆（乖伯簋），又作▆（幾父壺）。[133]又如《新蔡》甲一：3「央」作▆，從「大」形，繼承甲骨文、西周金文而來。又作▆（英）、▆（紻）（《天星觀》簡）[134]，下從「人」形。又如「𣪊」既作▆，又作▆。[135]還有「敬」，既作▆（《璽彙》4171），又作▆（《璽彙》4191）、▆（《璽彙》5004）。又如《睡虎地‧為吏之道》「根（墾）田『人』邑」，《呂氏春秋‧勿躬》作「墾田『大』邑」[136]又如《包山》常見一地名「▆」，黃錫全先生說：「古從大與從人每不分，……疑此為份字。」[137]至於完全相同的字形演變例證，則是季師旭昇認為楚文字的「舜」字是由「允」變化而來的，即▆→▆，其間的演變亦是「人」形而「大」形，最後再增加二飾筆變成「亦」形，[138]與本簡的▆旁變化如出一轍。

　最後，再看《郭店‧成之聞之》3「備」作▆，此形應該是在「△1」的基礎上又進一步變化，古文字常見「人」形演變為「▆」形，如「逆」作▆（𤔲鐘），又作▆（𣋷鼎）[139]；「矢」作▆（《郭店‧語

局，2002.7）頁277。

[131] 季師旭昇：《說文新證（上冊）》（台北：藝文印書館，2002.10）頁66。此字一說釋為「殟」參陳劍：《殷墟卜辭斷代對甲骨文考釋的重要性》（北京：北京大學中文系博士論文，2001.5）頁79。

[132] 參于省吾主編、姚孝遂按語：《甲骨文字詁林》（北京：中華書局，1996）冊一頁183，0094條下。

[133] 參陳初生：〈從幾字考釋看近義偏旁通用規律在古文字考釋中的應用〉，《古文字研究》24輯（北京：中華書局，2002.7）頁200。

[134] 滕壬生：《楚系簡帛文字編》（武漢：湖北教育出版社，1995.7）頁57、909。

[135] 張頷：《古幣文編》（北京：中華書局，1986）頁242。

[136] 裘錫圭：〈考古發現的秦漢文字資料對於校讀古籍的重要性〉，《古代文史研究新探》（南京：江蘇古籍出版社，2000.1二刷）頁31-33。

[137] 黃錫全：〈《包山楚簡》部分釋文校釋〉，《湖北出土商周文字輯證》（武昌：武漢大學出版社，1992.10）頁190。陳偉：〈關於包山楚簡中的「弱典」〉《簡帛研究二〇〇一》（桂林：廣西師範大學，2001.9）頁14亦釋為「份」。

[138] 季旭昇師：〈讀郭店、上博簡五題：舜、河滸、紳而易、牆有茨、宛丘〉《中國文字》新27期（台北：藝文印書館，2001.12）頁114-117。

[139] 黃錫全：〈齊「六字刀」銘文釋讀及相關問題〉《吉林大學古籍整理研究所建所十五週年紀念文集》（長春：吉林大學出版社，1998.12）頁126-127。亦見劉釗〈釋金文中从夗的幾個字〉《古文字考釋叢稿》（長沙：岳麓書社，2005.7）頁107。

叢二》50）又作[字]（《郭店・語叢一》50）。[140]還有「異」，《包山》52 作[字]，而《郭店・語叢三》53 作[字]、《語叢三》簡 3 作[字]。這樣也可以呼應筆者對「△1」的考釋。同時也證明了本文將《語叢》、《曹沫之陣》、《成之聞之》一系列的「備」字歸納一起來看，並認爲字形是帶有戰國齊魯一系的文字特點應該是可信的。

本則曾請沈培先生看過，沈培先生向筆者指出《曹沫之陣》的[字]等字應釋爲「祝」，讀爲「篤」，這種情形亦見於定州《論語》。[141]若結合二者來看（另一項是指筆者考釋「備」字帶有戰國齊魯一系的文字特點），這或許不是巧合。[142]這似乎是向我們透露了《曹沫之陣》的底本來源可能是齊魯一系的，這樣的結論是與竹書中的主人公身分相吻合。[143]另外，何有祖先生指出簡 32「白徒」一詞，即是見於張家山漢簡《奏讞書》174～176 號簡的「白徒」。《奏讞書》簡 174：「異時魯法：盜一錢到廿，罰金一兩；過廿到百，罰金二兩；過百到二百，爲白徒；過二百到千，完爲倡。」簡 175：「諸以縣官事訑（詑）其上者，以白徒罪論之。有白徒罪二者，駕（加）其罪一等。白徒者，當今隸臣妾；倡，當城旦。」整理者注曰：「白徒，魯國刑徒名」（《張家山漢墓竹簡[二四七號墓]》頁 227）。何有祖先生指出：「當是。張家山漢簡《奏讞書》是漢初的法律文書。簡文『異時魯法』指的是先秦魯國法律。175 號簡『白徒者，當今隸臣妾』，指先秦魯國之『白徒』相當於漢代之『隸臣妾』。『隸臣妾』，刑徒名，男稱隸臣，女稱隸妾。」[144]此說若可成立，也爲本文的結論增強了說服力。[145]蓋藉由特殊詞彙的遺留，可以看出竹簡的撰作年代，自然也可

---

[140] 參魏宜輝：《楚系簡帛文字形體訛變分析》（南京：南京大學博士學位論文，2003）頁 23-24。

[141] 內容見於沈培先生：〈說古文字裏的「祝」及相關之字〉，中國簡帛學國際論壇（2006）論文，武漢大學簡帛研究中心，2006 年 11 月 8 日～10 日）頁 45-57。

[142] 2006 年 10 月 26 日覆信內容。

[143] 吳振武先生於 2006 年 10 月 31 日覆信中，亦同意筆者的推論。在此謹向二位先生表達謝忱。

[144] 何有祖：〈上博楚竹書（四）劄記〉，簡帛研究網，2005.04.15。

[145] 《慈利竹書》亦有「白徒」一詞：「解丌[字]（氣）墼（擊）龍紝『白徒』以覘之屬士」，見湖南省文物考古研究所、慈利縣文物保護管理研究所：〈湖南慈利縣石板村戰國墓〉《考古學報》1995 年第 2 期圖版六、張春龍：〈慈利楚簡概述〉《新出簡帛研究》（北京：文物出版社，2004 年 12 月）頁 9、蕭毅：〈慈利竹書

以作爲推測底本來源的依據之一。如張丰乾先生由竹簡《文子》的「朝請」、「諸侯」、「一人」、「兆民」等詞，認爲竹簡《文子》的撰作上限是「秦始皇稱帝－漢高祖初年。」[146]另外，大西克也先生曾歸納出在《包山》、《望山》、《九店》等楚簡中，並列連詞都用「與」，不用「及」。戰國早期曾侯乙墓出土的遣冊也使用了不少的連詞「與」。可見並列連詞只用「與」是楚地一帶語言的一個重要特點。[147]而《曹沫之陣》簡 29「必約邦之貴人『及』邦之奇士從卒，使兵毋復前」，並列連詞用「及」，顯見其非楚國底本。[148]

　　值得注意的是，陳偉先生指出：「郭店竹書《魯穆公問子思》章，開頭一句即云：『魯穆公問子思』。上博楚竹書《曹沫之陣》開頭也說：『魯莊公將爲大鐘。』在這兩篇中，首次出現魯君之稱時，其前冠以國名。隨後纔使用『公』、『莊公』的稱呼。這大概是因爲作者是魯國以外的人，纔會如此。相應地，《昭王毀室》、《昭王與龔之脾》兩篇徑直稱『昭王』，則應是作者屬於楚人的緣故。」隨後又舉了《國語》的例證來說明，如「楚恭王」，《楚語上》「恭王有疾」章徑稱「恭王」，《晉語六》：「厲公六年伐鄭」章則稱作「楚恭王」等等，最後他指出「同一個人在稱謂上的這種差別，無論出於各章的作者抑或後來的編者，其基本原因也當是各國之語，是站在各國立場上的記錄。」[149]此說適用於大部分情形，如《上博（五）‧姑成家父》只稱「厲公」，不說「晉厲公」；《競建內之》、《鮑叔牙》只稱「公」，不

　　《國語‧吳語》初探〉，簡帛網，2005.12.30、蕭毅：〈慈利竹書零釋〉，《古文字研究》26 輯頁 333。從文義來看，此「白徒」應該是一般所謂「素非習軍旅之人猶言白丁也」之意，與《秦讞書》內容並不相關。

[146] 張丰乾：《出土文獻與文子公案》（北京：社會科學文獻出版社，2007.11）頁 156-174。

[147] 大西克也：〈並列連詞「及」、「與」在出土文獻中的分布及上古漢語方言語法〉郭錫良主編《第二屆國際古漢語語法研討會論文選編－古漢語語法論集》（北京：語文出版社，1998.6）頁 135。

[148] 此說亦可參見周守晉：《出土戰國文獻語法研究》（北京：北京大學出版社，2005.8）頁 152-153。

[149] 陳偉：〈《昭王毀室》等三篇竹書的幾個問題〉，《出土文獻研究》第七輯（上海：上海古籍出版社，2005.11）頁 31、陳偉：〈上博楚竹書〈苦成家父〉研究〉，「簡牘所見中國古代史」國際學術研討會論文，〔韓國〕慶北大學 2006.6，後載於《中國古中世史研究》（韓國）第 16 輯頁 12。

說「齊桓公」。又如《論語》皆稱「哀公」（〈爲政〉、〈八佾〉、〈雍也〉、〈顏淵〉、〈憲問〉），不說「魯哀公」。《國語・魯語上》有「莒大子僕弒紀公，以其寶來奔。」韋昭《解》曰：「來奔，奔魯也。或有『魯』字，非也，此魯語，不當言其魯也。」[150]也是相同的道理。[151]澳門崇源新見楚國青銅器銘文曰：「王命競（景）之定救秦戎」，宋華強先生指出：「崇源銅器既然是楚器，銘文中單稱『王』應該就是指楚王」。[152]但是應當指出也有例外的情形：如《論語・憲問》曰：「陳成子弒簡公。孔子沐浴而朝，告於哀公曰：『陳恆弒其君，請討之。』」文中既稱「哀公」，但對「齊簡公」卻單單寫作「簡公」。《國語・魯語上》有「莒大子僕弒紀公」，「紀公」者，即「莒紀公」，因爲前已標出「莒大子」，所以可省去國別。又如〈魯語上〉：「晉人殺厲公，邊人以告」亦是相同道理。但是〈憲問〉對於「陳成子」前並無標出國別，卻徑寫作「簡公」。[153]這段話亦見於《左傳・哀公十四年》：「甲午，齊陳恆弒其君壬于舒州。孔丘三日齋，而請伐齊三。」《孔子家語・正論解》：「齊陳恆弒其簡公」，[154]均加了國別「齊」。又如《孔子家語・觀周》：「孔子謂南宮敬叔曰：『吾聞老聃博古知今，⋯⋯則吾師也。今將往矣。』對曰：『謹受命。』遂言于魯君曰：⋯⋯」[155]《孔子家語・辯政》：「子貢問於孔子曰：『昔者齊君問政於夫子，夫子曰：『政在節財』；魯君問政於夫子，子曰：『政在諭臣』。』則是「齊君」、「魯君」並列。《孔子家語・顏回》：「魯定公問於顏回曰」，[156]但也有徑稱「定公」者，如《孔子家語・相魯》：「定

---

[150] 徐元誥：《國語集解》（北京：中華書局，2002.6）頁 166。

[151] 黃懷信先生在討論《逸周書》的編者時，亦有相同的觀念：「書之編者，前人如朱右曾等人據《太子晉解》『師曠歸，未及三年，告死者至』之語，以爲是晉人。今按此說非是。如前所云，該篇首句即言『晉平公』云云，稱『晉平公』，安能爲晉人手筆？」氏著：《逸周書校補注釋》（西安：三秦出版社，2006.9）頁41。

[152] 宋華強：〈澳門崇源新見楚青銅器芻議〉，簡帛網，2008.01.01。

[153] 《定州漢墓竹簡・論語》也是寫作「陳成子試蕳公」，見定州漢墓竹簡整理小組：《定州漢墓竹簡・論語》（北京：文物出版社，1997.7）頁 66。

[154] 楊朝明主編：《孔子家語通解》（台北：萬卷樓圖書公司，2005.3）頁 496。

[155] 楊朝明主編：《孔子家語通解》（台北：萬卷樓圖書公司，2005.3）頁 131。

[156] 楊朝明主編：《孔子家語通解》（台北：萬卷樓圖書公司，2005.3）頁 228。

公謂孔子曰」。[157]《孔子家語‧本命解》:「魯哀公問於孔子曰」,後面又說:「公曰:「男子十六精通……」,[158]《好生》:「魯哀公問於孔子曰」,[159]但是也有徑稱「哀公」者,如《孔子家語‧哀公問政》:「哀公問政」。《孔子家語‧三恕》:「孔子觀於魯桓公之廟」。[160]據孔安國〈孔子家語後序〉:「《孔子家語》者,皆當時公卿大夫及七十二弟子之所諮訪交相對問言語也,既而諸弟子各自記其所問焉,與《論語》、《孝經》並時。弟子取其正實而切事者,別出爲《論語》,其餘,則集錄之,名之曰《孔子家語》。」近年由於出土文獻的對照,《孔子家語》的真實性得到了肯定,雖然有學者認爲《孔子家語》是孔氏後人孔安國所編輯而成,[161]但其原始材料來自於先秦應無疑問,楊朝明先生即指出:「《孔子家語》中的許多篇,如〈入官〉、〈論禮〉、〈五刑解〉、〈正論解〉、〈曲禮子貢問〉等篇所記的『退而記之』、『志之』、『識之』等,都是弟子隨時記錄孔子言語的情形。……其中雖然有後來增加、整理的成分,但基本還是原始面貌的保留。」[162]而且其內容多爲魯國事,但或稱「『魯』某公」,或徑稱「某公」,這與陳偉先生所說:「無論出於各章的作者抑或後來的編者,其基本原因也當是各國之語,是站在各國立場上的記錄。」有所牴觸。

又如楚簡常見「侍王」一詞,如《包山》209、232「出內侍『王』」;《天星觀》:「侍『王』從十月以至來歲之十月(128、260、492、838、1108)」、「侍『王』尙自利訓(順)(40、186、260)」[163],但在王孫誥鐘中,卻寫作「王孫誥擇其吉金自乍龢鐘……敬事『楚王』」。[164]新出《上博(六)‧景公虐》08「縛膚諸𫝹(市)」,對於

---

[157] 楊朝明主編:《孔子家語通解》(台北:萬卷樓圖書公司,2005.3)頁 12。

[158] 楊朝明主編:《孔子家語通解》(台北:萬卷樓圖書公司,2005.3)頁 313、315。

[159] 楊朝明主編:《孔子家語通解》(台北:萬卷樓圖書公司,2005.3)頁 117。

[160] 楊朝明主編:《孔子家語通解》(台北:萬卷樓圖書公司,2005.3)頁 108。

[161] 胡平生:〈阜陽雙古堆漢簡與《孔子家語》〉《國學研究》第七卷頁 526。

[162] 楊朝明:〈新出竹書與《論語》成書問題再認識〉,載於黃懷信、李景明主編:《儒家文獻研究》(濟南:齊魯書社,2004 年 12 月)頁 68-70。

[163] 晏昌貴:〈天星觀「卜筮祭禱」簡釋文輯校(修訂稿)〉,簡帛網,2005 年 11 月 2 日。

[164] 伍仕謙:〈王子午鼎、王孫誥鐘銘文考釋〉,《古文字研究》第 9 輯(北京:中華書局,1984 年 1 月)頁 276。黃錫全〈楚器銘文中「楚子某」之稱謂問題辨

「市」字的寫法，李天虹教授認爲：

> 這裏我們主要想談談「市」字的形體。八號簡的「市」，原作 ，
> 從「貝」，與楚文字常見的從「土」的「市」字不同，陳先生
> （引按：指陳偉）懷疑是因市中交易與「貝」有關所致，有一
> 定道理。這裏試提供另外一條思路。……齊國還有從「貝」的
> 「市」字，不見于其他國家。就目前所見資料，可以肯定爲楚
> 文字（不包括上博六）的資料裏，「市」字好象沒有從「貝」
> 作的。如包山文書簡應是無可爭議的原創的楚文字資料，其
> 「市」字六見，均從「土」作。所以這裏《景公瘧》八號簡的
> 「市」字形體，就顯得有點特殊。推測這種情形的產生，可能
> 有兩方面的原因。其一，楚文字「市」本可從「貝」作，以往
> 沒有這樣的認識，只是因資料局限而已。其二，《景公瘧》講
> 述的是齊國之事，其事又見載于《晏子春秋》，本來應該是流
> 行於齊國的文獻。是篇後來流傳到楚地，爲楚地人所轉抄，轉
> 抄過程中遺留了某些齊文字的特點，因此就出現了從「貝」的
> 「市」字。[165]

可見李天虹教授認爲《景公瘧》認爲可能是齊國的底本。值得注意的
是，簡 1 首句說「齊景公……」，這也是對陳偉先生上述說法的一個
反證，以上均可說明所以《魯穆公問子思》、《曹沫之陣》，甚至《魯
邦大旱》的作者是否是魯人還可以討論。[166]退一步說，若依陳偉先生
的說法，我們可以理解爲《曹沫之陣》的底本來自齊國，與我們的結
論也不衝突。

證〉，《古文字論叢》（台北：藝文印書館，1999 年 10 月）頁 268-268。
[165] 李天虹：〈《景公瘧》「市」字小記〉，2007.07.17。
[166] 還有一種情形可以考慮的是：《魯穆公問子思》、《曹沫之陣》可能出自魯或齊國
人之手，但是到了楚國轉寫過程中加以改造，所以變成了「魯穆公」、「魯莊
公」，這是借鏡於前引學者對《民之父母》、《柬大王泊旱》抄寫過程的思考。但
是這樣的想法恐有「死無對證」的意味，況也無實質的證據，故筆者暫不採此
說。

最後，將上列字形演變表列如下：

甲	金	可能演變的字形	子備戈	語叢三 54	△1	「△1」備旁
			備旁省女	備旁省女	備旁未加飾筆	

成之聞之 3 備旁

五、《上博楚竹書（五）‧鮑叔牙與隰朋之諫》
底本國別討論

我們在前面已提過《上博（五）‧鮑叔牙與隰朋之諫》（含《競建內之》）的底本有可能來源於齊國，直接的想法當是因為歷史事件的背景都發生在齊國，而從簡文的某些字體以及用字習慣，的確也呈現出齊系文字的現象。如《競建》簡 1「夫」作 ，前面已提過「大」字像人形兩臂的部分拉直，正是齊系文字的特點，如夫（《郭店‧語叢一》109）。

《競建》簡 1「鮑叔牙」之「鮑」字寫作「鞄」，正見於齊系文字，如《璽彙》3544，也當作姓氏用，《戰國文字編》釋為「鞄」，[167]無疑是正確的。《段注》在「鞄」篆下說：「鞄」是正字；「鮑」是假借字。[168]另外，齊國銅器「䰙鎛」（《集成》271）：「齊辟 叔之孫」，楊樹達說「 叔」即「鮑叔」，見解是很獨到的。[169]

《競建》04「鳶」作 ，其「鳥」旁頭部與一般楚系寫法相同，如《郭店‧老子甲》33「鳥」作 、《上博二‧容成氏》21 作 ；《上博一‧孔子詩論》09「鳴」作 、《上博三‧周易》21 作 ；《周易》50「鳿」作 、《上博四‧采風曲目》04「鷺」作 。[170]但是「鳥」

---

[167] 湯餘惠主編：《戰國文字編》（福州：福建人民出版社，2001.12）頁 168。
[168] 〔清〕段玉裁注：《說文解字注》（台北：漢京文化，1985.10）頁 107。
[169] 楊樹達：《積微居金文說》（北京：中華書局，1997.12）頁 81。
[170] 董珊：〈讀《上博藏戰國楚竹書（四）》雜記〉，簡帛研究網，2005.2.20。

旁身體部分卻不相同，與郭店簡《語叢一》、《語叢二》、《語叢三》中「烏」字作、比較接近，亦見於《說文》古文「烏（於）」作。這也是一種「文字糅合」的現象。

　　《鮑叔牙》簡 1「也」作，也見於簡 2；另一種寫法是（簡8），也見於簡 6。這樣的寫法僅見於《郭店·忠信之道》，如簡 1 作。[171]而《忠信之道》已經學者證實是具有齊系文字特點的抄本。

　　更為明顯的是《鮑叔牙》簡 1「有夏氏觀其『容』以使，及其喪也，皆為其『容』。殷人之所以代之，觀其『容』」以及簡 2「為其『容』」、「觀其『容』」，以上諸「容」字均作（容），不作「頌」，與《上博·緇衣》簡 9、《郭店·語叢》一、二相同，而不見於其他楚文字竹簡者。[172]此外，沈培先生曾論證《鮑叔牙》簡 2「朋其所以喪亡」之「朋」字讀為「凡」，並引趙彤說「多部、蒸部（可能只是一部分字）近于侵部的現象可能主要是關中和齊魯一帶方言的特點」，因而推測「朋」讀為「凡」可能是齊方言的反映。[173]

　　由以上的例證可以證明《鮑叔牙與隰朋之諫》的底本可能來源於齊國，另外學者指出《鮑叔牙與隰朋之諫》的部分內容與《管子·霸形》可以對讀，這也是一項證據。[174]但是簡文字形大多數被轉寫為楚系文字，已不能說是齊系特點的抄本。

附記：1.本章第三、四、五節內容曾以〈以古文字的角度討論上博楚
　　　　　竹書文本來源－以《周易》、《曹沫之陣》、《鮑叔牙與隰朋之
　　　　　諫》為例〉為題，在《第十八屆中國文字學國際學術研討會

---

[171] 見張光裕、袁國華：《郭店楚簡研究－第一卷－文字編》（台北：藝文印書館，1999.1）頁 28-41、李守奎：《楚文字編》（上海：華東師範大學，2003.12）頁691-694。

[172] 參馮勝君《論郭店簡〈唐虞之道〉、〈忠信之道〉、〈語叢〉一～三以及上博簡〈緇衣〉為具有齊系文字特點的抄本》，（北京大學博士後研究工作報告，2004年 8 月）頁 43。

[173] 此蒙沈培先生於 2007 年 1 月 24 日覆信向筆者指出。參尚賢（沈培）：〈小議上博簡〈鮑叔牙與隰朋之諫〉中的虛詞「凡」，簡帛網，2006.5.13，http：//www.bsm.org.cn/show_article.php?id=341。後來正式發表於《出土文獻與古文字研究（第一輯）》，頁 45-54。

[174] 彭浩：〈試說「畝繧短，田繧長，百糧筐」〉，簡帛網，2006.04.02、陳偉：〈也說《鮑叔牙與隰朋之諫》與《管子·霸形》的對讀〉，簡帛網，2006.04.04。

論文集》（台北：輔仁大學、中國文字學會主辦，2007.5.19-
20）宣讀。寫作過程承蒙季師旭昇及沈培、吳振武二先生審
閱，並對拙文有所匡正。宣讀當天復蒙莊雅州教授對拙文惠
賜卓見，筆者謹向諸位先生表達感謝之意。

2. 本章第四節認爲《魯邦大旱》是魯國底本（原發表於
2007.5.20）。最近看到董珊先生說：「《春秋》是魯史，《公羊
傳》的傳授，據《春秋說題辭》戴宏序云：『子夏傳與公羊
高，高傳與其子平，平傳與其子地，地傳與其子敢，敢傳與
其子壽，至漢景帝時，壽乃與其弟子齊人胡毋子都著於竹
帛，與董仲舒，皆見於圖讖。』桓譚《新論‧正經》謂公羊
高是齊人。這一學派雖然曾長期在齊地流傳，但究其本始，
仍是魯《春秋》學的支脈。《曹沫之陣》是魯國兵學著作，
其中的戰爭術語，與《公羊傳》的兩個專有詞彙「偏戰」、
「詐戰」有些關係，是很自然的事。」（〈《曹沫之陣》中的四
種「復戰」之道〉，簡帛網，2007.06.06 http：//www.bsm.org.
cn/show_article.php? id=577）與拙說不謀而合。

六、《上博楚竹書（二）‧昔者君老》底本國別討論

《昔者君老》是《上海博物館藏戰國楚竹書（二）》的第五篇。[175]
簡文原無篇題，以簡一首句「君子曰：昔者君老……」定篇名爲《昔
者君老》。本篇僅存四枝簡，其中三枝完簡，一枝殘簡，共存一百五
十八字，其中重文八，合文一。由於內容殘損嚴重，故學者解讀本篇
往往有不同的結論。或以爲內容可以連讀，或以爲彼此是沒有關係
的。其中爭議最大的莫過於第三簡，因爲其內容與第一、二、四簡差
距過大。最近《上博（四）‧內禮》[176]出版之後，學者發現到簡 3 與

〈內禮〉的關係非常密切，無論就簡長、簡寬、編繩、字體等方面來看皆十分接近，可能本是同一篇的內容。[177]林素清女士將之編連在〈內禮〉簡 8 之後，下接簡 9 也能讀得怡然通順。[178]目前看來，將〈昔者君老〉簡 3 剔除，轉而歸於〈內禮〉篇之中應該是沒有問題的。而整理者李朝遠先生也指出簡 7 至簡 9 也有與傳世文獻如《大戴禮記·曾子事父母》、《禮記·曲禮》等相近的現象。[179]可知《昔者君老》簡 3 應該是齊魯一系的底本。

而《昔者君老》第 1、2、4 簡內容大概記述國君自衰老至亡故，太子朝見過程中的行爲規範，所以學者以爲本篇或可視爲〈君喪禮〉，[180]或說是《論語·憲問》子張問孔子「高宗諒陰，三年不言」一章的解說，或是認爲簡文講述的不僅是朝見之禮，還包括入宮探視和居喪之禮，以上這些意見大抵是可取的，也增加了我們對儒家禮儀制度的進一步了解。也就是這 3 簡也應該是齊魯一系的底本。筆者補充幾條證據說明如下：

簡 1「君之母俤（弟）是相」之「母俤（弟）」。「俤」讀作「弟」，又見於《九店》56.25「生子，無俤（弟），女（如）又（有）俤（弟），必死。」李家浩先生說：「『無俤』，秦簡《日書》甲種楚除結日占辭作『母弟』。『俤』從『人』從『弟』聲，當爲兄弟之『弟』的專字。」[181]《公羊·隱公七年》：「母弟稱弟，母兄稱兄」，何休《公羊注》：「母弟，同母弟；母兄，同母兄。不言同母言母弟者，若

---

[177] 林素清：〈釋「匵」—兼及《內禮》新釋與重編〉《中國文字學的方法與實踐國際學術研討會》（美國芝加哥大學，2005.5.28-30）、林素清：〈上博四《內禮》篇重探〉《出土簡帛文獻與古代學術國際研討會》（台北：政治大學中文系，2005.12.2-3）頁 3、井上亘：〈《內豊》篇與《昔者君老》篇的編聯問題〉，簡帛研究網，2005.10.16。

[178] 林素清：〈上博四《內禮》篇重探〉《出土簡帛文獻與古代學術國際研討會》（台北：政治大學中文系，2005.12.2-3）頁 3。附帶一提，會議現場復旦大學陳劍先生亦表示相同的意見。

[179] 馬承源主編：《上海博物館藏戰國楚竹書（四）》（上海：上海古籍出版社，2004.12）頁 226-228。

[180] 季師旭昇：〈上博二小議（四）:〈昔者君老〉中的「母弟送退」及君老禮〉，簡帛研究網，2003.06.16。

[181] 湖北省文物考古研究所、北京大學中文系編：《九店楚簡》（北京：中華書局，2000.5）頁 79。

謂不如爲如矣，齊人語也。」[182]由何休所注，可以證明《昔者君老》簡 1、2、4 的底本出處。汪啓明先生亦認爲這是齊人親屬稱謂的特點。[183]另外，華學誠先生也指出：

> 「母兄」、「母弟」不是母親的哥哥、弟弟，而是「同母兄」、「同母弟」的省稱，指的是同一個父母所生的兄弟。何休指出，這樣的稱呼是屬於齊人所特有的。《左傳》曾發「母弟」例。《左傳．宣公十七年》：「冬，公弟叔肹卒。公，母弟也。凡太子之母弟，公在曰公子，不在曰弟。凡稱弟，皆母弟也。」杜注：「此策書之通例也，庶弟不得稱公弟，而母弟或稱公子。」孔穎達《疏》：「此例再言凡者，前『凡』明稱母弟之人，適子及妾子之弟；後『凡』名策書稱弟者，皆母弟之義……母弟之見於經者二十，而傳之所發，六條而已，凡稱弟皆母弟，此策書之通例也。庶弟不得稱弟，而母弟得稱公子，故傳之所發，隨而釋之。」看來古策書受齊魯文化影響巨大。今世官話中還保存過這種稱呼，1936 年編纂的甘肅省《鎮原縣誌》載：「同母之兄曰母兄，同母之弟曰母弟。」[184]

所謂「策書」，即「冊書」，是冊命之書。如《尚書．顧命》：「王麻冕黼裳，由賓階隮。卿士邦君，麻冕蟻裳，入即位。太保、太史、太宗，皆麻冕彤裳。太保承介圭，上宗奉同瑁，由阼階隮。太史秉書，由賓階隮，御王冊命。曰：『皇后憑玉几，道揚末命：命汝嗣訓，臨君周邦，率循大卞，燮和天下，用答揚文武之光訓。』」這是成王死後，康王接受冊命的情景，與《昔者君老》若合符節，正好簡文也出現了「母弟」一詞，顯然可以推斷是齊國的底本。[185]

其次，簡 4「唯邦之大[illegible]是敬」一句，筆者曾考釋爲「受」，而從

---

182 《十三經注疏一公羊傳》頁 38。

183 汪啓明：《先秦兩漢齊語研究》（成都：巴蜀書社，1999.4）頁 231。

184 華學誠：《周秦漢晉方言研究史》（上海：復旦大學出版社，2003.3）頁 347-378。

185 陳長書亦認爲「母弟」是齊方言詞，見氏著：〈《國語》齊方言詞拾零〉《管子學刊》2005.2 頁 48-49。

袁國華先生讀作「叟」（詳本書上篇第二章）。《方言·卷六》：「傁、艾，長老也。東齊魯衛之間，凡尊老謂之傁，或謂之艾。……南楚謂之父，或謂之父老。」[186]亦見於《國語·齊語》：「合群叟，比校民之有道者。」韋《注》：「叟，老也。」學者也同意「傁」（即「叟」）是屬於齊語的詞彙。[187]這無疑也是一條齊魯底本的證據。

七、《上博楚竹書（六）·孔子見季桓子》底本國別討論

《孔子見季桓子》的抄手寫了一些我們以前未見的訛變字形，如「虍」旁寫作「㽺」，[188]（簡 19、22）便是相當特別的例證。其他象「夫」、「拜」（簡 15）字的寫法、簡 16、18 的「學」字的寫法也都比較特殊。而且書手字跡之潦草也是讓人印象深刻的。推究其原因，除了書手本身的素質外，底本字體的不熟悉恐怕也不容忽視。簡文多次出現「好」字，但均寫作丗，與楚文字寫作𤥨（《郭店·老子甲》8）、𡦆（《上博（一）·孔子詩論》24）並不相同。「丗」這種寫法也多見於《上博一·緇衣》、《郭店·語叢》。馮勝君先生曾評論說：「从子丑聲，而孔壁古文讀爲『好』的字也是从丑聲的，如《說文·女部》：『妞，人姓也。从女、丑聲。《商書》曰：無有作妞。』段注云：『从本訓人姓，好惡自有真字，而壁中古文叚妞爲好。』（原注：段玉裁：《說文解字注》613 頁，上海古籍出版社，1981 年，上海。）《古文四聲韻》44 頁下引古《尚書》『好』字寫作𡤶，與上博《緇衣》『好』字寫法相同。我們懷疑《說文》引《商書》讀爲『好』的『妞』字，很可能就是『孖』的異體或訛文。」[189]就「好」字的用字習慣來看，《孔子見季桓子》的底本顯然不是楚國，可能比較偏向齊魯一系。

---

186 華學誠匯證：《揚雄方言校釋匯證》上冊（北京：中華書局，2006.9）頁 485。

187 汪啓明：《先秦兩漢齊語研究》（成都：巴蜀書社，1999.4）頁 234。

188 陳偉：〈上博六條記〉，簡帛網，2007.07.09。

189 馮勝君：《論郭店簡〈唐虞之道〉、〈忠信之道〉、〈語叢〉一～三以及上博簡〈緇衣〉爲具有齊系文字特點的抄本》，北京大學博士後研究工作報告，2004 年 8 月）頁 38。

引 用 書 目 *

一、近人論著專書（依作者姓氏筆劃排列）

丁四新主編：《楚地簡帛思想研究》第三輯（武漢：湖北教育出版社，2007.6）

丁邦新編：《董同龢先生語言學論文選集》（台北：食貨出版社，1981.9）

丁啓陣：《秦漢方言》（北京：東方出版社，1991.2）

丁福保編：《古錢大辭典》（北京：中華書局，1982.12）

于省吾：《甲骨文字釋林》（北京：中華書局，1993.4 三刷）

于省吾主編：《甲骨文字詁林》（北京：中華書局，1996.5）

中山大學古文字研究室：《戰國楚簡研究》二（廣州：中山大學，1977）

中國社會科學院考古研究所編：《信陽楚墓》（北京：文物出版社，1986.3）

中國社會科學院考古研究所編：《曾侯乙墓》（北京：文物出版社，1989.7）

中國社會科學院考古研究所編：《殷周金文集成釋文》（香港：香港中文大學，2001.10）

中國社會科學院考古研所編：《殷墟花園莊東地甲骨》第三分冊（昆明：雲南人民出版社，2003.12）

中國社會科學院語言研究所古代漢語研究室編：《古代漢語虛詞詞典》（北京：商務印書館，2000.1 二刷）

王力：《詩經韻讀》（上海：上海古籍出版社，1980.12）

王力：《同源字典》（北京：商務印書館，1999.9 五刷）

王力主編：《王力古漢語字典》（北京：中華書局，2002.12 三刷）

王文錦：《禮記譯解》（北京：中華書局，2001.9）

---

* 為了節省篇幅，本書目僅列所引用的近代論著。

王國維：《古史新證》（北京：清華大學出版社，1997.8 四刷）

王國維：《古本竹書紀年輯校·今本竹書紀年疏證》（台北：世界書局，1977.12 再版）

王國維：《定本觀堂集林》（台北：世界書局，1991.9 六版）

王輝：《古文字通假釋例》（台北：藝文印書館，1993.4）

王輝：《商周金文》（北京：文物出版社，2006.1）

王曉衛譯注：《六韜全譯》（貴州：貴陽人民出版社，1998.12）

古文字詁林編纂委員會：《古文字詁林》第 6 冊，（上海市：上海教育出版社，2003 年 12 月）。

石泉主編、陳偉副主編：《楚國歷史文化辭典》（武漢：武漢大學出版社，1997.6 修訂版）

向宗魯：《說苑校證》（北京：中華書局，2000.3 三刷）

向熹：《詩經詞典》（成都：四川人民出版社，1997.7 三刷）

向熹：《詩經語文論集》（成都：四川民族出版社，2002.7）

朱淵清：《再現的文明：中國出土文獻與傳統學術》（上海：華東師範大學，2001.5）

朱德熙：《朱德熙古文字論集》（北京：中華書局，1995.2）

何九盈：《音韻叢稿》（北京：商務印書館，2002.3）

何琳儀：《戰國古文字典》（北京：中華書局，1998.9）

何琳儀：《古幣叢考》（合肥：安徽大學出版社，2002.6）

何琳儀：《戰國文字通論訂補》（南京：江蘇教育出版社，2003.1）

余嘉錫：《古書通例》，載於《余嘉錫說文獻學》（上海：上海古籍出版社，2001.3）

余嘉錫：《目錄學發微》，載於《余嘉錫說文獻學》（上海：上海古籍出版社，2001.3）

吳良寶：《中國東周時期金屬貨幣研究》（北京：社會科學文獻出版社，2005.10）

吳良寶：《先秦貨幣文字編》（福州：福建人民出版社，2006.3）

吳則虞：《晏子春秋集釋》（台北：鼎文書局，1977.3 再版）

呂振端：《魏三體石經殘字集證》（台北：學海出版社，1981.5）

李天虹：《郭店竹簡《性自命出》研究》（武漢：湖北教育出版社，

2003.1）

李方桂：《上古音研究》（北京：商務一印書館，2001.3 四刷）

李玉：《秦漢簡牘帛書音韻研究》（北京：當代中國出版社，1994.10）

李守奎：《楚文字編》（上海：華東師範大學，2003.12）

李家浩：《著名中年語言學家自選集一李家浩卷》（合肥：安徽教育出版社，2002.12）

李運富：《楚國簡帛文字構形系統研究》（長沙：岳麓書社，1997.10）

李零：《長沙子彈庫戰國楚帛書研究》（北京：中華書局，1985.7）

李零：《吳孫子發微》（北京：中華書局，1997.6）

李零：《中國方術考》（北京：東方出版社，2000.4）

李零：《中國方術續考》（北京：東方出版社，2000.10）

李零：《郭店楚簡校讀記一增訂本》（北京：北京大學出版社，2002.3）

李零：《簡帛古書與學術源流》（北京：三聯書店，2004.4）

李學勤：《周易經傳溯源》（長春：長春出版社，1992.8）

李學勤：《走出疑古時代》（瀋陽：遼寧大學出版社，1997.12）

李學勤：《綴古集》（上海：上海古籍出版社，1998.10）

李學勤主編、趙伯雄整理：《周禮注疏（上）》（北京：北京大學出版社，1999.12）

李學勤：《重寫學術史》（石家莊：河北教育出版社，2002.1）

李學勤：《中國古史尋證》（上海：上海科技教育出版社，2002.5）

李學勤：《中國古代文明研究》（上海：華東師範大學，2005.4）

李興斌等：《孫臏兵法新譯》（濟南：齊魯書社，2002.7）

沈建民：《《經典釋文》音切研究》（北京：中華書局，2007.5）

沈兼士：《沈兼士學術論文集》（北京：中華書局，1986.12）

汪受寬：《謚法研究》（上海：上海古籍出版社，1995.6）

汪啓明：《先秦兩漢齊語研究》（成都：巴蜀書社，1999.4）

周生春：《吳越春秋輯校匯考》（上海：上海古籍出版社，出版年月不詳）

周守晉：《出土戰國文獻語法研究》（北京：北京大學出版社，2005.8）

孟蓬生：《上古漢語同源詞語音關係研究》（北京：北京師範大學出版社，2001.6）

季旭昇：《說文新證》（台北：藝文印書館，2002.10）

季旭昇主編：《上海博物館藏戰國楚竹書（二）讀本》（台北：萬卷樓圖書公司，2003.7）

季旭昇主編：《上海博物館藏戰國楚竹書（一）讀本》（台北：萬卷樓出版社，2004.6）

季旭昇主編：《上海博物館藏戰國楚竹書（三）讀本》（台北：萬卷樓圖書公司，2005.10）

宗福邦、陳世鐃、蕭海波主編：《故訓匯纂》（北京：商務印書館，2004.3 初版二刷）

定州漢墓竹簡整理小組：《定州漢墓竹簡‧論語》（北京：文物出版社，1997.7）

林清源：《簡牘帛書標題格式研究》（台北：藝文印書館，2004.2）

林澐：《古文字研究簡論》（長春：吉林大學出版社，1986.9）

林澐：《林澐學術文集》（北京：中國大百科全書出版社，1998.12）

河南省文物考古研究所編著：《新蔡葛陵楚墓》（河南：大象出版社，2003.10）

竺家寧：《聲韻學》（台北：五南出版社，2002.10 二版九刷）

姚萱：《殷墟花園莊東地甲骨卜辭的初步研究》（北京：線裝書局，2006.11）

胡平生：《阜陽漢簡詩經研究》（上海：上海古籍，1988）

胡雅麗：《尊龍尚鳳－楚人的信仰禮俗》（武漢：湖北教育出版社，2003.1）

唐蘭：《古文字學導論》（台北：樂天出版社，1973.7）

孫海波編：《甲骨文編》（北京：中華書局，1996.9 五刷）

容庚編著，張振林、馬國權摹補：《金文編》（北京：中華書局，1985.7 一版，1998.11 六刷）

徐元誥：《國語集解》（北京：中華書局，2002.6）

徐在國：《隸定古文疏證》（合肥：安徽大學出版社，2002.6）

徐在國：《傳鈔古文字編》（北京：線裝書局，2006.11）

晁福林：《先秦社會思想研究》（北京：商務印書館，2007.6）

時永樂：《古籍整理教程》（保定：河北大學出版社，2003.2 二版二刷）

荊門市博物館：《郭店楚墓竹簡》（北京：文物出版社，1998.5）

馬承源：《商周青銅器銘文選》（三）（北京：文物出版社，1988.4）

馬承源主編：《上海博物館藏戰國楚竹書（一）》（上海：上海古籍出版社，2001.11）

馬承源主編：《上海博物館藏戰國楚竹書（二）》（上海：上海古籍出版社，2002.12）

馬承源主編：《上海博物館藏戰國楚竹書（三）》（上海：上海古籍出版社，2003.12）

馬承源主編：《上海博物館藏戰國楚竹書（四）》（上海：上海古籍出版社，2004.12）

馬承源主編：《上海博物館藏戰國楚竹書（五）》（上海：上海古籍出版社，2005.12）

馬承源主編：《上海博物館藏戰國楚竹書（六）》（上海：上海古籍出版社，2007.7）

高至喜主編：《楚文化圖典》（武漢：湖北教育出版社，2000.1）

高亨、董治安編纂：《古字通假會典》（濟南：齊魯書社，1997.7 二刷）

商承祚：《戰國楚竹簡匯編》（濟南：齊魯書社，1995.11）

商承祚編著：《石刻篆文編》（北京：中華書局，1996.10）

崔樞華：《說文解字聲訓研究》（北京：北京師範大學出版社，2000.9）

張文國：《古漢語的名動詞類轉變及其發展》（北京：中華書局，2005.5）

張玉金：《甲骨卜辭語法研究》（廣州：廣東高等教育出版社，2002.6）

張光裕、袁國華：《包山楚簡文字編》（台北：藝文印書館，1992.11）

張光裕、黃錫全、滕壬生：《曾侯乙墓竹簡文字編》（台北：藝文印書館，1997.1）

張光裕、袁國華：《郭店楚簡研究－第一卷－文字編》（台北：藝文印

書館，1999.1）

張光裕主編：《望山楚簡校錄》（台北：藝文印書館，2004.12）

張守中：《睡虎地秦簡文字編》（北京：文物出版社，1994.2）

張守中：《包山楚簡文字編》（北京：文物出版社，1996.8）

張亞初：《殷周金文集成引得》（北京：中華書局，2001.7）

張家山二四七號漢墓竹簡整理小組：《張家山漢墓竹簡（二四七號墓）》（北京：文物出版社，2001.11）

張純一：《晏子春秋校注》《新增諸子集成》六（台北：世界書局，1983.4 新四版）

張博：《漢語同族詞的系統性與驗證方法》（北京：商務印書館2003.7）

張儒、劉毓慶：《漢字通用聲素研究》（太原：山西古籍出版社，2002.4）

張雙棣：《淮南子校釋》（北京：北京大學出版社，1997.8）

張雙棣：《呂氏春秋譯注》（北京：北京大學出版社，2000.9）

張丰乾：《出土文獻與文子公案》（北京：社會科學文獻出版社，2007.11）

郭沫若：《郭沫若全集－歷史編 7－管子集校（三）》（北京：人民出版社，1984.10）

郭若愚：《戰國楚簡文字編》（上海：上海書畫出版社，1994）

郭錫良：《漢字古音手冊》（北京：北京大學出版社，1986）

曹峰：《上博楚簡思想研究》（台北：萬卷樓圖書公司，2006.12）

陳劍：《甲骨金文考釋論集》（北京：線裝書局，2007.4）

陳松長：《馬王堆簡帛文字編》（北京：文物出版社，2001.6）

陳偉：《包山楚簡初探》（武漢：武漢大學出版社，1996.8）

陳偉：《郭店竹書別釋》（武漢：湖北教育出版社，2003.1）

陳偉武：《簡帛兵學文獻探討》（廣州：中山大學出版社，1999.11）

陳復華、何九盈：《古韻通曉》（北京：中國社會科學出版社，1987.10）

陳新雄：《古音研究》（台北：五南出版社，1999.4）

陳鼓應：《莊子今注今釋》（北京：中華書局，2001.8 八刷）

陳夢家《漢簡綴述》（北京：中華書局，1980.12）

陳漢平：《金文編訂補》（北京：中國社會科學出版社，1993.9）

陳雙新：《兩周青銅樂器銘辭研究》（保定：河北大學出版社，2002.12）

陳筱芳：《春秋婚姻禮俗與社會倫理》（成都：巴蜀書社，2000.6）

彭林譯注：《儀禮全譯》（貴陽：貴州人民出版社，1997.10）

曾憲通：《長沙楚帛書文字編》（北京：中華書局，1993.2）

湖北省文物考古研究所、北京大學中文系編：《望山楚簡》（北京：中華書局，1995.6）

湖北省文物考古研究所、北京大學中文系編：《九店楚簡》（北京：中華書局，2000.5）

湖北省荊沙鐵路考古隊：《包山楚簡》（北京：文物出版社，1991.10）

湯餘惠：《戰國銘文選》（長春：吉林大學出版社，1994）

湯餘惠主編：《戰國文字編》（福州：福建人民出版社，2001.12）

程千帆、徐有富：《校讎廣義－校勘編》（濟南：齊魯書社，1998.4）

程俊英：《應用訓詁學》（上海：華東師範大學，1989.11）

程樹德：《論語集釋》（北京：中華書局，1997.10 四刷）

華學誠：《周秦漢晉方言研究史》（上海：復旦大學出版社，2003.3）

華學誠匯證：《揚雄方言校釋匯證》上冊（北京：中華書局，2006.9）

馮時：《中國天文考古學》（北京：社會科學文獻出版社，2001.11）

馮勝君：《二十世紀古文獻新證研究》（濟南：齊魯書社，2006.1）

黃暉：《論衡校釋》（北京：中華書局，1996.11 三刷）

黃金貴：《古漢語同義詞辨釋論》（上海：上海古籍出版社，2002.8）

黃壽祺、張善文：《周易譯注（修訂本）》（上海：上海古籍出版社，2001.9 新一版）

黃德寬、陳秉新：《漢語文字學史》（增訂本）（合肥：安徽大學出版社，2006.8 第 2 版）

黃德寬主編：《古文字譜系疏證》（北京：商務印書館，2007.5）

黃德寬、何琳儀、徐在國合著：《新出楚簡文字考》（合肥：安徽大學出版社，2007.9）

黃錫全：《汗簡注釋》（武昌：武漢大學出版社，1990.8）

黃錫全：《湖北出土商周文字輯證》（武昌：武漢大學出版社，

1992.10）

黃錫全：《古文字論叢》（台北：藝文印書館，1999.10）

黃錫全：《先秦貨幣研究》（北京：中華書局，2001.6）

黃錫全：《先秦貨幣通論》（北京：紫禁城出版社，2001.6）

黃懷信：《古文獻與古史考論》（濟南：齊魯書社，2003.6）

黃懷信：《逸周書校補注釋》（西安：三秦出版社，2006.9）

楊伯峻：《春秋左傳注》（台北：洪葉書局，1993.5）

楊伯峻：《列子集釋》（北京：中華書局，1997.10 五刷）

楊伯峻譯注：《論語譯注》（北京：中華書局，2000.8 二版 15 刷）

楊伯峻、何樂士：《古漢語語法及其發展》（北京：語文出版社，2003.1 三刷）

楊伯峻譯注：《孟子譯注》（北京：中華書局，2003.4 一版 13 刷）

楊軍譯注：《吳子全譯》（貴州：貴陽人民出版社，1998.12）

楊朝明主編：《孔子家語通解》（台北：萬卷樓圖書公司，2005 年 3 月）

楊劍橋：《實用古漢語知識寶典》（上海：復旦大學出版社，2003.8）

楊樹達：《積微居小學述林》（北京：中華書局，1983.7）

楊樹達：《積微居金文說》（北京：中華書局，1997 .12）

楊寶忠：《論衡校箋》（石家莊：河北教育出版社，1999.1）

董蓮池：《金文編訂補》（長春：東北師範大學，1995.9）

裘錫圭：《古文字論集》（北京：中華書局，1992.8）

裘錫圭：《文字學概要》（台北：萬卷樓圖書公司，1999.1 再版二刷）

裘錫圭：《古代文史研究新探》（南京：江蘇古籍出版社，2000.1 二刷）

裘錫圭：《中國出土古文獻十講》（上海：復旦大學出版社，2004.12）

廖名春：《新出楚簡試論》（台北：台灣古籍出版社，2001.5）

廖名春：《《周易》經傳與易學史新論》（濟南：齊魯書社，2001.8）

廖名春：《郭店楚簡老子校釋》（北京：清華大學出版社，2003.6）

廖名春：《出土簡帛叢考》（武漢：湖北教育出版社，2004.2）

廖名春：《周易經傳十五講》（北京：北京大學出版社，2004.9）

漢語大字典字形組編：《秦漢魏晉篆隸字形表》（成都：四川辭書出版

社，1985）

睡虎地秦墓整理小組：《睡虎地秦墓竹簡》（北京：文物出版社，
　　　2001.12 二刷）

臧克和：《尚書文字校詁》（上海：上海教育出版社，1999.5）

趙平安：《說文小篆研究》（南寧：廣西教育出版社，1999.8）

趙彤：《戰國楚方言音系》（北京：中國戲劇出版社，2006.5）

銀雀山漢墓竹簡整理小組：《銀雀山漢墓竹簡》（壹）（北京：文物出
　　　版社，1985.9）

劉文典：《淮南鴻烈集解》（北京：中華書局，1997.1 二刷）

劉文典撰，趙鋒、諸偉奇點校：《莊子補正》（合肥：安徽大學出版
　　　社、昆明：雲南大學出版社，1999.4）

劉雨、盧岩編著：《近出殷周金文集錄》（北京：中華書局，2002）

劉信芳：《簡帛五行解詁》（台北：藝文印書館，2000）

劉信芳：《子彈庫楚墓出土文獻研究》（台北：藝文印書館，2002.1）

劉信芳：《孔子詩論述學》（合肥：安徽大學出版社，2003.1）

劉信芳：《包山楚簡解詁》（台北：藝文印書館，2003.1）

劉起釪：《尚書校釋譯論》（北京：中華書局，2005.4）

劉釗：《郭店楚簡校釋》（福州：福建人民出版社，2003.12）

劉釗：《出土簡帛文字叢考》（台北：台灣古籍出版社，2004.3）

劉釗：《古文字考釋叢稿》（長沙：岳麓書社，2005.7）

劉釗：《古文字構形學》（福州：福建人民出版社，2006.1）

劉彬徽：《楚系青銅器研究》（漢口：湖北教育出版社，1995.7）

劉彬徽：《早期文明與楚文化研究》（長沙：岳麓書社，2001.7）

劉樂賢：《睡虎地秦簡日書研究》（台北：文津出版社，1994.7）

劉樂賢：《簡帛數術文獻探論》（武漢：湖北教育出版社，2003.2）

劉樂賢：《馬王堆天文書考釋》（廣州：中山大學出版社，2004.5）

歐陽景賢、歐陽超釋譯：《莊子釋譯》下（台北：里仁書局，2001.3）

滕壬生：《楚系簡帛文字編》（武漢：湖北教育出版社，1995.7）

蔣禮鴻：《商君書錐指》（北京：中華書局，2001.8 三刷）

錢玄：《三禮通論》（南京：南京師範大學出版社，1996.10）

錢玄、錢興奇編著：《三禮辭典》（南京：江蘇古籍，1998.3 二刷）

錢存訓:《書於竹帛》(上海:上海書店,2002.4)

駢宇騫、段書安:《本世紀以來出土簡帛概述》(台北:萬卷樓出版
　　社,1999.4)

繆文遠:《戰國制度通考》(成都:巴蜀書社,1998.9)

謝紀鋒編纂　:《虛詞詁林》(哈爾濱:黑龍江人民出版社,1993.1　三
　　刷)

簡帛書法選編輯組:《郭店楚墓竹簡‧性自命出》(北京:文物出版
　　社,2002.12)

魏啓鵬:《簡帛《五行》箋釋》(台北:萬卷樓圖書出版有限公司,
　　2000.7)

譚其驤主編:《中國歷史大辭典－歷史地理卷》(上海:上海辭書出版
　　社,1997.7 二刷)

饒宗頤、曾憲通:《楚地出土文獻三種研究》(北京:中華書局,
　　1993.8)

顧史考:《郭店楚簡先秦儒書宏微觀》(台北:學生書局,2006)

二、近人論著單篇論文(依作者姓氏筆劃排列)

丁四新:〈楚簡《恒先》章句釋義〉《楚地簡帛思想研究(二)》(武
　　漢:湖北教育出版社,2005.4)頁 127。

凡國棟:〈《上博六》楚平王逸篇初讀〉,簡帛網(www.bsm.org.cn),
　　2007.07.09

凡國棟:〈《上博六〈用曰〉篇初讀》,簡帛網,2007.07.10

大西克也:〈並列連詞「及」、「與」在出土文獻中的分布及上古漢語
　　方言語法〉郭錫良主編《第二屆國際古漢語語法研討會論文選
　　編－古漢語語法論集》(北京:語文出版社,1998.6)

大西克也:〈「殹」「也」之交替－六國統一前後書面語言的一個側面〉
　　《簡帛研究二〇〇一》(桂林:廣西師範大學出版社,2001.9)

大西克也:〈論古文字資料中的「害」字及其讀音問題〉《古文字研
　　究》24 輯(北京:中華書局,2002.7)

大西克也:〈從方言的角度看時間副詞「將」、「且」在戰國秦漢出土

文獻中的分布〉《紀念王力先生百年誕辰學術論文集》（北京：
商務印書館，2002.8）

大西克也：〈試論上博楚簡《緇衣》中的「🐛」字和相關諸字〉《第四
屆國際中國古文字學研討會論文》（香港：香港中文大學，
2003.10.15）

大西克也：〈戰國楚系文字中的兩種「告」字－兼釋上博楚簡《容成
氏》的「三佸」〉《出土簡帛文獻與古代學術國際研討會論文》
（臺北：政治大學中國文學系，2005.12.3）

大通上孫家寨漢簡整理小組等：〈大通上孫家寨漢簡釋文〉《文物》
1981.2

工藤元男：〈楚文化圈所見卜筮祭禱習俗──以上博楚簡《柬大王泊
旱》為中心〉《簡帛》第 1 輯（上海：上海古籍出版社，2006.10）

井上亙：〈《內豊》篇與《昔者君老》篇的編聯問題〉，簡帛研究網
（www.jianbo.org），2005.10.16

王志平：〈《詩論》發微〉《華學》第六輯（北京：紫禁城出版社，
2003.6）

王輝：〈王家台秦簡《歸藏》校釋（28 則）〉《江漢考古》2003.1

史杰鵬：〈《儀禮》今古文差異釋例〉《古籍整理研究學刊》1999.3

白於藍：〈包山楚簡考釋（三篇）〉《吉林大學古籍整理研究所建所十
五週年紀念文集》（長春：吉林大學出版社，1998.12）

白於藍：〈釋褒－兼談秀、采一字分化〉《中國古文字研究》第一輯
（長春：吉林大學出版社，1998.12）

白於藍：〈《包山楚簡文字編》校訂〉《中國文字》新 25 期（台北：藝
文印書館，1999.12）

白於藍：〈郭店楚簡拾遺〉《華南師範大學學報》2000.3

白於藍：〈包山楚簡補釋〉《中國文字》新 27 期（台北：藝文印書
館，2001.12）

白於藍：〈郭店楚墓竹簡考釋（四篇）〉《簡帛研究二○○一》（桂林：
廣西師範大學出版社，2001.9）

白於藍：〈上博簡《曹沫之陳》釋文新編〉，簡帛研究網，2005.4.10

白於藍：〈《曹沫之陳》新編釋文及相關問題探討〉《中國文字》31 期

（台北：藝文印書館，2006.11）

朱淵清：〈馬承源先生談上博簡〉《上博館藏戰國楚竹書研究》（上海：上海書店出版社，2002.3）

朱鳳瀚：〈覎公盨與唐伯侯于晉〉《考古》2007.3

何有祖：〈上博楚竹書（四）劄記〉，簡帛研究網，2005.04.15

何有祖：〈上博五楚竹書《競建內之》札記三則〉，簡帛網，2006.2.18

何有祖：〈上博五《三德》試讀（二）〉，簡帛網，2006.02.21

何有祖：〈上博五零釋（二）〉，簡帛網，2006.02.24

何有祖：〈幣文「即」與楚簡「稷」字探疑〉，簡帛網，2007.01.09

何有祖：〈上博六札記〉，簡帛網，2007.07.09

何有祖：〈楚簡散札六則〉，簡帛網，2007.07.21

何有祖：〈上博六所見四篇楚王故事叢考〉《「2007 年中國簡帛學國際論壇」論文》（台北：台灣大學中文系主辦，2007.11.10～11）

何琳儀：〈長沙銅量銘文補釋〉《江漢考古》1988.4

何琳儀：〈郭店竹簡選釋〉《簡帛研究二○○一》（桂林：廣西師範大學出版社，2001.9）

何琳儀：〈郭店簡古文二考〉《古籍整理研究學刊》2002 年 9 月第 5 期

何琳儀：〈魚顛匕補釋〉《中國史研究》2007.1

何琳儀：〈滬簡二冊選釋〉，簡帛研究網，2003.01.17

何琳儀、程燕：〈滬簡《周易》選釋〉，簡帛研究網，2004.5.16

何琳儀：〈新蔡竹簡選釋〉，簡帛研究網，2004. 12.07

余培林：《詩經正詁》（台北：三民出版社，1995.10）

吳良寶：〈璽陶文字零釋三則〉《中國古文字研究》第一輯（長春：吉林大學出版社，1998.12）

吳振武：〈釋戰國文字中的從『膚』和從『朕』之字〉《古文字研究》19 輯

吳振武：〈燕國銘刻中的「泉」字〉《華學》第二輯（廣州：中山大學出版社，1996.12）

吳振武：〈戰國文字中值得注意的一種構形方式〉《姜亮夫、蔣禮鴻、郭在貽紀念文集》（上海：上海教育出版社，2003.5）

吳振武：〈關於溫縣盟書中的「𡧱公」〉《新出簡帛研究－新出簡帛國際學術研討會文集（2000.8）》（北京：文物出版社，2004.12）

吳振武：〈朱家集楚器銘文辨析三則〉《黃盛璋先生八秩華誕紀念文集》（北京：中國教育文化出版社，2005.6）

呂靜：《春秋時期盟誓研究》（上海：上海古籍出版社，2007.6）

宋華強：〈釋新蔡簡中的一個祭牲名〉，簡帛網，2006.05.24

宋華強：〈釋甲骨文中的「今朝」和「來朝」〉《漢字研究》第一輯（北京：學苑出版社，2005.6）

宋華強：〈新蔡簡中的祝號簡研究〉，簡帛網，2006.12.05

宋華強：〈釋新蔡簡中的「述」和「丘」〉，簡帛網，2007.01.09

宋華強：〈澳門崇源新見楚青銅器芻議〉，簡帛網，2008.01.01

李天虹：〈郭店楚簡文字雜釋〉《郭店楚簡國際學術研討會論文集》（武漢：湖北人民出版社，2000.5）

李天虹：〈釋郭店楚簡《成之聞之》篇中的「肘」〉《古文字研究》22輯（北京：中華書局，2000.7）

李天虹：〈上海簡書文字三題〉《上博館藏戰國楚竹書研究》（上海：上海書店，2002.3）

李天虹：〈上博館藏竹書（二）雜識〉，簡帛研究網，2003.09.18

李天虹：〈新蔡楚簡補釋四則〉，簡帛研究網，2003.12.17。亦載於《第十五屆中國文字學國際學術研討會論文集》（台北：輔仁大學中國文學系，2004.4.17）

李天虹：〈楚簡文字形體混同、混訛舉例〉《江漢考古》2005.3

李天虹：〈上博五《競》、《鮑》篇校讀四則〉，簡帛網，2006.02.19

李天虹：〈《上博（五）》零識三則〉，簡帛網，2006.02.26

李天虹：〈釋《唐虞之道》中的「均」〉《新出楚簡國際學術研討會‧郭店簡卷》（湖北：武漢大學等舉辦，2006.6.26）

李天虹：《上博六劄記兩則》，簡帛網，2007.07.21

李守奎：〈讀說文札記一則〉《古籍整理研究學刊》1997.3

李守奎：〈古文字辨析三組〉《吉林大學古籍整理研究所建所十五週年紀念文集》（長春：吉林大學出版社，1998.12）

李守奎：〈楚文字考釋（三組）〉《簡帛研究》第三輯（南寧：廣西教

育出版社，1998.12）

李守奎：〈九店楚簡相宅篇殘簡補釋〉《新出土文獻與古代文明研究國際學術研討會會議論文》2002.7

李守奎：〈《說文》古文與楚文字互證三則〉《古文字研究》24 輯（北京：中華書局，2002.7）

李守奎：〈《《上海博物館藏戰國楚竹書（二）》》釋讀一則〉《吉林大學古籍整理研究所建所二十周年紀念文集》（長春：吉林大學出版社，2003.12）

李守奎：〈《鮑叔牙與隰朋之諫》補釋〉《新出楚簡國際學術研討會‧上博簡卷》（湖北：武漢大學等舉辦，2006.6.26）

李家浩：〈釋「弁」〉《古文字研究》第一輯（北京：中華書局，1979.8）

李家浩：〈戰國𨛜布考〉《古文字研究》第三輯（北京：中華書局，1980.11）

李家浩：〈信陽楚簡「澮」字及從「关」之字〉《中國語言學報》第一期（北京：商務印書館，1983）

李家浩：〈戰國官印考釋兩篇〉《語言研究》1987.1

李家浩：〈從戰國「忠信」印談古文字中的異讀現象〉《北京大學學報》1987.2

李家浩：〈攻五王光韓劍與虞王光趄戈〉《古文字研究》第十七輯（北京：中華書局，1989.6）

李家浩：〈戰國官印考釋（六篇）〉《1992 年中國古文字學研討會論文》（1992，南京）

李家浩：〈包山二六六號簡所記木器研究〉《國學研究》第二卷（北京：北京大學出版社，1994.7）

李家浩：〈信陽楚簡中的「柿枳」〉《簡帛研究》第 2 輯（北京：法律出版社，1996.6）

李家浩：〈包山楚簡「簷」字即其相關之字〉《第三屆國際中國古文字學研討會論文集》（香港：香港中文大學，1997.10）

李家浩：〈信陽楚簡「樂人之器」研究〉《簡帛研究》第 3 輯（南寧：廣西教育出版社，1998.12）

李家浩:〈傳遽鷹節銘文考釋—戰國符節銘文研究之二〉《海上論叢》第二輯（上海：復旦大學出版社，1998.7）

李家浩:〈讀《郭店楚墓竹簡》瑣議〉《中國哲學》20 輯（瀋陽：遼寧教育出版社，1999.1）

李家浩:〈楚墓竹簡中的「昆」字及從「昆」之字〉《中國文字》新25 期（台北：藝文印書館，1999.12）

李家浩:〈九店竹簡釋文與考釋〉《九店楚簡》（北京：中華書局，2000.5）

李家浩:〈秦駰玉版銘文研究〉《北京大學古文獻研究中心集刊（二）》（北京：燕山出版社，2001.4）

李家浩:〈談春成侯盉與少府盉的銘文及其容量〉《華學》第五輯（廣州：中山大學出版社，2001.12）

李家浩:〈包山遣冊考釋（四篇）〉《古籍整理研究學刊》2003 年 9 月第 5 期

李家浩:〈戰國官印考釋三篇〉《出土文獻研究》第六輯（上海：上海古籍出版社，2004.12）

李家浩:〈季姬方尊銘文補釋〉《黃盛璋先生八秩華誕紀念文集》（北京：中國教育文化出版社，2005.6）

李家浩:〈包山卜筮簡 218-219 號研究〉《長沙三國吳簡暨百年來簡帛發現與研究國際學術研討會論文集》（北京：中華書局，2005.12）

李家浩:〈談包山楚簡「歸鄧人之金」一案及其相關問題〉《出土文獻與古文字研究》第一輯（上海：復旦大學，2006.12）

李家浩:〈說「青廟」—關於郭店竹簡《語叢一》88 號的解釋〉《「2007 年中國簡帛學國際論壇」論文》（台北：台灣大學中文系主辦，2007.11.10～11）

李運富:〈楚簡「𤔲」字及相關諸字考釋評議〉，簡帛研究網，2003.01.22

李零:〈「三閭大夫」考〉《文史》54 輯（2001.6）

李零:〈上博楚簡《恆先》語譯〉《中華文史論叢（總第八十一輯）》2006 年第一期（上海：上海古籍出版社，2006.3.20）

李零：〈包山楚簡研究（文書類）〉《李零自選集》（桂林：廣西師範大學出版社，1998.2）

李零：〈古文字雜識（二則）〉《第三屆國際中國古文字學研討會論文集》（香港：香港中文大學，1997.10）

李零：〈古文字雜識（五則）〉《國學研究》第三卷（北京：北京大學出版社，1995）

李零：〈長台關楚簡《申徒狄》研究〉，簡帛研究網，2000.08.08

李零：〈楚景平王與古多字諡－重讀「秦王卑命」鐘銘文〉《傳統文化與現代化》1996.6

李零：〈簡帛古書的整理與研究〉《中國典籍與文化》第 47 期 2003.4

李零：〈讀《楚系簡帛文字編》〉《出土文獻》第五集（北京：科學出版社，1999.8）

李銳：〈上博館藏楚簡（二）初札〉，簡帛研究網，2003.01.06

李銳：〈《仲弓》續釋〉，孔子 2000 網站，2004.04.20

李銳：〈讀上博四札記（三）〉，孔子 2000 網，2005.2.21

李銳：〈《曹劌之陣》釋文新編〉，孔子 2000 網，2005.2.22

李銳：〈《曹劌之陣》重編釋文〉，簡帛研究網，2005.5.27

李銳：〈《孔子見季桓子》新編（稿）〉，簡帛網，2007.07.11

李銳：〈《用曰》新編（稿）〉，簡帛網，2007.07.13

李銳：〈讀《用曰》札記（三）〉，簡帛網，2007.07.27

李學勤：〈長台關竹簡中的《墨子》佚篇〉《簡帛佚籍與學術史》（臺北：時報文化出版社，1994.12）

李學勤、裘錫圭：〈新學問大都由於新發現－考古發現與先秦、秦漢典籍文明〉《文學遺產》2000.3

李學勤：〈論楚簡《緇衣》首句〉《清華簡帛研究》第 2 輯（北京：清華大學，2002.3）

李學勤：〈論𩵋公盨及其重要意義〉，《中國歷史文物》2002.6

李學勤：〈上博楚簡《魯邦大旱》解義〉《孔子研究》2004.1

李學勤：〈《讀上博簡〈莊王既成〉兩章筆記》〉，孔子 2000 網站，2007.07.16

沈培：〈上博簡《緇衣》篇「𢘓」字解〉《新出楚簡與儒學思想國際學

術研討會論文》（北京：清華大學，2002.3）

沈培：〈郭店楚簡札記四則〉《簡帛語言文字研究》第一輯（成都：巴蜀書社，2002.11）

沈培：〈上博簡《姑成家父》一個編聯組位置的調整〉，簡帛網，2006.2.22

尚賢（沈培）：〈小議上博簡《鮑叔牙與隰朋之諫》中的虛詞「凡」〉，簡帛網，2006.5.13

沈培：〈從戰國簡看古人占卜的「蔽志」——兼論「移崇」說〉「第一屆古文字與古代史學術討論會」論文，（臺北：中央研究院歷史語言研究所，2006.9）

沈培：〈由上博簡證「如」可訓爲「不如」〉，簡帛網，2007.07.15

沈培：〈試釋戰國時代從「之」從「首（或從『頁』）」之字〉，簡帛網，2007.07.17

沈培：〈《上博（六）》字詞淺釋（七則）〉，簡帛網，2007.07.20

沈培：〈《上博（六）·競公瘧》「正」字小議〉，簡帛網，2007.07.31

邢文：〈早期筮占文獻的結構分析〉《文物》2002.8

房振三：〈釋諧〉，簡帛研究網，2005.9.25

周祖謨：〈禪母古音考〉《問學集》（北京：中華書局，1992）

周鳳五：〈郭店楚簡識字札記〉《張以仁先生七秩壽慶論文集》（台北：學生書局，1999.1）

周鳳五：〈郭店竹簡的形式特徵及其分類意義〉《郭店楚簡國際學術研討會論文集》（武漢：武漢大學出版社，2000.5）

周鳳五：〈讀上博楚竹書《從政（甲篇）》劄記〉，簡帛研究網，2003.1.10

周鳳五：〈上博五《姑成家父》重編新釋〉，中國簡帛學國際論壇（2006）論文，武漢大學簡帛研究中心，2006.11.8～10）

孟蓬生：〈上博竹書（三）字詞考釋〉，簡帛研究網，2004.04.26

孟蓬生：〈上博竹書（四）閒詁（續）〉，簡帛研究網，2005.03.06

孟蓬生：〈《三德》零詁（二則）〉，簡帛網，2006.02.28

孟蓬生：〈「瞻」字異構補釋〉，簡帛網，2007.08.06

孟蓬生：〈「牫」疑〉，簡帛研究網，2007.09.22

季旭昇：〈讀郭店、上博簡五題：舜、河潪、紳而易、牆有茨、宛丘〉《中國文字》新 27 期（台北：藝文印書館，2001.12）

季旭昇：〈由上博詩論「小宛」談楚簡中幾個特殊的從旨的字〉《漢學研究》第 20 卷第 2 期（2002.12）

季旭昇：〈上博二小議（三）：魯邦大旱、發命不夜〉，簡帛研究網，2003.05.22

季旭昇：〈上博二小議（四）：《昔者君老》中的「母弟送退」及君老禮〉，簡帛研究網，2003.06.16

季旭昇：〈《上博三‧周易》簡六「朝三褫之」說〉，簡帛研究網，2004.4.16

季旭昇：〈上博五芻議（下）〉，簡帛網，2006.02.18

季旭昇：〈《上博五‧鮑叔牙與隰朋之諫》二題〉《漢學研究之回顧與前瞻國際學術研討會論文》（台北：臺灣師大國文系主辦，2006.04.08～09）

季旭昇：〈《上博五‧鮑叔牙與隰朋之諫》試讀〉《新出楚簡國際學術研討會‧上博簡卷》（湖北：武漢大學等舉辦，2006.6.26）

季旭昇：〈《交交鳴烏》新詮〉「第一屆古文字與古代史學術討論會」論文，（臺北：中央研究院歷史語言研究所，2006.9）

林澐：〈珥生三器新釋〉，復旦大學出土文獻與古文字研究中心網站，2008.01.01

林志強：〈古文《尚書》文字檢說〉《康樂集》（廣州：中山大學出版社，2006.1）

林志鵬：〈楚竹書《鮑叔牙與隰朋之諫》補釋〉，簡帛網，2007.07.13

林素清：〈楚簡文字綜論〉《第三屆國際漢學會議論文集－古文字與商周文明》（台北：中央研究院歷史語言研究所，2002.6）

林素清：〈郭店、上博《緇衣》簡之比較－兼論戰國文字的國別問題〉《新出土文獻與古代文明研究國際學術研討會論文》（上海，2002.7.28）

林素清：〈利用出土戰國楚竹書資料檢討《尚書》異文及其相關問題〉《龍宇純先生七秩晉五壽慶論文集》（台北：學生書局，2002.11）

林素清：〈上博楚竹書《昔者君老》釋讀〉《第一屆應用出土資料國際學術研討會》（苗栗：育達商業技術學院，2003.4.23）

林素清：〈楚簡文字零釋（一）說旵〉《第一屆簡牘學術研討會論文集》（民雄：國立嘉義大學中國文學研究所，2003.7.12）

林素清：〈釋「匭」—兼及《內禮》新釋與重編〉《中國文字學的方法與實踐國際學術研討會》（美國芝加哥大學，2005.5.28-30）

林素清：〈上博四《內禮》篇重探〉《出土簡帛文獻與古代學術國際研討會》（台北：政治大學中文系，2005.12.2-3）

林清源：〈欒書缶的年代、國別與器主〉，《中央研究院歷史語言研究所集刊》73：1（台北：中央研究院，2002.3）

邴尚白：〈上博楚竹書《曹沫之陣》注釋〉《中國文學研究》第二十一期（台北：台灣大學中文所主辦，2006）

侯乃鋒：〈讀上博（五）《三德》札記四則〉，簡帛網，2006.02.27

施謝捷：〈釋「十九年邦司寇鈹」銘的「奚易」合文〉《文教資料》1996.2

施謝捷：〈宰獸簋銘補釋〉《文物》1999.11

施謝捷：〈漢印文字校讀札記（十五則）〉，復旦大學出土文獻與古文字研究中心網站（www.gwz.fudan.edu.cn），2007.12.16

胡雅麗：〈楚人卜筮概述〉《江漢考古》2002.4

范常喜：〈《上博五·三德》札記三則〉〉，簡帛網，2006.2.24

范常喜：〈讀《上博四》札記四則〉，簡帛研究網，2005.3.31

范常喜：〈上博二《從政甲》簡三補說〉，載於中山大學古文字研究所編《康樂集——曾憲通教授七十壽慶論文集》（廣州：中山大學出版社，2006.1）

范常喜：〈上博簡《容成氏》和《天子建州》中「鹿」字合證〉，簡帛網，2007.08.10

徐在國：〈郭店楚簡文字三考〉《簡帛研究二○○一》（南寧：廣西師範大學出版社，2001.9）

徐在國：〈釋楚簡「敓」兼及相關字〉《中國南方文明學術研討會論文》（台北：中央研究院歷史語言研究所，2003.12.19）

徐在國：〈上博竹書（三）《周易》釋文補正〉，簡帛研究網，2004.4.24

徐在國:〈新蔡簡中的兩個地名〉,載中國文字學會、河北大學漢字研
　　　究中心編《漢字研究》第一輯,(北京:學苑出版社,2005.6)
徐在國:〈上博(六)文字考釋二則〉,簡帛網,2007.07.23
晏昌貴:〈天星觀「卜筮祭禱」簡釋文輯校〉《楚地簡帛思想研究
　　　(二)》(武漢:湖北教育出版社,2005.4)
晏昌貴:〈新蔡葛陵楚簡「上逾取槖」之試解〉《新出楚簡國際學術研
　　　討會論文》(武漢:武漢大學,2006.06.26)
秦樺林:〈楚簡《君子爲禮》札記一則〉,簡帛網,2006.02.22
袁國華:〈《上海博物館藏戰國楚竹書(五)·鮑叔牙與隰朋之諫》「伐
　　　器」、「滂沱」考釋〉《新出楚簡國際學術研討會會議論文集·
　　　上博簡卷》(武漢:武漢大學等主辦,2006.6.26-28)
高佑仁:〈談《曹沫之陣》的「沒身就世」〉,簡帛網,2006.2.20
商承祚:〈戰國楚帛書述略〉《文物》1964.9
張春龍等:〈湖南出土的兩件東周銅器銘文考釋〉《中國歷史文物》
　　　2004.5
張崇禮:〈《景公虐》第十簡解詁〉,簡帛研究網,2007.07.26
曹峰:〈楚簡《昔者君老》新注〉《楚地簡帛思想研究(二)》(武漢:
　　　湖北教育出版社,2005.4)
曹峰:〈《三德》零釋(二)〉,簡帛網,2006.04.08
曹峰:〈《三德》所見「皇后」爲「黃帝」考〉《新出楚簡國際學術研
　　　討會·上博簡卷》(湖北:武漢大學等舉辦,2006.6.26)
曹峰:〈《上博六〈用曰〉篇劄記(續一)》〉,簡帛研究網,2007.07.12
曹峰:〈上博六《用曰》篇札記(續二)〉,簡帛研究網,2007.07.16。
曹銀晶:〈《上博·柬大王泊旱》瑣記〉,簡帛網,2006.12.17
曹錦炎:〈釋兔〉《古文字研究》20輯(北京:中華書局,2000.3)
曹錦炎:〈楚簡文字中的「兔」及相關諸字〉《新出土文獻與古代文明
　　　研究國際學術研討會會議論文》2002.7
梁靜:〈《景公瘧》與《晏子春秋》的對比研究〉,簡帛網,2007.07.28
郭永秉:〈讀《六德》、《子羔》、《容成氏》札記三則〉,簡帛網,
　　　2006.05.26
郭永秉:〈讀《平王問鄭壽》篇小記二則〉,簡帛網,2007.08.30

陳邦懷：〈戰國楚帛書文字考證〉《古文字研究》第 5 輯

陳昭容：〈從古文字材料談古代的盥洗用具及其相關問題〉《中央研究院歷史語言研究所集刊》71：4 （台北：中央研究院歷史語言研究所，2000.12）

陳英杰：〈楚簡札記五種〉《漢字研究》第一輯（北京：學苑出版社，2005.6）

陳偉：〈郭店楚簡別釋〉《江漢考古》1998.4

陳偉：〈文本復原是一項長期艱鉅的任務〉《湖北大學學報》1999.2

陳偉：〈包山楚司法簡 131-139 號補釋〉《第一屆簡帛學術討論會》（台北：中國文化大學史學系主辦，1999.12）

陳偉：〈上博、郭店二本《緇衣》對讀〉《上博館藏戰國楚竹書研究》（上海：上海書店出版社，2002.3）

陳偉：〈郭店簡《六德》校讀〉《古文字研究》24 輯（北京：中華書局，2002.7）

陳偉：〈郭店簡書〈性自命出〉校釋〉《新出土文獻與古代文明研究國際學術研討會會議論文》2002.7

陳偉：〈新蔡楚簡零釋〉《華學》第六輯（北京：紫禁城出版社，2003.6）

陳偉：〈竹書〈容成氏〉零識〉《第四屆國際中國古文字學研討會論文》（香港：香港中文大學，2003.10.15）

陳偉：〈葛陵楚簡所見的卜筮與禱祠〉《出土文獻研究》第六輯（上海：上海古籍出版社，2004.12）

陳偉：〈竹書《仲弓》詞句試解（三則）〉，簡帛研究網，2005.8.15

陳偉：〈《昭王毀室》等三篇竹書的幾個問題〉，《出土文獻研究》第七輯（上海：上海古籍出版社，2005.11）

陳偉：〈睡虎地秦簡《語書》的釋讀問題（四則）〉，簡帛網，2005.11.18

陳偉：〈上博楚竹書〈仲弓〉「季桓子」章集釋〉《出土簡帛文獻與古代學術國際研討會》（台北：政治大學中文系等主辦，2005.12.3）

陳偉：〈郭店竹書《六德》「以奉社稷」補說〉，簡帛網，2006.02.26

陳偉：〈《苦成家父》通釋〉，簡帛網，2006.2.26

陳偉：〈《簡大王泊旱》新研〉中國簡帛學國際論壇（2006）論文，武
　　　漢大學簡帛研究中心，2006.11.8～10）

陳偉：〈讀《上博六》條記〉，簡帛網，2007.07.09

陳偉：〈讀《上博六》條記之二〉，簡帛網，2007.07.10

陳偉：〈《天子建州》校讀〉，簡帛網，2007.07.13

陳偉：〈《孔子見季桓子》22 號簡試讀〉，簡帛網，2007.07.24

陳偉武：〈同符合體字探微〉《中山大學學報》1997.4

陳偉武：〈楚系簡帛釋讀掇瑣〉《古文字研究》第二十四輯（北京：中
　　　華書局，2002.7）

陳斯鵬：〈郭店楚簡解讀四則〉《古文字研究》24 輯（北京：中華書
　　　局，2002.7）

陳斯鵬：〈說「凵」及其相關諸字〉《中國文字》新 28 期（台北：藝
　　　文印書館，2002.12）

陳斯鵬：〈論周原甲骨和楚系簡帛中的「囟」與「思」—兼論卜辭命
　　　辭的性質〉《第四屆國際中國古文字學研討會論文》（香港：香
　　　港中文大學，2003.10.15）

陳斯鵬：〈「罘」為「泣」之初文說〉，《古文字研究》第二十五輯（北
　　　京：中華書局，2004.10）

陳斯鵬：〈上海博物館藏楚簡《彭祖》新釋〉《華學》第七輯（北京：
　　　紫禁城出版社，2004.12）

陳斯鵬：〈上海博物館藏楚簡《曹沫之陣》釋文校理稿〉，孔子 2000
　　　網站，2005.2.20

陳斯鵬：〈讀《上博竹書（五）》小記〉，簡帛網，2006.4.1

陳斯鵬：〈戰國楚帛書甲篇文字新釋〉《古文字研究》第 26 輯（北
　　　京：中華書局，2006.11）

陳斯鵬：〈略論楚簡中字形與詞的對應關係〉《出土文獻與古文字研究
　　　（第一輯）》（上海：復旦大學出版社，2006.12）

陳煒湛：〈包山楚簡研究（七篇）〉《容庚先生百年誕辰紀念文集》（廣
　　　東：廣東人民出版社，1998.4）

陳劍：〈說慎〉，《簡帛研究二〇〇一》（桂林：廣西師範大學，2001.9）

陳劍：〈據郭店簡釋讀西周金文一例〉《北京大學中國古文獻研究中心

集刊》第二輯（北京：北京燕山出版社，2001.12）

陳劍：〈郭店簡《窮達以時》、《語叢四》的幾處簡序調整〉《國際簡帛研究通訊》第二卷第 5 期（2002.6）

陳劍：〈釋《忠信之道》的「配」字，《國際簡帛研究通訊》第二卷第六期（2002.12）

陳劍：〈據戰國竹簡文字校讀古書兩則〉《第四屆國際中國古文字學研討會論文》（香港：香港中文大學，2003.10.15）

陳劍：〈郭店簡補釋三篇〉《古墓新知─郭店楚簡出土十週年論文專輯》（國際炎黃文化出版社，2003.11）

陳劍：〈上博竹書《仲弓》篇新編釋文（稿）〉，簡帛研究網，2004.04.18

陳劍：〈甲骨金文舊釋「尤」之字及相關諸字新釋〉《北京大學古文獻研究中心集刊》第四輯（北京：北京大學出版社，2004.10）

陳劍：〈上博竹書《昭王與龔之脽》和《柬大王泊旱》讀後記〉，簡帛研究網，2005.2.15

陳劍：〈上博竹書《曹沫之陳》新編釋文（稿）〉，簡帛研究網，2005.2.12

陳劍：〈釋上博竹書《昭王毀室》的「幸」字〉《漢字研究》（第一輯）（北京：學苑出版社，2005.6）

陳劍：〈上博竹書《周易》異文選釋（六則）〉《出土簡帛文獻與古代學術國際研討會》（台北：政治大學中文系，2005.12.2-3）

陳劍：〈《上博（五）》零札兩則〉，簡帛網，2006.2.21

陳劍：〈也談《競建內之》簡 7 的所謂「害」字〉，簡帛網，2006.06.16

陳劍：〈關於「宅陽四鈴」等「布權」的一點意見〉《古文字研究》26 輯（北京：中華書局，2006.11）

陳劍：〈釋造〉《出土文獻與古文字研究（第一輯）》（上海：復旦大學出版社，2006.12）

陳劍：〈讀《上博（六）》短札五則，簡帛網，2007.07.20

陳劍：〈郭店簡《尊德義》和《成之聞之》的簡背數字與其簡序關係的考察〉《簡帛》第二輯（上海：上海古籍出版社，2007.11）

陳劍：〈釋上博竹書和春秋金文的「羹」字異體〉《「2007 年中國簡帛學國際論壇」論文》（台北：台灣大學中文系主辦，2007.11.10

～11）

陳劍：〈郭店簡《六德》用爲「柔」之字考釋〉《中國文字學報（第二輯）》（北京：商務印書館，2007.12）

單育辰：〈佔畢隨錄之二〉，簡帛網，2007.07.28

彭浩：〈試說「畝繲短，田繲長，百糧筥」〉，簡帛網，2006.04.02

彭裕商：〈讀《戰國楚竹書（一）隨記三則》〉《新出楚簡與儒學思想國際學術研討會》（北京：清華大學出版社，2002.3）

曾憲通：〈「壴」及相關諸字考辨〉《中央研究院第三屆國際漢學會議－文字學組論文》2000.71

程燕：〈《戰國古文字典》訂補〉《古文字研究》23 輯（北京：中華書局，2002.6）

程鵬萬：〈釋朱家集鑄客大鼎銘文中的「鳴腋」〉，簡帛網，2005.11.27

童書業著，童教英校訂：《春秋左傳研究》（北京：中華書局，2006.8）

馮勝君：〈讀《郭店楚墓竹簡》札記（四則）〉《古文字研究》22 輯（北京：中華書局，2000.7）

馮勝君：〈讀上博簡《孔子詩論》札記〉《古籍整理研究學刊》2002.2

黃人二：〈上博藏簡《周易》爲西漢古文經本子源流考〉，《中國經學》第一輯（桂林：廣西師範大學出版社，2005.11）

黃人二：〈上博藏簡第五冊姑成家父試釋〉，《新出楚簡國際學術研討會‧上博簡卷》（湖北：武漢大學等舉辦，2006 年 6 月 26～28日）

黃天樹〈殷墟甲骨文「有聲字」的構造〉，中央研究院歷史語言研究所專題演講，2003.11.03，後載於《中央研究院歷史語言研究所集刊》76：2（台北：中央研究院歷史語言研究所，2005.6）

黃天樹：〈讀契雜記（三則）〉《黃天樹古文字論集》（北京：學苑出版社，2006.8）

黃文杰：〈「谷及相關諸字考辨」《古文字研究》24 輯（北京：中華書局，2002.7）

黃文杰：〈戰國時期形聲字聲符換用現象考察〉《古文字與漢語史論集》（廣州：中山大學出版社，2002.7）

黃文杰：〈秦漢時期形聲字義近形旁換用現象考察〉《康樂集》（廣

州：中山大學出版社，2006.1）

黃易青：〈論上古喉牙音向齒頭音的演變及古明母音質——兼與梅祖麟教授商榷〉《古漢語研究》2004.1

黃盛璋：〈長安鎬京地區西周墓新出銅器群初探〉《文物》1986.1

黃德寬、徐在國：〈上海博物館藏戰國楚竹書（一）緇衣・性情論釋文補正〉《古籍整理研究學刊》2002.2

黃德寬：〈《戰國楚竹書》（二）釋文補正〉，簡帛研究網，2003.01.21

黃錫全：〈《包山楚簡》部分釋文校釋〉，《湖北出土商周文字輯證》（武昌：武漢大學出版社，1992.10）

黃錫全：〈楚簡續貂〉《簡帛研究》第三輯（南寧：廣西教育出版社，1998.12）

黃錫全：〈齊「六字刀」銘文釋讀及相關問題〉《吉林大學古籍整理研究所建所十五週年紀念文集》（長春：吉林大學出版社，1998.12）

黃錫全：〈試說楚國黃金貨幣稱量單位「半鎰」〉《江漢考古》2000.1

黃錫全：〈讀郭店楚簡《老子》札記三則〉《郭店楚簡國際學術研討會論文集》（武漢：武漢大學出版社，2000.5）

黃錫全：〈讀上博楚簡札記〉《新出楚簡與儒學思想國際學術研討會論文集》（北京：清華大學出版社，2002.3）

黃錫全：〈燕破齊史料的重要發現—燕王職壺銘文的再研究〉《古文字研究》第 24 輯（北京：中華書局，2002.7）

楊華：〈《天子建州》理疏〉《「2007 年中國簡帛學國際論壇」論文》（台北：台灣大學中文系主辦，2007.11.10～11）

楊華：〈說「果告」〉，簡帛網，2008.01.01

楊澤生：〈長臺關竹書的學派性質新探〉《文史》2001.4 （北京：中華書局，2001.12）

楊澤生：〈信陽楚簡第 1 組 38 號和 3 號研究〉《簡帛研究二○○一》（桂林：廣西師範大學，2001.9）

楊澤生：〈郭店簡幾個字詞的考釋〉《中國文字》新 27 期（台北：藝文印書館，2001.12）

楊澤生：〈上博竹書考釋（三篇）〉《第四屆國際中國古文字學研討會

論文》（香港：香港中文大學，2003.10.15）

楊澤生：〈孔壁竹書的文字國別〉《中國典籍與文化》2004.1

楊澤生：〈竹書《周易》中的兩個异文〉，簡帛研究網，2004.5.29

楊澤生：〈《上博五》零釋十二則〉，簡帛網，2006.3.20

楊澤生：〈讀《上博六》劄記（三則)〉，簡帛網，2007.07.24

楊儒賓：〈莊子的「卮言」論〉《中國哲學與文化（第二輯)》（桂林：
　　廣西師範大學出版社，2007.11）

董珊、陳劍：〈郾王職壺銘文研究〉《北京大學中國古文獻研究中心集
　　刊》第三輯（北京：北京大學出版社，2002.10）

董珊：〈新蔡楚簡所見的「顓頊」和「雎漳」〉，簡帛研究網，2003.12.07

董珊：〈上博四雜記〉，簡帛研究網，2005.02.20

董珊：〈信陽楚墓遣策所記的陶壺和木壺〉，簡帛網，2007.06.20

董珊：〈楚簡中從「大」聲之字的讀法（二)〉，簡帛網，2007.07.08

董珊：〈讀《上博六》雜記〉，簡帛網，2007.07.10

董珊：〈讀《上博六》雜記（續四)〉，簡帛網，2007.07.21

董楚平：〈楚帛書「創世篇」釋文釋義〉《古文字研究》24 輯（北
　　京：中華書局，2002.7）

虞萬里：〈《三禮》鄭注「字之誤」類徵〉《國學研究》第十六卷（北
　　京：北京大學出版社，2005.12）

裘錫圭、李家浩：〈曾侯乙墓鐘、磬銘文釋文與考釋〉，《曾侯乙墓·
　　附錄二》（北京：文物出版社，1989.7）

裘錫圭：〈也談子犯編鐘〉《故宮文物月刊》13 卷 1 期（1995 年）

裘錫圭：〈說「揜函」〉《華學》第一期（廣州：中山大學出版社，
　　1995）

裘錫圭：〈古文獻中讀爲「設」的「埶」及其與「執」互訛之例〉《東
　　方文化》第 36 卷（香港：香港大學亞洲研究中心，1998 年
　　1、2 期合刊）

裘錫圭：〈簡帛古籍的用字方法是校讀傳世先秦秦漢古籍的重要根據〉
　　《兩岸古籍整理學術研討會論文集》（南京：江蘇古籍出版社，
　　1998）

裘錫圭：〈釋「叟」〉《容庚先生百年誕辰紀念文集》（廣東：廣東人民

出版社，1998.4）

裘錫圭：〈戎生編鐘銘文考釋〉《保利藏金》（嶺南美術出版社，
　　　　1999.9）

裘錫圭：〈《太一生水》「名字」章解釋—兼論《太一生水》的分章問
　　　　題〉，《古文字研究》22 輯（北京：中華書局，2000.7）

裘錫圭：〈中國古典學重建中應該注意的問題〉《北京大學中國古文獻
　　　　研究中心集刊》第二輯（北京：北京燕山出版社，2001.12）

裘錫圭：〈從殷墟卜辭的「王占曰」說到上古漢語的宵談對轉〉《中國
　　　　語文》2002.1

裘錫圭：〈談談上博簡和郭店簡中的錯別字〉《新出楚簡與儒學思想國
　　　　際學術研討會論文集》（北京：清華大學出版社，2002.3）

裘錫圭：〈夒公盨銘文考釋〉《中國歷史文物》2002.6

裘錫圭：〈釋「尌」〉《龍宇純先生七秩晉五壽慶論文集》（台北：學生
　　　　書局，2002.11）

裘錫圭：〈讀《郭店楚墓竹簡》札記三則〉《上海博物館集刊》第九期
　　　　（上海：上海書畫出版社，2002.12）

裘錫圭：〈釋郭店《緇衣》「出言有𢼸，黎民所𢼸」〉《古墓新知—郭店楚
　　　　簡出土十週年論文專輯》（國際炎黃文化出版社，2003.11）

裘錫圭：〈釋《子羔》篇「銫」字並論商得金德之說〉《中國簡帛學國
　　　　際論壇 2006 學術研討會論文》（武漢：武漢大學，2006.11）

裘錫圭：〈上博簡《相邦之道》1 號簡考釋〉，《中國文字學報》第一
　　　　輯（北京：商務印書館，2006.12）

裘錫圭：〈《天子建州》（甲本）小札〉，簡帛網，2007.07.16

裘錫圭：〈先秦宇宙生成論的演變—從原始神創說到上帝即天說〉「中
　　　　央研究院歷史語言研究所傅斯年講座 2007 講稿」（2007.11.07）

詹鄞鑫：〈《魚鼎匕》考釋〉《中國文字研究》第二輯（南寧：廣西教
　　　　育出版社，2001.10）

賈連敏：《新蔡葛陵楚墓出土竹簡釋文》《新蔡葛陵楚墓·附錄一》
　　　　（鄭州：大象出版社，2003.10）

廖名春：〈荊門郭店楚簡與先秦儒學〉《中國哲學》20 輯（瀋陽：遼
　　　　寧教育出版社，1999.1）

廖名春：〈郭店簡《成之聞之》的編連和命名問題〉《中國史研究》
　　　2001.2

廖名春：〈上博藏楚竹書《恒先》簡釋（修訂稿）〉，孔子 2000 網站，
　　　2004.04.22。

趙平安：〈金文考釋五篇〉《容庚先生百年誕辰紀念文集》（廣東：廣
　　　東人民出版社，1998.4）

趙平安〈戰國文字的「遊」與甲骨文「𡕥」為一字說〉《古文字研究》
　　　22 輯（北京：中華書局，2000.7）

趙平安：〈釋甲骨文中的「𤓰」和「𤔔」〉《文物》2000.8

趙平安：〈上博藏緇衣簡字詁四篇〉，《上海博物館藏戰國楚竹書研究》
　　　（上海：上海古籍出版社，2002）

趙平安：〈戰國文字中的「宛」及其相關問題研究—以與縣有關的資
　　　料為中心〉《第四屆國際中國古文字學研討會論文》（香港：香
　　　港中文大學，2003.10.15）

趙平安：〈試釋包山簡中的「𥬇」〉《簡帛研究二○○二、二○○三》
　　　（桂林：廣西師範大學，2005.6）

趙平安：〈釋曾侯乙墓竹簡中的「𦃇」和「桿」〉，武漢大學簡帛研究中
　　　心主辦《簡帛》第一輯，（上海：上海古籍出版社，2006.10）

趙立偉：〈《睡虎地秦墓竹簡》通假字研究〉《簡帛語言文字研究》第
　　　一輯（成都：巴蜀書社，2002.11）

劉信芳：〈從𤆥之字匯釋〉《容庚先生百年誕辰文集》（廣東：廣東人民
　　　出版社，1998.4）

劉信芳：〈郭店竹簡文字考釋拾遺〉《江漢考古》2000.1

劉信芳：〈郭店簡《緇衣》解詁〉《郭店楚簡國際學術研討會》（武
　　　漢：武漢大學出版社，2000.5）

劉信芳：〈一份沉重的歷史文化遺產—關於楚簡帛的幾點認識和思考〉
　　　《中國典籍與文化》第 37 期（2001.2）

劉信芳：〈上博楚竹書《從政》補釋（六則）〉《第四屆國際中國古文
　　　字學研討會論文》（香港：香港中文大學，2003.10.15）

劉信芳：〈上博藏五試解四則〉《新出楚簡國際學術研討會‧上博簡
　　　卷》（湖北：武漢大學等舉辦，2006.6.26）

劉信芳：〈上博藏六《用曰》12、13 號簡試解〉，簡帛網，2007.07.28

劉洪濤：〈說上海博物館藏戰國竹書《民之父母》中的「詩」字〉，簡帛網，2006.09.06

劉洪濤：〈讀《上海博物館藏戰國竹書（四）》札記〉，簡帛網，2006.11.08

劉洪濤：〈上博竹書《姑成家父》重讀〉，簡帛網，2007.03.27

劉釗：〈說「离」「卩」二字來並談楚帛書「萬」「兒」二字的讀法〉《江漢考古》1992.1

劉釗：〈《金文編》附錄存疑字考釋（十篇）〉《人文雜誌》1995.2

劉釗：〈金文考釋零拾〉《第三屆國際中國古文字學研討會論文集》（香港：香港中文大學，1997.10）

劉釗：〈包山楚簡文字考釋〉《1992 年中國古文字學研討會論文》（1992，南京）。又載於《東方文化》1998 年第一、二期合刊

劉釗〈讀郭店楚簡字詞札記〉《郭店楚簡國際學術研討會》（武漢：武漢大學出版社，2000.5）

劉釗：〈讀《上海博物館藏戰國竹書》（一）劄記〉《上博館藏戰國楚竹書研究》　（上海：上海書店出版社，2002.3）

劉釗：〈利用郭店楚簡字形考釋金文一例〉《古文字研究》第 24 輯（北京：中華書局，2002.7）

劉釗：〈馬王堆漢墓簡帛文字考釋〉《語言學論叢》第二十八輯（北京：商務印書館，2003.10）

劉釗：〈釋「價」及相關諸字〉《出土簡帛文字叢考》（台北：台灣古籍出版有限公司，2004.3）

劉釗：〈璽印文字釋叢（一）〉《考古與文物》1990.2。亦載於《古文字考釋叢稿》（長沙：岳麓書社，2005.7）

劉釗：〈《上博五‧君子爲禮》釋字一則〉，簡帛網，2007.07.23

劉國勝：〈信陽長台關楚簡《遣策》編連二題〉《江漢考古》2001.3

劉彬徽：〈湖北出土兩周金文國別年代考述〉《古文字研究》十三輯（北京：中華書局，1986.6）

劉樂賢：〈釋《說文》古文慎字〉《考古與文物》1993.4

劉樂賢：〈楚文字雜識（七則）〉《第三屆國際中國古文字學研討會論

文集》（香港：香港中文大學，1997.10）

劉樂賢：〈讀上博簡劄記〉《上博館藏戰國楚竹書研究》（上海：上海書店出版社，2002.3）

歐陽禎人：〈論《民之父母》的政治哲學內涵〉《孔子研究》2007.1

冀小軍：〈說甲骨金文中表祈求義的奉字－兼談奉字在金文車飾名稱中的用法〉《湖北大學學報》1991.1

駢宇騫：〈出土簡帛書籍題記述略〉《文史》2003 年第 4 輯總 65 輯

龍宇純：〈甲骨文金文本字及其相關問題〉《中央研究院歷史語言研究所集刊》34 本（下）（台北：中央研究院，1963.12）

禤健聰：〈上博楚簡（五）零札（一）〉，簡帛網，2006.2.24

禤健聰：〈上博楚簡（五）零札（二）〉，簡帛網，2006.02.26

濮茅左：〈《孔子詩論》簡序解析〉《上博館藏戰國楚竹書研究》（上海：上海書店，2002.3）

鍾柏生：〈釋「𦥑」「𦥑」及其相關問題〉《中國文字》新 24 期（台北：藝文印書

鍾肇鵬：〈《漢書・藝文志》釋疑〉《國學研究》第七卷（北京：北京大學出版社，2000.7）

顏世鉉：〈郭店楚簡淺釋〉《張以仁先生七秩壽慶論文集》（台北：學生書局，1999.1）

顏世鉉：〈郭店楚簡散論（二）〉《江漢考古》2000.1

顏世鉉：〈郭店楚簡散論（一）〉《郭店楚簡國際學術研討會論文集》（武漢：武漢大學出版社，2000.5）

顏世鉉：〈郭店楚簡〈六德〉箋釋〉《中央研究院歷史語言研究所集刊》72：2（台北：中央研究院歷史語言研究所，2001.6）

顏世鉉：〈考古資料與文字考釋、詞義訓詁之關係舉隅〉《楚簡綜合研究第二次學術研討會》（台北：中央研究院歷史語言研究所，2002.12）

顏世鉉：〈上博楚竹書散論（三）〉，簡帛研究網，2003.01.19

顏世鉉：〈《郭店竹書別釋》讀後〉《古今論衡》第九期（台北：中央研究院歷史語言研究所，2003.7）

顏世鉉：〈郭店竹書校勘與考釋問題舉隅〉《中央研究院歷史語言研究

所集刊》74：4（台北：中央研究院歷史語言研究所，2003.12）

顏世鉉：〈上博楚竹書文字釋讀札記五則〉武漢大學簡帛研究中心主辦《簡帛》（第一輯），（上海：上海古籍出版社，2006.10）

顏世鉉〈讀楚簡札記二則〉，簡帛研究網，2004.03.21

魏宜輝：〈讀上博簡文字札記〉，《上博館藏戰國竹書研究》（上海：上海書店出版社，2002.3）

魏宜輝：〈試析古文字中的「激」字〉，簡帛網，2006.3.29

羅西章：〈宰獸簋銘略考〉《文物》1998.8

蘇建洲：〈上博楚竹書《容成氏》、《昔者君老》考釋四則〉，簡帛研究網，2003.01.15

蘇建洲：〈從古文字材料談「棗」、「棘」的文字構形及相關問題〉《中國學術年刊》24 期（台北：台灣師範大學國文研究所，2003.6）

蘇建洲：〈楚文字考釋九則〉《輔仁國文學報》第十九期（台北：輔仁大學中文學系，2003.10）

蘇建洲：〈《郭店》、《上博二》考釋五則〉《中國文字》新廿九期（台北：藝文印書館，2003.12）

蘇建洲：〈楚簡文字考釋二則〉《國文學報》三十四期（台北：台灣師範大學國文學系，2003.12）

蘇建洲：〈楚文字考釋四則〉，簡帛研究網，2005.3.14

蘇建洲：〈上博楚簡考釋三則〉《考古與文物 2005 年古文字學專輯》2005.12，（西安：陝西省考古研究所）

蘇建洲：〈《上博楚簡（四）》考釋三則〉《出土文獻語言研究》第一輯（廣州：華南師範大學文學院，2006.6）

蘇建洲：〈《上博楚簡（四）》考釋三則〉《中國文字》第卅一期（台北：藝文印書館，2006.11）

蘇建洲：〈《上博楚簡（五）》考釋五則〉《中國文字》第卅二期（台北：藝文印書館，2006.12）

蘇建洲：〈以古文字的角度討論上博楚竹書文本來源－以《周易》、《曹沫之陣》、《鮑叔牙與隰朋之諫》為例〉，《第十八屆中國文字學國際學術研討會論文集》（台北：輔仁大學、中國文字學

會主辦，2007.5.19-20）

蘇建洲：〈初讀《上博（六）》〉，簡帛網，2007.07.19

蘇建洲：〈讀《上博（六）‧天子建州》筆記〉，簡帛網，2007.07.22

蘇建洲：〈讀《上讀（六）‧用曰》筆記五則〉，簡帛網，2007.07.20

蘇建洲：〈《上博（五）‧苦成家父》簡 9「帶」字考釋〉《中國文字》
　　　　新卅三期（（台北：藝文印書館，2007.12）

饒宗頤：〈《詩》與古史－從新出土楚簡談玄鳥傳說與早期殷史〉《中
　　　　國文化研究所學報》2003 年新 12 期（總 43 期）（香港：香港
　　　　中文大學，2003）

顧史考：〈郭店楚簡《成之》等篇雜志〉《清華大學學報（哲學社會科
　　　　學版）》2006.1

顧史考：〈上博竹書〈三德〉篇逐章淺釋〉《屈萬里先生百歲誕辰國際
　　　　學術研討會》（台北：國家圖書館等主辦，2006.9.15-16）

顧史考：〈上博楚簡〈用曰〉章解〉《「2007 年中國簡帛學國際論壇」
　　　　論文》（台北：台灣大學中文系主辦，2007.11.10～11）

三、學位論文（依作者姓氏筆劃排列）

文炳淳：《先秦楚璽文字研究》（台北：台灣大學中文所博士論文，
　　　　2002.6）

王穎：《包山楚簡詞彙研究－附錄三包山楚簡釋文（施謝捷撰寫）》
　　　　（福建：廈門大學博士論文，2004）

田河：《信陽長台關楚簡遣冊集釋》（長春：吉林大學碩士論文，
　　　　2004.5）

伊強：《談《長沙馬王堆二、三號漢墓》遣策釋文和注釋中存在的問
　　　　題》，（北京：北京大學中國語言文學系碩士學位論文，2005.5）

宋華強：《新蔡楚簡的初步研究》，北京大學中文系博士學位論文（北
　　　　京：北京大學中國語言文學系碩士學位論文，2007.5）

李松儒：《郭店楚墓竹簡字跡研究》（長春：吉林大學古籍研究所碩士
　　　　學論文，2006）

林清源：《楚國文字構形演變研究》（台中：東海大學博士論文，

1997.12）

金俊秀：《《上海博物館藏戰國楚竹書（四）疑難字研究》（台北：台灣
　　　師範大學國文研究所碩士論文，2007 年 6 月）

邴尙白：《楚國卜釋祭禱簡研究》（南投：暨南國際大學中國語文學系
　　　碩士論文，1999.5）

邴尙白：《葛陵楚簡研究》（台北：台灣大學中國文學研究所博士論
　　　文，2007.1）

袁國華：《包山楚簡研究》（香港：香港中文大學博士論文，1994.12）

高佑仁：《《上海博物館藏戰國楚竹書（四）・曹沫之陣》研究》（台
　　　北：台灣師範大學國文研究所碩士論文，2007 年 6 月修訂版）

張勝波：《新蔡葛陵楚墓竹簡文字編》（長春：吉林大學碩士論文，
　　　2006.4）

張富海：《郭店楚簡〈緇衣〉篇研究》（北京：北京大學中國語言文學
　　　系碩士論文，2002）

張富海：《漢人所謂古文研究》（北京：北京大學中國語言文學系博士
　　　學位論文，2005.4）

張新俊：《上博楚簡文字研究》（長春：吉林大學古籍研究所博士學論
　　　文，2005.4）

陳劍：《殷墟卜辭斷代對甲骨文考釋的重要性》（北京：北京大學中文
　　　系博士論文，2001.5）

馮勝君：《二十世紀古文獻新證研究》（長春：吉林大學博士論文，
　　　2002）

馮勝君：《論郭店簡〈唐虞之道〉、〈忠信之道〉、〈語叢〉一～三以及
　　　上博簡〈緇衣〉爲具有齊系文字特點的抄本》，（北京大學博士
　　　後研究工作報告，2004.08）

黃儒宣：《九店楚簡研究》（台北：台灣師範大學國文研究所碩士論
　　　文，2003.6）

董珊：《戰國題銘與工官制度》（北京：北京大學中國語言文學系博士
　　　論文，2002.5）

鄒芙都：《楚系銘文綜合研究》（四川大學博士學位論文，2004.4）

劉釗：《古文字構形研究》（長春：吉林大學博士論文，1991）

劉國勝：《楚喪葬簡牘集釋》（武漢：武漢大學博士學位論文，2003.
　　05.01）

蕭聖中：《曾侯乙墓竹簡釋文補正暨車馬制度研究》（武漢：武漢大學
　　博士學位論文，2005.5）

顏世鉉：《包山楚簡地名研究》（台北：台灣大學中文所碩士論文，
　　1997.6）

魏宜輝：《楚系簡帛文字形體訛變分析》（南京：南京大學博士學位論
　　文，2003）

蘇建洲：《戰國燕系文字研究》（台北：台灣師大國文研究所碩士論
　　文，2001.6）

蘇建洲：《上海博物館藏戰國楚竹書（二）校釋》（台北：台灣師範大
　　學國文所博士論文，2004.6）

後　記

　　本書所輯文章，大多數是筆者近年來發表在期刊學報、學術會議或是「簡帛研究網」、「簡帛網」、「復旦大學出土文獻與古文字研究中心網站」的。另外，未曾公開發表的文章也佔了一定的比例。這些文章收入本書時，筆者均參照新出土的文字資料或是新閱讀到學術論點加以補充修訂。文章內容主要關注在戰國時期楚地出土的《上博楚竹書》，考釋簡文字詞，並對其中幾篇竹書底本提出討論。而在這些考釋的基礎之下重新閱讀《郭店楚簡》、《望山楚簡》、《包山楚簡》、《信陽楚簡》以及相關古文字材料，也提了一些不成熟的意見供學界參考。

　　這本小書能夠順利產生，必須感謝幾位師長朋友。首先，我的古文字學知識從零到現在有粗略的認識，都得感謝業師季旭昇先生的指導。十年前筆者負笈北上從季旭昇先生學習古文字，先生當年要求我們臨摹並熟記金文五十篇的情景，現在還歷歷在目。與先生討論學問時，先生總是提示我們「上窮碧落下黃泉」的蒐集資料，資料多自然能看清問題，進而解決問題，這種觀念筆者至今仍受益良多。特別是先生在百忙之中還抽空將小書瀏覽一過，指出書中一些缺失，還給小書作了序文，高情厚誼，筆者非常感謝！其次，我有幸與林清源先生同在中興大學服務（筆者為兼任），先生每次碰到我總是關心論文的進度。甚至在電郵的通信中，先生也一再表達了關切。若沒有這種壓力的催促，這本小書還無法那麼快面世。許學仁先生惠贈知名學者的論著，方便筆者吸收新知。袁國華先生長期以來在筆者寫作過程中，常常提供發人深省的想法。同門高佑仁兄、鄒濬智兄常與筆者書信往返討論學問，拙書多篇文章就是經由這樣的討論而有了雛形。吉林大學吳振武先生、上海復旦大學陳劍先生、香港中文大學沈培先生，一直以來都是筆者求學的良師。本書很多地方都可以看到三位先生對我的不吝指正，這些觀念與意見

何其寶貴，筆者衷心感謝！我的雙親、內人鄭倩琳女士及天真可愛的小女品禎，總是在背後給我最大的支持，這一直是筆者前進的最大動力。最後，我要感謝彰化師大國文系提供優良的研究環境。沒有以上這些前輩、朋友與資源，這本小書鐵定無法順利產生的。

蘇建洲 謹識

二〇〇八年元月於彰化師大國文系

國家圖書館出版品預行編目資料

《上博楚竹書》文字及相關問題研究／蘇建

洲著. -- 初版 -- 臺北市：萬卷樓，

2008.02

　　面；　　公分

參考書目：面

ISBN 978－957－739－624－2 (平裝)

1.簡牘文字　2.研究考訂

796.8　　　　　　　　　　97001399

《上博楚竹書》文字及相關問題研究

著　　　者：蘇建洲

發　行　人：陳滿銘

出　版　者：萬卷樓圖書股份有限公司

　　　　　　臺北市羅斯福路二段 41 號 6 樓之 3

　　　　　　電話(02)23216565．23952992

　　　　　　傳真(02)23944113

　　　　　　劃撥帳號 15624015

出版登記證：新聞局局版臺業字第 5655 號

網　　　址：http://www.wanjuan.com.tw

E－mail　：wanjuan@tpts5.seed.net.tw

承印廠商：晟齊實業有限公司

定　　　價：460 元

出版日期：2008 年 1 月初版

ISBN 978－957－739－624－2